KLARTEXT

Sebastian Sasse

Mit Profil für die Region

70 Jahre NRZ

Inhalt

6 Vorwort

9 **Die Gründungsgeschichte der NRZ 1945–1950**
12 Der Weg zur Gründung der NRZ
59 Papier, Profil, Partei: Die Probleme der Gründungsphase
60 Wofür soll die Zeitung stehen? –
Die Entwicklung eines eigenständigen Profils
74 Der besondere Tag – Teil 1: Die Währungsreform am 20. Juni 1948

83 **Eine der führenden Tageszeitungen der Republik: Die 1950er Jahre**
86 In der Adenauer-Ära: Kanzlerkritisch, aber konstruktiv
110 Der besondere Tag – Teil 2: Konrad Adenauer reist im September
1955 nach Moskau
113 Ein Schwerpunkt und sein Experte: Die Deutschlandpolitik
und Jens Feddersen
125 Unser Mann in Bonn ist eine Frau: Hilde Purwin
131 Der besondere Tag – Teil 3: Der Mauerbau am 13. August 1961

139 **Neue Ostpolitik, Vietnam und der gesellschaftliche Wandel:**
Die NRZ in den 1960er und 1970er Jahren
142 Die Zeitung als Meinungsforum: Berühmte Kolumnisten der NRZ
153 Der besondere Tag – Teil 4: Das Attentat auf John F. Kennedy
am 23. November 1963
156 Der andere Krisenherd: Reportagen aus Vietnam
157 NRW und NRZ: Schwerpunkt Landespolitik

166 **„Ein Haus des freien Geistes" (Dietrich Oppenberg): Die NRZ setzt**
Maßstäbe in einer Zeit des Umbruchs
168 1968 – ein Schlüsseljahr für die Republik und für die NRZ
181 Die NRZ setzt einen Akzent für die Pressefreiheit: Die Leitsätze
190 Der besondere Tag – Teil 5: Gustav Heinemann wird am 5. März 1969
zum Bundespräsidenten gewählt
194 Die Unterhaltung kommt nicht zu kurz –
Das Feuilleton in den 1960er und 1970er Jahren

204 Der besondere Tag – Teil 6: Das Attentat auf die israelische Olympia-
Mannschaft am 5. September 1972 in München

 211 Die NRZ und die Neue Ostpolitik

 215 Der besondere Tag – Teil 7: Der Rücktritt von Willy Brandt als
Bundeskanzler am 7. Mai 1974

225 **Die NRZ sichert ihre Unabhängigkeit: Die Fusion mit der WAZ-Gruppe**

226 Trotz des Erfolgs: Krisensymptome

230 Wie kann die publizistische Unabhängigkeit gesichert werden?

238 Herausgeber und Stiftung sichern die Unabhängigkeit der Zeitung

245 **Die Stimme der Region: Die NRZ in den 1980er und 1990er Jahren**

246 Die NRZ – ein Forum für den Niederrhein

248 Die ständige Aufgabe: Themen finden

 255 Der besondere Tag – Teil 8: Der Fall der Mauer

 257 Am Ende der Nachkriegszeit das Ende einer Karriere: Jens Feddersen
und der Weg zur Deutschen Einheit

262 Eine neue Generation

268 Der besondere Tag – Teil 9: Der 11. September 2001

273 **Die NRZ setzt Akzente in einer sich ändernden Medienlandschaft**

276 Die Niederrhein-Seite – eine Region und ihr Lebensgefühl

278 Klartext für Leser aus allen Generationen

 281 Die NRZ hilft Menschen in Not

289 **Zeitung für Leser – Zukunftsperspektiven für die NRZ**

290 Zeitung ist Lebensgefühl: Gedanken von Dietrich Oppenberg zur
Zukunft der Zeitung

 293 „Wir sind dem Gemeinwohl verpflichtet." Ein Gespräch mit
NRZ-Herausgeber Heinrich Meyer

299 Chronik der NRZ

304 Impressum

70 Jahre NRZ – die Geschichte der Zeitung

Vor 70 Jahren, am 13. Juli 1946, erschien die erste Ausgabe der NRZ. 1946 war die Bundesrepublik noch nicht gegründet, das Rhein-Ruhr-Gebiet der Inbegriff einer durch Bergbau und Stahl geprägten Industrie-Region. Seitdem hat sich viel verändert, seitdem sind in der NRZ unzählige Artikel gedruckt worden über diese Veränderungen in der Region, in Deutschland und in der Welt. Etwas änderte sich aber nicht: der journalistische Anspruch der NRZ, ihre Leser umfassend zu informieren – unabhängig und meinungsfreudig.

Seit ihrer ersten Ausgabe hat die NRZ ein eigenes publizistisches Profil entwickelt. Die NRZ ist so zu einer Marke geworden, die journalistische Qualität verbürgt. Das galt vor 70 Jahren und es gilt heute. Die Geschichte dahinter besteht aus vielen Geschichten: der Geschichte von Verlagsgründer Dietrich Oppenberg und seinem Traum von einer unabhängigen Tageszeitung mit klarem politischen Profil, oder der Geschichte von Jens Feddersen, dem Chefredakteur über Jahrzehnte, und seinem publizistischen Kampf für die Deutsche Einheit.

Dann sind da die vielen Geschichten über die Region, über das Ruhrgebiet und den Niederrhein und die Region Düsseldorf. Es sind Geschichten über den Wandel, über den Abschied von alten Wirtschaftsstrukturen, von den Zechen, von dem Ruß in der Luft, aber auch über das Neue, das die Region heute prägt. Es sind Geschichten über die Heimat der NRZ-Leser, über das, was in ihrer Stadt, in ihrer Straße geschieht.

In der NRZ ist aber auch die Geschichte Deutschlands dokumentiert, das geteilt war und seit 25 Jahren wiedervereinigt ist, das in den letzten sieben Jahrzehnten zu einer demokratischen und liberalen Gesellschaft geworden ist, die mit allen ihren Nachbarn in Europa in Frieden lebt.

Und schließlich ist die NRZ selbst Geschichte. In den 70 Jahren spiegelt sich die Entwicklung der Medien wider: in den technischen Innovationen, von den Zeiten der Papierknappheit bis hin zur papierlosen NRZ-App, in den Veränderungen im Arbeitsablauf in der Redaktion, von der Schreibmaschine bis zum Content-Desk der Gegenwart. Um angesichts dieses komplexen Entwicklungsprozesses besser den Überblick behalten zu können, stehen zu Beginn der einzelnen Kapitel jeweils kurze Zusammenfassungen, in denen die wichtigsten Medientrends aufgeführt werden, die die NRZ in diesem Zeitabschnitt geprägt haben.

Im Mittelpunkt steht aber natürlich eine große Beziehungsgeschichte, die über alle Jahrzehnte hinweg bis heute zentral ist: eine sieben Jahrzehnte lang dauernde Partnerschaft zwischen der NRZ und ihren Lesern.

Diese Geschichten aus der Geschichte der NRZ werden in diesem Buch erzählt.

Die Gründungsgeschichte der NRZ 1945–1950

In der Zeit nach dem Krieg ist die Zeitung der Informationslieferant Nummer eins. Nur hier finden die Menschen die Nachrichten über das politische Geschehen in ihrer Stadt, ihrer Region und in der Welt. Entsprechend groß sind der Informationshunger und die Nachfrage nach Zeitungen. Eigentlich gute Voraussetzungen für Zeitungsverlage. Aber nicht jeder kann eine Zeitung herausgeben. Voraussetzung dafür ist eine Lizenz der Besatzungsmacht. Die britische Besatzungsmacht, in deren Zone die NRZ erscheint, vergibt die Lizenz unter Bedingungen, die die Entwicklung der Presselandschaft bis in die Gegenwart geprägt haben. In der ersten Phase wird die Lizenz an Personen vergeben, die politisch unbelastet sind. So soll der Aufbau einer demokratischen Presse gewährleistet sein. Einen Beweis für eine solche demokratische Gesinnung sieht die Besatzungsmacht in der Zugehörigkeit der Lizenzträger zu einer der demokratischen Parteien, die nun wieder existieren. Die Zeitungen, die in dieser Phase gegründet werden, stehen also jeweils einer Partei besonders nah. So ist es auch bei der NRZ, deren erste Ausgabe am 13. Juli 1946 erscheint: Lizenzträger Dietrich Oppenberg und seine drei Mitgesellschafter gehören der SPD an. Diese Bindung an die Partei hat nicht nur inhaltliche Folgen: In der unmittelbaren Nachkriegszeit herrscht eine große Papierknappheit. Die Papierkontingente werden von

Redaktion

Auszüge aus der Lizenzvorschrift
================================

Anweisungenüber politische Richtlinien für alle
zugelassenen Zeitungsverleger.

Es ist das Ziel der Besatzungsbehörden, eine freie Presse in
Deutschland aufzubauen. Diese freie Presse wird den Deutschen
die Möglichkeit geben, aufgrund von objektiv dargestellter Tatsachen eine eigene Unabhängige Meinung über inner-und aussenpoli-
tische Ereignisse zu bilden, sodass sie niemals wieder für eine
Politik der Aggression oder für eine Diskriminierung gegen einzelne Rassen oder Religionsformen gewonnen werden können.

Mit Übernahme dieser Genehmigung haben Sie gegenüber der Besatzungsbehörde und gegenüber dem deutschen Volk die feierliche Verpflichtung übernommen, das Ihnen anvertraute Werkzeug in den Dienst
der Wahrheit zu stellen. Dadurch werden Sie wesentlich zur Bildung
einer freien und demokratischen Gesellschaftsform beitragen, einer Gesellschaftsform, in welcher sich jeder einzelne der auf ihm
ruhenden Verantwortung bewusst ist. Die Art und Weise Ihrer Arbeit
als Zeitungsverleger wird den Zeitraum bestimmen, der verstreicht,
bis der deutschen Presse volle Freiheit bewilligt wird.

Es folgen die allgemeinen Richtlinien, an welche Sie sich in der
Ausübung Ihres Berufes zu halten haben.
1) Für eine geraume Zeit wird die deutsche Presse weiter das
wichtigste Sprachrohr bleiben, durch welches dem deutschen Volke
Nachrichten aus allen Gebieten übermittelt werden.Aus diesem
Grunde werden Sie der Öffentlichkeit ein möglichst vollkommenes
Bild der innerdeutschen und der aussenpolitischen Ereignisse ge-
ben.Dieses Ziel erreichen Sie, indem Sie:
    a) nach bester Möglichkeit einer den Tatsachen genau entsprechen-
       de und objektive Darstellung der Nachrichten bringen;
    b) einen klaren Unterschied zwischen der Berichterstattung und
       denKommentaren der Schriftleitung und oder sonstiger Quellen
       machen;
    c) ein sinnvolles Verhältnis zwischen der Berichterstattung von
       Weltereignissen und den Darstellungen deutscher und lokaler
       Ereignisse sichern.

2.) Sie dürfen Meldungen über die Tätigkeit anderer politischer
Parteien und wichtige Darlegungen ihrer Anschauungen nicht unter-
drücken. Sie müssen derartige Meldungen und Ansichten sorgfältig
von Ihrer eigenen Stellungnahme unterscheiden. Bei der Veröffentlichung kirchlicher Meldungen haben Sie die Glaubensfreiheit aller
Religionen zu achten.
3.) Sie haben alles, was an das nationalsozialistische Regime in
Stilart oder Darstellungsweise erinnert, zu vermeiden.
4.)Die deutsche Presse trägt die besondere Verantwortung für die
geistige Umschulung des deutschen Volkes und für die Förderung
des Wachstums einer freien und verantwortlichen deutschen Gesellschaft. Es ist deshalb Ihre Aufgabe:
    a) in der deutschen Öffentlichkeit besseres Verständnis für die
       Ereignisse der neuesten Geschichte – einschliesslich des Ur-
       sprungs und der Vergehen des nationalsozialistischen Regimes
       – und für die besten Traditionen deutscher und europäischer
       Kultur zu wecken.
    b) Insbesondere müssen Sie der deutschen Öffentlichkeit weit-
       gehende Informationen über die politischen, sozialen
       und wirtschaftlichen Entwicklungen, die ausserhalb Deutsch-
       lands während der letzten 12 Jahre stattgefunden haben,
       zugänglich machen.
    c) Sie dürfen nichts veröffentlichen,was irgendwie auf eine

                                                        -b-w-

Lizenzvorschriften für die
zugelassenen Zeitungsverleger

Dietrich Oppenberg, Gründer
und Verleger der NRZ

der Besatzungsmacht verteilt. Sie teilt das Papier den einzelnen Zeitungen dem Stimmenanteil entsprechend zu, den die ihnen nahestehenden Parteien bei den Wahlen erlangen. Dadurch wird der Zeitungsmarkt in der Region nachhaltig geprägt: Die Leser wollen eigentlich unabhängige Zeitungen, der Parteibindung stehen sie skeptisch gegenüber. Die Verlagsleitung der NRZ kennt diese Stimmungslage: Deswegen entwickelt die Redaktion eine publizistische Linie, die die Unabhängigkeit gegenüber der SPD betont. Die Wirkung: Die NRZ hat auch Leser, die nicht der SPD nahestehen. Aber wegen des Papierproblems können nicht alle interessierten Leser auch beliefert werden, ist das Kontingent doch beschränkt. Dadurch werden potentielle Leser auch dauerhaft vergrault. Diesen Verlust kann die NRZ letztlich in den nächsten Jahren nicht wieder ausgleichen.

Dazu kommt eine Inkonsequenz in der Vergabepolitik der Briten: Gegen Ende der Lizenzierungsphase vergeben sie auch Zeitungslizenzen ohne eine direkte Parteibindung. Eine solche Zeitungsgründung ist auch die „Westdeutsche Allgemeine Zeitung" (WAZ), deren Verbreitungsgebiet sich teilweise mit dem der NRZ überschneidet. Das Papierkontingent dieser Zeitung ist nun natürlich auch nicht an Wahlergebnisse gekoppelt. Diese Zeitungen können jetzt Leser beliefern, die vorher von der NRZ zurückgewiesen worden waren.

Weitere Konkurrenzzeitungen entstehen, nachdem 1949 die Lizenzierungspflicht ganz aufgehoben wird: Die sogenannten Altverleger, also Unternehmer, die bereits vor dem Kriegsende Zeitungen herausgegeben haben und oft noch über eigene Druckereien verfügen, steigen wieder in das Zeitungsgeschäft ein. Die alten Titel sind den Lesern aus der Vergangenheit noch vertraut; auch diese Zeitungen stellen ihre politische Unabhängigkeit heraus. Die NRZ setzt angesichts dieser Strukturprobleme auf ein klares politisches Profil, das zwar parteiunabhängig ist, aber nicht beliebig. Auf diese Weise will die Zeitung einen publizistischen Beitrag zum Aufbau der Demokratie leisten.

Der Weg zur Gründung der NRZ

Am 16. April 1945 versammelten sich 78 Menschen im Druckhaus in der Sachsenstraße, dem alten Presseviertel der Stadt Essen. Der Krieg war für sie zu Ende, sie wollten wieder arbeiten. Fünf Tage war es erst her, dass amerikanische Soldaten in die Innenstadt einmarschiert sind. Nun waren die Betriebsangehörigen des Druckhauses an ihrem Arbeitsort zusammengekommen, um gemeinsam über ihre Zukunft nachzudenken.

Die Essener Pressegeschichte beginnt 1738: In diesem Jahr erscheint in Essen die erste Zeitung: die „Neuesten Essendischen Nachrichten". Aus diesen geht schließlich die „Essener Zeitung" hervor, die unter der Verlegerfamilie Baedeker im 19. Jahrhundert eine Blüte erlebt. 1883 wird der Titel geändert in: „Rheinisch-Westfälische Zeitung". Die Zeitung findet nun auch über Essen hinaus eine Leserschaft in der ganzen Region. 1903 wird der Verlag von Theodor Reismann-Grone gekauft.[1]

Werden sie auch in Zukunft hier Zeitungen produzieren können? Damals konnte Essen schon auf 200 Jahre als Zeitungsstadt zurückblicken. Geht diese Geschichte weiter?

Die Stadt glich einer riesigen Trümmerlandschaft: Überall befanden sich Trümmerberge, tiefe Krater zogen sich durch die Straßen. 12 Millionen Kubikmeter Schutt galt es abzutragen. Von den 184.000 Wohnungen waren 80.000 total und 20.000 schwer beschädigt. 90 Prozent der Essener Innenstadt waren zerstört. Insgesamt waren auf Essen seit Kriegsbeginn 272 Luftangriffe erfolgt, 6.800 Menschen hatten ihr Leben verloren. Essen war ein bevorzugtes Angriffsziel der Alliierten Bomber, denn hier war der Sitz von Krupp, der „Reichswaffenschmiede".[2]

Das Essener Presseviertel war nicht weit von den Krupp-Werken entfernt. Auch die Sachsenstraße war ein Trümmerfeld. Die Schrecken des Krieges steckten den Menschen noch in den Knochen. Erst wenige Tage zuvor, am 11. März 1945, hatten 1.050 britische Halifax- und Lancaster-Bomber 5.500 Tonnen Spreng- und Brandbomben über der Innenstadt abgeworfen.[3] Auch das Druckhaus wurde an diesem Sonntag getroffen. „Das Gebäude des Reismann-Grone-Verlags in der Sachsenstraße wurde in diesem Inferno von Luftminen richtig durchgeblasen", erinnert sich später ein Zeitzeuge.[4] Viele Mitarbeiter kamen um. Die Stadt war in Trümmern, auf der Straße lagen die Leichen der Menschen, die beim Angriff umgekommen waren, verpackt zu Paketen in grobem Papier.[5]

Das Druckhaus in der Sachsenstraße in der Nachkriegszeit

Unter denen, die den Angriff überlebt hatten, war ein 28-jähriger junger Mann: Dietrich Oppenberg, der künftige Gründer der NRZ. Am 16. April wählten ihn seine Kollegen zu ihrem Sprecher. Er sollte die kaufmännische Leitung des Druckhauses übernehmen. Noch wenige Tage zuvor wäre das unmöglich gewesen. Oppenberg stammte aus einer sozialdemokratischen Familie, er war nach den rassistischen Kategorien des untergegangenen Regimes ein sogenannter „Halbjude" und er war von Dezember 1936 bis September 1939 inhaftiert,[6] weil er in einer Widerstandsgruppe aktiv gewesen war. Doch jetzt, nachdem das sogenannte „Dritte Reich" in Essen aufgehört hatte zu bestehen – die bedingungslose Kapitulation für ganz Deutschland erfolgte erst am 8. Mai –, galten die Maßstäbe des Regimes nicht mehr.

So begann die Geschichte der NRZ mit einem demokratischen Akt, mit einer Wahl. Zwar konnte damals noch niemand ahnen, dass es einmal eine Zeitung unter diesem Namen geben würde. Aber eines ist sicher, ohne diese Entscheidung der Betriebsgemeinschaft, sich nicht zerstreuen zu lassen, hätte es die Entwicklung hin zur Zeitungsgründung nicht gegeben. Warum wurde Dietrich Oppenberg zum Sprecher gewählt? Ein Grund war, dass Oppenberg politisch unbelastet war. Ein zweiter: Er hatte in den vergangenen fünf Jahren bereits intensiv Erfahrungen im Verlagsgeschäft sammeln können.

Ein Blick zurück in das Jahr 1940: Oppenberg, ein schmächtiger junger Mann, begann in diesem Jahr mit seiner Arbeit im Reismann-Grone-Haus an der Sachsenstraße 36. Damals trug das Verlagshaus, ein erst zehn Jahre alter, moderner Bau, noch den Namen des früheren Verlegers Theodor Reismann-Grone. 1940 wurden hier zwei Zeitungen verlegt: die Rheinisch-Westfälische Zeitung (RWZ) und der Essener Anzeiger. Was für ein geistiges Klima herrschte hier, ein Jahr nach Beginn des Zweiten Weltkrieges, sieben Jahre nach der sogenannten nationalsozialistischen „Machtergreifung"? Ein ungewöhnlicher Arbeitsplatz für einen Sozialdemokraten wie Oppenberg, denn Theodor Reismann-Grone[7], der ursprüngliche Verleger, hatte das publizistische Profil des Hauses maßgeblich bestimmt: Reismann-Grone, geprägt durch völkische und nationalistische Anschauungen, war „ein geistiger Wegbreiter Hitlers" (Eberhard Kolb). Unter welchen Umständen Oppenberg die Anstellung dort gefunden hatte, ist heute leider nicht mehr nachzuvollziehen. Fest steht nur: Trotz dieser schwierigen Ausgangslage konnte der junge Mann sich hier beruflich bewähren.

Die Rheinisch-Westfälische Zeitung (RWZ) gehörte zu den großen Zeitungen im Deutschen Reich. 1893 hatte dort Reismann-Grone die Chefredaktion übernommen, 1903 war er zum Besitzer des Verlages geworden, der vorher der Familie Baedeker gehört hatte. Unter seiner Leitung hatte sich die RWZ als Sprachrohr der Ruhrindustrie profiliert. Vor allem dank dieser Reputation in Wirtschaftskreisen hatte sie eine hohe Auflage erreicht, 1932 hatte sie bei 30.000 Exemplaren pro Tag gelegen. Reismann-Grone selbst hatte sich in dieser Zeit bereits als publizistischer Wortführer für die Nationalsozialisten betätigt. Doch bei den Industrie-Vertretern in seinem Aufsichtsrat war dies auf Widerspruch gestoßen, denn diese waren zwar deutsch-national, aber eben nicht nationalsozialistisch. Dies hatte dazu geführt, dass sich in Folge von Finanzproblemen, die sich durch den Neubau des Verlagshauses 1926 ergeben hatten, die Besitzverhältnisse veränderten. Hauptanteilseigner war der Verein für die bergbaulichen Interessen geworden, ein

Zusammenschluss der Ruhrkohle-Industrie. 1932 war Reismann-Grone endgültig ausgeschieden.[8]

Reismann-Grones politische Grundhaltung freilich prägte auch weiterhin den Verlag. Dies galt natürlich nach 1933, aber umso mehr noch 1940, als Oppenberg dort zu arbeiten begann. 1940 bekam der Verlag mit Heinrich Schulte auch einen neuen Geschäftsführer. Vieles spricht dafür, dass Schulte sich in besonderer Weise Oppenbergs annahm und ihn trotz seiner Vorgeschichte förderte. Die Zusammenhänge lassen sich nicht mehr genau rekonstruieren. Aber auch nach 1945 arbeiteten Oppenberg und Schulte gut zusammen, als Schulte Verlagsleiter der „Welt" war, die zusammen mit der NRZ im Druckhaus an der Sachsenstraße produziert wurde. Die Wurzeln für diese gute Arbeitsbeziehung wurden vermutlich schon in der Kriegszeit angelegt.[9]

Und auch ein weiterer Protagonist des Nachkriegspressewesens, der ein wichtiger Geschäftspartner Oppenbergs werden wird, war bereits zu diesem Zeitpunkt in der Sachsenstraße tätig: Jakob Funke.[10] Er sollte 1945 der erste Essener Lokalchef der NRZ und 1948 zusammen mit Erich Brost Lizenzträger der Westdeutschen Allgemeinen Zeitung werden. 1940 war er noch Chefredakteur des Essener Anzeigers. Während die RWZ für sich eine landesweite publizistische Wirkung beanspruchte, richtete sich der Anzeiger an die Leserschaft der Region. Funke, der schon 1915 als 14-Jähriger in den Reismann-Grone Verlag eingetreten war, hatte 1940 bereits eine bemerkenswerte berufliche Karriere hinter sich gebracht: Begonnen hatte er als Büro-Hilfskraft, aber schon bald hatte der aufgeweckte Knabe in Reismann-Grone einen Förderer gefunden, der sein journalistisches Talent entdeckt hatte. Zehn Jahre später war Funke Leiter der Lokalausgabe, ab 1928 dann Chefredakteur der Gesamtausgabe. Unter seiner Führung hatte der „Essener Anzeiger" eine gewaltige Auflagensteigerung erlebt: 1940 lag die Auflage bei 60.000 Exemplaren und war damit wesentlich höher als die der RWZ.[11]

1941 wurde aber der „Essener Anzeiger" mit der „Essener Allgemeinen Zeitung" zusammengelegt. Ein Zeichen dafür, dass der Einfluss der NSDAP im Verlag zunahm. Die „Essener Allgemeine Zeitung" war bis 1936 vom Girardet-Verlag herausgegeben worden. Sie war bürgerlich geprägt, aber eher unpolitisch, typisch für eine Lokalzeitung in dieser Zeit. In der Wissenschaft wird dieser Zeitungstyp als „Generalanzeiger-Presse" bezeichnet. Diese Zeitungen verstanden sich vor allem als Mitteilungsblatt, in dem die aktuellen Nachrichten eben lediglich angezeigt wurden, eine weitere

Am Pressetisch während der ersten Wahlkampfkundgebung nach dem Krieg: Jakob Funke (l.), der erste Lokalchef der „Neuen Ruhr Zeitung", und Dietrich Oppenberg (2. v. l.)

politische Einordnung aber unterblieb. Doch auch bei der Essener Allgemeinen Zeitung hatten die Parteigremien Druck auf den ursprünglichen Verleger ausgeübt, so dass die EAZ 1936 an einen Verlag aus dem NS-Presseimperium verkauft werden musste. Bis 1940 wurde sie noch bei Girardet gedruckt, doch dann, nach der Zusammenlegung mit dem Essener Anzeiger, ebenfalls in der Sachsenstraße, weiterhin unter dem Titel „Essener Allgemeine Zeitung".[12]

Wie dieser Vorgang von der Verlagsöffentlichkeit gesehen wurde, zeigte die Reaktion Jakob Funkes. Er wollte bei der neuen gleichgeschalteten Zeitung nicht mehr arbeiten und wurde Zweigstellenleiter des Deutschen Nachrichtenbüros Essen.[13] Wie gut Oppenberg zu diesem Zeitpunkt Jakob Funke schon kannte, lässt sich nicht mehr rekonstruieren. Aber selbst wenn er nur aus der Ferne den routinierten Lokaljournalisten beobachtet hatte, so wird ihm doch klar geworden sein, dass er es hier mit einem Kenner der Region zu tun hatte, der durch seine jahrzehntelange Arbeit über ein ausgedehntes Netzwerk verfügte, das

Dietrich Oppenberg mit Redaktionsmitgliedern im Gründungsjahr der NRZ, 1946

von der Verwaltung bis hin zur Wirtschaft reichte. Auf diese Kontakte und Verbindungen griff Oppenberg bei seiner Zeitungsgründung 1946 zurück. Jakob Funke sollte sich in den Gründungsmonaten der NRZ als der Meister der Organisation bewähren: Der Chef der Essener Lokalausgabe besorgte sowohl Schreibtische und Schreibgeräte als auch Papier – knappe Güter in dieser Zeit.[14]

Die redaktionelle Unabhängigkeit der RWZ war durch die NS-Machthaber immer stärker eingeschränkt worden. Allerdings war auch das alte Reismann-Grone-Profil vor der „Machtergreifung" bereits nationalkonservativ und völkisch. Trotzdem betont Dietrich Oppenberg im Rückblick: „Es waren nicht alle Nazis." Dies macht er an Verlagsleiter Heinrich Schulte deutlich: Gemeinhin seien die führenden Mitarbeiter der Verlage nicht als Soldaten eingezogen worden, da ihre Betriebe von kriegswichtiger Bedeutung waren. Schulte jedoch wurde Soldat. Er war in Konflikt mit Rolf Rienhardt geraten, dem Stabsleiter im Verwaltungsamt für die NS-Presse. Schulte hatte dagegen protestiert, dass der Berliner Korres-

Dietrich Oppenberg in der Redaktion, 1946

pondent der Zeitung abberufen worden war. Der Nachfolger Schultes hingegen folgte den Anordnungen der Partei. Er verhinderte nicht, dass die RWZ mit der eigentlichen Essener NSDAP-Parteizeitung, der National-Zeitung, fusionierte. Fortan wurde sie nicht mehr in der Sachsenstraße, sondern an der Essener Herkulesstraße gedruckt.[15]

Das politische Klima im Verlag war also ambivalent. Einerseits nahm die Partei direkten Einfluss, andererseits erlebte Oppenberg aber auch an dem Beispiel Schultes, dass einige Verantwortliche zumindest Vorbehalt gegenüber dem Regime zeigten. Diese Erfahrungen hatten eine Folgewirkung, sie erhöhten Oppenbergs Sensibilität. Er bekam eine differenzierte Sicht auf die Frage, wer ein überzeugter Nazi war und wer nicht. Diese Perspektive erleichterte es ihm in den ersten Monaten nach dem Zusammenbruch, geeignete Mitarbeiter auszuwählen. Damit wird aber auch deutlich: Von einer wirklichen „Stunde Null" kann nicht gesprochen werden. Es gab stattdessen eine personelle Kontinuität, da bei dem Aufbau des neuen Pressewesens auf Fachkräfte nicht verzichtet werden konnte.

In diesen Jahren machte Dietrich Oppenberg aber vor allem auch praktische Erfahrungen: Er begann als Statistiker in der Anzeigenabteilung. Da viele Mitarbeiter als Soldaten eingezogen wurden, setzte man ihn schon bald auch in anderen Bereichen ein. Er war, wie erwähnt, nach den rassistischen Kategorien „Halbjude" und galt daher als „wehrunwürdig". Oppenberg stieg auf zum Verlagssekretär und musste dafür Sorge tragen, dass die Personalengpässe überwunden wurden. Dabei zeigte der junge Mann Kreativität. Nicht weit vom Druckhaus entfernt, befand sich eine Wäschefabrik. „Da gab es reizende junge Damen", erinnerte er sich später. „Wenn die da keine Arbeit hatten, weil es keine Stoffe gab, dann habe ich die mir hergeholt. Unter fröhlichem Gesang sind wir dann über die Straße gezogen [...]." Die Damen gingen dann Oppenberg bei Arbeiten im Verlagshaus zur Hand. Eine bemerkenswerte Szene, in der Oppenberg Eigenschaften zeigt, die auch den späteren Verleger auszeichnen: Einfallsreichtum und tatkräftiger Optimismus.

Oppenberg stieß in der Zeitungsbranche auf viele interessante Persönlichkeiten. Da waren natürlich die Journalisten. Originelle Persönlichkeiten zumeist – kommunikativ, kreativ, geistreich, aber auch eigensinnig und sensibel. Diese Individualisten, so lernte er nun, benötigen eine spezielle Ansprache, wenn man bei ihnen etwas erreichen will. Und dann waren da auch noch die anderen Abteilungen: der Vertrieb, die Anzeigenabteilung – aber natürlich vor allem: die „Meister der schwarzen Kunst", wie sich die Setzer und die Drucker stolz selbst nannten. Menschen mit Standesbewusstsein, die wussten, dass sie eine Schlüsselposition in dem Produktionsprozess der Zeitung einnehmen. Oppenberg lernte aber auch die Mitarbeiter kennen, die ganz hinten in der Hierarchie stehen, aber ganz vorne, wenn es darum geht, die Zeitung in die Öffentlichkeit zu tragen: die Boten.

Diese Menschen spielten und spielen auch heute noch eine wichtige Rolle in der Zeitungsproduktion, jeder ist an seinem Platz unverzichtbar. Für eine reibungslose Zusammenarbeit muss es ein Zusammengehörigkeitsgefühl geben. Dass der junge Oppenberg diese Gemeinschaft hier fand, zeigt sich daran, dass sehr viele dieser Menschen später bei der NRZ arbeiteten. Ja, er wird schließlich auch deswegen zum Unternehmer, weil er etwas unternahm, um die Arbeitsplätze seiner Kollegen zu sichern. Diese Entwicklung konnte er damals, Anfang der 1940er Jahre, noch nicht ahnen, schließlich wusste niemand, wie lange das NS-Regime bestehen würde. Als Gegner des Regimes konnte er zunächst froh sein, überhaupt hier seinen Lebensunterhalt bestreiten zu können. Gleichzeitig machte er zwei Grunderfahrungen. Eine praktische: Um das gedruckte Wort erfolgreich unter die Leser bringen zu können, bedarf es eines Verlages, der gut funktioniert, der effektiv organisiert ist. Und eine andere, die seine Haltung als späterer Verleger ebenso bestimmen wird: Alle geschäftliche Effizienz ist nichts wert, wenn die Inhalte nicht wahr sind. Oppenberg erlebte hautnah, wie die Freiheit der Presse während des NS-Regimes eingeschränkt wurde. Ein funktionierender Verlag ist kein Selbstzweck, er muss sich in den Dienst des freien Wortes stellen. Oppenberg hatte sich diesem freien Wort schon in seiner Jugend verschrieben. Auch wenn in diesen letzten fünf Jahren vor dem Kriegsende noch niemand wusste, wann das NS-Regime zusammenbricht, wurden in dieser Zeit doch schon Grundlagen für die Entwicklung der Zeitungsbranche in der Region geschaffen: Es bildeten sich bereits Netzwerke. Dietrich Oppenberg lernte in dieser Zeit spätere wichtige Mitarbeiter kennen, daran konnte er nach dem 15. April 1945 anknüpfen.

Um Dietrich Oppenbergs Aktivitäten nach 1945 zu verstehen, muss man aber auch sein familiäres und soziales Umfeld kennen:[16] Er ist, am 29. Juli 1917 in Essen geboren, in einer sozialdemokratisch geprägten Familie aufgewachsen. Freiheit hatte in der Familie ganz im Sinne der Aufklärung die Bedeutung, dass der Mensch sich mit Hilfe seiner Vernunft aus seiner „selbstverschuldeten Unmündigkeit" befreien soll. Am Anfang einer solchen Entwicklung steht immer die Freiheit zum eigenen Denken. Der Junge bekam geistige Anregung und lernte so – es wird sein Leben lang so bleiben –, diese geistige Anregung selbst immer wieder neu zu suchen. Bildung schrieb man in der Familie Oppenberg groß. Natürlich steckte dahinter auch eine ganz konkrete Strategie: Denn Bildung führte zu gesellschaftlichem Aufstieg. Vater Arnold Oppenberg, Jahrgang 1888, machte es seinem Sohn vor: Er arbeitete als Dreher bei Krupp, wollte aber kein einfacher Arbeiter bleiben. Also besuchte er Abendkurse und bildete sich so bis zum Werkmeister weiter. Bildung hatte aber auch eine andere Facette: Die gebildete Persönlichkeit nimmt Anteil an den öffentlichen Dingen, sie engagiert sich für die res publica. Auch hier war Vater Arnold das Vorbild: Der Sozialdemokrat und Gewerkschafter setzte sich für die neue, die erste deutsche Republik ein. Die damals aktiven Sozialdemokraten hatten noch selbst erlebt, wie sie, als „vaterlandslose Gesellen" verunglimpft, im Kaiserreich wie Staatsfeinde behandelt worden waren. Diese Zeit war nun vorbei: Die 1918 nach dem Ersten Weltkrieg gegründete erste Republik ist ihre Republik; ausgerufen von einem Sozialdemokraten, Philipp Scheidemann, und mit ihrem Genossen Friedrich Ebert als Staatsoberhaupt.

Doch diese Aufbruchsstimmung trübte sich schnell: Die alten Eliten waren immer noch einflussreich, und die Folgen des verlorenen Krieges wirkten nach. Der „Schmachfrieden" von Versailles – so wurde er auch von den Sozialdemokraten genannt – drückte auf das deutsche Selbstbewusstsein. Hinzu kam ab Mitte der 1920er Jahre die Weltwirtschaftskrise. Die radikalen Gruppen von rechts, wie die Nationalsozialisten, aber auch von links erstarkten.

In dieser politisch unruhigen Zeit wuchs Dietrich auf. Und er lernte: Freiheit hängt auch immer mit sozialer Verantwortung zusammen. Freiheit drückt sich nicht nur darin aus, frei von Repression und Denkverboten zu sein. Freiheit bedeutet auch, frei für etwas zu sein. Frei, Verantwortung zu übernehmen.

Solidarität – was dieser alte sozialdemokratische Wert bedeutet, das erlebte Dietrich Oppenberg ganz konkret in seinem Umfeld. Da war zunächst Arnold Oppenberg mit seinem Engagement in der Gewerkschaft. An seinem Beispiel erkannte er allerdings ebenfalls, dass so ein Einsatz auch in der neuen Republik negative Konsequenzen nach sich ziehen konnte. 1928 wurden bei Krupp infolge der Wirtschaftskrise Arbeiter entlassen. Arnold Oppenberg gehörte zu den Ersten, vermutlich wegen seiner Gewerkschaftszugehörigkeit. Jetzt musste Dietrichs Mutter Elise die Rolle der Ernährerin übernehmen, sie arbeitete als freie Handelsvertreterin.

Unter diesen Umständen war es Dietrich, trotz seines Bildungshungers, nicht möglich, ein Gymnasium zu besuchen. Er beendete seine Schullaufbahn 1933 mit der Mittleren Reife und begann eine Lehre in einer Anwaltskanzlei. Seine geistige Prägung erhielt er denn auch weniger in der Schule als in der Arbeiterjugendbewegung. Als 12-Jähriger wurde er dort 1929 aktiv. Auch hier erfuhr er praktisch, was Solidarität bedeutet und in welchem Verhältnis Freiheit und soziale Verantwortung zueinander stehen. Bei den Ferienlagern und Fahrten wurde diskutiert, aber auch leidenschaftlich gelesen: die Klassiker der deutschen Literatur, Philosophie, natürlich auch sozialistische Schriften. Es blieb nicht bei der Theorie: Denn im Alltag eines Ferienlagers waren auch ganz praktische Fähigkeiten gefragt. So nahm er auch an den später legendären Ferienlagern auf der Insel Namedy teil.[17] Dort errichtete die Arbeiterjugend sogenannte „Kinderrepubliken". Angelehnt an die Traditionen des „Wandervogels" sollten die Kinder hier, indem ihnen Verantwortung übertragen wurde, lernen, dieser Aufgabe gerecht zu werden. Dabei galt eine klare Devise: Jugend führt Jugend.[18] In dieser Zeit lernte Dietrich auch spätere Mitarbeiter der NRZ kennen: Kurt Gehrmann und Karl Huber, später stellvertretende Chefredakteure – beide stammen aus sozialdemokratischen Familien. Dieser Zusammenhalt innerhalb des Milieus, auch wenn Oppenberg sich später von der Partei emanzipieren sollte, spielte für ihn auch als Verleger eine wichtige Rolle. Genossenschaft – so hat es Antje Huber, die spätere Frau Karl Hubers und eine der ersten Redakteurinnen der NRZ, mit Blick auf diese Prägung formuliert – verstanden diese jungen Leute ganz im Sinne der ursprünglichen Bedeutung dieses Wortes: „Genosse – das ist der Freund in der Not."[19]

Dietrichs Mutter, Elise Oppenberg, war Jüdin. Ihre Familie schützte sie während des gesamten NS-Regimes, so konnte sie das „Dritte Reich" überleben. Trotz der Bedrohung, der die Familie damit ausgesetzt war, entschloss sich der 16-jährige Dietrich, auch nach der „Machtergreifung" der Nationalsozialisten politisch aktiv zu bleiben. Er traf sich regelmäßig mit Freunden: Sie lasen. Was aus heutiger Sicht harmlos erscheinen mag, war unter den Umständen der damaligen Zeit lebensgefährlich. Doch diese Jugendlichen setzten sich dieser Gefahr aus: Die Sehnsucht nach geistiger Anregung und der Wunsch sich auszutauschen waren größer als die Angst – sie nahmen sich diese Freiheit. Die Jungen besorgten illegale Literatur aus dem Ausland und diskutierten darüber. Dass Dietrich in diesem Zusammenhang Lesen als einen Akt der Freiheit erlebte, ist eine grundlegende Erfahrung für den späteren Verleger.[20]

Lange blieb die Gruppe unentdeckt, doch 1936 wurde sie von der Geheimen Staatspolizei ausgehoben. Dietrich, 19 Jahre alt, wurde am 19. Dezember durch die Staatspolizei Dortmund verhaftet. Danach folgte die Untersuchungshaft im Gerichtsgefängnis Bochum. Das Urteil des 4. Strafsenats des Oberlandesgerichts Hamm vom 18. August 1937 lautete: Vorbereitung zum Hochverrat, zwei Jahre und neun Monate Zuchthaus. Die Untersuchungshaft wurde dabei angerechnet. Vom Gerichtsgefängnis Hamm aus folgte nach einer Übergangszeit im Zuchthaus Herfort die Einlieferung in das Strafgefangenenlager Oberems. Oppenberg verbrachte die Haftzeit als Land- und Waldarbeiter in der ostwestfälischen Senne. Nach seiner Haftentlassung am 20. September 1939 wurde Oppenberg nicht zur Wehrmacht eingezogen,[21] sondern als ehemaliger politischer Gefangener und sogenannter „Halbjude" für „wehrunwürdig" erklärt. Ein halbes Jahr nach seiner Entlassung fand er schließlich im Juli 1940 die Anstellung im Zeitungshaus Reismann-Grone.[22]

Zurück in das Jahr 1945: Ist es Zufall oder doch eine kalkulierte Strategie? Wenn man den Weg betrachtet, den der gerade einmal 28-jährige Dietrich Oppenberg in den Monaten direkt nach dem Kriegsende ging, wäre es falsch, ihm eine Zielgenauigkeit zu unterstellen, die er gar nicht aufweisen konnte. Zu ungewiss war in diesen Zeiten die Zukunft. Die Menschen lebten von Hunger gepeinigt inmitten einer Trümmerlandschaft nur von Tag zu Tag. Da entwickelte niemand langfristige Strategien. Aber Oppenberg musste sich jeden Tag bewähren. Und dies war vielleicht der Kern seines Erfolgs: Er bemühte sich, die Aufgaben zu lösen, die sich ihm Tag für Tag stellten. Er setzte auf Tatkraft, nicht Apathie, die viele angesichts eines von ihnen als Zusammenbruch erlebten Kriegsendes erfasst hatte. Aufgaben, die erledigt wurden, führten zu neuen Aufgaben. Dieser Tätigkeitsfluss schuf Motivation, Raum für neue Ideen, ebenso erzeugte er ein Verantwortungsgefühl: gegenüber dem, was da entstand und von dem erst allmählich erkennbar wurde, dass es überhaupt entstand – und gegenüber den Kollegen, mit denen dieses Werk gemeinsam geschaffen wurde. So schuf Oppenberg eine Struktur, die in strukturloser Zeit Halt gab.

Durch seine Tätigkeit im alten Reismann-Grone-Verlag hatte Oppenberg Einblicke in das praktische Geschäft bekommen. Der 28-Jährige kannte sich also aus, als er am 16. April 1945 von seinen Kollegen zum Sprecher gewählt wurde. Er hatte in den letzten fünf Jahren das Verlagsgeschäft, sie hatten ihn als Kollegen kennengelernt. Sie vertrauten seinem kaufmännischen Können, aber auch seinen sozialen Kompetenzen. Und die Kollegen wussten: Oppenberg war politisch unbelastet, ein Vorteil bei der Kontaktaufnahme zur Besatzungsmacht.

Die Leute von der Sachsenstraße ahnten wohl, dass in diesen schwierigen Zeiten jemand gebraucht wurde, der einerseits fachliche Fähigkeiten mitbringt, andererseits aber auch weiß, wie man mit Menschen umgeht. Und da waren ja nicht nur die Kollegen, die es zu motivieren galt. Viel war zu tun, lag das Verlagshaus doch in Trümmern. „Ich habe mich immer geärgert, wenn ich meinen Trainingsanzug ausziehen musste", erinnerte sich Oppenberg später. „Ich hatte immer einen Hammer und eine Kneifzange in der Hand."[23]

Noch am 31. März 1945 hatte die NSDAP-Kreisleitung die Demontage der Druckmaschinen angeordnet. Das Regime wollte so verhindern, dass

Die Rotationshalle, 1947

Umbau an der Rotationshalle, 1949

hier nach der Niederlage von den Siegern neue Zeitungen produziert werden könnten. Doch die Belegschaft setzte diese Order nur widerwillig um. Ursprünglich war geplant worden, in die Kisten, in denen die Falzklappen der Rotationsmaschine oder die Gießformen abtransportiert werden sollten, Ziegelsteine zu packen. Doch der Abtransport wurde überwacht. Gleichwohl: Die Belegschaft hatte Glück. Am 10. April, kurz vor dem Einmarsch der Amerikaner, erreichte die Sachsenstraße die Nachricht, die ausgebauten Maschinenteile befänden sich noch auf Essener Boden. Dietrich Oppenberg und Adolf Lanninger, dem von der Belegschaft die technische Leitung übertragen worden war, sowie zwei weitere Mitarbeiter machten sich auf und wurden im Essener Süden, im Stadtteil Bredeney, fündig. Dort war der Wagen mit den abmontierten Maschinenteilen bei dem Geschäftsführer einer Milchverwertungsgesellschaft zur Verwahrung abgegeben worden. Unter abenteuerlichen Umständen gelangte der Transport zurück zur Sachsenstraße: „Unter Umgehung amerikanischer Artilleriestellungen, die gerade die andere Ruhrseite beschossen, konnten alle Teile zurückgebracht werden", erinnerte sich Adolf Lanninger später.[24]

Damit war die große MAN-Rotationsmaschine, obwohl schon zweimal ausgebrannt, wieder vor Ort. Und auch sonst fiel die Bilanz der Belegschaft nach einer ersten Bestandsaufnahme positiv aus. Allerdings galt es, Plünderungen zu verhindern: „[Wir] beschlossen, den Rest an Maschinen und Arbeitsgeräten zu bewachen und vor dem Zugriff Fremder zu sichern", berichtet Lanninger.[25] Die Belegschaft war zuversichtlich, dass hier bald wieder Zeitungen gedruckt werden könnten. Die Kollegen teilten sich in Aufräum- und Werkstatttrupps auf. Alte Unterschiede in der Firmen-Hierarchie galten nun nicht mehr: „Es gab keine Kaufleute und Techniker mehr, nur noch Trümmer-Arbeiterinnen und -Arbeiter. Manches bis dahin verborgene Talent der Improvisation und Geschicklichkeit wurde entdeckt und konnte sich entfalten, zum Nutzen aller", beschreibt Lanninger die Atmosphäre.[26]

Die Erfindung der Rotationsmaschinen machte den massenhaften Druck von Büchern und Zeitungen möglich. In Deutschland wurde diese Entwicklung vor allem von den Ingenieuren der Maschinenfabrik Augsburg-Nürnberg (MAN) vorangetrieben.

„Wir hatten diesen Geist der Zusammengehörigkeit. Wir hatten den sehr stark entwickelt. Wir haben eben zusammengehalten und gesagt,

Die erste Nachkriegskantine, 1947

wir müssen unser Schicksal selbst in die Hand nehmen", so Oppenbergs Bilanz 46 Jahre später.[27] „Wir wollten wieder arbeiten. Wir waren der optimistischen Meinung, Zeitungen werden immer gebraucht und werden auch immer gemacht, und dafür wollten wir unseren technischen Betrieb wieder herstellen."[28]

Woher kam diese Energie? Oppenberg: „Das war eine reine Arbeitstherapie. Die Arbeit hat uns sehr geholfen. Wir waren also sehr fröhlich dabei. Und alle haben beim Wiederaufbau mit angepackt. Ob das nun kaufmännische Angestellte waren, Mädchen oder ältere Damen und die Kollegen aus der Technik natürlich auch. Das hat uns sehr viel Spaß gemacht."[29] Sie räumten Schutt, Eisenträger und herumliegende Holzbalken weg, klopften Steine. Und das fast ohne jedes Material. Jeder Nagel war

Andruck der NRZ auf der neuen Druckmaschine, 1949

eine Kostbarkeit. „Alles war auf den Tag X eingerichtet."[30] Jenen Tag, an dem der Betrieb wieder aufgenommen werden konnte. So wurde Dietrich Oppenberg zu einem Unternehmer, weil er etwas unternahm. Aber nicht nur für sich allein, sondern in erster Linie für seine Kollegen. Ihnen wollte er den Arbeitsplatz sichern.

„Ich weiß zu gut, was zum Erfolg gehört, es ist die Initiative, der Fleiß, der Wille und die Ausdauer. Und vor all diesen Tugenden steht die Offenheit und das Vertrauen."[31] Diesem Grundsatz würde Oppenberg sein ganzes Unternehmerleben lang treu bleiben. Es waren Werte, die er in seiner Familie gelernt hatte, sozialdemokratische Werte: Offenheit und Vertrauen. Jetzt, nach dem Zusammenbruch, bewähren sie sich. Zu dem Unternehmer Oppenberg gehören aber auch noch diese anderen Eigen-

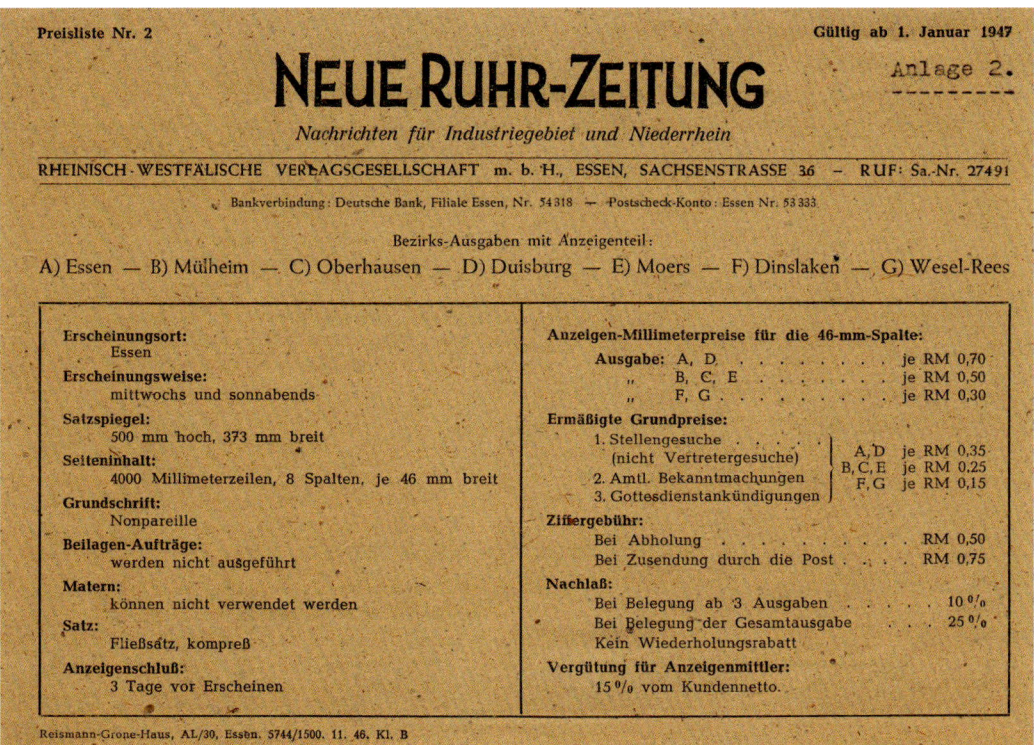

NRZ-Anzeigenpreisliste nach Erscheinungsort, 1947

schaften: Initiative, Fleiß, Wille und Ausdauer. Der 28-Jährige ist ein „self-made-man". Das klingt nicht nur zufällig amerikanisch. Oppenberg begegnete hier, wenige Tage nach dem Zusammenbruch, auch einer neuen Kultur: lockerer, weniger hierarchisch, gleichwohl selbstbewusst – und: ur-demokratisch. Dem Argument durfte ein Gegen-Argument folgen. Um aber überhaupt eine Meinung herausbilden zu können, musste der Einzelne die Faktenlage kennen. Die amerikanische Lebensart spiegelte sich auch in der Art wider, wie die Amerikaner Zeitungen machten. Und Oppenberg merkte schnell, diese Art war anders. Aber anders sollte ja auch dieses neue Staatswesen werden, das nach dem Krieg in Deutschland entsteht.

Der Historiker Heinrich August Winkler spricht mit Blick auf die deutsche Geschichte von einem „langen Weg nach Westen".[32] Nach vielen Um- und Abwegen sei dieser erst in der Bundesrepublik zu seinem Ende gekommen. In der Sachsenstraße begann dieser neue Weg am 15. Mai 1945, in den

Abendstunden: Die Mitarbeiter hatten schon Feierabend gemacht, nur eine „Wache" war noch zurückgeblieben, als ein amerikanischer Offizier erschien. An diesem Tag beschlagnahmte die Abteilung für psychologische Kriegsführung der 12. Armee der US-Army das Druckhaus. Adolf Lanninger war schnell vor Ort und schilderte den Offizieren die „hervorragenden technischen Einrichtungen", die noch vorhanden seien.[33] Das überzeugte: Am 24. Mai, nur neun Tage nachdem die Amerikaner das Druckhaus in Beschlag genommen hatten, erfolgte der erste Andruck der „Ruhr Zeitung" – der Zeitung, die die Amerikaner nun für die Ruhr-Region herausgaben. Lanninger erinnerte sich später: „Am 24. Mai fuhr morgens ein amerikanischer Jeep auf den Hof. Captain George Martin und Colonel Hans Habe kamen aus dem Hauptquartier Bad Nauheim, um die Manuskripte für die Ausgabe NR. 1 zu bringen. Sogar ein Layout brachten die Herren mit. Die Rechnung ging tadellos auf. Zum großen Erstaunen waren alle vier Seiten um 16 Uhr umbrochen – bis auf den Übersatz. Und hier lernten wir erstmals gut vorbereitete amerikanische Umbruchtechnik kennen. In wenigen Minuten wurde der Übersatz am Ende der Spalten gestrichen. Hans Habe las noch einmal alles und gab die Seiten zum Druck frei. Um 20 Uhr hatte sich das Personal im engen Keller um die MAN-Rotationsmaschine versammelt, um den neuen Start zu erleben. 900 000 Exemplare wurden […] gedruckt. Das Dröhnen der Maschine und der Geruch der Farbe erfüllten die Sachsenstraße. Alle Mitarbeiter waren stolz, einen Anfang gefunden zu haben. Keiner wird diesen Tag wieder vergessen."[34]

Umbruch ist ein Fachbegriff aus der Drucker-Sprache: Beim Bleisatz wird der Text auf eine Druckfahne gezogen. In den Fahnen können dann noch Korrekturen vorgenommen werden. Erst dann folgt die Seiteneinteilung. Der Text wird umbrochen, das bedeutet: Der Text wird nach einem vorher festgelegten Satzspiegel auf den Fahnen eingeteilt. Dabei werden auch Bilder eingespielt; der Raum, den sie einnehmen, wird berechnet und frei gelassen.

Die amerikanischen Offiziere hatten Fachleute mit dabei, drei deutsche Emigranten, die vor den Nazis in die Vereinigten Staaten geflüchtet waren: Hans Habe, Stefan Heym und Hans Wallenberg. Sie kamen nun zurück, um den Deutschen beizubringen, wie man in angelsächsischer Tradition Zeitungen macht. Dabei repräsentierte jeder von ihnen eine andere Facette der westlichen Lebensart.

Habe, Heym und Wallenberg führten keine Seminare durch. Sie wirkten durch ihr Handeln. Sie waren Vorbilder für junge Journalisten, ihr Habitus prägte. Der Journalist hatte Ansprüche an sich zu stellen – er musste Niveau haben, auch intellektuell. Genau diese intellektuelle Qualität galt

Hans Habe, Jahrgang 1911, stammte aus einer ungarischen Journalistenfamilie, sein Vater war der Medienstar im Wien der Jahrhundertwende, vor allem wegen seiner aufsehenerregenden Auseinandersetzungen mit Karl Kraus. Schon mit Anfang 20 war Habe Chefredakteur, damals der Jüngste in ganz Europa. Er war eine schillernde Figur, ein Gentleman, aber auch ein Playboy, der nicht nur in der Damenwelt Eindruck zu machen wusste. Habe hatte auch durch seine Persönlichkeit überzeugt. Im Kampf gegen die Nationalsozialisten hatte er Integrität bewiesen. Schon Anfang der 1930er Jahre hatte er von Wien aus die totalitäre Gefahr der Ideologie in seinen Artikeln entlarvt und bekämpft. Als 1938 der „Anschluss" Österreichs an Deutschland erfolgte, musste er das Land verlassen. Nach einer Odyssee landete er schließlich in den USA. Dort konnte er wieder frei publizieren. Hier erlebte er die Vereinigten Staaten als Leitnation der westlichen Zivilisation. 1945 kehrte er als Missionar dieser Zivilisationsidee nach Deutschland zurück, um hier Zeitungen zu gründen.[36]

Stefan Heym, 1913 in Chemnitz geboren, hatte sich schon als Jugendlicher in sozialistischen und sozialdemokratischen Gruppen engagiert und auch für deren Zeitungen geschrieben. Nach der „Machtergreifung" war er in die USA emigriert, hatte dort studiert und sich 1942 der US-Army angeschlossen, wo er in der Abteilung für Psychologische Kriegsführung tätig wurde. Nach Deutschland zurückgekehrt, brach der Sozialist allerdings schon Ende 1945, also kurz nach seinem Essener Aufenthalt, mit den Vereinigten Staaten. Heym siedelte später in die DDR über, wo er zu einem der bedeutendsten Schriftsteller des Landes wurde. Im April 1988, also noch vor der Wende, war Heym in Essen für eine Lesung zu Gast. Oppenberg lud ihn ins NRZ-Pressehaus ein und tauschte mit ihm Erinnerungen aus. Dies zeigt, auch über 40 Jahre später war ihm die Bindung zu Heym wichtig.

Hans Wallenberg, Jahrgang 1907, schließlich wurde zum Vater des Pressewesens in Westdeutschland. Sein Vater Ernst war Chefredakteur der BZ am Mittag. Hans hatte schon als Schüler für die Blätter des Ullstein-Verlages wie die Vossische Zeitung geschrieben. Hans Wallenberg stand für eine geistige Weite, die er in der alten Zeitungsstadt Berlin der Weimarer Zeit kennengelernt hatte. Die Redakteure, die bei ihm ausgebildet worden sind, saßen später alle in den Redaktionen der großen deutschen Zeitungen. Wallenberg stand stellvertretend dafür, wie das Selbstbewusstsein und das Selbstverständnis der großen Journalisten der Vorkriegszeit in die neue Zeit übertragen wurde. Es ging um eine Grundhaltung: Interesse an der Welt und den Menschen.

es natürlich, den Lesern ständig zu beweisen, aber eben auch den Kollegen. Das hatte durchaus eine spielerische Qualität – und dieses Spiel begann bereits in der Redaktionskonferenz. Sie war auch eine Bühne für junge Leute, die alle zu „publizistischen Persönlichkeiten" werden wollten.

Auch Dietrich Oppenberg wurde durch diesen Lebensstil beeinflusst. Diese westlichen Werte widersprachen nicht seiner sozialdemokratischen Grundhaltung, sie erweiterten sie. Damit begann Oppenberg seinen Weg nach Westen, früher als andere seiner Genossen, die noch lange einer solchen Westbindung skeptisch gegenüberstanden. Hier formte sich bei ihm die Vorstellung von einem humanistischen Journalismus. Welche öffentliche Aufgabe dieser hat und wie sich dessen Werte jeweils zeitgemäß formulieren lassen – darüber hat Oppenberg sein ganzes Verlegerleben lang nachgedacht und Antworten gefunden.

Doch noch war der 28-Jährige kein Verleger. Aber die Amerikaner förderten ihn. Er sollte in Deutschland die Demokratie mit aufbauen: „Man suchte damals nach weißen Westen. Dietrich Oppenberg hatte einen ganzen weißen Anzug"[37], erinnerte sich Hans Habe später. Allerdings erkannten die Amerikaner auch Oppenbergs Begabung. Damals herrschte in Deutschland Apathie. Die Menschen waren vom Krieg erschöpft, ein Wiederaufbauwille war noch nicht da. Die Menschen hätten damals jede Hoffnung verloren, dass es irgendwann besser werden könne, so Hans Habe Jahrzehnte später in seinen Erinnerungen.[38] Umso eindrucksvoller musste auf Habe die Atmosphäre an der Sachsenstraße gewirkt haben. Ein Beispiel: Oppenberg und seine Kollegen hatten in dem zerstörten Druckhaus mühsam einige Arbeitszimmer eingerichtet. Oppenberg erinnerte sich: „Ich hatte mir ein schönes Zimmer aus Holzstempeln, die von der Schule gegenüber stammten, und Packpapier zurecht gemacht. Ich hatte auch Telefonleitungen und Lichtleitungen gelegt."[39] Dieses Zimmer gefiel Habe so gut, dass er sich sofort dort niederließ.

Die Ruhr Zeitung erschien zweimal in der Woche und war jeweils vier Seiten stark. Sie wurde kostenlos verteilt. Der redaktionelle Inhalt wurde vom Militär bestimmt. So übernahm ein Oberfeldwebel die Aufgabe des Essener Lokalredakteurs. Die Zeitung diente vor allem als Mitteilungsblatt, mit dem die Militärregierung die Bevölkerung über Erlasse informierte. Die erste Ausgabe berichtete über die Folgen der Kapitulation. Unter der Schlagzeile „Die Waffen sind gestreckt" analysierte Hans Habe die Lage: „Deutschland hat den Krieg nicht verloren, weil es weniger Kanonen, weniger Flugzeuge und weniger Menschen besaß als seine Gegner. Deutschland hat den Krieg verloren, weil es eine Sache vertrat, die die Welt naturnotwendig gegen Deutschland vereinigen mußte."[41]

Habe, der auch noch für andere Zeitungen im amerikanischen Sektor verantwortlich war, befand sich nicht ständig vor Ort. Er reiste durch die ganze Zone, um jeweils den einzelnen Blättern seinen publizistischen Stempel aufzudrücken. Ihm war wichtig, dass diese neuen Zeitungen doch etwas mehr waren als reine Mitteilungsblätter der Militärregierung, sie sollten publizistisches Profil gewinnen. Denn das NS-Regime mit seiner menschenverachtenden Ideologie – die „ungerechte Sache", wie er in seinem Artikel schrieb – war zusammengebrochen. Aber wie gelang es, die Deutschen nun für die „gerechte Sache" zu gewinnen? Seinen Vertretern vor Ort gab er dabei klare Anweisungen: George Martin, auch er ein deutschstämmiger Offizier, vor den Nazis in die USA geflüchtet, war sein Mittelsmann in Essen. Schon bald herrschte zwischen Martin und der Belegschaft ein freundschaftliches Verhältnis. Der Schwabe, der seine Kollegen schon mal in neckendem Ton als „Moschtkopp" bezeichnen konnte, schuf ein Vertrauensverhältnis; auch dank der Care-Pakete, die an die Belegschaft weitergegeben wurden.[42]

Man darf solche zwischenmenschlichen Erfahrungen nicht unterschätzen, denn sie erleichterten den Deutschen den Zugang zu dieser neuen Art, Zeitungen zu machen. Und ganz nebenbei erhielten diese auch eine Vorstellung davon, was denn unter dieser Demokratie, die die Besatzungsmächte nun aufbauen wollten, zu verstehen war. Die Zeitung dieser Machart wurde somit zum Aushängeschild eines neuen Lebensgefühls. Regelmäßig kamen vom „Meister" Hans Habe handwerkliche Hinweise, der auch, wenn er nicht in Essen war, die Ausgaben sorgfältig studierte. So schrieb er in einer Notiz an den „lieben Schorsch", also George Martin: „Die Zeitung war nicht gut. Niemand mag sie wegen ihres schlechten Drucks." Und fügte als Hinweis hinzu: „Speziell Bilder" seien in keiner guten Qualität.[43] Oppenberg bekam derweil eine zusätzliche Aufgabe: Er wurde zum Vertriebschef der Ruhr Zeitung ernannt.

Tatkräftig ging es also voran, auch nachdem sich das Besatzungsstatut geändert hatte. Die Amerikaner zogen ab, stattdessen übernahm am 15. Juni 1945 das britische Nr. 2 Information Control Unit NR 3 Sub-Section in der Sachsenstraße das Kommando. Der befehlshabende Offizier war ebenfalls deutschstämmig: Franz von Weykersheim, ein Adeliger schwäbischer Herkunft, der vor seinem Dienst in der britischen Armee in London als Bankier tätig war. Weykersheim bestätigte Oppenberg als Vertriebschef – die Ruhr Zeitung erschien nun unter der Herausgeberschaft der britischen Besatzungsbehörde weiter. Und auch die wirtschaftliche

Basis verbesserte sich. Die Ruhr Zeitung wurde für 20 Pfennig pro Stück verkauft. Und es gab auch Einnahmen durch Anzeigen. Die Preisliste sah so aus: 32 Pfennig für Geschäftsanzeigen, 20 Pfennig für Gelegenheitsanzeigen und 24 Pfennig für Familienanzeigen für ein Millimeter Höhe in einer 46 Millimeter breiten Doppelspalte. Dies sprach dafür, dass auch zu dieser Zeit bereits in den Geschäftsstellen eine gute Arbeit geleistet wurde. Weykersheim vermittelte auch über die Stadtverwaltung einen Kredit der Sparkasse in Höhe von 50.000 Reichsmark. Aus diesem Kapital wurden vorerst die Löhne der Belegschaft gezahlt.[44]

In diesen ersten Wochen nach dem Krieg wurden Schlüsselentscheidungen getroffen, ohne die die NRZ nicht hätte gegründet werden können. Kein halbes Jahr war vergangen seit dem Kriegsende – was hatte sich seither nicht alles ereignet! Das Druckhaus blieb ein Druckhaus – die Verlagsbelegschaft wurde als Betriebsgemeinschaft zusammengehalten – und Oppenberg dehnte seine Erfahrungen im Vertriebs- und Anzeigengeschäft über die Stadt in die Region hinaus aus. Und nun hatte er auch eine Idee, wie sich diese Erfolgsgeschichte fortsetzen kann: Er strebte die Lizenz für eine eigene Zeitung an.

Indem Oppenberg Arbeitsplätze für seine alten Kollegen schuf, hielt er die alte Verlagsmannschaft zusammen. Sie bildete dann den Grundstock für den Verlag, den er gründen wollte. Als Vertriebschef konnte er Kontakte in die Region hinein knüpfen oder vertiefen und so ein Netzwerk aufbauen. Er setzte in den einzelnen Städten des Verbreitungsgebietes Vertrauensleute ein. Viele von ihnen arbeiteten später in den lokalen Geschäftsstellen der NRZ. Sie waren die Gesichter der Zeitung vor Ort. Oppenberg reiste von Stadt zu Stadt, um so ein Gefühl für die Eigenheiten und Besonderheiten der einzelnen Ortschaften zu bekommen. Von dieser Kenntnis der Region profitierte er später als Verleger.[45]

Es war eine abenteuerliche Zeit, diese Gründerzeit. Nur mit speziellen Genehmigungen der Besatzungsmacht konnte man durch die Region reisen. Ständig mussten Kontrollen passiert werden. Als Vertriebschef konnte Oppenberg reisen, er hatte die Genehmigungen. Die Fahrzeuge, mit denen die Touren unternommen wurden, waren alt und kaputt. Eine Anekdote: Oppenberg war in einem uralten Vehikel mit Kollegen in Richtung Düsseldorf unterwegs. In Mülheim löste sich ein Rad – schon misslich genug. Das Rad rollte aber auch noch in ein Baggerloch. Oppenberg blieb nichts anderes übrig, als in aufgekrempelten Hosen in das Wasser zu steigen. Ohne das Rad gab es schließlich kein Fortkommen.[46]

„Was für ein Unsinn! Sie laufen hier für fremde Leute herum. Warum machen Sie nicht selbst eine Zeitung?" Als Vertriebschef kam Oppenberg viel im Verbreitungsgebiet der Ruhr Zeitung herum. Eines Tages stellte ihm ein alter Verlagsmitarbeiter bei einer dieser Reisen diese Frage. Sie trieb den jungen Mann um. „Wenn ich mir die Kollegen ansah, so konnte ich mich – so meinte ich damals in meinem jugendlichen Leichtsinn – durchaus mit diesen um zwanzig, dreißig, vierzig Jahre älteren Kollegen messen. Obwohl die das eigentlich ein bisschen anders sahen. Die haben immer milde gelächelt, wenn ich da aufkreuzte und ihnen sagte, man könne auf den Bajonetten der Alliierten keine Zeitungen aufbauen. Da müsste man sich schon selbst um die tragenden Elemente bemühen."[47]

Doch bevor Oppenberg dieses Vorhaben weiter vorantreiben konnte, erlebte die noch junge Geschichte des Druckhauses einen Einschnitt. Im August erhielt die Belegschaft eine schockierende Nachricht: Der Druck wurde nach Dortmund verlegt. Die Zeitung wurde nun in der Druckerei von Lambert Lensing produziert, der früher die „Tremonia" verlegt hatte, eine der katholischen Zentrumspartei nahestehende Zeitung. Brachte die britische Besatzungszone diesen „Altverlegern" größeres Vertrauen entgegen als ambitionierten potentiellen Lizenzträgern wie Oppenberg? Allen Beteiligten war klar, dass demnächst auch Deutschen Lizenzen für die Herausgabe von Zeitungen erteilt werden sollte. Wurde durch solch eine Entscheidung für einen Altverleger ein Akzent für die künftige Vergabepolitik gesetzt? Oppenberg bewertete die Situation im Rückblick so: „Lensing stand als guter Katholik ‚on the chief's white list'. Der hatte einen ganz anderen Draht zu den Engländern. Wir waren ja niemand. Und wir waren auch anrüchig mit einem quasi-sozialistischen Betriebsanfang. Wir waren gemeinnützig, wir haben nicht daran gedacht, dass wir große Lorbeeren für uns ernten konnten. Das war alles ein bisschen anrüchig, denn privatwirtschaftlich war das bei Lensing natürlich ganz anders."[48]

Die Altverleger waren Unternehmer, die bereits vor Kriegsende Zeitungen herausgegeben hatten. Viele von ihnen strebten nun auch nach einer Lizenz für neue Zeitungen, um so an den wirtschaftlichen Erfolg ihrer alten Blätter wieder anknüpfen zu können.

In der Tat: Wenn die Altverleger auch noch keine Zeitungen herausgeben konnten, so verfügten sie doch zum Teil noch über intakte Druckereien. Und auf diese griff im Fall Lensing nun auch die Besatzungsmacht zurück und ließ bei ihm ihre Zeitung drucken. Dahinter stand auch eine grundsätzliche Entscheidung: nämlich für eine privatwirtschaftliche Gestaltung des Verlagswesens. Major Christopher W. Dilke von der Press-Control wollte daher an die alten Pressestrukturen aus der Weimarer Zeit anknüpfen und die Altverleger wieder in ihre angestammte Marktposition zurückversetzen.[49] Lensing schien aus der Sicht der Besatzungsmacht politisch unbelastet. So schrieb Major Dilke am 23. Juni an Weykersheim: „Dear Franz. This is to introduce Herr Lambert Lensing of the Tremonia Verlag. He has an unrivalled knowledge of Press conditions in the Ruhr and Arnsberg areas and should be most useful to you. Herr Lensing's name is on the Shaef [sic!] white list [gemeint ist die Weiße Liste des Chefs der britischen Pressekontrolle]."[50]

Der Altverleger Lensing wurde also zu dieser Zeit gegenüber Oppenberg bevorzugt. Und in der Tat konnte Oppenberg zu diesem Zeitpunkt ja außer politischer Unbescholtenheit und dem Willen, eine Lizenz für eine neue Zeitung zu erhalten, im Vergleich zu Lensing eine geringe verlegerische Kompetenz aufweisen. Aber nur auf den ersten Blick. Oppenberg zeigte Zähigkeit, die sich auszahlte.

So schaffte es Oppenberg auch jetzt, die Mitarbeiter des Reismann-Grone-Hauses nicht entlassen zu müssen, obwohl dort nun ja vorerst keine Zeitung mehr gedruckt wurde. Er einigte sich am 9. August mit Lensing darüber, dass zumindest die Agentur der Ruhr Zeitung für die Region Essen bei ihm blieb, die das Vertriebs- und auch das Anzeigengeschäft umfasste. So ruhten zwar nun vorerst die großen Rotationsmaschinen, doch die Druckhaus-Belegschaft nutzte die Zeit und setzte das Gebäude weiter wieder in Stand: Die finanzielle Grundlage für die Weiterbeschäftigung der technischen Mannschaft war auf diese Weise gesichert. Am 15. September 1945 wurde die letzte Ausgabe der Ruhr Zeitung in Essen gedruckt, ab dem 19. September erschien sie in Dortmund.[51]

Lambert Lensing und Dietrich Oppenberg waren nicht nur geschäftliche Konkurrenten, sie unterschieden sich grundsätzlicher. Sie standen für ein jeweils unterschiedliches Selbstverständnis als Verleger. Sie bildeten ein „Gegensatzpaar".[52]

Lambert Lensing repräsentierte den „kontinuitätsorientierten Ansatz der Altverleger".[53] Diese wollten an die Strukturen des Pressewesens vor 1933 anknüpfen und so ihre starke Position auf dem Markt wieder erhalten. Der andere Ansatz setzte auf einen Elitenaustausch: Das Pressewesen sollte eine Zäsur erleben, um dann umso wirkungsvoller einen Beitrag für den Aufbau eines neuen demokratischen Gemeinwesens leisten zu können. Die Gewährsmänner dafür sollten die Neuverleger sein, die „unter britischer Kontrolle, aber unabhängig vom Einfluss Dritter als wirtschaftlich frei agierende Verleger" lizensiert werden sollten.[54] Und der Vertreter dieser Auffassung war Dietrich Oppenberg.

Zunächst schien es so, als würden sich die Altverleger durchsetzen. So wurde im August 1945 auch Lensing zum Vorsitzenden des Rheinisch-Westfälischen Zeitungsverlegervereins gewählt, der sich auf Initiative der Briten gegründet hatte. Gut ein halbes Jahr später kam der Verein wieder zusammen – doch nun stellten sich die Machtverhältnisse ganz anders dar: Neuer Vorsitzender wurde nun Dietrich Oppenberg. Was war in der Zwischenzeit geschehen?

Wie Lensing sich die Zukunft des Pressewesens vorgestellt hatte, wird in einem Schreiben des Sekretärs des Verlegerverbandes Herbert Groß an ihn deutlich: Es gehe darum, so Groß, „die Notwendigkeit einer auf Privateigentum und Eigenverantwortung basierenden Unternehmenswirtschaft im Gegensatz zu dem ewigen Schlagwort vom ‚Ruck nach Links' herauszuarbeiten".[55] Und für diese Unternehmenswirtschaft standen eben die Altverleger, die ja bereits etablierte Unternehmer waren.

Oppenberg war es indes gelungen, unter den britischen Presseoffizieren Verbündete zu finden: Franz Weykersheim und dessen Mitarbeiter Gerald Long setzten – anders als Major Dilke, der auch bald abberufen wurde – auf einen Elitenaustausch im Pressewesen. Dieser Austausch bildete für sie die Voraussetzung für einen demokratischen Neuanfang.[56] Unterstützt wurde dies durch einen politischen Umschwung, der sich parallel dazu in London vollzog: Nach seinem Wahlsieg löste der sozialistische Labour-Politiker Clemens Attlee den konservativen Winston Churchill als Premierminister ab. Mit diesem Politikwechsel konnten auch die Briten dem „quasi-sozialistischen Betriebsanfang" (Oppenberg) an der Sachsenstraße mehr abgewinnen.

Zwar entwickelte sich Oppenberg schon bald immer mehr zum Anhänger eines privatwirtschaftlichen Pressewesens – zum Verdruss mancher seiner Genossen; zu diesem Zeitpunkt jedoch war den Briten, die nun die Verantwortung übernommen hatten, vor allem ein anderer Aspekt wichtig: Oppenberg stand als Person für einen Neuanfang. Er war politisch unbelastet.

In diesem Zusammenhang ist ein Dossier über Lambert Lensing aufschlussreich, das sich im Nachlass Oppenbergs findet. Es ist ein Beleg dafür, dass dieser offensichtlich zu dieser Zeit Material über den Altverleger gesammelt und seine Informationen auch an die britische Besatzungsmacht weitergeleitet hat. Im Mittelpunkt dieser Zusammenstellung steht das Verhalten von Lensing während des NS-Regimes.

So heißt es in dem Lensing-Dossier: „In der N[a]zizeit gelang es Lensing recht bald, Kontakt mit den höchsten Berliner Pressestellen zu bekommen. – Er hat es glänzend verstanden den Herren Rienhardt und Amman klar zu machen [Rolf Rienhardt und Max Ammann waren hohe Funktionäre im NS-Pressewesen], daß er durch seine ‚Tremonia' besser und unverdächtiger an die ‚noch zögernden' katholischen Kreise mit national-sozialistischem Gedankengut herankäme als die amtliche NS-Presse. Aus seiner Hand würden die dickschädeligen Westfalen diese ‚ungewohnte Kost' eher zu sich nehmen."[57] Lensing wird später gegenüber der Besatzungsmacht diese Vorwürfe als „Hetze" titulieren, aber die Forschung sieht Lensings Rolle als Verleger der „Tremonia" während der NS-Zeit durchaus differenziert. So wird einerseits hervorgehoben, dass es ihm gelungen sei, seine Zeitung unabhängig vom NS-Pressetrust zu halten, und er so zumindest dem Kulturteil ein christliches Profil bewahren konnte. Andererseits sei es ihm aber immer schwerer gefallen, sich ab 1940 den Presseanweisungen des Reichspropagandaministeriums zu entziehen. Und schließlich verfolgte der stellvertretende Stabsleiter des Reichspresseamtes, Rolf Rienhardt, tatsächlich die Strategie, einige bürgerliche Zeitungen bestehen zu lassen. Rienhardt ging davon aus, dass diese anders als die offensichtlichen Partei-Organe eine stärkere Wirkung auf die öffentliche Meinung ausüben würden. Der Historiker Christopher Beckmann spricht von Lensings „Bemühen um die Erhaltung von Eigenständigkeit und die Bewahrung von Freiräumen", wobei dieser versuchte habe, „zwischen erzwungener Gleichschaltung, taktisch motivierter Anpassung und resistentem Verhalten den Ansprüchen der braunen Machthaber gegenüber" zu lavieren.[58]

Das Dossier ist aber als Quelle nicht deshalb aufschlussreich, weil es die Vorgänge während des „Dritten Reiches" korrekt nachzeichnen würde, sondern weil es ein Beispiel dafür ist, wie nach dem Kriegsende mit solchen Vorwürfen Pressepolitik betrieben wurde. Und es beweist: Auch der erst 28-jährige Oppenberg hatte bereits gelernt, wie man dieses Material für eigene politische Ziele nutzen konnte.

Ein zweiter Altverleger, mit dem Oppenberg in dieser Zeit in Auseinandersetzungen geriet, war Herbert Girardet. Seine Familie hatte die Essener Allgemeine Zeitung, ein bürgerliches Blatt im Stil der Generalanzeiger, herausgegeben, nun bemühte er sich ebenfalls um eine Neulizenzierung. Er forderte sie als Wiedergutmachung für den wirtschaftlichen Schaden, der ihm durch das NS-Regime entstanden sei, und zwar in Form des Reismann-Grone-Verlags an der Sachsenstraße. Die Reaktion des britischen Captain Weykersheim darauf ist aufschlussreich, unterstreicht sie doch, dass er bereits zu diesem Zeitpunkt Oppenberg gegenüber den Altverlegern unterstützte. Girardet gab die Antwort des Offiziers so wieder: „[...] Die jetzige Firma Reismann-Grone [also die unter Oppenbergs kaufmännischer Leitung stehende Betriebsgemeinschaft an der Sachsenstraße; SeSa], die also auch bald ihren Namen wechseln würde, habe mit der Nazifirma Reismann-Grone nichts mehr zu tun. Sie sei ein ganz neues Unternehmen, das er [Weykersheim] mit einigen deutschen Mitarbeitern ohne Kapital aufgezogen habe. Von der alten Gesellschaft sei kein Kapital mehr vorhanden. [...] Die Entwicklung werde so kommen, daß die Engländer, z. T. mit deutscher Hilfe, insbes. auch deutschen Redakteuren, das Unternehmen Reismann-Grone wieder auf Schwung bringen würden, und dass dann eines Tages, in der sog. 3. Phase, die aber noch weit ausstünde, zuverlässigen Deutschen das Unternehmen übergeben werde [...]. Er deutete an, dass diese Deutschen diejenigen sein könnten, die jetzt bzw. seit der Beschlagnahme des Betriebes loyal mit ihm zusammengearbeitet hätten. Damit meinte er wohl hauptsächlich Herrn Oppenberg [...]."[59]

Wenn sich Weykersheim schon vor einem Dritten so offen äußerte, wird er Oppenberg in seine Pläne eingeweiht haben. Oppenberg wurde also bereits im Sommer 1945 klar, dass er eine große Chance hatte, eine Lizenz für eine Zeitung zu erhalten. Die Frage war nur: unter welchen Bedingungen? Seine Vorstellung von der neuen Zeitung wurde nun von Woche zu Woche immer klarer: Auf keinen Fall wollte er ein unpolitisches Blatt im Generalanzeiger-Stil, wie es seiner Einschätzung nach die Altverleger planten.

Im Sommer 1945 wurde er noch mit einem anderen Konzept konfrontiert, das er jedoch ablehnte: Gruppenzeitung – so hieß das Modell, das die britischen Besatzer zunächst für die Neulizenzierungen favorisierten. Die Idee: Von jeder weltanschaulichen Gruppe wurde jeweils ein Vertreter benannt. Sie wurden dann gemeinsam die Lizenzträger einer Zeitung.

Entsprechende Planungen liefen auch in Essen ab August 1945. Unter den Lizenzträgern war Oppenberg als Repräsentant der SPD vorgesehen. Dies war beachtlich, unterstrich es doch, dass Oppenberg, nachdem er erst vier Monate zuvor an der Sachsenstraße die kaufmännische Leitung übernommen hatte, mittlerweile ganz selbstverständlich als pressepolitischer Sprecher der Essener SPD agierte. Aber ihm sollten Personen mit ganz anderem politischen und publizistischen Profil zur Seite gestellt werden: als Vertreter der Katholiken der Verleger Hugo Koenen, für die Protestanten der Essener CDU-Oberbürgermeister Gustav Heinemann, für die Kommunisten Heinz Renner und für die sogenannte „demokratische Richtung", die Liberalen, der Verleger Herbert Girardet.

Herbert Girardet (1919–1972) steht für die dritte Generation der gleichnamigen Verleger-Dynastie und gehörte in der Nachkriegszeit zu den prägenden Verleger-persönlichkeiten der Region. Sein Großvater Wilhelm Girardet senior (1838–1918) hatte Anfang des 19. Jahrhunderts verschiedene Tageszeitungen (unter anderem die „Düsseldorfer Nachrichten") und für deren Herstellung moderne Druckereien gegründet. Herberts Vater Wilhelm Girardet junior (1874–1953) ist bis zu seinem Tod persönlich haftender Gesellschafter der Firma und baut die Druckunternehmen zu den modernsten und leistungsfähigsten ihrer Zeit aus. Herbert tritt 1945 als persönlich haftender Gesellschafter in den Verlag ein. Nachdem sein Bruder Wilhelm aus der Kriegsgefangenschaft zurückgekehrt ist, übernimmt er die Leitung des Fachzeitschriften- und Fachbuchverlages und baut diesen aus.[60]

Girardet sollte schließlich sogar in dem Lizenzträger-Gremium eine Schlüsselstellung zufallen. Ihm wurde die Geschäftsführung angetragen – quasi als Ausgleich für die ausgebliebene Entschädigung. Aber Oppenberg lehnte ab – Unterstützung fand er beim Essener SPD-Vorsitzenden Wilhelm Nieswandt. Die Sozialdemokraten wollten mit Girardet nicht zusammenarbeiten, da dieser ihrer Ansicht nach gegenüber dem NS-Regime zu viel Anpassung gezeigt hatte. Girardet versuchte zwar noch, weitere Verhandlungen zu führen, doch da erreichte die Essener eine neue Nachricht: Die neue britische Labour-Regierung änderte die Pressepolitik. Es sollten nun keine Gruppenzeitungen mehr, sondern Parteizeitungen lizenziert werden.[61]
       Am 13. Oktober 1945 erfuhr Oppenberg in einem Gespräch mit dem deutschen Beauftragten der britischen Pressekontrolle, Herbert Groß, dass insgesamt fünfzehn solcher Parteizeitungen im rheinisch-west-fälischen Raum geplant waren. Sieben davon sollten der SPD nahe stehen. Darüber informierte Oppenberg natürlich auch die Essener SPD. Dass Oppenberg zu einem der Lizenzträger dieser neuen Zeitung werden sollte, war mittlerweile unstrittig. Man begab sich nun auf die

Anweisungen über politische
Richtlinien der Besatzungsbehörde,
1946

Denkschrift über die Gegenwartsprobleme der lizenzierten Zeitungen
vom 2. Januar 1947

Suche nach anderen Persönlichkeiten, die an Oppenbergs Seite in den Herausgeberkreis eintreten konnten. Oppenberg dachte indes schon über das publizistische Profil der Zeitung nach. Er wollte einen geeigneten Chefredakteur finden. Denn er wusste, dies war die Schlüsselposition, von der aus das Profil der Zeitung bestimmt werden würde.

Bis er die Lizenz für die Zeitung in Essen bekam, musste Oppenberg allerdings noch warten, trotz dieser Vorbereitungen. Denn es gab einen Konkurrenzkampf zwischen den beiden SPD-Parteibezirken Westliches Westfalen und Niederrhein. Beide Bezirke beanspruchten für sich, Standort für eine SPD-Zeitung für die Region zu sein. Die Westfalen setzten sich schließlich durch, so dass in Dortmund die „Westfälische Rundschau" lizenziert werden konnte. Damit zeichnete sich ab, dass es keine SPD-nahe Zeitung geben sollte, die das ganze Ruhrgebiet abdeckte. Für den östlichen Teil war nun die Rundschau zuständig, für den westlichen das „Rhein-Echo", das in Düsseldorf produziert wurde. Von dort aus erreichte Oppenberg nun ein neues Angebot: Oppenberg konnte in Düsseldorf einer der Lizenzträger werden. Es zeigte sich zwar später, dass dies ein Umweg zu seinem eigentlichen Ziel war, aber gleichwohl ein Weg, der ihm dabei half, bei der Zeitungsgründung in Essen gleich die richtigen Akzente zu setzen. Einer der vorgesehenen Lizenzträger für das „Rhein-Echo" war überraschend gestorben, also bewarb sich Oppenberg um die Lizenz, bekam den Zuschlag und wurde im Januar 1946 in den Herausgeberkreis des Rhein-Echo aufgenommen.

Oppenberg erlebte nun, dass es nicht einfach war, unter der Aufsicht der Partei eine Zeitung in der Qualität zu produzieren, die ihm vorschwebte. Die prägenden Männer in der Düsseldorfer Redaktion waren Sozialdemokraten, die durch ihre Erfahrungen während der Weimarer Republik bestimmt waren. Der 28-jährige Oppenberg stieß hier auf eine Generation, die eine andere Vorstellung davon hatte, wie eine Zeitung gemacht werden sollte. Sie dachten in der Tradition der Parteizeitungen, wie sie im Kaiserreich und in der Weimarer Republik erschienen waren. Damals hatten die Blätter vor allem als Mitteilungsorgane innerhalb eines geschlossenen sozialen Milieus fungiert. Die offiziellen Beschlüsse der Parteiführung wurden verkündet, das politische Geschehen wurde entsprechend kommentiert. Wenn Oppenberg auch zu dieser Zeit noch kein ausformuliertes Konzept hatte, wie eine moderne Zeitung denn nun auszusehen habe, eines wusste er: Unter diesen Bedingungen konnte keine Zeitung produziert werden, die für Leser attraktiv war.

So arbeitete er an der Unabhängigkeit der Redaktion und versuchte, sie von der Parteiführung zu emanzipieren. Oppenberg wusste, wie es um das Ansehen von Parteien in der Bevölkerung bestellt war: „Die Leser hatten immer noch die Vorstellung: Partei – also das ist immer noch NSDAP. Die Parteien waren nicht sehr hoch im Kurs."[62] Wie aber konnte er entsprechend Akzente setzen? Nur mühsam, eigentlich kaum. „Das Rhein-Echo war eine Zeitung, deren Apparat ja schon feststand. Ich habe nur unter schweren Kämpfen in die Redaktion noch junge Kräfte hereinbringen können. Die alten Herren, die waren so lange von der praktischen Arbeit entfernt, daß sie gar nicht in der Lage waren, eine moderne Zeitung zu machen. Und dann stellte sich alsbald heraus, daß die Herren zwar mit mir verbal völlig übereinstimmten, wie man eine Zeitung macht: modern und entfernt, weit entfernt von Verlaut-barungen der Partei. Nur in der Praxis hatten sie nicht den Mut. Wenn dann ein Mann aus der Parteizentrale anrief und sagte, er möchte das und das, dann stand das also im Satz. Einmal habe ich mich dagegen gewehrt und habe den ganzen Satz mit der eigenen Hand herausge-schmissen und in die Gasse geworfen. Mir war völlig klar, daß das kein Verfahren war, das man also ständig betreiben konnte"[63], erinnerte sich Oppenberg später. Und so festigte sich sein Entschluss, den Plan nicht aufzugeben, eine Lizenz für eine Zeitung in Essen zu erhalten. „Meine Freunde in Essen haben mir also eine wirklich freie Hand gelassen. Das ging so weit, daß sie mich verteidigten, wenn also irgendwelche Partei-leute kamen und sagten, aber das [seine Ideen über das Profil der Zeitung] wäre doch keine Parteizeitung, dann haben wir immer klar erklärt: ‚Nein, das soll es ja auch nicht sein.'"[64]

Dietrich Oppenberg entwickelte also durch die Auseinandersetzung mit den Altverlegern einerseits und der SPD andererseits eine Vorstellung davon, wie eine moderne Zeitung aussehen sollte. Eine Schlüsselposition bei der Entwicklung eines solchen publizistischen Profils spielte aber der Chefredakteur. Dietrich Oppenberg hatte bereits einen Wunschkandidaten: Erich Brost.

In dieser Phase griff Oppenberg einen noch frischen Kontakt auf und reiste am 24. Oktober 1945 nach Hamburg. Dort traf er Erich Brost. Die-ser war 14 Jahre älter als Oppenberg, verfügte schon über eine langjäh-rige Erfahrung als Journalist – aber vor allem: Brost war Sozialdemokrat und hatte beste Verbindungen zur Besatzungsmacht. Oppenberg wollte, dass er Chefredakteur der neuen Zeitung wurde. Kennengelernt hatten

Zur Gründung der NRZ

– 2 –

12.10.1945 Die britische Militärregierung gibt ihren ursprünglichen Plan, in Anlehnung an die amerikanischen Projekte sogenannte Gruppenzeitungen in jeder großen Stadt zu errichten, endgültig auf. Damit entfällt die für Essen vorgesehene Zeitungsgründung mit Gustav Heinemann (CDU), Herbert Girardet (FDP), Heinz Renner (KPD) und D.O. (SPD).

13.10.1945 Unterredung mit Dr. Herbert Groß, dem deutschen Beauftragten der britischen Presse-Controlle – später Handelsblatt. Im rheinisch-westfälischen Raum sollen 15 parteinahe Zeitungen gegründet werden:

- 7 CDU
- 7 SPD
- 1 KPD

24.10.1945 Abenteuerliche Fahrt nach Hamburg. Besuch bei Erich Brost in der Rothenbaumchaussee (Rundfunkhaus) auf Empfehlung von Adolf Lanninger. Späte Unterhaltung mit SPD-Freunden Schröder und Johannes Richter, Vertrauensmänner von Erich Ollenhauer, die für die Verlagsleitung und Chefredaktion des Hamburger Echo vorgesehen sind.

25.10.1945 Fortsetzung der Gespräche mit Erich Brost und Johannes Richter. Ursprünglich wollten die Hamburger Freunde Erich Brost als Chefredakteur für das HamburgerEcho gewinnen. Erich Brost ist nun bereit, die Chefredaktion der NRZ zu übernehmen. Mit ihm erfolgte grundsätzliche Einigung über die Zusammensetzung der Redaktion und des übrigen Mitarbeiterstabes der NRZ, d.h. ihm wurde völlig freie Hand bei der Auswahl gelassen.

5.12.1945 Besprechung in Düsseldorf mit Heinrich Hollands - Aachen, Görlinger - Reifferscheidt - Köln, Köbusch - Düsseldorf, Tönsgöke - Bielefeld über den Aufbau der SPD-nahen Zeitungen.

11.12.1945 Anruf Dr. Groß. Tagesordnung der Besprechung zur Vorbereitung der Zeitungen und Angaben über den Erscheinungstermin.

18.12.1945 Die Essener Zeitung soll erst später erscheinen. Im Frühjahr 1946 kommt zuerst die Düsseldorfer Zeitung heraus, die das Essener Gebiet mitbelegen wird. Anfrage an Erich Brost: Ist die Redaktion bereit, auch vorher in Düsseldorf zu arbeiten? Erich Brost lehnt ab. Er erwartet klare Kompetenzen, die ich in Düsseldorf nicht erreichen kann, da Parteieinfluß dort zu groß. In Essen b~in ich mit den Parteifreunden Nieswandt, Feldens und Fritsch einig, daß Redaktion absolute Freiheit bekommt.

Aus dem Tagebuch von Dietrich Oppenberg

sich die beiden, kurz nachdem die Briten im Druckhaus die Kontrolle übernommen hatten. Brost, der während des Krieges in England im Exil gewesen war, hatte dort für die BBC gearbeitet und die britische Staatsangehörigkeit erworben. Nach Kriegsende sollte er den Briten beim Aufbau der Presse in ihrer Zone helfen. So hatte er auch kurze Zeit für die Ruhr Zeitung gearbeitet und war hier in Essen auf Oppenberg getroffen. Sie waren von Adolf Lanninger einander vorgestellt worden, der in dieser Zeit Oppenberg als älterer Berater vielfach helfend zur Seite stand. Brost

Die „Danziger Volksstimme" hatte in der sozialdemokratischen Presse der Vorkriegszeit eine besondere Rolle eingenommen. Sie hatte eine hohe Auflage zwischen 12.000 und 15.000 Exemplaren, sie war kein Provinzblatt. Im Vergleich zu dem eigentlichen Leserkreis, dem klassischen SPD-Milieu, war die Danziger Volksstimme die auflagenstärkste sozialdemokratische Zeitung im deutschen Sprachraum.[65]

Nach dem Ersten Weltkrieg war Danzig in Folge des Versailler Vertrags vom Deutschen Reich abgetrennt worden und hatte 1920 den Status einer Freien Stadt unter dem Protektorat des Völkerbundes erhalten. Das bedeutete: Auch nach der Machtübernahme der Nationalsozialisten 1933 hatte in dieser vom Reich abgetrennten Stadt Danzig noch eine demokratische Verfassung bestanden. Dies hatte der Danziger Volksstimme ganz neue publizistische Möglichkeiten eröffnet. Sie verstand sich nun nicht mehr nur als Organ der Sozialdemokraten, sondern aller demokratischen Kräfte. Ihre Reichweite hatte sich über die Grenzen der Stadt weit hinaus erweitert, zeitweise hatte sie eine Auflage von 40.000 Exemplaren. Brost hatte zu den führenden Männern in der Redaktion gehört.[66]

war dann nach Hamburg gewechselt, wo er nun von der Rothenbaumchaussee aus zusammen mit einem Engländer Radio Hamburg leitete. Warum wollte Oppenberg gerade diesen Mann als Chefredakteur? Es gab viele Überschneidungen in der politischen Prägung zwischen Brost und Oppenberg. Auch Brost, der 1903 im westpreußischen Elbing geboren worden war, hatte sich früh der Sozialistischen Arbeiterjugend angeschlossen, deren Vorsitzender er in Danzig schließlich geworden war. Sein Vater war, wie bei Oppenberg, als Gewerkschafter aktiv gewesen. Zunächst hatte Brost eine Lehre zum Buchhändler gemacht, bevor er den Weg in den Journalismus fand. Von 1925 bis 1936 war Brost Redakteur bei der Danziger Volksstimme.

Nachdem auch in Danzig die Nationalsozialisten zur stärksten politischen Kraft angewachsen waren, hatte Brost mit seiner Frau flüchten müssen. Er war zunächst nach Polen emigriert, dann nach Skandinavien, und hatte sich schließlich in London niedergelassen, wo auch der Exil-Parteivorstand der SPD seinen Sitz hatte. Als Mitarbeiter der BBC hatte er dort die Grundlagen des angelsächsischen Pressewesens kennengelernt. Ein wichtiger Grundsatz, der fortan sein publizistisches Credo bilden würde: Nachrichten und Kommentare müssen streng voneinander getrennt sein.

Diese publizistische Haltung und die Erfahrungen, die Brost in Danzig bei einer sozialdemokratischen Zeitung gemacht hatte, die mehr als ein Parteiblatt gewesen war, sind wohl die Faktoren gewesen, die Oppenberg an ihm überzeugt haben. Hinzu kam: Brost verfügte über beste Kontakte zur Besatzungsmacht. Wenn Oppenberg bei seinem Lizenzierungsantrag diesen Mann als Kandidaten für den Chefredakteursposten nennen konnte, so die Spekulation, musste sich dies positiv auszahlen.

So hatte Oppenberg einen Trumpf im Ärmel, als er aus Hamburg nach Essen zurückkehrte. Denn Brost hatte eingewilligt, Chefredakteur der geplanten Zeitung zu werden. In der Zwischenzeit bis zur Lizenzierung hielt er bereits Ausschau nach geeigneten Redaktionsmitgliedern. „Brost wird am 1.5. frei sein, das wäre dann gerade der richtige Zeitpunkt für die Essener Zeitung", erklärte Dietrich Oppenberg in einer Sitzung des Essener SPD-Unterbezirksvorstandes.[67] Man war sich zu diesem Zeitpunkt also sicher, dass bei einer zweiten Lizenzierungswelle Essen berücksichtigt werden würde. Mittlerweile war innerhalb der SPD auch die Suche nach drei weiteren Lizenzträgern abgeschlossen worden, die Oppenberg zur Seite gestellt werden sollten: Franz Feldens, Arthur Fritsch und Wilhelm Nieswandt.

Am 21. Februar 1946 unterzeichneten alle drei zusammen mit Oppenberg vor dem Notar Victor Niemeyer den Gesellschaftervertrag zur Gründung des Ruhr-Verlags, der später umbenannt wurde in Rheinisch-Westfälische Verlagsgesellschaft, weil der andere Name schon vergeben war. Das Stammkapital der Gesellschaft betrug 40.000 RM. Offiziell brachten alle Gesellschafter einen Eigenanteil von jeweils 10.000 RM ein. In Wirklichkeit stammte die gesamte Summe aber von Oppenberg, der ja als Vertriebschef der Ruhr Zeitung schon Kapital hatte ansammeln können. Fritsch, Feldens und Nieswandt zahlten erst später ihren Anteil zurück. In dem Vertrag wurde Oppenberg als Geschäftsführer bestimmt. Damit waren die formalen Voraussetzungen für die Herausgabe der Zeitung erfüllt.[68]

Victor Niemeyer hatte zwar als Notar nur eine Nebenrolle, doch für Dietrich Oppenberg war es immer wichtig, dass dieser Mann bei der Gründung des Verlages eine Rolle gespielt hat. Victor Niemeyer (1863–1949) war mit seiner Biographie ein Beleg dafür, dass auch in Essen eine lebendige demokratische Tradition existierte, an die man nach dem Krieg anknüpfen konnte. Der Jurist Niemeyer hatte als Liberaler seit dem Kaiserreich bis zum Ende der Weimarer Republik dem Essener Stadtrat angehört. 1945 war er hochbetagt in den von der Besatzungsmacht eingerichteten Bürgerausschuss berufen worden, nach der ersten Kommunalwahl 1946 gehörte er bis 1948 für die FDP wieder dem Stadtrat an. Unter den Essenern Politikern galt er in diesen Jahren als eine Art „Elder Statesman". 1949 wurde Niemeyer posthum der erste Ehrenbürger Essens nach dem Krieg.

Schließlich folgte der nächste Schritt: Der Leiter der Kontrollkommission der Briten in Bünde, Michael Balfour, stellte unter der Nr. 76 die Lizenz für die NRZ am 8. Juli 1946 aus. Sie wurde per Post erst am 17. Juli 1946

MILITARY GOVERNMENT · GERMANY
MILITÄRREGIERUNG DEUTSCHLAND

INFORMATION CONTROL · NACHRICHTENKONTROLLE

LICENSE
ZULASSUNG NR. 76

1. Subject to the conditions set forth in Paragraph 2, the following-named person
1. Gemäß den im Paragraph 2 festgesetzten Bedingungen, ist die folgende Personen

    DIETRICH OPPENBERG
    WILHELM NIESWANDT
    ARTHUR FRITSCH
    FRANZ FELDENS

hereinafter referred to as "licensee" is authorised to engage in the following activities:
welche im Nachfolgenden als „Zulassungsinhaber" bezeichnet wird, autorisiert, folgende Tätigkeit auszuführen:

PUBLICATION OF THE NEWSPAPER "NEUE RUHR ZEITUNG"

DIE HERAUSGABE DER ZEITUNG GENANNT " NEUE RUHR ZEITUNG"

2. *This license is granted subject to the following conditions:*
2. Diese Zulassung ist erteilt unter folgenden Bedingungen:

a) That all laws, ordinances, regulations and instructions of Military Government are complied with.

a) Daß alle Gesetze, Verordnungen, Vorschriften und Anweisungen der Militärregierung befolgt werden.

b) That this license be prominently displayed on the premises of the licensee at all times.

b) Daß diese Zulassung im Betrieb des Zulassungsinhabers jederzeit öffentlich angeschlagen ist.

c) That all newspapers, books, periodicals, pamphlets, posters, printed music or other publications, sound recordings or motion picture films published or produced under this license shall bear in such manner as may be prescribed the legend: Published (or produced) under Military Government Information Control License No.76 .

c) Daß sämtliche Zeitungen, Bücher, Zeitschriften, Broschüren, Plakate, Musikalien oder irgendwelche andere Veröffentlichungen, ebenso Schallplatten und sonstige Tonaufnahmen und Filme, die gemäß dieser Zulassung hergestellt oder veröffentlicht werden, folgende Aufschrift in vorgeschriebener Weise tragen: „Veröffentlicht (oder hergestellt) unter der Zulassung Nr.... der Nachrichtenkontrolle der Militärregierung".

d) That no person, not reported on the application for this license as having a financial interest in the business enterprise conducted under this license, shall be given nor shall receive any part of the profits of the business enterprise, nor shall any interest in the business enterprise be held for any such person, except with the express written permission of Military Government.

d) Daß keine Person, die nicht in diesem Gesuch als an diesem Geschäftsunternehmen finanziell interessiert eingetragen ist, irgendeinen Anteil an dem Nutzen aus dem Geschäftsunternehmen erhält; ferner, daß kein finanzieller Anteil an dem Geschäftsunternehmen für eine im Gesuch nicht erwähnte Person ohne ausdrückliche schriftliche Erlaubnis der Militärregierung zurückbehalten wird.

e) Other conditions:

e) sonstige Bedingungen:

AS LAID DOWN IN INFORMATION SERVICES CONTROL GENERAL AND SPECIFIC LICENSING INSTRUCTIONS TO NEWSPAPER LICENSEES AND ANY FURTHER INSTRUCTIONS WHICH MAY BE ISSUED FROM TIME TO TIME.

GEMÄSS DEN ALLGEMEINEN UND BESONDEREN ANWEISUNGEN DER NACHRICHTENKONTROLLE AN VERLEGER, DIE EINE ZEITUNGSZULASSUNG BESITZEN, UND KÜNFTIGEN ANWEISUNGEN, DIE IN ZUKUNFT VERÖFFENTLICHT

3. *This license is not granted for a stated term, is not a property right, is not transferable and is subject to revocation without notice or hearing.*

3. Diese Zulassung wird für keine bestimmte Zeitfrist erteilt und stellt kein Eigentumsrecht dar; sie ist nicht übertragbar und kann ohne Kündigungsfrist oder Untersuchung rückgängig gemacht werden.

Die Lizenz der Besatzungsbehörde und die neben Dietrich Oppenberg berechtigten Gesellschafter: v. o.: Wilhelm Nieswandt (1898–1978), Arthur Fritsch (1892–1970) und Franz Feldens (1900–1975)

Arthur Fritsch (1892–1970) war vor der „Machtergreifung" der führende Mann der sozialdemokratisch geprägten Gewerkschaften in Essen – erst als Erster Bevollmächtigter des Deutschen Metallarbeiterverbandes, später als örtlicher Vorsitzender des Allgemeinen Deutschen Gewerkschaftsbundes. Von den Nationalsozialisten wurde er 1933 aus allen Ämtern entfernt, bis 1945 gelang es ihm durch verschiedene Tätigkeiten, für den notdürftigen Lebensunterhalt seiner Familie zu sorgen. Nach dem Zusammenbruch des Regimes gehörte er gleich zu den Wiederbegründern des politischen Lebens in Essen. So unterzeichnete er bereits am 20. April 1945 mit Vertretern aus der christlichen Gewerkschaftsbewegung einen Aufruf zur Gründung einer Einheitsgewerkschaft – anders als in der Weimarer Republik sollte die Arbeiterbewegung nicht mehr in unterschiedliche weltanschauliche Lager gespalten sein. Ein klares politisches Signal. In diesem Sinne arbeitete er, von der Militärregierung berufen, ab Juni 1945 im Bürgerausschuss, auch dann 1946 im ernannten Rat der Stadt mit. Am 1. Februar 1946 wurde er der erste Leiter des Essener Arbeitsamtes.[71]

Franz Feldens (1900–1975) stand für einen anderen Politikbereich: Das Metier des ausgebildeten Volksschullehrers waren Bildungs- und Kulturfragen. Kurz vor der „Machtergreifung" war er 1933 noch Bildungssekretär der Essener SPD geworden. Im Zweiten Weltkrieg Soldat, wurde er 1945 zunächst wieder Lehrer. Ab 1. Februar 1946 bildete er den Lehrer-Nachwuchs an der Pädagogischen Akademie aus, zunächst als Dozent für Musik und Praktische Pädagogik, schließlich als Professor. Weiterhin setzte er sich für das kulturelle Leben in seiner Heimatstadt ein, im Vorstand der Volksbühne oder 1947 als Gründer des Essener Theaterringes. Gleichzeitig betätigte sich Feldens als Musikkritiker und Autor heimatgeschichtlicher Studien – auch in der NRZ.[72]

Der Wichtigste der Gesellschafter war aber Wilhelm Nieswandt (1898–1978). Er hielt Oppenberg den Rücken frei, wenn es zu Auseinandersetzungen mit den Parteigremien über das Profil der Zeitung kam. Der gebürtige Ostpreuße, der von 1956 bis 1969 auch Essener Oberbürgermeister war, wurde schon zu Lebzeiten zur politischen Legende, eben wegen seiner Durchsetzungskraft, die mit Verlässlichkeit gepaart war. „Der alte Recke des Reviers" nannten ihn Weggefährten respektvoll. Auch Nieswandt hatte unter dem NS-Regime gelitten. 1933 war er aus politischen Gründen bei Krupp entlassen worden. Daraufhin wurde der Sozialdemokrat, der seit 1914 der Partei angehörte, zum Unternehmer: Er gründete eine Schlosserei mit Schmiede und startete mit drei Angestellten, später wird der Betrieb über 300 Beschäftigte haben. Nach dem Kriegsende wurde Nieswandt zum Vorsitzenden der Essener SPD gewählt, später wurde er auch Fraktionsvorsitzender im Rat. Und schließlich eben Oberbürgermeister.

verschickt, so dass sie Oppenberg erst erreichte, nachdem die erste Ausgabe der NRZ am 13. Juli schon erschienen war.[69]

Auch der Name der NRZ war Programm. Bewusst hatte Oppenberg auf klassische Zeitungstitel wie „Stimme" oder „Echo" verzichtet – sie klangen ihm zu sehr wie die alten Parteizeitungen aus der Vorkriegszeit. Diese Zeitung sollte aber eben etwas Neues sein: die „Neue Ruhr Zeitung". Für das Neue an dieser Zeitung standen auch die drei Mitlizenzträger. Denn Arthur Fritsch, Fritz Feldens und Wilhelm Nieswandt würden, wenn aus Sicht der SPD auch anders geplant, in Zukunft nicht Gewährsmänner der Partei, sondern Gewährsmänner für diesen neuen Typ von Zeitung sein.[70]

Was unterschied die Gesellschafter von den Sozialdemokraten der älteren Generation, mit denen Oppenberg beim Rhein-Echo in Konflikt geraten war? Zumindest Fritsch und Nieswandt waren noch zu Zeiten des Kaiserreiches bei der SPD aktiv geworden, also auch innerhalb der klassischen Milieustrukturen sozialisiert worden. Trotzdem handelten sie, das gilt auch für Feldens, nicht wie Parteifunktionäre, die nur die Direktiven ihres Vorstandes ausführen. Es spielten hier wohl zwei Faktoren eine Rolle: Der erste bestand in einem engen Vertrauensverhältnis zu Dietrich Oppenberg. Die drei waren sich einig darin, dass dessen sozialdemokratische Grundhaltung unzweifelhaft war. Weiterhin vertrauten sie ihm auch in seiner kaufmännischen Leitung. Bis zum Schluss, und das bedeutete bei allen Gesellschaftern bis zu ihrem Tod, erkannten sie unwidersprochen an, dass Oppenberg der eigentliche Verleger war.

Schließlich spielte aber noch ein zweiter Aspekt eine Rolle – er hing mit der Frage zusammen: Was hieß in diesem Zusammenhang eigentlich sozialdemokratisches Profil? Fritsch, Nieswandt wie auch Feldens waren keine Partei-Dogmatiker, sie waren in die Politik gegangen, weil sie konkrete Missstände in ihrem Umfeld ändern wollten. Fritsch und Nieswandt als Arbeitnehmer in der Industrie, Feldens als Volksschullehrer. Ihnen ging es um pragmatische Erfolge, nicht um ideologische Grabenkämpfe. Sie setzten daher auch nicht auf Konfrontation in der Politik – auch vor dem Hintergrund ihrer Erfahrungen vor 1933, als es den demokratischen Kräften eben nicht gelang, gemeinsam gegen die Extremisten von rechts und links die erste deutsche Republik zu verteidigen. So war es kein Zufall, dass Arthur Fritsch von Beginn an auf die Einheitsgewerkschaft setzte. Auch Wilhelm Nieswandt hat während seiner Amtszeit als Oberbürgermeister einen eher präsidialen und integrierenden Stil gepflegt. Dies schloss allerdings nicht aus, dass alle drei, wie auch Oppenberg, das alte sozialdemokratische Milieu als ihre Heimat empfanden.

1. Jahrgang, Nr. 1: die NRZ-Titelseite vom 13. Juli 1946

12/7/46
Jacob Funke

Die Geburtstagsfeier der "Neuen Ruhr-Zeitung"

Aus Anlass des erstmaligen Erscheinens der "Neuen Ruhr-Zeitung" fand am Abend des 12.Juli im Restaurant "Theater-Stuben" eine kleine Feier statt.Wilhelm Nieswandt hiess im Namen des Ruhr-Verlages die Erschienenen willkommen,besonders die Herren der britischen Press-Kontrolle,den Oberbürgermeister,den Oberstadtdirektor,die Beigeordneten,die ..... Verleger der Nachbarpresse und .... die zu der Veranstaltung erschienenen Damen. Wenn die Geburt der neuen Zeitung auch zu der Stunde der Feier eigentlich noch nicht ganz vollzogen sei(...... aus technischen Gründen hatte sich die Drucklegung um einige Stunden verzögert),so dürfe man doch hoffen,dass die Geburt ohne Komplikationen vor sich gehen würde und das Kind bereits in einigen Stunden in Augenschein genommen werden könne.Die Presse,die mit so grosser Mühe aufgebaut werde, solle nicht nur ein Organ im Sinne von Mitteilungen sein,sondern sie solle schliesslich mithelfen,Gedanken zu bilden,Meinungen zu formen und darüber hinaus Brücken zu schlagen zu jenen, die wir als Nachbarn bezeichnen und die nicht desinteressiert sein könnten,wie die deutsche Presse aussehe und was aus ihr werde. Es solle auch keine Presse nach altem Muster erscheinen.Der Stolz aller Zeitungsmänner und Demokraten liege darin,eine freie Presse zu besitzen,die ohne jede Hemmung,wenn auch ohne Böswillig = keit die freie Meinung des Volkes ausdrücke und somit den Geist des Volkes mitforme. "Wahrheit" heisse die Losung,die auch dieser Zeitung mit auf den Weg gegeben werde. Nieswandt umriss in seinen weiteren Ausführungen die Aufgaben der neuen Zeitung im einzelnen.Vornehmste Aufgabe werde es auch sein,sich dem Problem der Jugend zu widmen.Den Herren der Presse-Kontrolle sprach der Redner zum Schluss seiner Ausführungen den Dank der Lizenzträger für geleistete Hilfe.

Oberbürgermeister Renner sprach zum frohen Ereignis den Glückwunsch der gesamten Bürgerschaft aus.Essen sei vor 1933 nicht nur eine Stadt des Erzes,des Eisens und der Kohle gewesen,sondern auch eine Stadt der gepflegten Presse.Renner kennzeichnete seinerseits die Aufgaben einer demokratischen Zeitung.Wichtig sei,dass die Achtung vor einer an...

...burtsstunde ...
Hoffnung aus...
Lizenz erhalt...
der Bürgersch...
die besten W...
geliebten Va...

Das von Jakob Funke erstellte Protokoll der Feier am Vorabend des ersten Erscheinungstages in den Essener Theaterstuben

Feier am Vorabend des ersten Erscheinungstages im Jahr 1946 in den Essener Theaterstuben, vorne sitzend: Dietrich Oppenberg

Nur drückte sich diese Zugehörigkeit in keiner Ideologietreue aus, sondern in einer füreinander empfundenen Solidarität – einem wichtigen sozialdemokratischen Prinzip. Durch die gemeinsam erlittene Verfolgung während des „Dritten Reiches" wurde dieses Gefühl noch stärker.

Dieses Ideal hat diese Generation geprägt. Und es wurde als Anspruch bei allen Meinungsverschiedenheiten, die sich in der praktischen Alltagsarbeit ergaben, auch aufrechterhalten. So liegt die historische Leistung dieser Generation darin, das solidarische Gefühl zu erhalten und es gleichzeitig in eine neue Zeit hinüberzuführen. Dank dieser Einstellung konnte es gelingen, der neuen Zeitung zwar ein sozialdemokratisches Profil zu geben, sie aber nicht zu einer reinen Parteizeitung werden zu lassen. Nur wer sich ändert, kann im Kern seiner Überzeugung treu bleiben, weil nur so die Möglichkeit besteht, im Sinne dieser Überzeugung das neu entstehende Gemeinwesen mitzugestalten. Freilich war diese Einsicht eher intuitiv als bewusst rational. Und so wird Dietrich Oppenberg in den folgenden Jahrzehnten immer wieder das Bedürfnis spüren, sich selbst darüber Rechenschaft abzulegen, dass die Emanzipation von der Partei keinen Bruch in der Loyalität gegenüber den sozialdemokratischen Grundwerten darstellt.

Und dann erschien die erste Ausgabe der NRZ: am 13. Juli 1946, vier Seiten stark, unter dem Aufmacher: „Die deutsche Frage erneut vertagt" – direkt daneben die Schlagzeile: „Fett, Zucker, Fisch gekürzt". Beide Artikel zusammengenommen standen für die Lebenssituation, in der die Leser dieser ersten Ausgabe sich befanden. Da ist einmal die Frage nach der Zukunft des Landes: Der Aufmacher handelte von einer Konferenz der Außenminister der vier Besatzungsmächte. Die Vereinigten Staaten, Großbritannien und Frankreich plädierten für eine deutsche Wirtschaftseinheit, der sowjetische Außenminister Molotow lehnte ab. Also: deutsche Frage wieder vertagt.

Aber in dem Artikel direkt daneben ging es um ein Problem, das die Menschen viel mehr berührte als die große Politik: ihr Hunger. Die Lebensmittelrationen in der britischen Besatzungszone sollten gekürzt werden: 200 Gramm Fett statt wie bisher 400, die Zuckerzuteilung wurde um 250 Gramm vermindert, die Fleischzuteilung um 300 Gramm. Wer dachte angesichts solcher Probleme über politische Visionen nach?

Die Auflage liegt 1946 bei 100.000 Exemplaren. Die NRZ erscheint zwei Mal pro Woche und umfasst jeweils vier Seiten.

Im Leitartikel auf Seite zwei, „Beitrag zum Aufbau", legte Chefredakteur Erich Brost dar, wie die NRZ diesen Beitrag leisten wollte. Keine leichte Aufgabe – denn er beließ es nicht dabei, den Lesern Mut zu diesem Aufbau zu machen. Er zeigte auch, in welche Richtung dieser Aufbau gehen sollte. Und schließlich, dies ist die mutigste These, schrieb er der Zeitung eine Funktion auf diesem Weg zu.

„Wenn irgendwo in Deutschland aufgebaut werden soll, dann muß hier an der Ruhr und am Niederrhein angefangen werden. Und auf das Ruhrgebiet blickt Europa, denn von hier fließt auch der gesamten westeuropäischen Wirtschaft Blut zu, und von hier aus kann Deutschland in erster Linie seinen Beitrag zum Wiederaufbau Europas leisten."

Brost sah im Rhein-Ruhr-Gebiet wegen dessen wirtschaftlicher Bedeutung eine Schlüsselregion. Dieser Gedanke hatte auch in den ersten Gesprächen zwischen Brost und Oppenberg eine wichtige Rolle gespielt. Ja, dies war das Argument, das Brost schließlich davon überzeugt hatte, als Chefredakteur nach Essen zu kommen. Er hatte begriffen: Eine Zeitung zu konzipieren, die darauf Einfluss nahm, diese Region zu demokratisieren, war eine einmalige journalistische Herausforderung.

„Unter welchen Bedingungen das Rhein-Ruhr-Gebiet in Zukunft wieder seine hervorragende Aufgabe für Deutschland und Europa erfüllen soll, das hängt heute zwar am wenigsten von uns Deutschen ab. Soweit hat es die letzte deutsche Regierung gebracht, daß Deutsche ihr Schicksal jetzt aus fremden Händen entgegenzunehmen haben.

Aber eine Stimme haben wir, unseren guten Willen zu verkünden, eine Stimme, die wir in unserem Interesse geltend machen können. Wenn wir diese Stimme der Vernunft dem ernsten Friedenswillen und dem Recht leihen, dann wird sie – dessen sind wir sicher – sich Gehör verschaffen können. Es hat sich gezeigt, daß derjenige, der mit dem Kopf durch die Wand gehen will, höchstens seinen Kopf riskiert. Viele in Deutschland haben das erst unter furchtbaren Schmerzen selbst erfahren müssen, weil sie dieser Binsenweisheit vorher keinen Glauben schenkten. Wir alle haben die Folgen davon zu tragen. Nach diesen Erfahrungen aber gibt es nur den Weg der Vernunft und des Rechts."

Die Rhein-Ruhr-Region spielte eine wichtige Rolle für Europa – und Europa spielte eine wichtige Rolle für diese Region. Beide Seiten mussten übereinander informiert werden. Sie benötigten eine „Stimme". Die Zeitung verstand sich als Stimme der Region, die deren Probleme und Interessenlagen in die europäische Öffentlichkeit trug. Gleichzeitig war sie aber auch der Informationskanal, über den die Leser erfuhren, was in Europa geschah. Brost unterstrich die Aufgabe der Zeitung, für diese Wechselwirkung bei den Lesern ein Interesse zu erzeugen. Sie sollten verstehen, dass es nicht um abstrakte politische Fragen ging, sondern dass sich diese Politik konkret auf ihren Alltag auswirkte.

Erich Brost gab hier auch das Beispiel dafür, mit welchem journalistischen Mittel er diesen Effekt erzielen wollte: durch den einordnenden Kommentar – etwa in Form eines solchen Leitartikels. Es reicht nicht aus, die Nachrichten zu übermitteln. Der Journalist hatte auch die Aufgabe, diese Nachrichten einzuordnen und zu analysieren, um auf diese Weise dem Leser eine Anregung zu geben, sich selbst eine Meinung zu bilden.

So fuhr Brost fort:

„Die Neue Ruhr-Zeitung will den Weg bereiten helfen, nicht mit hochtönenden Worten als Begleitmusik zur Mühe und Plage der anderen, sondern im Gleichschritt mit der Kleinarbeit, mit den täglichen Sorgen, unterrichtend und ratend, aber immer das Ziel vor Augen: Deutschlands Neuaufbau." Und dann machte Brost deutlich, wie er sich diesen Neuaufbau vorstellte: „Das heißt nichts weniger als eine Beschränkung auf die nationalen Aufgaben. Wir denken letzten Endes an Europa, wenn wir Deutschland sagen, an Europa als eine historisch gewordene moralisch-geistige Einheit, deren Völker auch politisch einmal ein gemeinsames Haus finden müssen, wenn dieser alte Erdteil, der heute an die zweite oder dritte Stelle gerückt ist, nicht das Ruinenfeld werden soll, zu dem deutsche Städte von stolzer Vergangenheit herabgesunken sind."

Die Idee vom gemeinsamen Haus Europa ist heute ein Allgemeinplatz, war aber damals, gut ein Jahr nach der Kapitulation, ein fast schon revolutionärer Ansatz. Vor allem in der Form, wie Brost ihn formulierte: Denn er sprach nicht nur über die Herausforderung, die diese Idee an den neuen deutschen Staat stellte, nämlich ein guter Nachbar zu sein – er nahm auch die Nachbarn selbst in die Pflicht. Die anderen europäischen Nationen sollten bei dem deutschen Wiederaufbau mithelfen. Wenn Deutschland das vom Krieg zerstörte Ruinenfeld bliebe, das es 1946 noch war, dann befänden sich diese Trümmer nicht irgendwo, sondern im selben Haus, in dem die anderen Nationen auch lebten.

Dieses Argumentationsmuster Brosts ist deswegen bemerkenswert, weil es zu diesem Zeitpunkt nicht der politischen Stimmungslage in Deutschland und schon gar nicht der im übrigen Europa entsprach. Gerade in der Ruhr-Region begann nämlich in dieser Phase ein erbitterter Kampf gegen die Demontage durch die Besatzungsmacht. Eine solche Politik widersprach aber dem Bau eines gemeinsamen Hauses, sie war ein Abrissunternehmen. So wurden die Pläne der Besatzungsmacht auch von der Bevölkerung gedeutet. Eine der wichtigsten Stimmen gegen diese Politik der Alliierten war die von Kurt Schumacher, dem Vorsitzenden der SPD in den Westzonen. Schließlich waren die Sozialdemokraten die politische Vertretung der Industriearbeiterschaft. Und auch die NRZ, die im Untertitel nicht umsonst „Nachrichten für Industriegebiet und Niederrhein" stehen hatte, verstand sich als deren publizistische Stimme. Allerdings setzte Brost, indem er den Einsatz für diese deutschen Interessen mit der Europa-Idee verknüpfte, einen anderen Akzent als Schumacher. Denn der SPD-Vorsitzende war ein harter, oft auch feindseliger Kritiker der Alliierten und übte eine scharfe Rhetorik, sein Bezugspunkt war ganz klar der Nationalstaat. Schumacher gehörte nach der Gründung der Bundesrepublik zu denen, die die Westpolitik Konrad Adenauers vehement ablehnten, dieses vermeintlichen „Kanzlers der Alliierten". Erich Brost hingegen zeigte in seinem Leitartikel eine andere Linie auf – er setzte nicht auf die Wiedergeburt eines deutschen Nationalstaates alten Typs, er hoffte auf ein vereintes Europa. Und auf dem Weg dorthin sollte die neue Zeitung einen publizistischen Beitrag leisten.

Durch seinen Leitartikel markierte Brost einen Unterschied zur Parteiführung. Es war genau dieses Profil, das es der NRZ erleichterte, sich später in dem neuen Weststaat, der Bundesrepublik, zu positionieren. Leichter als die SPD, die erst mit ihrem „Godesberger Programm" von 1959 endgültig mit diesem Weststaat Frieden schloss. Der Leitartikel war auch als Impuls in die Partei hinein zu verstehen. Mit Erich Brost meldete sich hier ein Sozialdemokrat zu Wort mit anderen politischen Zielen als der „preußische Sozialist" Schumacher. Entsprechend führte Brost auch in seinem Leitartikel aus, wie er die Parteibindung der Zeitung verstanden wissen wollte:

„Uns treibt kein Parteigeist, und unser Ziel ist nicht die Herrschaft einer Partei. Die entsetzlichste Verirrung im deutschen politischen Leben war der Sieg des extremen Parteigeistes der NSDAP. Er hat die furchtbarste Katastrophe über das deutsche Volk heraufbeschworen, eine Katastrophe, wie sie in diesem Umfang in der modernen Geschichte bisher kein zweites Volk getroffen hat.

Aber auch wir werden nicht über den Parteien stehen, erstens weil es das nicht gibt, und zweitens, weil in der zukünftigen deutschen Staatsform, in der Demokratie, den Parteien eine wichtige Rolle zukommt, nämlich Instrumente der politischen Willensbildung des Volkes zu sein.

NEUE RUHR-ZEITUNG

NACHRICHTEN FÜR INDUSTRIEGEBIET UND NIEDERRHEIN

2. JAHRGANG | NR. 90 — ESSEN, 12. NOVEMBER 1947

Marshall-Plan gilt auch für Deutschland

Grundzüge der amerikanischen Europa-Hilfe bekanntgegeben — Keine politischen Forderungen gestellt

General Marshall

Säumigen Ländern wird die Brotration gekürzt

Nur die Hälfte des Kartoffelsolls wurde abgeliefert — Frankfurt verhängt Sanktionen

Programm der Großen Vier wird festgelegt

Londoner Konferenz bisher ohne wesentliche Fortschritte

Gebt Kohlen für Hausbrand frei!

Mr. Collins' Ernennung bestätigt

„Ich werde heidenmäßig belogen"

Keine Gemeinschaft mit Quislingen

Die Sozialdemokratie für antideutsche Inszenierung nicht bereit

Die Titelseite der NRZ vom 12. November 1947

Die Neue Ruhr-Zeitung will politisch wirken und wird deshalb Partei nehmen. Sie wird für die Sozialdemokratie eintreten, weil diese Partei den Neuaufbau im sozialistischen Geiste will, d. h. zur Wohlfahrt der breiten arbeitenden Schichten, deren Anwalt auch wir sein werden, und weil die Sozialdemokratie die beste Garantin für die Freiheit ist, für die Freiheit der Meinungsäußerung, der Religion, des kulturellen Lebens und der ganzen Nation. Das hat ihre Geschichte bewiesen."

Erich Brost arbeitete den Kern der sozialdemokratischen Weltanschauung heraus, indem er auf Werte verwies: soziale Gerechtigkeit und Freiheit. Aus beiden leitete er Grundrechte ab, die die neue Gesellschaft prägen sollten – ab 1949 standen sie dann tatsächlich im Grundgesetz. Was aber fehlte: Irgendein Verweis auf die Parteiideologie – kein Marxismus, nirgends. Daran änderte auch nichts, dass er vom „Neuaufbau im sozialistischen Geist" sprach – eine Phrase, die die SPD-Parteigremien beruhigen sollte.

In regelmäßigen Abständen erscheinen nun auch Beilagen: am 2. November zum ersten Mal „Wirtschaft und Arbeit", am 8. November die erste Kulturbeilage „Kultur, Wissen, Leben".

Die Sozialdemokratie über ihre Grundwerte, eben Gerechtigkeit und Freiheit, zu definieren und klare Distanz zu marxistischem Dogmatismus zu zeigen, darin stand Brost dann auch in einer Linie mit Kurt Schumacher. Dessen Ziel war es ebenfalls, aus der einstigen Arbeiterpartei eine linke Volkspartei zu machen. Und einer Volkspartei entsprach auch eine Volkszeitung: „Anwalt der breiten arbeitenden Schichten" sollte die NRZ nach Brosts Konzept sein – und dazu gehörte eben nicht nur die Industriearbeiterschaft, sondern auch der Mittelstand. „Bürgerliche" also, wie man im Genossen-Jargon damals sagt. Doch wie stand die Partei zu dieser Öffnung? Antje Huber, die damals noch Antje Pust hieß, war 1946 Redakteurin bei der NRZ. 1948 trat sie in die SPD ein. Sie hatte keinen Stallgeruch. „Ich war eine Bürgerliche", erinnert sie sich. „Ich wollte gegen die soziale Not etwas tun und habe mir deswegen Versammlungen von allen Parteien angeschaut. Die SPD hat mich am meisten überzeugt, weil sie eben das Soziale so betont hat." Doch zunächst reagierte man dort auf sie mit Skepsis. Für viele der alten Sozialdemokraten war die Partei eine Familie, in der Solidarität groß geschrieben wurde, eine Solidarität, die sich in vielfacher Weise auch während der zwölf Jahre des NS-Regimes bewährt hatte – aber dieses Heimatgefühl sollte eben nicht von Fremden zerstört werden.[73]

Antje Huber (1924–2015) hat, bevor sie politisch Karriere machte, als Journalistin gearbeitet. In Berlin, wo sie aufgewachsen war, hatte sie bereits vor dem Kriegsende eine Ausbildung zur Sportjournalistin gemacht. Ab 1946 arbeitete sie dann als Redakteurin für die NRZ. Hier lernte sie Karl Huber kennen, den sie 1950 heiratete. Danach begann sie ihre politische Karriere: 1969 zog sie für den Essener Süden in den Bundestag ein, Abgeordnete blieb sie bis 1987. In der Regierung von Helmut Schmidt war sie zwischen 1976 und 1982 Bundesministerin für Jugend, Familie und Gesundheit.

> Aber umso bezeichnender war, dass Antje Huber als eine Vertreterin einer solchen neuen Generation von Sozialdemokraten gerade bei der NRZ anfing, dort blieb und von hier aus ihre politische Karriere startete – die immerhin im Bundestag und schließlich im Bundeskabinett als Ministerin unter Helmut Schmidt endete. In der Redaktion herrschte offenbar schon ein anderer Geist. Es lag an Erich Brost, der die Redaktion zusammengestellt hatte. Und an Dietrich Oppenberg, der ja in den Gesprächen, in denen er seinen Wunsch-Chefredakteur umworben hatte, mit Brost diesen Ansatz gemeinsam entwickelt hatte.
>
> Dietrich Oppenberg hat seine Position immer am Beispiel eines Zitats aus der ersten Ausgabe der „Berliner Morgenpost" klargestellt, die 1898 im Ullstein-Verlag erschienen ist, später im Springer-Verlag, und nun zur Funke-Mediengruppe gehört: „Wer in den schweren politischen Kämpfen unserer Zeit nicht Partei nimmt, ist ein Schwachkopf, ein Faulpelz oder ein Feigling. Es ist geradezu unmoralisch, mit verschränkten Armen abseits zu stehen und als Schlachtenbummler gemüthlich [sic!] zuzuschauen, fern vom Schuß, wie kräftigere Arme die ewigen Schlachten der Menschheit schlagen. [...] Damit ist aber nicht gesagt, daß er Parteigänger sein soll, in dem Sinne, daß er auf jeden Punkt seines Parteiprogramms als eine ewige Wahrheit schwört. Vielleicht giebt [sic!] es ewige Wahrheiten, aber gewiß nicht in Politik und Wirtschaftslehre."[74]

Schon am 25. Juli wird die Vorzensur für die NRZ aufgehoben. Die Artikel müssen also nicht mehr vor dem Druck der britischen Besatzungsmacht zur Kontrolle vorgelegt werden. Die NRZ ist die erste Zeitung in der britischen Zone, die diese Genehmigung erhält.

> Das Ziel war also: eine Zeitung für das ganze Volk zu produzieren. Eine Zeitung mit Profil: Publizistische Stimme der Industrieregion will die NRZ sein. Gleichzeitig aber auch der Informationskanal, über den die

ESSEN, 24. AUGUST 1946

V-Waffen-Produktion in der Sowjetzone

London, 23. August. (DPD-Reuter) Reuter meldet aus der sowjetischen Besatzungszone Deutschlands, daß dort nach wohlfundierten und besonders zuverlässigen Quellen russische und deutsche Techniker in einer Anzahl ehemaliger deutscher Luftrüstungswerke mit der Herstellung neuer V-Waffen beschäftigt sein sollen. Die Werke, so heißt es in der Meldung, sollen auf der vollen Höhe ihrer jetzigen Kapazität laufen.

Die Londoner „Times" nimmt zu dieser Reuter-Meldung Stellung und erklärt: Wenn auch klare Beweise für die Luftrüstung in allen angegebenen Fabriken vorliegen, so sei doch wahrscheinlich, daß die Gesamtproduktion noch gering sei, da man annehmen dürfe, daß alle Fabriken schwer durch die alliierten Luftangriffe gelitten haben.

Bis jetzt, so fährt die „Times" fort, sei von offizieller britischer Seite noch nicht die Behauptung aufgestellt worden, daß in der sowjetischen Besatzungszone irgendetwas geschieht, was als Verletzung der Abrüstungs- und Entmilitarisierungsklauseln des Potsdamer Abkommens ausgelegt werden könnte. „Andererseits", so fährt die „Times" wörtlich fort, „erklärten die Russen in der Zeit vom Dezember bis zum Juni wiederholt in aller Offenheit, daß unnötig große bewaffnete deutsche Verbände in der britischen Zone unter Bruch des Potsdamer Abkommens weiterbestünden. Diese Anschuldigung wurde am 24. Juli in einem offiziellen Bericht über die Entmilitarisierung in der britischen Zone in allen Punkten zurückgewiesen."

Der einzige Artikel, den die britische No.1 Information Control jemals in einer NRZ-Ausgabe beanstandet hat, 1946

Papierverteilung nach den Wahlergebnissen in NRW, 3. Januar 1947

Verteilungsplan für Zeitungen, November 1948

Menschen, die 1949 hier leben, erfahren, was in der Welt geschieht. Dazu gehörte auch eine politische Grundhaltung: ein Bekenntnis zu den sozialdemokratischen Grundwerten Gerechtigkeit und Freiheit. Dies bedeutete: Nähe zur SPD, aber zu einer SPD, die eine linke Volkspartei sein soll, keine Klassenkampfpartei. Dieses politische Profil prägte die Kommentare und die Analysen – die Nachrichten waren streng davon zu trennen. Die NRZ soll Partei nehmen für diese Überzeugungen, sie wird aber keine Verlautbarungsmaschine der Partei.

Papier, Profil, Partei: Die Probleme der Gründungsphase

Wie Leser und Zeitung zusammenfinden, scheint selbstverständlich: Er kauft sie am Kiosk oder abonniert sie und bekommt sie dann jeden Morgen vom Boten geliefert. Doch kurz nach der Zeitungsgründung waren die Verhältnisse schwieriger: Einerseits waren Zeitungen wohl noch nie so begehrt wie damals. Der Informationshunger war ungeheuer groß. Und ein praktischer Aspekt spielte auch eine wichtige Rolle: Das Zeitungspapier konnte man weiter verwenden.

Und damit sind wir beim Kern des Problems: der Papierfrage. Die Ursache für das Papierproblem war Rohstoffmangel. Der Holzeinkauf in Mittel- und Nordeuropa musste erst wieder aufgebaut werden.

Das Papier wurde aus Skandinavien und Österreich bezogen. Über ein Papierkontor, das die Briten in Bünde betrieben, wurde das Papier an die Zeitungen zugeteilt. Die Verknappung führte zu einem Rückgang der Gesamtauflage aller Zeitungen in der britischen Zone: Lag die im August 1946 bei 2.907.000, wurden die Exemplare im Juli 1947 auf 2.787.000 Stück zurückgefahren.[75]

Für die Aufteilung entwickelte die Besatzungsmacht einen einfachen Schlüssel: Dem Stimmenanteil der Partei entsprechend, die der jeweiligen Zeitung nahe stand, wurde das Papierkontingent festgelegt. Zunächst wurden für die Berechnung die Wahlergebnisse von vor 1933 herangezogen, dann schließlich die neuen Kommunal- und Landtagswahlergebnisse berücksichtigt.

Aber waren denn alle NRZ-Leser SPD-Wähler? Und selbst dann, wenn der Großteil der Leserschaft sich aus Anhängern der SPD zusammensetzte, sollte dann nicht trotzdem das Ziel sein, über diese Gruppe hinaus Leser für die Zeitung zu gewinnen? An diesem Problem wird eine Inkonsequenz innerhalb der britischen Lizenzierungspolitik deutlich: Einerseits achtete die Besatzungsmacht darauf, dass die Parteien nicht die Zeitungen dominierten. Der Grundsatz dabei lautete: Die Aufgabe der Lizenzträger lag nicht darin, als Treuhänder der Partei zu fungieren, sondern sie sollten wie wirtschaftlich eigenständige Verleger agieren.[76] Indem aber auf der anderen Seite die Papierzuteilung an die Wahl gekoppelt wurde, schrumpfte gleichzeitig auch der Spielraum der Lizenzverleger, eigene unternehmerische Aktivität zu zeigen. Zeitungen wie die NRZ, die ihre Parteidistanz betonten, wurden so benachteiligt.[77]

Oppenberg machte sich daher der Besatzungsmacht gegenüber dafür stark, dass die Leser selbst über die Höhe der Auflage bestimmen sollten, und warb für diese Position auch im Verlegerverband. Der Markt sollte entscheiden: Die Zeitung, die sich im Wettbewerb durchsetzen und die meisten Leser für sich gewinnen konnte, sollte auch über die entsprechende Auflage verfügen. Doch die Besatzungsmacht lehnte dieses Modell ab.[78]

Diese Initiative zeigt, wie sich Dietrich Oppenbergs unternehmerisches Selbstverständnis veränderte. Er und die anderen sozialdemokratischen Lizenzträger standen in gewisser Weise vor einem Dilemma: Ihre Partei kämpfte für einen „demokratischen Sozialismus" und forderte eine gemeinwirtschaftliche Ordnung für Deutschland – eine Marktwirtschaft wurde abgelehnt. Nun machte Oppenberg aber als Unternehmer die Erfahrung, dass in der Praxis des Verlagsgeschäftes tatsächlich seine persönliche Einsatzbereitschaft gefragt war. Dass Eigeninitiative reizvoll war und auch die Kreativität innerhalb der Redaktion dann stieg, wenn sie belohnt wurde: Der Wettbewerb bot solche Anreize, die Lenkungswirtschaft nicht. Parallel dazu erkannte Oppenberg: Er war nicht der Treuhänder seiner Partei, er war der Treuhänder der Interessen seiner Zeitung. Und deren Hauptinteresse war es, ein attraktives publizistisches Profil zu entwickeln, mit dem man auf dem Zeitungsmarkt bestehen konnte.

Wofür soll die Zeitung stehen? – Die Entwicklung eines eigenständigen Profils

Im Gegensatz zu anderen sozialdemokratischen Lizenzträgern, die sich in erster Linie als Parteiverleger verstanden, entwickelte Oppenberg so tatsächlich ein neues Selbstverständnis. Es unterschied sich von dem der Altverleger, denn Oppenberg wollte eine politische Zeitung, aber keine parteipolitische wie die Parteiverleger. Oppenberg stand damit für einen „Mitteltypus" (Jürgen Benedikt Hüffer) des Verlegers.

Auf lange Sicht gab diese Profilierung auch der NRZ ihren Charakter: Zwar gehörte sie in den ersten Jahren zu den Kritikern der Sozialen Marktwirtschaft. In Wirklichkeit hatte sie aber diese Soziale Marktwirtschaft da schon längst in ihrem Betrieb verwirklicht. Da der Verlag aus einer Initiative der Betriebsgemeinschaft hervorgegangen war, stand der soziale Charakter des Unternehmens von Anfang fest. Indem sich Oppenberg zu einem Verleger entwickelte, der sein Produkt, die NRZ, wettbewerbsfähig machen wollte, gewann auch der marktwirtschaftliche Gedanke für das Unternehmen immer mehr an Bedeutung. Und wettbewerbsfähig hieß in diesem Fall: Die NRZ musste attraktiv für breite Leserschichten sein, nicht nur für SPD-Wähler. Die wichtigste Aufgabe kam der Redaktion zu, die die journalistische Qualität und damit auch die Qualität des Produktes Zeitung gewährleistete. Oppenberg verstand sich als Verleger daher vor allem auch als Fürsprecher der Interessen der Journalisten. Sie bildeten innerhalb des Verlags eine spezielle Berufsgruppe. Sie mussten unter optimalen Bedingungen arbeiten können. Und eine wichtige Bedingung dafür lautete: journalistische Unabhängigkeit.

Die Unabhängigkeit der Journalisten hängt für Oppenberg auch davon ab, dass Journalisten sozial abgesichert sind. Er gehört daher zu den Mitgründern des Versorgungswerks der Presse, das die Altersversorgung von Journalisten regelt. Gesellschafter des Werks sind die Verleger- und Journalistenverbände. Seit 1946 leitete Oppenberg die Finanzkommission des Versorgungswerkes, ab 1955 war er auch Vorsitzender des Verwaltungsrates und des Beirats. Diese beiden Ehrenämter übte Dietrich Oppenberg bis 1998 aus, danach wurde er Ehrenvorsitzender des Verwaltungsrates.

Bereits in dieser Zeit begann Oppenberg darüber nachzudenken, wie dieser Anspruch dauerhaft gesichert werden konnte. In diesen Jahren hatte er sich ständig gegen Interventionen seitens der Partei zu wehren. Mal wurden Kleinigkeiten moniert, etwa dass eine Meldung über eine Sammlung der Arbeiterwohlfahrt nicht, dafür aber eine der Caritas veröffentlicht worden war. Oft versuchte die Partei aber auch über die Presseausschüsse, die sich in den einzelnen Unterbezirken gebildet hatten, direkten Einfluss auf die Zeitung zu nehmen. In den Einladungen zu diesen Sitzungen wurde nicht selten der Eindruck erzeugt, Oppenberg habe sich nun einem Tribunal gegenüber zu verantworten. Doch der Verleger agierte souverän. Statt klein beizugeben, führte er seinen Genossen vielmehr vor Augen: Der Partei sei nicht damit geholfen, wenn die Zeitung nur die Menschen als Leser gewänne, die ohnehin schon überzeugte Sozialdemokraten seien. Die Wirkungskraft für die gemeinsame Sache sei viel höher, wenn auch Unentschlossene oder sogar Menschen aus anderen Schichten für die Zeitung gewonnen werden könnten.[79] So betonte er in einer Denkschrift:

„Die Parteien müssen sich darüber klar sein, daß es Wechselbeziehungen in der Presse gibt, eine Gesetzmäßigkeit, die auf den einfachen Nenner zu bringen ist: Größeres Einwirkungsrecht der Partei verkleinert den Leserkreis der Zeitung, verminderte Einwirkung der Partei vergrößert den Leserkreis der Zeitung. Für ihre Zurückhaltung der Leitung gegenüber werden die Parteien durch die Möglichkeit belohnt, über die Zeitung ihr Gedankengut unverfänglicher an eine breitere Leserschicht heranzutragen.“[80]

Als Zeitung mit klarem politischem Profil hätten Blätter wie die NRZ die Aufgabe, ihre Leser zu Demokraten zu erziehen: „Sie haben die Aufgabe, die neue idealere Form der Publizistik durch Erziehung und gutes Beispiel fest zu verankern. Dabei hoffen sie zuversichtlich, daß auch die Parteien sich des Vorteils bewußt werden, den die Zeitungen bei freierer Gestaltung für die Parteien herausarbeiten können. [...] Auch ein politisch Andersdenkender wird eine solche Zeitung lesen können und sich durch Ton und Aufmachung nicht verletzt fühlen. Aus jedem Beitrag wird man das ehrliche Bemühen herausspüren, das darin aufgeworfene Problem sachlich zu beleuchten. In einem solchen Stadium der Entwicklung wird auch die Bevölkerung der Zeitung ihre Anerkennung nicht versagen können.“[81]

Ein Aspekt, der in der Korrespondenz mit den einzelnen Parteigliederungen immer wieder auftrat, war das Verhältnis zur Kirche, vor allem zur katholischen. Oppenberg sah die SPD nicht mehr als eine geschlossene Weltanschauungspartei, er wollte, dass sie zu einer linken Volkspartei wird. Und in so einer Partei mussten auch Christen eine Heimat finden können. So beschwerte sich Oppenberg im September 1946 in einem Brief an die „Rheinische Zeitung“, das SPD-Blatt für den Kölner Raum, über deren Kirchenberichterstattung. Auf diese Weise könne man in der Bevölkerung keine Sympathie erzielen. Vielmehr bestehe die Gefahr, dass der polemische Ton, der dort gepflegt werde, zu sehr an die Hetze während des NS-Regimes erinnere. Ein solcher Tonfall, so hob er hervor, sei eines demokratischen

Blattes unwürdig: „Von Köln aus [dort hatte die Rheinische Zeitung ihren Sitz] gegen die Kirche und Religion zu wettern, ist vollkommen unsinnig. Wir verlieren auch als Partei jede Glaubwürdigkeit, wenn wir öffentlich Toleranz predigen und in unseren internen Mitteilungsblättern gegen die Kirche vom Leder ziehen. Diese Doppelzüngigkeit ist absolut nicht notwendig."[82]

Die alten weltanschaulichen Konfliktlinien brachen auf. Ein Gespür für diese Entwicklung hatte auch Chefredakteur Erich Brost. Schon kurz nach Kriegsende hatte dieser, nachdem er nach Deutschland zurückgekehrt war, mit Konrad Adenauer, dem künftigen starken Mann der CDU, ein vertrauensvolles Gespräch. Unter anderem über die Frage, so erinnerte sich Brost später, ob es möglich sei, eine große Mittelpartei zu gründen, in der nicht nur Christ-, sondern auch gemäßigte Sozialdemokraten eine politische Heimat finden könnten.[83] Diese Idee ist bekanntermaßen nicht verwirklicht worden. Aber allein die Tatsache, dass Brost sich mit Adenauer überhaupt über dieses Thema austauschte, zeigt, wie sehr er politisch auf Integration, nicht auf Konfrontation setzte. Gerade in der Wiederaufbauphase plädierte Brost für die Zusammenarbeit der beiden großen Parteien. So hätte er als erste Bundesregierung auch lieber eine Große Koalition gesehen.[84] Brost hatte auch jetzt noch politischen Ehrgeiz und das Amt des NRZ-Chefredakteurs füllte ihn offenbar nicht aus. So nahm er schließlich ein Angebot des SPD-Parteivorstandes an, in Berlin ein Büro zu leiten, das die Verbindung des Parteigremiums zu den Alliierten pflegen sollte. Allerdings gab Oppenberg sich angesichts dieser Entscheidung nicht sofort geschlagen, er intervenierte beim Vorstand. Die Punkte, die er anführte, sind auch deswegen interessant, weil Oppenberg hier gleichzeitig eine Bilanz nach den ersten Monaten der NRZ zog:

„Der NRZ ist der Einbruch in die uns bisher fernstehenden Kreise gelungen. Sie wird auch dort gern gelesen, wo eine andere politische Meinung herrscht. Das ist das höchste Lob, das man einer Zeitung gegenüber aussprechen kann. Dabei läßt die NRZ es an Deutlichkeit nicht fehlen. Sie kennzeichnet vor allem unsere Freunde von der Einheitsfront [gemeint ist die Sozialistische Einheitspartei Deutschlands (SED), zu der die SPD in der Sowjetzone mit der KPD zwangsvereinigt worden ist; SeSa] und stellt die außenpolitischen Zusammenhänge klar. Unsere Zeitung ist der sichtbare Beweis, daß man eine Parteizeitung auch ohne eine enge Begrenzung auf Parteimitglieder gestalten kann. Darum wird ihr eine ‚überparteiliche' Zeitung nicht allzu großen Schaden beibringen können und der Partei immer wieder ermöglichen, ihre Gedanken an die abseits Stehenden heranzutragen."

Dass die NRZ diese Erfolge aufweisen kann, sei in erster Linie Erich Brost zu verdanken: „Diese Arbeit würde in dem Augenblick zerstört, wo Erich Brost die Leitung der Redaktion abgibt. Die NRZ würde zu einem Durchschnitts-blättchen, das dem Ansturm der anderen Zeitungen nicht Stand halten [könnte] und hätte für die Breitenarbeit der Partei jede Bedeutung verloren.“[85]

Doch Brost wechselte nach sieben Monaten in Essen in die alte Haupt-stadt. Berlin hätte tatsächlich zu einem Sprungbrett in eine große politische Karriere werden können. Das zeigt sich an Brosts späterem Nachfolger in diesem Amt: Der junge Willy Brandt machte hier ab 1948 seine ersten politi-schen Erfahrungen in Deutschland nach der Emigration. Brost jedoch wurde wieder Journalist und kehrte schon 1948 ins Ruhrgebiet zurück – überraschend, zumindest für Oppenberg. Am 3. April 1948 erschien dann die erste Ausgabe der Westdeutschen Allgemeinen Zeitung (WAZ), die er zusammen mit Jakob Funke gegründet hatte, der nun ebenfalls die NRZ verlassen hatte. Diese Nachlizenzierung erfolgte unter besonderen Bedingungen. Denn die WAZ wurde als unabhängige Zeitung gegründet, sie stand keiner Partei nahe. Dies verschaffte ihr im Vergleich zu anderen Zeitungen, die sich wie die NRZ mühsam ein unabhängiges Profil erarbeiten mussten, einen Startvorteil. Und auch die Papierzuteilung erfolgte hier nicht auf Basis eines Wahlergeb-nisses, sondern bezog sich auf das Verbreitungsgebiet.

Am 21. September 1949 wurde in den Westzonen die Lizenzierungspflicht aufge-hoben. Von nun an konnte jeder eine Zeitung gründen. Diese Möglichkeit wurde vor allem von den Altverlegern genutzt, die oft auch über gute wirtschaftliche Ressourcen, etwa eigene Druckereien, verfügten.

Oppenberg hatte indessen einen neuen Chefredakteur gefunden: Zunächst hatte er um Heinz Kühn geworben, der ihm von Kurt Schumacher emp-fohlen worden war.[86] Doch der, damals noch bei der „Rheinischen Zeitung“, hatte sich bereits für die politische Karriere entschieden. Später, als Kühn Ministerpräsident von NRW geworden war, sollten beide viel miteinander zu tun haben und Freunde werden. So fiel Oppenbergs Entscheidung schließlich auf einen anderen Journalisten der Rheinischen Zeitung: Karl Brunner. Gemeinsam setzten sie nun die Strategie fort, die NRZ als eigenständige Links-Zeitung zu profilieren.

Dass die NRZ mit ihrer Linie der publizistischen Unabhängigkeit die richtige Strategie verfolgt hat, zeigt sich im Vergleich zu den anderen SPD-Blättern: Die

Die Titelseite der NRZ vom 14. Mai 1949

Rheinische Zeitung in Köln und das Rhein-Echo aus Düsseldorf können sich gegenüber der Konkurrenz nicht behaupten, die nach der Aufhebung des Lizenzierungszwangs noch einmal kräftig zugenommen hat. Die Auflage beider Zeitungen schrumpft kontinuierlich, so dass sie zunächst miteinander fusionieren. 1952 werden sie schließlich von der NRZ übernommen.

Trotz dieser richtigen Akzente in der Verlagspolitik war die NRZ in ihrem Entwicklungsdrang eingeschränkt. Freilich lag dies an Bedingungen, die sie selbst nicht zu verantworten hatte: Da war zunächst die Lizenzierung als Parteizeitung selbst. Dieses Etikett wurde die NRZ so schnell nicht mehr los. Das war vor allem ab dem Zeitpunkt ein Problem, wo unabhängige Zeitungen eine Lizenz erhielten, wie eben 1948 die WAZ. Denn diese parteipolitische Unabhängigkeit wirkte attraktiv. Die „skeptische Generation", also jene Jahrgänge, die als junge Leute während des „Dritten Reiches" aufgewachsen waren, dort politisch indoktriniert wurden und dann den Zusammenbruch des Regimes erleben mussten, hatten von „Parteipolitik" generell genug. Sie wollten vor allem Information und Unterhaltung.

Der zweite Aspekt: Die NRZ konnte in den Anfangsjahren wegen der Papierknappheit gar nicht jeden Interessierten beliefern. „Tausende von Vorbestellungen", so erinnerte man sich 1960 wehmütig im Rückblick, waren damals regelmäßig beim Vertrieb eingegangen. Doch alle diese Leser mussten zurückgewiesen werden, war die Druckauflage doch zu gering.[87]

Ein ähnliches Bild bot sich in der Anzeigenabteilung: Auch dort gingen zahlreiche Aufträge ein. Doch es galt die Devise: Die Kunden auf bessere Zeiten vertrösten. Die Ausgabe hatte nur vier Seiten. Und eine halbe Seite, die für Anzeigen zur Verfügung stand, war schnell gefüllt.[88]

Hier wurden, ohne dass es in der Macht der Verlagsleitung stand, potentielle Leser und Kunden verprellt. Viele von ihnen werden nicht zuletzt wegen dieser Enttäuschungen nach der Aufhebung des Lizenzierungszwangs aus Verärgerung zur Konkurrenz gegangen sein.

Dabei bemühte sich Oppenberg auch um unkonventionelle Lösungen des Papierproblems. Ein Schlüssel dazu war: Kohle. Den Papierfabriken fehlte das „schwarze Gold". Oppenberg konnte dank seiner Kontakte zur Ruhrindustrie und zu den Gewerkschaften Nachschub für diesen wichtigen Rohstoff für die Papierfabriken besorgen. Doch trotzdem blieb Papier Mangelware.

1960 wurde in der Betriebszeitung an die schwierige Papier-Situation erinnert: „Die offiziellen Wege zur Beschaffung von Papier waren öde und zäh. Sicherlich bestand die Möglichkeit, die wertvollen Rollen gegen entsprechende Honorierung auch einmal aus schwarzen Quellen zu beziehen. Doch für eine Auflagenstärke wie die der NRZ ließ sich das Papier nicht wie eine Lucky Strike auf dem Schwarzmarkt erwerben. Also mußte man zäh sein. Und die damaligen ‚Organisatoren' der NRZ waren zähe Leute. [...] Zuweilen war oft wenige Minuten vor Druckbeginn noch nicht klar gewesen, woher das Papier genommen werden sollte. Dann gab es Alarmfahrten, die der Verleger zusammen mit dem für den Versand zuständigen Kollegen Koschorrek unternahm. Häufig war Dr. Heinrich Schulte, der Verleger der als Zeitung der Engländer für die deutsche Bevölkerung erscheinenden Welt, Retter in letzter Not."[89] Oppenberg und Schulte kannten sich ja noch aus der Zeit im Reismann-Grone Verlag, wo Schulte Geschäftsführer gewesen war, bis die Nazis ihn abgesetzt hatten.

> Der junge Verleger Dietrich Oppenberg musste in den ersten Jahren an mehreren Fronten gleichzeitig kämpfen. Da war zunächst der Konflikt zwischen den Altverlegern und den neuen Lizenzträgern. Die Altverleger setzten darauf, dass die früheren Abonnenten nun wiederum zu ihrem alten Stamm-Blatt greifen würden. Sie hofften darauf, so ihre alten starken Positionen auf dem Markt wieder zu erlangen; erfolgreich hatten sie sich darum bemüht, dass der Lizenzierungszwang aufgehoben wird, damit sie dann ihre alten Titel wieder würden herausgeben können. Und genau da setzte die Kritik der neuen Verleger ein: Sie sahen sich als Verleger von Zeitungen mit einem klaren politischen Profil, die Altverleger hingegen wollten aus Sicht der Lizenzträger wieder zurück zu einer Generalanzeiger-Presse.

Unter der Generalanzeiger-Presse wird in der Forschung eine Mischung aus Mitteilungsblatt und vermeintlicher Heimatzeitung verstanden. Mitteilungsblatt – weil natürlich in der Tat auch in diesen Zeitungen lokale Nachrichten gemeldet werden. Es fehlt aber der Anspruch, diese auch politisch zu bewerten, sie würden eben bloß angezeigt. Und das hängt an dem Selbstverständnis als „Heimatzeitung" zusammen: Die Berichterstattung zielt nicht auf Konflikt oder argumentative Auseinandersetzung, sondern unter dem Verweis auf die gemeinsame Heimat wird das Verbindende betont. Kurz: Statt politische Konflikte auszutragen, besteht ein gewisser Hang zu einer Zwangsharmonisierung.

> Aber auch eine unpolitische Haltung hat politische Folgen. Die Leserschaft dieses Zeitungstyps rekrutierte sich in der Vorkriegszeit vor allem aus dem Establishment, dem bürgerlichen Mittelstand. Indem diese Leser aber durch ihre Zeitung nicht als aktive Staatsbürger angesprochen

wurden, förderte dies eine gewisse Entpolitisierung. Das Scheitern der ersten deutschen Republik war den Handelnden nach Kriegsende natürlich noch gegenwärtig. Und das war das starke Argument der Neu-Verleger: Beim Aufbau der zweiten Republik sollten daraus Lehren gezogen werden. Das Ziel waren demnach keine unpolitischen Generalanzeiger mehr, sondern Zeitungen mit klarem politischen Profil.

Warum dieses politische Profil nicht durch die Nähe zu einer Partei getrübt wurde, sondern vielmehr an Schärfe gewinnen sollte, hatte Erich Brost in der ersten Ausgabe der NRZ so begründet: Die Parteien seien die „Instrumente der politischen Willensbildung des Volkes" – die gleiche Formulierung würde später auch im Grundgesetz stehen – und genau darauf zielte eben auch die Zeitung ab: Ihre Leser sollten dazu angeregt werden, eine eigene politische Meinung heranzubilden. Und Meinungsbildung ist nichts Abstraktes, sondern immer konkret: Der Staatsbürger ergreift Partei. Der Leser sollte auch erkennen, dass es nicht unziemlich sei, Partei zu nehmen. Dieser Schritt ist die Voraussetzung dafür, überhaupt als Staatsbürger aktiv Verantwortung für die öffentlichen Angelegenheiten übernehmen zu können.

In dieser Frage bestand unter den Lizenzträgern der neuen Zeitungen, unabhängig von ihrer jeweiligen weltanschaulichen Ausrichtung, eine große Übereinstimmung. Sie erkannten, dass sie im Gegensatz zu den Alt-Verlegern in ihrer publizistischen Grundhaltung mehr verband als trennte. Sie verstanden ihre Zeitungen als Instrumente der Demokratisierung der Gesellschaft, sie wollten ihre Leser zu Staatsbürgern einer neuen Demokratie bilden. Dietrich Oppenberg kam in diesem Zusammenhang eine besondere Bedeutung zu, denn 1946 wurde er zum Vorsitzenden des Rheinisch-Westfälischen Zeitungsverlegerverbandes gewählt.

Der Verband entwickelte sich unter seiner Führung zu einer Lobby-organisation der Verleger der Parteizeitungen. Diese, so waren sich Oppenberg und seine Verleger-Kollegen einig, trugen zur politischen Bewusstseinsbildung bei, während die vermeintlich unabhängigen Zeitungen die Leser entpolitisierten: „Die Bevölkerung erwartet von der unabhängigen Zeitung mehr, als sie bei gleichen Bedingungen leisten kann. Eine wirklich überparteiliche Zeitung gibt es zudem nicht." Man sehe es an den Gruppenzeitungen der amerikanischen Zone, wo Personen mit unterschiedlichen weltanschaulichen Überzeugungen jeweils die Lizenz für eine Zeitung bekommen haben. Diese Zeitungen seien, so Oppenberg im Januar 1947 bei einer Mitgliederversammlung zu seinen Verlegerkollegen, kein Vorbild,

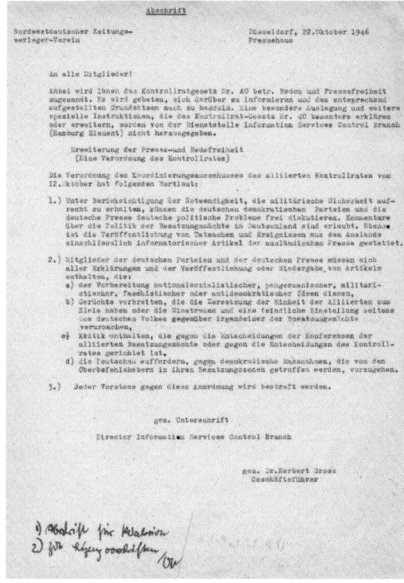

Verlegertagung in Hamburg, 1946

Verordnung des Koordinationsausschusses des
Alliierten Kontrollrates vom 12. Oktober 1946 zur
Erweiterung der Presse- und Redefreiheit

Dietrich Oppenberg in der Zeit der Gründung des
Nordwestdeutschen Zeitungsverlegerverbandes, 1946

denn „sie können ihre Leser nicht zum selbstständigen Denken erziehen." Gleichwohl bestehe seitens der Leser gegenüber den parteinahen Zeitungen ein Misstrauen. Das Mittel gegen diese Skepsis könne nur Qualität sein. Also: keine „lieblose Aneinanderreihung von parteipolitischen Auslassungen". Stattdessen gibt Oppenberg vor seinen Kollegen die Devise aus: „Wir müssen ständig an der redaktionellen Gestaltung unserer Zeitungen arbeiten, damit sie sich ihre Achtung wieder erringen. Es hängt daher ganz von uns ab, wie die Zukunftsentwicklung in der Presse aussieht."[90]

Auf dem Weg zu diesem Ziel sprach man sich auch gegenseitig Lob zu, über die Parteigrenzen hinweg. „Ihre Neue Ruhr-Zeitung habe ich soeben durchgelesen. [...] Das Grossformat lässt sich sehr gut umbrechen; die Zeitung sieht sehr ordentlich aus und wird ohne Zweifel im Ruhrgebiet ihre Bedeutung erreichen", schrieb etwa Anton Betz, Verleger der CDU-nahen Rheinischen Post, drei Tage nach der ersten NRZ-Ausgabe an Oppenberg.[91]

Und auch in geschäftlichen Verlagsfragen gaben sich die neuen Lizenzträger gegenseitig Unterstützung. Die Verleger der Parteizeitungen hatten kein Interesse daran, dass nun in weiteren Lizenzierungsverfahren noch viele Zeitungen dazukommen – würde dann doch das knappe Papier auch noch mit diesen Zeitungen geteilt werden müssen. Über den Verlegerverein hatte man nun die Chance, gemeinsam bei der Besatzungsmacht zu intervenieren, wenn diese Neulizenzierungen plante.

Freilich konnte dieser eigentliche Grund dann schwerlich angegeben werden. Man musste auf andere Kriterien verweisen, die Lizenzierung von Konkurrenzblättern zu verhindern. So wandte sich Reinhard Heinen, der Verleger der CDU-nahen „Kölnischen Rundschau", im Juli 1947 an Oppenberg. Zwei andere Verlage planten, sogenannte „Gerichtszeitungen" herauszugeben. Dort sollten in sensationslüsterner Weise aktuelle Kriminalfälle dargestellt werden. Heinen lehnt diesen Zeitungstyp ab, er ist ihm zu reißerisch und damit letztlich auch zu hetzerisch: Hier werde „auf die niedrigsten Instinkte der Leserschaft" abgezielt. Und in der Tat, der Christdemokrat Heinen und der Sozialdemokrat Oppenberg waren sich darin einig, dass Boulevard-Blätter dieser Art nicht zu den Zeitungen gehören, die sie sich für das neue demokratische Pressewesen wünschen. Heinen fügte aber auch hinzu: Es könne nicht sein, „dass für diesen Schund heute Papier vorhanden ist".[92] Vielleicht doch der gewichtigere Grund.

Eine Konkurrenz zu den Zeitungen bildeten vor allem auch Zeitschriften, die nun ebenfalls langsam wieder auf den Markt kamen: „In der letzten Sitzung des Zonenverleger-Vereins beschwerten sich die Hamburger Ver-

Dietrich Oppenberg (ganz r.) mit der deutschen Pressedelegation in London, 1947

Der Reisepass von Dietrich Oppenberg

Reiseeindrücke Oppenbergs von seinem
England-Aufenthalt 1947

leger darüber, daß für den Hamburger Rundfunk eine Zeitschrift mit
einer Auflage von 250 000 Exemplaren 12-seitig genehmigt sei", schrieb Oppenberg im Dezember 1946 an einen Essener Verleger-Kollegen. Der Adressat
des Schreibens: Heinrich Steffensmeier, einer der Lizenzträger der Rhein-Ruhr-
Zeitung, zu diesem Zeitpunkt mit einer Auflage von 139 000 Exemplaren neben
der NRZ die zweite große Zeitung, die von Essen aus produziert wird. Sie steht
der katholischen Zentrumspartei nahe. Oppenberg will nun Steffensmeier davon überzeugen, dass er sich bei den anderen Zentrums-Verlegern dafür stark
macht, dass sie gegen diese neue Rundfunk-Zeitschrift bei der Besatzungsmacht intervenieren. Denn die Zeitschrift sei „redaktionell und graphisch sehr
schlecht aufgemacht" und daher „vollkommen überflüssig". Der Verlegerverein habe es aber nicht für angebracht gehalten, selbst zu protestieren, „da
man uns unsachliche Konkurrenzgründe unterschieben könnte". Stattdessen
sei es wohl zweckmäßiger, wenn [die] Parteien von sich aus einen scharfen
Protest an das Hauptquartier richteten, um zu erreichen, „daß das für die
Rundfunkzeitschrift verwendete Papier den Zeitungen nutzbar gemacht werden kann". Die Vertreter anderer Parteien hätten schon dazu ihre Bereitschaft
signalisiert, nun solle Steffensmeier auch innerhalb des Zentrums entsprechende Schritte unternehmen.[93] Dieses Beispiel beweist: Der Rheinisch-Westfälische Verlegerverein hatte sich unter der Führung von Oppenberg zu einer
schlagkräftigen Organisation entwickelt, die über alle Parteigrenzen hinweg
die Interessen der Lizenzträger der neuen Parteizeitungen zu vertreten wusste.

Die Mitgliedschaft in dem neuen Verlegerverein war begehrt. Dies unterstreicht ein
Schreiben, das Oppenberg im August 1947 auf dem Schreibtisch liegen hatte: Es stammte von Gerhard A. Barsch, einem der Lizenzträger des gerade erst sieben Monate alten
„Spiegel". Er bat Oppenberg, sich dafür stark zu machen, dass er auch in den Zeitungs-
verlegerverein aufgenommen wird. Damals war die „aktuelle Wochenschrift" – so der
Untertitel zu dieser Zeit – noch nicht „der" Spiegel – sondern erschien in seinem im
deutschen Pressewesen noch völlig unbekannten Magazin-Format eher als gewagtes
publizistisches Experiment.[94]

Dietrich Oppenberg hatte also durch seinen Vorsitz im Verlegerverein eine
Schlüsselposition innerhalb des wieder entstehenden Pressewesens inne.
Hier spielten vor allem zwei Faktoren eine Rolle: enge Kontakte zur Besat-
zungsmacht und eine enge Vernetzung mit den anderen Verleger-Kollegen.
Vor allem dieser zweite Punkt wird auch in der Bundesrepublik für ihn bei
der Entwicklung einer Verlagsstrategie für die NRZ von Bedeutung sein.

Der besondere Tag – Teil 1:
Die Währungsreform am 20. Juni 1948

Die Titelseite der NRZ vom 19. Juni 1948

Schon lange hat sich angedeutet, dass die Besatzungsmächte in den Westzonen eine Währungsreform durchführen wollen. Dieses Gerücht hat zur
Folge, dass viele Händler ihre Ware vorerst lieber ins Lager als ins Schaufenster stellen. Sie wollen „richtiges" Geld dafür bekommen, keine alte Reichsmark, von der klar ist, dass sie durch die Reform an Wert verlieren wird. Aber
zu welchem Kurs wird man sein Geld in die neue Währung umtauschen
können? In der Redaktion weiß man natürlich, dass genau auf diese Frage die
Leser in der NRZ Antworten lesen wollen. Schließlich geht es um's Geld.

„Seit Tagen flattern die Gerüchte durch die Lande: Morgen ist Tag X,
morgen wird die Reichsmark wertlos, morgen kommt gutes neues
Geld", erinnert sich ein Mitglied der Redaktion zwölf Jahre später.[95]

„Da die Besatzungsmächte in diesen Jahren noch über alles zu bestimmen
hatten, auch sehr weitgehend über die Presse, warteten wir in der Redaktion Tag für Tag auf den ‚Befehl': Die Gesetze zur Neuordnung des
Geldwesens (so war ihr offizieller Name) müssen veröffentlicht werden.
Wenn die Besatzer solch eine ‚Auflage' (so nannte man diese Meldungen) anordneten, durfte kein Wort verändert werden.

Am 19. Juni verdichtete sich die Geheimniskrämerei: Der frühe Abend
brachte dann die Erlösung: Währungsreform am 20. Juni, Veröffentlichung der entsprechenden Gesetze in der Ausgabe dieses Tages.

Zu dieser Zeit war Die Welt, die [...] im Essener Druckhaus hergestellt
wurde, noch eine Zeitung der britischen Besatzungsmacht. Während
wir NRZ-Redakteure darauf warteten, daß die Nachrichtenagentur über
Fernschreiber den Wortlaut der Gesetze durchgab, lag der Welt der
komplette Text im versiegelten Umschlag vor.

Endlich begann der Fernschreiber tropfenweise die Paragraphen von
sich zu geben. Keiner wußte, wie viel das werden sollte. In unserer Not – bis
auf die Seite 1 hatten wir inzwischen alle Seiten der damals vierseitigen
NRZ-Ausgabe (mit einer halben Seite Anzeigen) fertig – wandten wir
uns an das ‚Blatt der Britischen Besatzungsmacht für deutsche Bevölkerung' [die Welt; SeSa]. ‚No', war die Antwort.

Wir mußten also weiter warten. Der Bildfunk hatte inzwischen die
neuen Geldscheine ausgestrahlt. Schnell ließen wir einen 10-DM-Schein
klischieren. Da die Zeitung ja erscheinen mußte, und an einem so historischen Tag natürlich früh, begannen wir mit dem Umbruch.

Klischieren ist ein Fachbegriff aus der Druckersprache. Man bezeichnet so die Herstellung einer Druckvorlage für eine Abbildung oder ein Foto.

Der Fernschreiber tropfte weiter. Wieder ein Paragraph, dann eine Meldung aus China, wieder ein Paragraph, dann zwei Sportmeldungen und wieder ein Paragraph. Das ging stundenlang in nervenzerfetzender Monotonie weiter.

Verleger und Redaktion waren geschlossen in der Setzerei versammelt und standen vor immer neuen Schiffen mit Satz. Jeder kleine Absatz wurde sofort gelesen, denn alle interessierten sich natürlich für die Einzelheiten dieses vielleicht wichtigsten Gesetzes nach dem Kriege.

Der Wirtschaftsredakteur hatte mit dem Umbruch begonnen, denn Geld gehörte nun einmal zur Wirtschaft. Bisher war sein Redaktionsteil aber so klein gewesen, daß er nach einer Stunde vor der Masse kapitulierte. Der Chef vom Dienst versuchte es als nächster, aber noch lange nicht als letzter. Die Seite 1 war bereits – bis auf ganz wenige politische Meldungen – prall mit Gesetzestext gefüllt. Seite 2 – schon fertig gematert – wurde aufgemacht und eine halbe Seite anderer Text weggeworfen."[96]

Der „Chef vom Dienst", gerne auch abgekürzt als CvD, ist der Redakteur, der die Arbeit in der Redaktion koordiniert. Er ist verantwortlich für die Struktur der Ausgabe und ist das Bindeglied zwischen Redaktion und Produktion. In der Redaktionshierarchie steht er direkt unter dem Chefredakteur und seinen Stellvertretern.

„Die Schlagzeile am Samstag 20. Juni lautete: ‚Deutsche Mark ist ab Montag gesetzliches Zahlungsmittel.' Im Untertitel erfuhren sie: ‚Währungsreform nur für die Westzonen verkündet – Kopfgeld beträgt 40 Mark, Löhne und Preise bleiben unverändert – Alles Altgeld muß bis zum 26. Juni abgegeben werden.'"

Die Bilanz des Redakteurs:
„Am Morgen erschien die NRZ nicht in schönster Aufmachung. Aber was wog äußerer Glanz schon gegen die Schwere des Inhalts? Es war der Morgen, an dem wir alle für kurze Zeit wirklich gleich arm und gleich reich waren. 40 DM reich und arm. Wir glaubten uns alle reich. Am Sonntag standen wir Schlange in den Umtauschstellen und am Montag, als die Geschäfte öffneten und plötzlich wirklich etwas anzupreisen hatten, war die Gleichheit auch schon wieder verschwunden."[97]

Die Zeitung ist an diesem Tag der Informationslieferant Nummer eins. Hier finden die Leser alle wichtigen Mitteilungen rund um die neue Währung. Die Schilderung des Redakteurs zeigt aber auch deutlich, welchen Einschränkungen die Redaktion in ihrer Arbeit ausgesetzt ist. Selbst wenn sie noch umfangreicher über die neue Währung und deren Bedeutung für die weitere Entwicklung der westdeutschen Zonen berichten wollte, der Platz, der ihr dafür zur Verfügung steht, ist eingeschränkt. Die Besatzungsmacht hat der NRZ nur ein bestimmtes Papierkontingent zugeteilt. Und auch die Informationen – sie sind nicht selbst recherchiert, sie werden per Ticker in die Redaktion verschickt. Die NRZ ist hier im Wesentlichen nur Mitteilungsblatt. Für die politische Analyse der Hintergründe fehlen Platz und journalistischer Freiraum. Das wird sich 1949 nach der Gründung der Bundesrepublik ändern.

Anmerkungen: Die Gründungsgeschichte der NRZ 1945–1950

1   Vgl. dazu Schmidt, Klaus-Werner: Die „Rheinisch-Westfälische Zeitung" und ihr Verleger Reismann-Grone. In: Beiträge zur Geschichte Dortmunds und der Grafschaft. Band 69 (1974), S. 241–382. Zur Essener Pressegeschichte besonders S. 248–259. Ebenfalls aufschlussreich: Bart, Jan: Baedekertradition im neuen Geist wachhalten. Essen 1968.

2   Grundlegend hierfür und für das Folgende: Martens, Katrin: Die Neue Ruhr-Zeitung in Essen von 1946 bis 1949. Entstehung und Entwicklung einer Lizenzzeitung. Bochum 1993, S. 38 f.

3   Ebenda.

4   Lanninger, Adolf: Der Start in Essen. In: Die ersten Jahre. Erinnerungen aus den Anfängen eines Zeitungshauses. Beiträge zur Geschichte des Verlagshauses Die Welt. Hg. v. d. Abteilung Information des Verlagshauses Die Welt. Hamburg 1962, S. 35–46. Hier: S. 35.

5   Erinnerungen von Dietrich Oppenberg an den 11. März 1945. Manuskript im NRZ-Verlagsarchiv.

6   Mitteilung von Dr. Sabine Oppenberg an den Verfasser. 2016.

7   Grundlegend für die folgenden Ausführungen über Theodor Reismann-Grone: Frech, Stefan: Wegbreiter Hitlers? Theodor Reismann-Grone. Ein völkischer Nationalist (1863–1949). Paderborn 2009. Vgl. dazu ebenfalls: Kolb, Eberhard: Ins Braune getroffen. Der Alldeutsche Theodor Reismann-Grone als Wegbereiter Hitlers. In: FAZ vom 30. November 2009, S. 8.

8   Vgl. dazu Schmidt, Klaus-Werner: Die „Rheinisch-Westfälische Zeitung" und ihr Verleger Reismann-Grone. In: Beiträge zur Geschichte Dortmunds und der Grafschaft. Band 69 (1974), S. 241–382. Zur Entwicklung der RWZ unter Reismann-Grone besonders: S. 326–375.

9   Vgl. dazu ebenda, S. 364–375.

10 Grundlegend für die folgenden biographischen Angaben zu Jakob Funke: WAZ – 50 prägende Jahre. 1948– 1998. Hg. v. d. Westdeutschen Allgemeinen Zeitung. Essen 1998.

11 Vgl. dazu Martens, Die Neue Ruhr Zeitung in Essen, S. 36.

12 Ebenda.

13 Vgl. hierzu WAZ – 50 Jahre, S. 19.

14 Vgl. dazu Martens, Katrin: Interview mit Dietrich Oppenberg vom 28. Februar 1992, o. S. Manuskript im NRZ-Verlagsarchiv.

15 Vgl. dazu Martens, Katrin: Interview mit Dietrich Oppenberg vom 11. Februar 1992, S. 2. Manuskript im NRZ-Verlagsarchiv.

16 Grundlegend für die folgenden biographischen Ausführungen zu Oppenberg: Oppenberg, Sabine: Biographische Skizze. In: Fischer, Hans-Dietrich: Positionen und Strukturen bei Druckmedien. Festschrift für Dietrich Oppenberg. Düsseldorf/Wien/New York 1987, S. 435–438.

17 Vgl. dazu Oppenberg, Dietrich: Brief vom 18. Dezember 1978 an Willy Brandt. NRZ-Verlagsarchiv. Oppenberg schreibt hier an Brandt: „Uns verbindet […] das gemeinsame Kindheitserlebnis auf der Falken-Insel Namedy am Rhein […]."

18 Einen guten Überblick über die „Kinderrepublik Namedy" und das pädagogische Konzept, das

ihr zugrunde lag, liefert die von dem NS-Dokumentationszentrum der Stadt Köln herausgegebene Webseite „Jugend 1918–1945". www.jugend1918-1945.de (zuletzt abgerufen am 13. November 2015).

19 Koretz, Walter/Sasse, Sebastian: Interview mit Antje Huber, 2014. Mitschnitt des Gesprächs im NRZ-Verlagsarchiv.

20 Vgl. Oppenberg, Sabine: Biographische Skizze.

21 Vgl. zu dem Verlauf der Haftzeit: Mitteilung von Dr. Sabine Oppenberg an den Verfasser. 2016.

22 Vgl. Oppenberg, Sabine: Biographische Skizze.

23 Martens, Katrin: Interview mit Dietrich Oppenberg am 2. November 1992, o. S. Manuskript im NRZ-Verlagsarchiv.

24 Vgl. Lanninger, Der Start in Essen, S. 36.

25 Ebenda, S. 36 f.

26 Ebenda.

27 Martens, Katrin: Interview mit Dietrich Oppenberg vom 2. November 1992, o. S. Manuskript im NRZ-Verlagsarchiv. Die Zitate, die mündlich im Gespräch geäußert worden sind, wurden behutsam der Schriftsprache angepasst.

28 Ebenda.

29 Ebenda.

30 Ebenda.

31 Oppenberg, Dietrich: Vertrauen in der NRZ-Familie. In: Betriebszeitung „NRZ-Familie", 1956, Juli-Ausgabe, S. 1.

32 Winkler, Heinrich August: Der lange Weg nach Westen. Band 1: Deutsche Geschichte vom Ende des Alten Reiches bis zum Untergang der Weimarer Republik. München 2000. Band 2: Deutsche Geschichte vom „Dritten Reich" bis zur Wiedervereinigung. München 2000.

33 Vgl. Lanninger, Der Start in Essen, S. 37.

34 Ebenda.

35 Ich übernehme die Erläuterung von Heinold: Heinold, Ehrhardt: Bücher und Büchermacher: was man von Verlagen und Verlegern wissen sollte. Heidelberg 1987, S. 223 f.

36 Einen guten Überblick über Habes Bedeutung beim Wiederaufbau einer demokratischen Presse in der amerikanischen Zone geben seine Erinnerungen an diese Zeit: Habe, Hans: Im Jahre Null. Ein Beitrag zur Geschichte der deutschen Presse. München 1966.

37 Habe, Hans: Hut ab! In: 25 Jahre NRZ. Sonderbeilage der NRZ vom 10. Juli 1971, S. 5.

38 Vgl. dazu Habe, Hans: Im Jahre Null. München 1966.

39 Martens, Katrin: Interview mit Dietrich Oppenberg vom 28. Februar 1992, o. S. Manuskript im NRZ-Verlagsarchiv.

40 Vgl. hierzu Martens, Die Neue Ruhr-Zeitung in Essen, S. 47–55.

41 Habe, Hans: Die Waffen werden gestreckt. In: Ruhr Zeitung vom 12. Mai 1945.

42 Vgl. hierzu Martens, Die Neue Ruhr-Zeitung in Essen, S. 47–55.

43 Notiz, undatiert. NRZ-Verlagsarchiv.

44   Vgl. hierzu Martens, Die Neue Ruhr-Zeitung in Essen, S. 47–55.

45   Vgl. dazu ebenda.

46   Vgl. dazu Martens, Katrin: Interview mit Dietrich Oppenberg vom 2. November 1992, o. S. Manuskript im NRZ-Verlagsarchiv.

47   Vgl. dazu ebenda.

48   Ebenda.

49   Vgl. hierzu: Hüffer, Jürgen Benedikt: Vom Lizenzpressesystem zur Wettbewerbspresse. Lizenz-verleger und Altverleger im Rheinland und in Westfalen 1945–1953/54 [= Dortmunder Beiträge zur Zeitungsforschung; Band 54]. München/New Providence/London/Paris 1995, S. 69 f.

50   Schreiben von Major C. W. Dilke von der Press Section in Oelde an Captain Franz Weykersheim, Press Subsection, Essen vom 23. Juni 1945. NRZ-Verlagsarchiv.

51   Vgl. dazu Aufzeichnungen zur NRZ-Vorgeschichte von Dietrich Oppenberg vom 13. Juli 1961. Manuskript im NRZ-Verlagsarchiv.

52   Hüffer, Vom Lizenzpressesystem, S. 83.

53   Ebenda, S. 69.

54   Ich folge hier dem Ansatz von Hüffer. Grundlegend für die folgenden Ausführungen: Hüffer, Lizenzpressesystem, S. 69 f.

55   Groß, Hebert: Brief an Lambert Lensing vom 2. Januar 1946. Durchschrift, maschinengeschrieben. NRZ-Verlagsarchiv.

56   Vgl. hierzu Hüffer, Lizenzpressesystem, S. 77 ff.

57   O.A., Dossier über Lambert Lensing. 4 Seiten maschinengeschrieben. NRZ-Verlagsarchiv.

58   Vgl. zu Lensings Verhalten während der NS-Zeit: Beckmann, Christopher: Lambert Lensing (1889–1965). Zeitungsverleger, Mitgründer der CDU, Landesvorsitzender der CDU Westfalen-Lippe. In: Historisch-politische Mitteilungen. Heft 14 (2007), S. 153–186. Hier besonders: S. 163.

59   Nachlass Herbert Girardet, Wuppertal: Aktennotiz von Herbert Girardet zur „Wiedergutmachungs-sache ‚Essener Allgemeine‘“ vom 2. Juli 1945. Zit. n. Hüffer, Vom Lizenzpressesystem, S. 62.

60   Vgl. hierzu den Artikel zur Familie Girardet in: Essener Köpfe. Hg. v. d. Stadt Essen und dem Historischen Verein für Stadt und Stift Essen e. V. Begründet von Erwin Dickhoff. Essen 2015, S. 116 f.

61   Grundlegend für die Ausführungen zur Essener Gruppenzeitung: Hüffer, Vom Lizenzpressesystem, S. 61–64.

62   Martens, Katrin: Interview mit Dietrich Oppenberg vom 2. November 1992. Manuskript im NRZ-Verlagsarchiv.

63   Ebenda.

64   Ebenda.

65   Vgl. hierzu Andrezejewski, Marek: Die Presse in der Freien Stadt Danzig. http://www.staff.uni-marburg. de/~dnfg/images/Die_Presse_in_der_Freien.pdf. S. 11. Zuletzt abgerufen am 28. Januar 2014.

66   Vgl. hierzu ebenda.

67   Vgl. Martens, Die Neue Ruhr-Zeitung, S. 77.

68   Vgl. ebenda.

69   Vgl. dazu Festschrift zum 70. Geburtstag von Dietrich Oppenberg. Hg. v. d. Rheinisch-Westfälischen
      Verlagsgesellschaft. Essen 1987, S. 18.

70   Vgl. ebenda, S. 78 f.

71   Vgl. zur Biographie von Fritzsch: Martens, Die Neue Ruhr-Zeitung, S. 87 f.

72   Vgl. zur Biographie von Feldens: Ebenda, S. 88–90.

73   Koretz, Walter/Sasse, Sebastian: Interview mit Antje Huber. 2014. Mitschnitt im NRZ-Verlagsarchiv.

74   O.A., Parteinehmer – nicht Parteigänger. In: Berliner Morgenpost, Nr. 1 vom 20. September 1898, S. 1 f.

75   Vgl. Hüffer, Vom Lizenzpressesystem, S. 74 f.

76   Vgl. ebenda, S. 104 f.

77   Vgl. ebenda, S. 76.

78   Vgl. ebenda, S. 74 ff.

79   Vgl. dazu die Korrespondenz zwischen Verlagsleitung und SPD-Parteigremien. NRZ-Verlagsarchiv.

80   Oppenberg, Dietrich: Denkschrift über die Gegenwartsprobleme der lizenzierten Zeitung vom
      2. Januar 1947. 6 maschinengeschriebene Seiten. Hier: S. 4. NRZ-Verlagsarchiv.

81   Ebenda, S. 5 f.

82   Oppenberg, Dietrich: Brief an Hans Reifferscheidt/Rheinische Zeitung vom 1. September 1946.
      1 Seite maschinengeschrieben. NRZ-Verlagsarchiv.

83   Aussagen von Erich Brost in dem Film „Deutschlandbilder – Verlorene Wege. Wege und Wende-
      punkte im Leben des Erich Brost". Zuerst ausgestrahlt am 30. Juni 1987 im WDR-Fernsehen.

84   Ebenda.

85   Oppenberg, Dietrich: Brief an den Parteivorstand der SPD vom 9. Dezember 1946. Zwei maschinen-
      geschriebene Seiten. NRZ-Verlagsarchiv.

86   Oppenberg, Dietrich: Brief an Heinz Kühn vom 10. Februar 1947. Zweiseitig maschinengeschrieben.
      NRZ-Verlagsarchiv.

87   NRZ-Betriebszeitung „NRZ-Familie", 1960, Nr. 2, S. 11.

88   Vgl. dazu ebenda.

89   Betriebszeitung „NRZ-Familie", 1960, Nr. 2, S. 11.

90   Protokolle Mitgliederversammlung Verlegerverband. 1947. NRZ-Verlagsarchiv.

91   Verlagskorrespondenz. 1946. NRZ-Verlagsarchiv.

92   Verlagskorrespondenz 1947. NRZ-Verlagsarchiv.

93   Verlagskorrespondenz. 1947. NRZ-Verlagsarchiv.

94   Verlagskorrespondenz. 1947. NRZ-Verlagsarchiv.

95   Betriebszeitung „NRZ-Familie", 1960, Nr. 3, S. 11.

96   Ebenda.

97   Ebenda.

Eine der führenden Tageszeitungen der Republik: Die 1950er Jahre

D as erste Jahrzehnt der Bundesrepublik ist eine Zeit der Grundsatz-entscheidungen. Von ihrer Zeitung erwarten die Leser daher nicht nur Information, sondern auch Orientierung: Wie sind diese Grund-satzentscheidungen zu bewerten, welchen Einfluss haben sie auf die wei-tere Entwicklung des jungen westdeutschen Staates? Diesem Leserbedürf-nis entspricht die NRZ: Sie baut ihre Kompetenzen in der politischen Bericht-erstattung aus und gewinnt damit weit über die Region hinaus an Reputa-tion. Sie wird so in der politischen Berichterstattung zu einer der führen-den Zeitungen in der Bundesrepublik. Sie profitiert dabei davon, dass sie anders als andere SPD-Lizenzzeitungen seit ihrer Gründung ein von der Partei unabhängiges publizistisches Profil entwickelt hat.

Gleichzeitig wirken immer noch die Strukturprobleme nach, die sich aus der Lizenzierungspolitik ergeben haben: Den Makel der vermeintli-chen Parteizeitung wird die NRZ nicht so schnell los. Zumal die „unab-hängige" Konkurrenz diesen stets heraushebt. Vor diesem Hintergrund ist eine Entscheidung der Verlagsleitung von besonderer Bedeutung: 1952 übernimmt die NRZ die Ausgaben des Düsseldorfer Rhein-Echos und der Kölner Rheinischen Zeitung. Diese beiden SPD-Lizenzzeitungen waren nicht mehr lebensfähig, dort hatten die Redaktionen anders als bei der NRZ nicht auf ein von der SPD unabhängiges Profil gesetzt. Einerseits erweiterte die NRZ so ihr Verbreitungsgebiet, andererseits waren die beiden Titel in ihren Regionen nirgendwo Marktführer gewesen. Und sie hatten noch mehr als die NRZ unter dem Vorwurf gelitten, nur Verlautba-rungsorgan der SPD zu sein. Auch organisatorisch war diese Erweiterung eine große Herausforderung: Die NRZ wird nun an zwei verschiedenen Druckorten produziert: in Essen in der Sachsenstraße und im Druckhaus Köln-Deutz. Die Auflage liegt jetzt bei über 200.000 Exemplaren.

Verleger Dietrich Oppenberg sieht in diesem Schritt weniger die un-ternehmerischen Risiken, er begreift ihn vor allem als Chance, die Marke NRZ, die ja bundesweit mit ihrer politischen Berichterstattung für Auf-merksamkeit sorgt, noch breiter in der Rhein-Ruhr-Region zu etablieren.

NEUE RUHR ZEITUNG

NEUE RHEIN ZEITUNG

MONTAG, DEN 5. JULI 1954

9. JAHRG. / NR. 154 / EINZELPREIS 20 PF

Deutschland ist Fußball-Weltmeister

Jubel über 3:2-Triumph

Die Sensation von Bern — Ungarn tapferer und fairer Verlierer — Rahn schoß zwei Tore

Von unserem in Bern weilenden Sportredakteur HELMUT EICKELMANN

„Kapitän" Fritz Walter mit der Weltmeisterschafts-Trophäe — So fiel das erste deutsche Tor: Morlock schoß es

Wochenende der Unglücke

96 Tote bei Verkehrsunfällen, Explosionen und Unwettern

Stevenson: Töricht

Gala-Empfang für Papagos

Rheinfahrt bei strömendem Regen – „Staatsmännische Leistung"

Silberlorbeer für die deutsche Elf

Mercedes-Doppelsieg in Frankreich

FDP zur Koalition bereit

Waffenruhe-Gespräch in Indochina begann

Mendès-France rechtfertigte Räumung des Deltas

Tito erhofft Triest-Lösung

„Heldenmutter" in der Sowjetunion – Fischerboote aufgebracht

Die Titelseite der NRZ vom 5. Juli 1954

Die Titelseite der NRZ
vom 18. Juni 1953

Die Titelseite der NRZ
vom 7. Oktober 1957

In der Adenauer-Ära:
Kanzlerkritisch, aber konstruktiv

Das Urteil über die 1950er Jahre scheint heute eindeutig: Sie sind das Jahrzehnt des „Wirtschaftswunders" und des gelungenen Wiederaufbaus, aber auch gleichzeitig restaurativ und muffig. Wenn Willy Brandt 1969 nach dem „Machtwechsel" zur sozial-liberalen Koalition verkündete: „Wir wollen mehr Demokratie wagen." – dann hieß das im Rückschluss: Bisher hat es zu wenig Demokratie gegeben.

Und in der Tat hat diese Einschätzung auch in der historischen Forschung Niederschlag gefunden: Dort wird dann von der „Formaldemokratie" gesprochen. Das soll heißen: Rein formal ist natürlich auch die Bundesrepublik der 1950er Jahre eine Demokratie, in der Realität sind aber viele Bürger von ihrem Bewusstsein her noch nicht jene Staatsbürger geworden, die aktiv am demokratischen Leben teilnehmen, vielmehr grassiert bei vielen noch der „Untertanen-Geist". Das Bewusstsein der Menschen verändert sich erst langsam, Deutschlands „langer Weg nach Westen" (Heinrich August Winkler) ist eben tatsächlich ein langer.

Die ersten Schritte wurden in den 1950er Jahren gemacht. Insofern ist es notwendig, sich von den gängigen Klischees in der Bewertung dieses Gründungsjahrzehnts der zweiten deutschen Republik zu verabschieden. Man sollte sich vielmehr aus der Perspektive der Menschen selbst, die in dieser Zeit lebten, diesen Jahren zuwenden. So betont etwa Elisabeth Noelle-Neumann, die als Demoskopin und Zeitzeugin die gesamte gesellschaftliche Entwicklung der Bundesrepublik beobachtet hat, dass damals eine Aufbruchsstimmung geherrscht habe: „Der Wertewandel setzte schon früher ein, in den 50er Jahren. Heute gilt diese Zeit oft als ‚spießig', es ist von Muff die Rede. Das stimmt überhaupt nicht. Es war eine optimistische Zeit, auch politisch aufregend. [...] Ich bin zu der Einsicht gekommen, dass die 50er-Jahre, diese Jahre des Aufbaus und der Beruhigung, die glücklichsten waren. Es waren auch die ehrlichsten Jahre."[98]

Die NRZ der 1950er Jahre ist ein Dokument dieser Zeit: In der Zeitung wurden zunächst einmal die Ereignisse dargestellt, sie lieferten ja den Stoff für die Nachrichten. Gleichzeitig wurden diese Nachrichten in der Zeitung aber eingeordnet und analysiert – durch die Journalisten in ihren Kommentaren und durch die Leser, die diese Einschätzungen zur Kenntnis nahmen, über sie nachdachten und sich so selbst eine politische

Dietrich Oppenberg (3. v.r., halb verdeckt) mit einer Delegation des Internationalen Verbandes der Zeitungsverleger bei Bundespräsident Theodor Heuss in Bonn, 28. September 1951

Dietrich Oppenberg (links neben Adenauer) mit dem Presserat zu Gast bei Bundeskanzler Konrad Adenauer, 1958

Dietrich Oppenberg (2. v.l.)
mit dem Presserat bei
Bundespräsident Heinrich Lübke
Oppenberg, 27. November 1959

Chefredakteur Karl Brunner

Meinung bildeten. Ein solcher Meinungsbildungsprozess kann auf unterschiedliche Weise ablaufen: In den alten Milieus, die das politische Leben der Vorkriegszeit geprägt hatten, bestimmte die jeweilige Weltanschauung, welche Nachrichten relevant waren und wie sie bewertet wurden. Die Weltanschauung gab Orientierung, sie war es, die die Blickrichtung auf das Tagesgeschehen bestimmte. Nachrichten waren dann nicht auf Fakten basierende Mitteilungen, sondern Verkündigungen bestimmter politischer Lehrmeinungen. Dies galt vor allem auch für das sozialdemokratische Milieu und seine Parteizeitungen. Es galt in den 1950er Jahren auch noch für jene SPD-Zeitungen, die, anders als die NRZ, an dieser Tradition festhalten wollten.

Welchen Anspruch der Verleger Dietrich Oppenberg und der NRZ-Gründungschefredakteur Erich Brost gestellt hatten, ist bereits deutlich geworden: Eine politische und linke Zeitung, die keine Parteizeitung war, sollte die NRZ sein. Sie sollte Partei nehmen für die Interessen der Menschen in der Rhein-Ruhr-Region, vor allem für ihre sozialen Sorgen aufgeschlossen sein. Sie sollte keine Parteiideologie verkünden.

Aber wie konnte das funktionieren, wenn der Nachfolger Brosts als Chefredakteur, Karl Brunner, gleichzeitig für die SPD im Bundestag saß und es auch in dieser Zeit durchaus noch üblich war, dass sich die Redakteure gegenseitig mit „Genosse" anredeten, wie sich Felicitas Kapteina, damals junge Redakteurin bei der NRZ, im Rückblick erinnert?[99] Die 1950er Jahre waren so ambivalent wie andere Zeitepochen auch. Das Neue war: Die Journalisten der NRZ haben vor dieser Ambivalenz keine Angst, sie flüchten nicht zurück in die vermeintliche Sicherheit der Weltanschauung, aus der sich sofort Antworten auf jede Frage so leicht ableiten ließen. Diese Journalisten lernten nun, immer weiter zu fragen, kurz: kritisch zu sein. Auch kritisch gegenüber ihren eigenen Antworten – in ihnen keine letzten Wahrheiten zu sehen, sondern Anstöße für eine Diskussion in der Öffentlichkeit – zuerst aber natürlich mit ihren Lesern.

Keine Frage, dieses kritische Bewusstsein, das sich in der NRZ-Redaktion herausbildete, war links, es war aber eben kein SPD-Bewusstsein. Und dies war die ideale Ausgangsposition für politischen Journalismus in der „Ära Adenauer". Das erleichterte es der NRZ, sich kritisch zu verhalten. Die Leistung Karl Brunners war es nun, dass auch die Opposition, also die Politik der SPD, ebenso kritisch bewertet wurde. Freilich war diese Kritik zunächst noch von anderer Qualität. Wenn etwa an dem zu harten Oppositionskurs der Schumacher-SPD gegenüber der Regierung

Adenauer in Sachen Westpolitik Kritik geübt wurde, dann verstanden dies die NRZ-Kommentatoren vor allem als Hilfestellung. Sie sahen sich als Ideenlieferanten für eine sich reformierende SPD, die von einer Klassenpartei zu einer linken Volkspartei werden sollte. Vieles fand erst später im „Godesberger Programm" von 1959 seinen Eingang, mit dem die SPD dann tatsächlich endgültig den Weg in Richtung Volkspartei beschritt.

Die Partei hatte erkannt, dass die alten weltanschaulichen Milieus nicht mehr existierten. Der politische Gegner war nicht mehr der Feind. Sondern nur derjenige, der eine andere politische Meinung vertrat – und mit dem man dabei in Konkurrenz stand, auf die unterschiedliche politische Willensbildung der Bürger Einfluss zu nehmen. Die NRZ begleitete diesen Prozess zu einer lebendigen Demokratie.

Auf einem der Werbeplakate aus dieser Zeit sah man ein Strichmännchen mit ausgestreckter Lanze nach vorne preschen. Der Slogan dazu lautete: „Die NRZ – eine mutige Zeitung". Die NRZ ist eine Zeitung, die für die Interessen ihrer Leser eine Lanze bricht. Wie das gehen konnte, darüber hatte sich Chefredakteur Karl Brunner Gedanken gemacht.

„Aussprechen, was ist", so hat Karl Brunner die Aufgabe des politischen Journalisten verstanden. Nur mit dieser Devise könne man einer „Verflachung und Vereinseitigung" widerstehen. Dieser Gefahr war für Brunner besonders die Presse ausgesetzt, „die sich zum Ziel gesetzt hat, nicht nur ‚objektives' Nachrichtenblatt zu sein, sondern auch zur öffentlichen Meinungsbildung beizutragen. Jene latente Gefahr ist gewissermaßen der Preis, der für den Vorzug gezahlt werden muss, eine Zeitung mit profiliertem politischem Standpunkt, also eine ‚Zeitung mit Tendenz' zu sein", formulierte Brunner seinen Ansatz. „Denn jeder Politiker – bei aller Bescheidenheit sei dies Wort erlaubt: auch jeder Journalist ist ‚Politiker' – wird aus an sich gesundem Solidaritätsgefühl dazu neigen, die Schwächen seiner Freunde zu verschweigen, zu vertuschen, zu bagatellisieren, zu verharmlosen – und andererseits die Fehler und Missgriffe des Gegners herauszustellen, zu unterstreichen, zu vergröbern."[100] Allerdings: Die Leser, die die NRZ erreichen wolle, könne man mit einer solchen Eindimensionalität in der Berichterstattung nicht gewinnen.[101]

Selbst der Leitartikel, „diese höchste, weil unverfälschteste Form der Anbietung politischer Meinung, sollte nicht wie eine Predigt im Zorneswetterschein geschrieben sein, oder wie eine Enzyklika, die mit erhobenem Zeigefinger jeden Widerspruch untersagt", betonte der Chefredakteur. „Der Leitartikel soll den Leser ‚leiten', ohne daß er es merkt, dorthin, wo

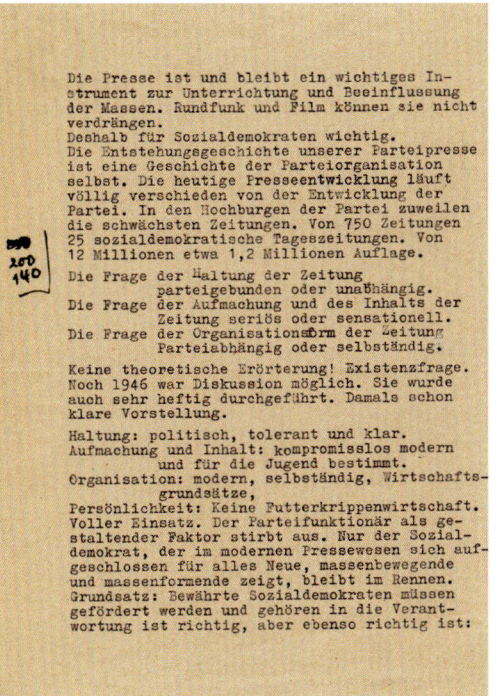

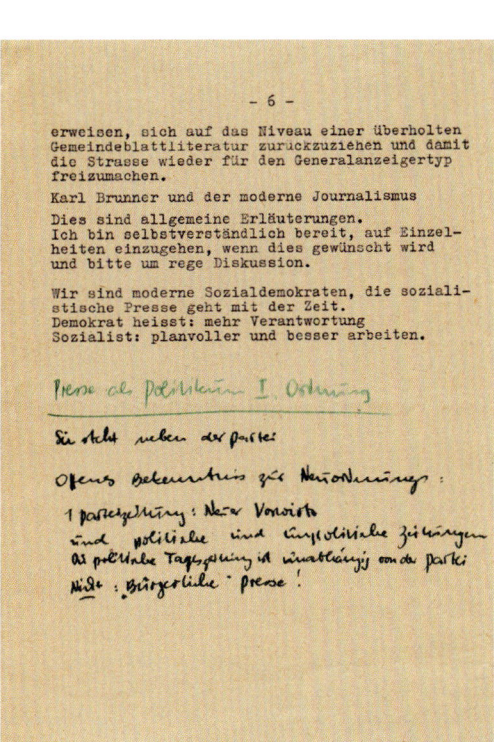

In diesem Aufsatz macht sich Dietrich Oppenberg Gedanken zur Parteipresse, Februar 1951

der Schreiber ihn hin haben will: auf den Kern einer Sache. Ironie und Sarkasmus müssen in vorsichtiger Dosis erlaubt sein."[102]

Auch gelte es im Umgang mit Nachrichten Sensibilität zu zeigen: „Objektives Gebot des Journalismus ist, der Wahrheit zu dienen, der objektiven Darstellung eines Geschehnisses. Aber Objektivität, von ‚Subjekten' geübt, wird immer ein zwar erstrebenswertes, doch nie ganz erreichtes Ideal bleiben. Schon eine Überschrift, und sei es auch nur unter dem Zwang der durch die Spaltenbreite vorgeschriebenen Buchstabenzahl, kann entstellen, übertreiben, beleidigen, aber auch nach der anderen Seite hin verflachen und eine Nachricht sogar ihres wichtigsten Charakterzugs berauben. Aus der Schreibtischpraxis wissen wir, dass am Abend ein und dasselbe Ereignis, von Berichterstattern auch nur zweier verschiedener Nachrichtenagenturen dargestellt, fast immer zwei Versionen hat. Am anderen Morgen bei Durchsicht von x Zeitungen hat dieselbe Geschichte gar x verschiedene Versionen bekommen. Dem Fachmann ist es vielleicht noch möglich, aus der Summe solcher subjektiven Darstellungen sich ein annähernd objektives Bild zu machen. Der Leser, der am Ende der Kette der Übermittlung hängt, hat diese Möglichkeit nicht. Ich meine, wir sollten niemals der Versuchung erliegen, diesen Umstand auszunutzen und sich darauf zu verlassen, dass der Leser ja das glauben wird, was wir, und nur wir, ihm vorgesetzt haben. Einmal hinter einen Betrug gekommen, wird man das ‚gebrannte Kind‘ niemals wieder zurückgewinnen können.“[103] Allerdings, bei aller neuen Offenheit, auch Brunner dachte noch im Sinne von „wir und die anderen“. So stellte er fest:

„Unsere Objektivität und Toleranz braucht nicht so weit zu gehen, dass wir auch unseren Gegnern die Spalten unserer Presse öffnen. Unsere Zeitung kann Diskussionsforum nur in beschränktem Maße sein.“ Gleichzeitig betonte Brunner aber: „Aber auch die Äußerungen der ‚anderen Seite‘ müssen bei uns ihren Niederschlag finden. Andernfalls wird man bald unsere Monologe uninteressant finden.“[104]

Karl Brunner war, wie sich hier zeigt, eine Figur der Übergangs: Von der Parteizeitung alten Typs hatte er sich längst emanzipiert, als explizit sozialdemokratischer Journalist verstand er sich aber sehr wohl noch. Anders konnte es wohl auch nicht sein, wenn man wie er nicht nur einer Zeitungsredaktion vorstand, sondern gleichzeitig auch noch im Bundestag saß, wo Brunner sich passenderweise mit Presse-, Film- und Rundfunkfragen als stellvertretender Vorsitzender des gleichnamigen Ausschusses beschäftigte.[105] Brunner wies zwar den Weg in ein neues publizistisches Selbstverständnis, ohne allerdings dieses selbst auch schon vollkommen verinnerlicht zu haben. Er war ein Weichensteller, fuhr aber noch nicht selbst den Zug in die Richtung. Diese Funktion des Lokführers wird später Jens Feddersen übernehmen, unter dessen Leitung sich die NRZ endgültig „von einem parteinahen Blatt zu einer unabhängigen linksliberalen populären Qualitäts-Zeitung“ entwickelt.[106]

Karl Brunner setzte weniger neue Akzente durch das, was er schrieb, sondern dadurch, wie er formulierte. Das Neue, das ihn von seinen Journalistenkollegen bei den anderen „Linkszeitungen“ in der Region wie der Westfälischen Rundschau oder der Rheinischen Zeitung unterschied, war sein publizistischer Stil. Er wollte verstanden werden. Brunner verkündete in seinen Kommentaren nicht nur seine Meinung, er wollte auch mit den Lesern in ein Gespräch eintreten. Sein Ziel war der Dialog. Das zeigte sich auch an Brunners Offenheit für das neue Medium dieser Zeit: das Radio. Brunner suchte bewusst die Öffentlichkeit und erkann-

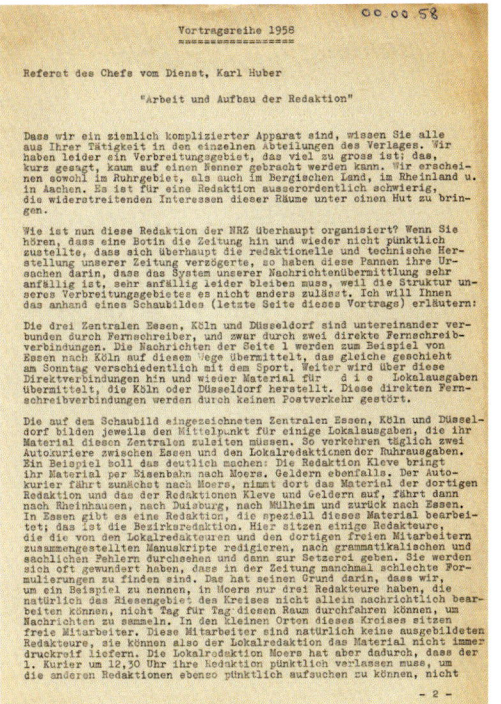

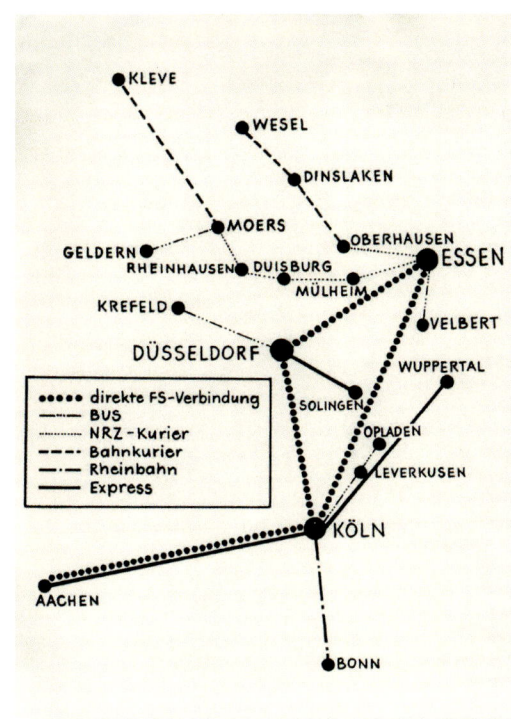

Aufsatz von Redakteur Karl Huber über Arbeit und Aufbau der Redaktion mit begleitendem Schaubild

te keinen Makel darin, durch Kommentare beim Nordwestdeutschen Rundfunk eine gewisse Prominenz zu erlangen. Schließlich kam seine Popularität auch seiner Zeitung zugute.

Anfang der 1950er Jahre erweitert sich das Verbreitungsgebiet: Im September 1950 kommen Lokalredaktionen in Geldern und Kleve dazu. Ab Januar 1952 übernimmt die Rheinisch-Westfälische Verlagsgesellschaft die Redaktionen des Rhein-Echos und der Rheinischen Zeitung. Zunächst erscheinen diese neue Ausgaben unter dem Titel „Westdeutsche Neue Presse". Danach als rheinische Ausgaben der NRZ unter dem Titel „Neue Rhein Zeitung". Es gibt nun zusätzliche Lokalredaktionen in Aachen, Bonn, Düsseldorf, Köln und Leverkusen-Opladen. Hinzu kommen auch die Lokalredaktionen Solingen und Wuppertal, hier erscheint die NRZ als Neue Ruhr Zeitung. Die NRZ wird nun auch an zwei Standorten gedruckt: in Essen wie bisher in der Sachsenstraße und im Druckhaus Deutz in Köln. Die Auflage liegt bei über 200.000 Exemplaren.

Vor der NRZ-Geschäftsstelle im Eickhaus in Essen, 1950er Jahre

Geschäftsstelle der NRZ in Düsseldorf, 1952

NRZ-Geschäftsstelle in Mülheim an der Ruhr, 1950er Jahre

Bekanntmachung über die Eröffnung der neuen NRZ-Geschäftsstelle in Wesel, 1953

Brunner, der sich auch als Vorsitzender des Rheinisch-Westfälischen Journa-listenverbandes für seine Kollegen als Interessenvertreter engagierte, hatte sich gerade unter seinen Mitarbeitern durch sein Charisma eine besondere Wertschätzung erworben: „Sein Wesen und seine äußere Erscheinung waren ausgesprochen einprägsam: Ein großer, breitschultriger Mann mit dem schwerfälligen, leicht schaukelnden Gang eines Seemannes (der er nie war), den Kopf immer etwas geneigt, der Mund sehr oft in einem freundlichen, etwas ironischen Lächeln, die hellen Augen eindringlich auf den Ge-sprächspartner gerichtet, aufmerksam zuhörend und akzentuiert bei der eigenen Aussage. Brunner hat stets fleißig gearbeitet und doch stets Muße für die Beschäftigung mit den geistigen Dingen auch am Rande seines eigentlichen politischen Berufes gehabt."[107] Was der Schreiber dieses Nachrufes „die geistigen Dinge" nannte, bezeichnet ein Themen-spektrum, dem sich Brunner in seinen wöchentlichen Kommentaren in der NRZ immer wieder widmete. „Darauf kommt es an" – so lautete der Titel der Reihe und genau darin verstand der Chefredakteur auch seine Aufgabe: den Lesern Orientierung bieten. Brunner war in seiner Sprache pointiert, aber er schreckte auch nicht vor philosophierender Reflexion

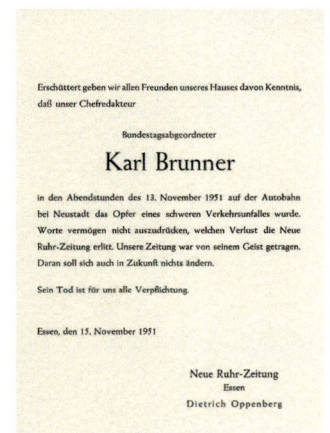

Trauerfeier für Karl Brunner: v.l. Bundestagspräsident Hermann Ehlers,
Dietrich Oppenberg, SPD-Vorsitzender Kurt Schumacher, gestützt von der späteren
Bundestagsabgeordneten Annemarie Renger (SPD), 13. November 1951

Traueranzeige der NRZ für den
verstorbenen Karl Brunner

zurück. Denn, wie gesagt, gerade von den „geistigen Dingen" her erhoffte
er sich Orientierung für die junge Republik.

Dieser Stil des Chefredakteurs fand über alle Parteigrenzen hinweg
Anerkennung. Als Karl Brunner am 13. November 1951 bei einem Autoun-
fall tödlich verunglückte, gehörten zu der Trauergemeinde nicht nur Sozialdemokraten: Neben Kurt Schumacher nahmen unter anderem auch
Bundestagspräsident Hermann Ehlers (CDU) und der FDP-Politiker Erich
Mende an seiner Beerdigung teil. Ehlers unterstrich in seiner Trauerrede, wie Brunner die demokratische Debattenkultur der jungen Republik
positiv geprägt hatte. Wie bestimmend dieser publizistische Stil für die
NRZ war, zeigte sich dann noch einmal über eineinhalb Jahrzehnte später:
1968 gab Dietrich Oppenberg redaktionelle Leitsätze heraus, die die
Grundsätze dieses NRZ-Stils ausformulierten und als verbindlich für die
tägliche Arbeit festschrieben. Und die Journalisten, die diesen Leitsätzen
der NRZ besonders gerecht geworden sind, erhielten nun jedes Jahr
einen nach Karl Brunner benannten Preis.

Brunner, 1905 in Berlin geboren, hatte ursprünglich Lehrer werden
wollen. Nach der Volks- und Mittelschule besuchte er das Lehrerseminar
und schloss es mit der Prüfung ab. Aber er fand während der Weltwirtschaftskrise keine Anstellung. Er begann in den Berliner Redaktionen
auswärtiger Zeitungen zu arbeiten, allerdings zuerst als Telefonist, dann

als Stenograph. Schließlich wurde er Redakteur.[108] Und an diesem Punkt, wo im Lebenslauf die 1930er Jahre einsetzen, setzten die offiziellen Nachrufe aus und erst nach dem Krieg wieder ein.

Aber Brunner hatte auch während des „Dritten Reiches" als Journalist gearbeitet. Bis 1945 war er Teilnehmer der Pressekonferenzen der Reichsregierung in Berlin und hatte aus der Hauptstadt für die Dresdner Neuesten Nachrichten, die Münchner Zeitung, die Hallischen Nachrichten, das Stuttgarter Neue Tageblatt und die Saarbrücker Zeitung berichtet.[109] 1995 hat der Journalist Peter Köpf eine Studie veröffentlicht, in der die Lebenswege von Journalisten in der Bundesrepublik nachgezeichnet werden, die auch während des NS-Regimes publiziert haben. Zu Brunner stellte er fest, dass dieser nach den Richtlinien der alliierten Besatzungsbehörden nicht für die Ämter in Frage gekommen wäre, die er zunächst bei der Kölner Rheinischen Zeitung als stellvertretender Chefredakteur und dann bei der NRZ ab 1947 als Redaktionsleiter ausgeübt hat.[110] Brunners vermeintlich unkritische Haltung gegenüber dem Regime will Köpf anhand eines Artikels belegen, den Brunner 1944 veröffentlicht hatte. Dort, so Köpf, habe Brunner sich zu einer „Verwirklichung des Sozialismus reichsdeutscher Prägung" bekannt.[111]

Als diese Texte Brunners 1995 öffentlich wurden, hat auch Dietrich Oppenberg von ihnen Kenntnis genommen. Inwieweit er von Brunners journalistischer Vergangenheit gewusst hatte, als er diesen als Chefredakteur einstellte, ist nicht mehr nachzuvollziehen. Jedenfalls hat Oppenberg auch nach 1995 Brunner als Namenspatron für seinen Journalistenpreis nicht ausgewechselt. Erst nach dem Tod des Verlegers wurde die Auszeichnung in „Dietrich-Oppenberg-Preis" umbenannt. Offensichtlich bewertete Oppenberg Brunners spätere Verdienste höher als dessen Verhalten während des NS-Regimes.

Oppenberg hat als Zeitgenosse eine differenzierte Sicht auf diesen Problembereich. Er hatte ja im Reismann-Grone-Verlag selbst miterlebt, unter welchen Zwängen Journalisten während des NS-Regimes standen – auch dann, wenn sie keine überzeugten Nationalsozialisten waren. Freilich, eines ist auch klar: Ein Widerstandskämpfer war Karl Brunner nicht. Allerdings steht Brunners Lebensweg für keinen Ausnahmefall, sondern er ist die Regel. So kommt auch Peter Köpf am Ende seiner Untersuchung zu dem Ergebnis, dass lediglich 16,5 Prozent der Journalisten der 151 Nachkriegsredaktionen, die er ausgewertet hat, zwischen 1936 und 1945 nicht als Journalisten tätig gewesen waren.[112]

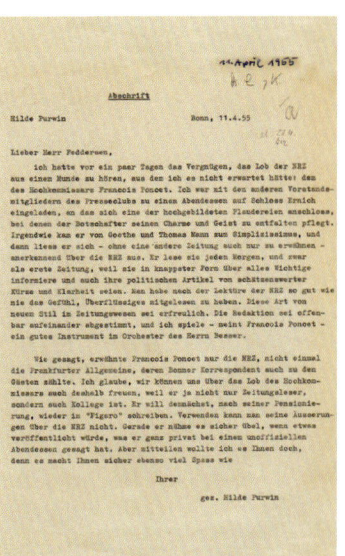

Klaus Besser (Mitte) mit seinem Nachfolger als Chefredakteur, Anton Müller-Engstfeld (l.), und Dietrich Oppenberg, 1956

In diesem Brief vom 11. April 1955 an Jens Feddersen berichtet Hilde Purwin vom Lob des französischen Hohen Kommissars Francois-Poncet für die NRZ

Unter Karl Brunner begann die Entwicklung der NRZ zu einer der führenden Tageszeitungen der Bundesrepublik, seine Nachfolger als Chefredakteure, Klaus Besser und Anton Müller-Engstfeld, führten sie fort. In dieser Zeit wurde die NRZ neben der FAZ, der „Süddeutschen Zeitung" und der „Frankfurter Rundschau" zu den wichtigsten Tageszeitungen in der Bundesrepublik gezählt. Und auch in Bonn wurde die NRZ intensiv zur Kenntnis genommen. So berichtete die Bonner Korrespondentin Hilde Purwin im April 1955 an den damaligen Leiter des Politik-Ressorts, Jens Feddersen, von einem Gespräch mit dem französischen Hohen Kommissar André François-Poncet: „Ich war mit den anderen Vorstandsmitgliedern des Presseclubs zu einem Abendessen auf Schloss Ernich eingeladen, an das sich eine der hochgebildeten Plaudereien anschloss, bei denen der Botschafter seinen Charme und Geist zu entfalten pflegt. Irgendwie kam er von Goethe und Thomas Mann zum Simplizissimus, und dann ließ er sich – ohne eine andere Zeitung auch nur zu erwähnen – anerkennend über die NRZ aus. Er lese sie jeden Morgen, und zwar als erste Zeitung, weil sie in knappster Form über alles Wichtige informiere und auch ihre politischen Artikel von schätzenswerter Kürze und Klarheit seien. Man habe nach der Lektüre der NRZ so gut wie nie das Gefühl, Überflüssiges

mitgelesen zu haben. Diese Art von neuem Stil im Zeitungswesen sei erfreulich. Die Redaktion sei offenbar aufeinander abgestimmt, und ich spiele – meint François-Poncet – ein gutes Instrument im Orchester des (Chefredakteurs) Herrn Besser. Wie gesagt, erwähnte François-Poncet die NRZ, nicht einmal die Frankfurter Allgemeine, deren Bonner Korrespondent auch zu den Gästen zählte."[113]
Über dieses Lob des französischen Deutschlandexperten freute man sich in Essen besonders, denn dieser betonte genau die Punkte, die auch für die Redaktion im Vordergrund standen: wichtige von unwichtigen Nachrichten trennen, diese Informationen den Lesern in klarer und

Oppenberg lässt sich Zeit bei der Suche nach einem Nachfolger für Karl Brunner. Es sind große Fußstapfen, in die der neue Chefredakteur tritt: Er soll für eine klare politische Linie stehen – eben links, aber nicht zu SPD-nah. Auch die Erweiterung des Verbreitungsgebietes verlangt ihm Aufgaben ab. Die NRZ muss an ihren neuen Standorten Wurzeln schlagen. Dietrich Oppenberg entscheidet sich schließlich für den 32-jährigen Klaus Besser. Im März 1954 tritt dieser sein Amt an, doch Besser bleibt nicht lange: 1956 wechselt er bereits als Chefredakteur zu der DGB-Zeitung „Welt der Arbeit". Später macht sich Besser, der 1995 stirbt, einen Namen als Gastronomiekritiker.[114] Auch Bessers Nachfolger Anton Müller-Engstfeld ist nur ein Chefredakteur des Übergangs. Diesmal hat Oppenberg auf eine Hausbesetzung gesetzt: Müller-Engstfeld, Jahrgang 1915, war zuvor Korrespondent der NRZ in Düsseldorf und Bonn gewesen. Seine daraus resultierenden guten politischen Kontakte auf Bundes- und Landesebene dürften bei seiner Ernennung eine wichtige Rolle gespielt haben. Und er kennt sich in den neuen Standorten des Verbreitungsgebietes aus: Bevor er bei der NRZ angefangen hat, war Müller-Engstfeld nämlich Lokalredakteur in Düsseldorf beim Rhein-Echo.[115] Doch auch er bleibt nicht lange im Amt. 1961 löst ihn Jens Feddersen ab.

verständlicher Sprache vermitteln. Die zweite Kernaufgabe liegt darin, in gesonderten Meinungsbeiträgen diese Informationen zu analysieren und zu bewerten. Die klare Trennung von Nachricht und Kommentar war damals noch nicht selbstverständlich – übrigens auch nicht in Frankreich. Kein Wunder also, dass dieses publizistische Profil der NRZ auf François-Poncet erfrischend und anregend wirkte.
Aber auch auf der Regierungsbank wurde die NRZ gelesen: Sogar Bundeskanzler Konrad Adenauer rechnete die NRZ zu den Zeitungen, die bei seiner Morgenlektüre nicht fehlen durften.[116] Entsprechend gerne

Prominenter Leser: Bundeskanzler Konrad Adenauer an seinem Schreibtisch, im Vordergrund ist die NRZ im Zeitungsständer deutlich zu erkennen, 1956

verbreitete man ein Foto, auf dem man den Bundeskanzler mit einer ausgebreiteten NRZ tatsächlich auf der Regierungsbank sitzen sah. Oder auch ein anderes Bild wurde stolz präsentiert, wo Adenauer an seinem Schreibtisch im Palais Schaumburg arbeitete, daneben ein Zeitungsständer, in dem eben auch eine aktuelle Ausgabe der NRZ steckte. Auf diese Aufnahme wies auch Chefredakteur Klaus Besser 1956 in einem Editorial die Leser hin und zeigte gleichzeitig humorvoll auf, welches Renommee die „Linkszeitung" in der Bonner Ministerialbürokratie hat:

„In der Bonner Geschäftsstelle der NRZ geschah neulich folgendes: Ein Beamter der Bundesregierung erschien und bestellte die NRZ ab. Warum, wurde er gefragt. Ob ihm die NRZ nicht mehr gefalle? Oh nein, beteuerte er, sie sei sogar besser geworden, und sie gefalle ihm ganz ausgezeichnet, er würde sie gern weiterlesen. Aber – und er zögerte ein wenig – er sei nun einmal Beamter in Bonn, und die NRZ vertrete ja nicht immer den Standpunkt des Bundeskanzlers. Wenn nun sein Vorgesetzter oder gar der Kanzler selbst erführen, daß er Abonnent der NRZ ... (!) Der mutige Mann versprach, die NRZ künftig am Kiosk zu kaufen. Nun, die Mühe sollte er sich nicht machen. Die NRZ weiß die Qualitäten unseres Bundeskanzlers zu schätzen. Sie ist zwar nicht seine Parteigängerin, sondern nimmt, wie es ihr richtig erscheint, für oder gegen den Kanzler, wie überhaupt für oder gegen jeden anderen Politiker Partei. Sie folgt keiner Partei, aber sie ergreift Partei und sie glaubt, daß es gerade in unserer Zeit nicht zulässig ist, meinungslos abseits zu stehen. Schließlich aber können wir unseren treuen Beamten beruhigen: auch der Kanzler ist NRZ-Leser. Wie unser hier wiedergegebenes Bild zeigt, gehört die NRZ zu seiner üblichen Lektüre. Unser Beamter befand sich also in allerhöchster und in bester Gesellschaft. Und der Kanzler wird doch nicht etwa die Lektüre, die ihn täglich erfreut, seinen Beamten nicht gönnen wollen? Kein NRZ-Leser würde ihm so etwas zutrauen."[117]

Die NRZ hat sich in dem ersten Jahrzehnt ihres Bestehens eine feste Position in der Zeitungslandschaft der Bundesrepublik erworben. Aber ein klares eigenes publizistisches Profil war auch mit Anfeindungen verbunden. Und zwar aus ganz unterschiedlichen Milieus, wie der Blick auf das Wahljahr 1957 zeigt. Denn dabei wird deutlich: Wer auf journalistische Unabhängigkeit setzt, sitzt schnell zwischen allen Stühlen. Aber genau dort ist eben auch der richtige Platz für eine Zeitung. Dass die NRZ diese Position konsequent beibehielt, verschaffte ihr neue Freunde, teilweise auch neue Feinde.

Amüsante Unterhaltung: Dietrich Oppenberg (l.) und der kölsche Volksschauspieler Willy Millowitsch

1959 hat die Kölner Ausgabe der NRZ einen prominenten Gastautor: Willy Millowitsch erzählt in einer Serie über sein Leben. Natürlich wird für diese Exklusiv-Erinnerungen ordentlich die Werbetrommel gerührt: Ein in Grün und Orange leuchtendes Plakat wirbt an den Litfaßsäulen der Dom-Stadt für die Artikel des Kölner Urgesteins.

Beispiel katholische Kirche: Der Weseler Dechant von der Giet forderte im März 1957 in einer Ausgabe der Kirchenzeitung „Bistum und Leben", in deren Mittelpunkt das Leben des verstorbenen Münsteraner Erzbischofs Kardinal von Galen stand: „Wer den Namen des Bekennerbischofs Clemens August mit Recht und Anstand nennen will, hält nicht die Neue Ruhr Zeitung, sondern die Rheinische Post oder den hier erscheinenden Generalanzeiger."[118] Oder: In Rheinhausen schloss die Katholische Arbeitnehmerbewegung bewusst die NRZ von der Berichterstattung über ihren Diözesantag aus.[119]

Aber Oppenberg ließ sich davon nicht beeindrucken. Als etwa die Kölner Kirchenzeitung in warnendem Tonfall darüber berichtete, die NRZ strebe an, auch in katholischen und evangelischen Familien gelesen zu werden, antwortete der Verleger dem Erzbistum: „Unsere Auflage beträgt über

Postkutschenfahrt vor der Düsseldorfer Geschäftsstelle auf der Kö, 1959

Zeitungsbote mit markanter Mütze: Johannes
Wilms aus Duisburg-Rheinhausen, 1956

Auch für Kinder interessant: zwei „Leser" mit der NRZ, 1954

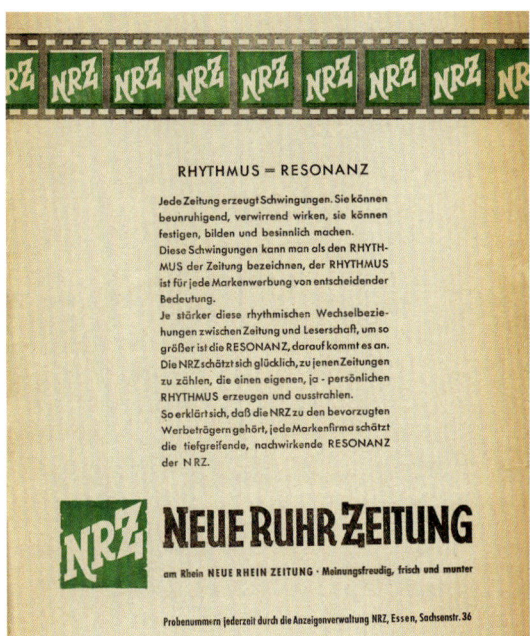

FORMEN DER NRZ-WERBUNG IN DEN 1950ER JAHREN

220.000 Exemplare täglich, unser Verbreitungsgebiet ist überwiegend katholisch [...]. Wir betrachten es als unsere Pflicht, dem Bedürfnis unserer Leser nach Unterrichtung im religiösen Bereich in ihrem Sinne nachzukommen, wobei die Achtung religiöser Gefühle eine Selbstverständlichkeit ist. Unsere Einstellung ist die gleiche, wenn aus Anlass christlicher Feste unsere Leserschaft über die bloße Nachricht hinaus angesprochen werden soll."[120] Zum Schluss forderte er sogar zur direkten Mitarbeit auf: „Wir stellen selbstverständlich auch katholischen Theologen die Spalten unserer Zeitungen zur Verfügung. Es wurde uns noch kürzlich von katholisch-theologischer Seite erklärt, dass es geradezu einer apostolischen Aufgabe gleichkäme, wenn von dieser Seite aus Lesermassen angesprochen würden. Wir würden es daher sehr begrüßen, wenn auch aus Ihrem Mitarbeiterkreis [...] zu religiösen Anliegen Stellung genommen würde."

Seit dem 77. Katholikentag, der 1956 in Köln stattgefunden hatte, konnte schließlich Oppenberg sogar den Kölner Erzbischof als Kronzeugen für die Reputation der NRZ anführen. Erklärte doch Kardinal Frings in seiner offiziellen Bilanz zu der größten jährlichen Zusammenkunft aller deutschen Katholiken: „Die Kölner NRZ hatte allein in ihrer Ausgabe vom 3. September acht Bilder und zehn Artikel über den Katholikentag,

1. Januar 1955 Leseranalyse

	Was gefällt am besten?	Was stärker?	Was schwach?	Was neu?	Negativ	
Erdachte Erzählungen		12	106	4	– 90	
Filmkritiken		21	137	5	– 111	
Monarchen- und Filmstarmärchen		2	212		– 210	
Philosophie		1	1	4	} Ohne Interesse	
Antikrieg	2	22	6	8		
Sport	177	213	111	18	) Gegensätzlich	
Sozialpolitik	80	291	13	99	377	Positiv
Nachrichten vom Heimatort	184	273	50	48	271	
Tatsachenberichte	126	156	9	27	174	
Medizinische Themen	79	110	8	30	132	
Wirtschaftsteil	53	153	52	17	118	
Frauenseite	43	85	16	42	111	
Reiseberichte	16	34	7	69	107	
Heimat im Osten		47	–	51	98	
Technik, Erfindungen	39	53	1	41	93	
Jugendprobleme		42	6	40	76	
Bildberichte		8	7	64	65	
Tiergeschichten	58	48	8	10	50	

Für die Schlusszahlen habe ich die Zahlen unter "Was stärker" und "Was Neu" addiert und die Zahlen "Was schwächer" abgezogen. "Was gefällt am besten" wurde dabei nicht berücksichtigt.

Zeitungen benötigen Leseranalysen – hier eine Statistik über beliebte Themen bei Lesern, 1. Januar 1955

NRZ-Botenpost, 1. September 1955

Nr. 1/51

Kleine Haus- NRZ

BETRIEBSNACHRICHTEN DER NEUEN RUHR-ZEITUNG

Neuer Journalismus

Die goldenen Zeiten der Journalistik scheinen vorüber zu sein. Die Zeitungsunternehmen haben nicht mehr die wirtschaftliche Mächtigkeit wie in den ersten Jahrzehnten des Jahrhunderts, und die Zeitungen haben bei weitem nicht mehr die Wirkung, die sie einst, insbesondere nach dem ersten Weltkrieg, auszuüben vermochten. Der Leser, der sich einer Zeitung anvertraut hatte, folgte ihr auch. Was sie sagte, war ihm häufig einfach ein Evangelium, und wenn sie etwas forderte, so war er bereit, diese Forderung zu erfüllen. Man konnte die Menschen erregen und, wenn man es wollte, sie auf die Barrikaden treiben. Daß das heute nicht mehr möglich ist, brauchen wir sicherlich nicht zu bedauern.

Aber es ist leider so, daß es nicht deshalb unmöglich wurde, weil der Leser kritischer geworden und nicht mehr leicht zu beeinflussen ist, sondern weil er gleichgültiger wurde und nicht alles mehr so ernst nimmt, was schwarz auf weiß gedruckt vor ihm erscheint.

Die Zeitung teilt etwas mit. Sie will den Leser von dem unterrichten, was er aus seinem unmittelbaren Lebenskreis, der weiteren Heimat und der Welt wissen muß. Wirtschaft, Wissenschaft, Kultur in jedem Sinne und dann der Sport sind im Laufe der Zeit als die Gegenstände hinzugekommen, über deren Entwicklung man Zug um Zug im Bilde sein muß. Daneben hat die Zeitung, je länger, je mehr, es übernommen, den Leser zu unterhalten. Ihre heutige Vielfalt läßt sich jedoch ebenso, wie ihr schlichterer und begrenzter Inhalt vor 100 Jahren auf die eine Funktion reduzieren, daß sie etwas mitteilt.

Und im Mitteilen hat die Zeitung mit der Ausbreitung und Vervollkommnung der modernen Technik sehr viel Konkurrenten erhalten. Es kamen die illustrierten Zeitungen, die wohl der Tageszeitung nicht ihre Aufgabe abnehmen konnten, heute aber vielleicht stärker als sie auf den Leser wirken, es kam der Film, und vor allem kam das Radio. Und im Zusammenhang mit alledem hat sich die Reklame entfaltet und unser Leben angefüllt. Unaufhörlich wird den Menschen etwas mitgeteilt; unablässig werden sie aufgefordert, einen bestimmten Gegenstand zu kaufen oder etwas Bestimmtes zu tun. Brachte die Zeitung einst nahezu die einzige Aussage an den Menschen heran, so ist das, was sie vermittelt, heute nur noch ein bescheidener Teil eines ganzen Meeres von Aussagen, von dem der Mensch beständig um- und überspült wird, wo auch immer er die Augen und die Ohren öffnet. Von dieser Fülle wird er erdrückt, von dieser unablässigen Einwirkung abgestumpft. Er ist ermüdet und neigt dazu, sich zu langweilen.

Jedes publizistische Produkt muß daher bemüht sein, trotz dieser Abstumpfung die fortwährend beanspruchte Aufmerksamkeit des Menschen eine Zeitung für sich zu gewinnen, und jedes publizistische Produkt muß mit Sorgfalt und Fleiß vermeiden, was den Leser etwa langweilen könnte. Wer ihn langweilt, hat ihn verloren.

Fünf Jahre NRZ

Am Vorabend des 13. Juli 1946 wurde im Essener Verlagshaus zum erstenmal nach dem Zusammenbruch wieder eine deutsche Zeitung gedruckt.

Der Hunger nach Nachrichten und nach Papier war zunächst groß. Trotzdem bemühte sich die NRZ vom ersten Tage an um eine eigene Note. Die NRZ wollte eine von den jeweiligen Machthabern unabhängige Presse schaffen und für den Mann auf der Straße ein Leitfaden durch die chaotische Zeit sein. Sie machte sich zur Aufgabe, ihre Meinung furchtlos zu sagen und die Geschehnisse unverfälscht darzustellen.

So wurde die NRZ zu einer kräftigen Stimme im Ruhrgebiet und am Niederrhein. Sie konnte sich Gehör verschaffen. Aus den Konkurrenzkämpfen nach der Aufhebung der Lizenzierung ist sie gefestigt und gestärkt hervorgegangen. Der alte Leserkreis blieb seiner Zeitung treu und neue NRZ-Freunde aus allen Schichten der Bevölkerung kamen hinzu.

Heute begegnet man uns mit Achtung und Anerkennung. Wir können dies auf die rastlose und freudige Arbeit aller Kräfte in Redaktion und Verlag, im Haupthaus und in den Geschäftsstellen zurückführen. Die Arbeit war erfolgreich. Sie wird es auch in den kommenden Jahren sein, wenn wir selbstkritisch bleiben und nicht müde werden, immer wieder unser Bestes der Zeitung zu geben.

Ein herzliches Glückauf!

Ihr Dietrich Oppenberg

Schon wieder etwas Neues

hören wir manchen im stillen seufzen, der unsere „Kleine Haus-NRZ" das erstemal zur Hand nimmt. Aus der anspruchslos aufgemachten „Hauspost" ist eine kleine Zeitung geworden, die sich einiges zum Ziel gesetzt hat, was herauszufinden jedoch dem Leser überlassen bleibt. Einschließlich aller Boten müßte jeder Angehörige der NRZ an seinem Verlag zu interessieren sein. Wird das erreicht, erfüllt die sich heute mit ihrer ersten Nummer vorstellende „Kleine Haus-NRZ" schon einen Teil der in sie gesetzten Erwartung.

Die Redaktion

So hat die publizistische Arbeit in den letzten Jahrzehnten sich in ihrem Wesen gewandelt, da sich die Voraussetzungen ihrer Wirkung änderten. Es mag interessanter sein, ist aber auf alle Fälle schwieriger geworden, journalistisch zu arbeiten. Die Aufgabe ist, leichter und flüssiger zu reden, als unsere Ahnen das von der Zeitung erwarteten, und doch nicht zuviel an Gründlichkeit und Ernsthaftigkeit preiszugeben. Des allzu Leichten und allzu Unverbindlichen wird man auch leicht überdrüssig. Der Artist suggeriert mit der halsbrecherischen Vorführung dem Zuschauer mit seinem freundlichen Lächeln, daß alles sei ein Kinderspiel. Der gute Journalist muß es halten wie er. Man darf ihm die Mühe nicht anmerken, die er mit seiner Arbeit hat.

K. B.

1. Ausgabe der Betriebszeitung „Kleine Haus-NRZ" zum fünfjährigen Jubiläum der NRZ, 13. Juli 1951

00/00/1959

<u>Einführungsreferat von NRZ-Verleger Dietrich Oppenberg</u>

Meine lieben, jungen Freunde!

1945, nach dem Ende des zweiten Weltkrieges, ging man daran,
das Zeitungswesen in Deutschland wieder aufzubauen. Sie, die
Sie in diesem Jahr geboren wurden oder erst ein paar Jahre
alt waren, kennen diese Zeit nur aus Erzählungen Älterer.
Für uns aber, die wir das alles mitgemacht haben, die wir
die Zeitungsgeschichte nach 1945 mit gestaltet haben, ist
sie verbunden mit Erinnerungen. Mit Erinnerungen, die oft
sehr wehmütiger Natur sind. Und dennoch denken wir gern an
diese Zeit des "Neubeginnens" zurück.

Für mich ist es erfreulich, vor einem Kreis zu sprechen,
der jünger ist als ich. Jünger - nun, alle Vorstellungen
vom Alter sind ja einem stetigen Wandel unterworfen. Vor
etwa 2.000 Jahren wurden die Menschen nicht viel älter als
30 Jahre. Lebten sie länger, dann war das schon ein kleines
Wunder. Jahrtausende hat es gedauert, bis die Welt von
2 1/2 Milliarden Menschen bevölkert wurde. Es wird aber
nicht einmal 30 Jahre dauern, bis sich diese Zahl verdoppelt
hat! Sie sehen, wie stark die Bevölkerung wächst. So stehen
wir heute mitten in einer Welt des Massenzeitalters.

Schauen wir uns einmal Amerika an! Dort hat es vor 10 Jahren
rund 1 Million Fernsehteilnehmer gegeben. Heute sind es
50 Millionen. Bei uns in Deutschland (1952 kam dieses "Weih-
nachtsgeschenk" auf den Markt) sind es 2 1/2 Millionen Fernsehteilnehmer. Aber noch vor gut einem Jahr, nämlich Weihnachten 1957, waren es erst 750.000. Sie sehen auch hier,
wie rapide diese Zahl gerade in letzter Zeit geklettert
ist. Sie wird weiter steigen, denn es gehört heute zum guten Ton, eine solche Flimmerkiste zu besitzen.

Wäre es bei dieser Entwicklung für die Leute, die sich 1945
mit der Neugründung von Zeitungen befassten, nicht besser
gewesen, stattdessen Rundfunkstationen oder Fernsehsender
zu bauen? Das war doch naheliegend? Man hätte doch sofort
ganz modern anfangen sollen, könnte man meinen. Nun, ganz
so war es ja nicht. Niemand in Deutschland hat 1945 an eine
solch stürmische Entwicklung gedacht. Aber selbst in Amerika,
dessen technische Entwicklung durch den Krieg nicht so stark
gehemmt war wie bei uns, haben 544 Sender (!) mit 50 Mill.
Fernsehgeräten es nicht vermocht, die Zeitung zu verdrängen.
Das ist eine sehr beachtliche, eine sehr interessante Tatsache.

1945 war jedes Stück Papier, das bedruckt war, eine Offen-
barung. Man hat sich die kümmerlichen Blätter, die wir damals fabrizierten, aus der Hand gerissen. Heute gibt es
Zeitungen in grosser Zahl - hier wie in Amerika. Und dennoch: wenn es noch eines Beweises bedurft hätte, dass dort

- 2 -

Abschrift eines Vortrags von Dietrich Oppenberg
vor NRZ-Lehrlingen, in dem der Verleger seinen Betrieb vorstellt, 1959

und diese in einer Ergriffenheit, wie ich sie sonst kaum gefunden habe. So haben Ungezählte von dem Katholikentag einen starken Eindruck bekommen, die dem kirchlichen Leben längst entfremdet waren, und ungezählte Andersgläubige."[121]

Die festen sozialen Strukturen brachen auf, aber die Menschen, die durch sie geprägt worden waren, wussten noch nicht, wie sie darauf reagieren sollten. Verharrten sie in Nibelungentreue zu dem Alten oder öffneten sie sich dem Neuem? Diese Frage wurde auch im Umfeld der SPD debattiert. Der Anlass war die verlorene Bundestagswahl 1957, bei der die Sozialdemokraten mit ihrem Kanzlerkandidaten Erich Ollenhauer scheiterten und Kanzler Adenauer und seine Unionsparteien die absolute Mehrheit errangen. Nun wurde auch laut in der SPD über einen Kurswechsel nachgedacht. Die NRZ profilierte sich hier als publizistische Stimme der Reformer: So mahnte Chefredakteur Anton Müller-Engstfeld an, die Partei müsse endgültig „die alten Zöpfe des Marxismus" abschneiden und allen „klassenkämpferischen Tendenzen, die heute keine Berechtigung mehr haben", eine klare Absage erteilen. Schließlich riet er, mehr auf den Faktor Persönlichkeit zu setzen; sein Vorschlag: Carlo Schmid, Rhetoriker von Gnaden mit bildungsbürgerlichem Hintergrund, statt des biederen Parteisoldaten Ollenhauer an die Spitze der Partei stellen.[122] Schließlich bekam sogar Heinz Kühn, damals noch SPD-Bundestagsabgeordneter, Zeilen dafür, in einem Gastbeitrag „links und rechts" zu überholten Begriffen zu erklären. Statt nach dieser Schablone die einzelnen Parteimitglieder bestimmten Flügeln zuzuordnen, müsse in der SPD ein „geistiger Föderalismus" herrschen, so Kühn. Der Weg müsse in Richtung Volkspartei gehen.[123]

Dietrich Oppenberg beschrieb den Weg seiner Zeitung Anfang der 1960er Jahre, also in der Zeit nach dem Reformparteitag der SPD in Bad Godesberg, so: „1949: Die NRZ ist eine nicht parteigebundene sozialdemokratische Tageszeitung, die völlig frei von fremden Einflüssen ihre journalistische Aufgabe zu erfüllen hat." Dann habe sich das Profil weiterentwickelt: „1952: Die NRZ ist eine unabhängige – nicht parteigebundene – Linkszeitung mit entschiedener, demokratischer Haltung und sozialem Gewissen." Und schließlich 1962: „Die NRZ ist eine unabhängige, meinungsfreudige Tageszeitung, die frei von fremden Einflüssen ihre publizistische Aufgabe erfüllt." Der NRZ, so Oppenbergs Bilanz in diesem Zusammenhang, sei es gelungen, „breite Volksschichten", eben „alle Schichten der Bevölkerung" anzusprechen.[124]

Der besondere Tag – Teil 2:
Konrad Adenauer reist im September
1955 nach Moskau

Die Titelseite der NRZ vom 15. September 1955

Die Außen- und Deutschlandpolitik ist von Beginn an ein Themenfeld, in dem die NRZ besonders stark aufgestellt ist. Dass es der NRZ gelingt, hier als Regionalzeitung neben anderen Blättern mit ganz klar bundesweiter Ausstrahlung wie der Frankfurter Allgemeinen oder der Süddeutschen Zeitung mitzuhalten, ja sogar Akzente zu setzen, unterstreicht den Anspruch, den sich die Redaktion gesetzt hat. Eine Regionalzeitung zu sein ist für sie nicht gleichbedeutend damit, eine verengte Perspektive zu haben, die sich allein auf die Ereignisse im Rhein-Ruhr-Gebiet beschränkt. Das Bekenntnis zur Region drückt sich anders aus: Die Redaktion kennt ihre Leser. Sie will die Inhalte so journalistisch aufbereiten, dass die Leser, die in dieser Region leben, sich mit ihnen auseinandersetzen können, weil sie durch die Lektüre der Zeitung erkennen, dass eben auch Fragen wie die Deutschlandpolitik ihre Lebenswirklichkeit in Essen, Duisburg oder Moers berühren.

Jens Feddersen, der als Berlin-Korrespondent der NRZ 1948 begann und ab 1961 das Politik-Ressort leitete, beschreibt diesen Anspruch und erläutert, was er für die praktische Arbeit bedeutet, anhand eines Ereignisses, das die Menschen in den 1950er Jahren in besonderer Weise emotional bewegt hat: die Reise von Bundeskanzler Konrad Adenauer vom 8. bis zum 14. September 1955 nach Moskau, wo es diesem gelingt, die restlichen 10.000 deutschen Kriegsgefangenen frei zu bekommen. Im Gegenzug nimmt die Bundesrepublik diplomatische Beziehungen zur Sowjetunion auf. Noch heute, wenn nach der historischen Leistung des ersten deutschen Kanzlers gefragt wird, wird dieser Erfolg in Umfragen als erster genannt. Die Bilder vom Empfang der Kriegsgefangenen im Lager Friedland haben einen festen Platz in der Erinnerungskultur der Bundesrepublik.

Feddersen beschreibt 1956, wenige Monate nach dem Ereignis, wie er als Teil eines großen Journalisten-Trosses diese besonderen Tage in Moskau an der Seite des Kanzlers erlebt hat. Die größte Herausforderung für ihn: Unter den schwierigen Arbeitsbedingungen in Moskau stets aktuelle Berichte nach Essen zu schicken. Die technischen Möglichkeiten sind sehr eingeschränkt – und die wenigen Telefonanschlüsse, die der deutschen Presse zur Verfügung stehen, um mit ihrer Zentrale in der Heimat Kontakt aufnehmen zu können, sind hart umkämpft. Hier ist Einfallsreichtum gefragt:

„Gibt es ein Finanzamt, das zarte Damenstrümpfe als Werbekosten eines politischen Journalisten akzeptiert? Oder gar einen Verlagsleiter, der den Posten ‚6 Paar Nylons‘ auf einer Spesenrechnung billigt?

Ja, und nochmals ja. Die Nylons hatte ich mir eingepackt, als es zur Adenauer-Chruschtschow-Konferenz in Moskau ging. Der Erfolg war verblüffend. Die Telefonistinnen im Moskauer Journalistenklub kannten nur noch ‚NRZ Essen‘. Wenn dieses Stichwort fiel, dann mußten alle anderen warten. Ich hatte meine Verbindung in fünf bis zehn Minuten – Kollegen ohne Nylonstrümpfe warteten bis zu drei Stunden. (Wenn sie Pech hatten, war ihre Zeitung dann schon angedruckt). Das Delegationshauptquartier in Moskau, das pompöse Sowjetskaja-Hotel, glich einer Festung. Wer es als Journalist ‚erobern' wollte, der wäre über die Leiche eines Bonner Kriminalbeamten gestolpert (oder zunächst über seine eigene). Was taten wir? Wir drohten mit Boykott und hatten Erfolg. Nicht, daß sich das Haus jetzt für uns öffnete – nein, aber wir lotsten die deutschen Delegierten heraus. Fast jeden Morgen, oft noch vor dem Frühstück traf ich mich mit [dem SPD-Bundestagsabgeordneten und stellvertretenden Parteivorsitzenden] Carlo Schmid und manchmal auch mit [dem NRW-Ministerpräsidenten von der CDU] Karl Arnold direkt an der Kremlmauer. Kein Mensch war zu dieser Zeit auf dem Roten Platz, nur die Wache vor dem Stalin-Lenin-Mausoleum. Wir gingen da auf und ab, immer an der Mauer entlang. Einmal trafen wir auf eine andere Journalisten-Politiker-Gruppe. Groteske Situation, ein paar tausend Kilometer von Bonn entfernt. Wer die Moskauer, die Genfer, die Berliner und auch die Pariser Konferenzatmosphäre kennt, der weiß um den Wert eines wirklich internationalen Journalismus, eines Sichverstehens unter den Journalisten vieler Länder. Was wäre der einzelne in einem solchen Konferenztrubel ohne die Zusammenarbeit mit den anderen? Gleichgültig, ob in Moskau, wo das Schicksal einer aktuellen Berichterstattung oft daran hing, daß einer stundenlang ein Taxi okkupierte, um dann von dem anderen die Nachricht zu erhalten – oder in Genf, wo man nicht auf vier Pressekonferenzen gleichzeitig sein kann. Ein Taxi in Moskau zu haben, das war wertvoller, als ein Mittagessen mit einem Bonner Regierungssprecher. An dem Taxi hing die ganze Nachricht, an dem Beamten nur eine Nuance. In Genf einen Kollegen zu haben, der die russische Konferenz besuchte und sich dann mit ihm auszutauschen, das war wichtiger als eine Duzfreundschaft mit einem westlichen Politiker. Ist so eine Konferenz beendet, dann sagt man ‚Gott sei Dank!' (wegen der Fülle der Arbeit) und ‚Schade!' (wegen der Spannung, die dann so abrupt aufhört). Wer den Puls dieser Zeit fühlt, der lebt nun einmal von der Spannung – und daß sie nicht aufhört, dafür ist nach einer Konferenz gesorgt: in der Redaktion. Und wenn es nur die Spannung auf die nächste Konferenz ist …"[125]

In dieser Skizze Feddersens scheint nicht nur die Atmosphäre auf, die bei den großen internationalen Konferenzen herrscht, in ihr drückt sich auch Stolz aus: Die NRZ gehört dazu, sie spielt mit auf dem internationalen Parkett und wird nicht nur von den Kollegen aus Deutschland, sondern auch von denen der Auslandspresse geschätzt. Die zweite Botschaft lautet aber auch: Ich, Jens Feddersen, gehöre dazu. Und ich bin stolz darauf, ein guter Journalist zu sein.

Ein Schwerpunkt und sein Experte:
Die Deutschlandpolitik und Jens Feddersen

Jens Feddersen,
1955

1956, als Feddersen diese Erinnerungen an die Moskau-Reise Adenauers niederschrieb, war er noch nicht der Chefredakteur, der die NRZ ab 1961 über drei Jahrzehnte lang prägte. Zu diesem Zeitpunkt war Feddersen erst 28 Jahre alt, freilich konnte er auch schon auf eine zehnjährige Berufserfahrung zurückblicken. Warum war dieser junge Journalist so erfolgreich? Der Blick in die Redaktionsprotokolle dieser Zeit oder auch die Briefe von Lesern zeigt deutlich: Schon der 28-jährige Feddersen war der Star der Redaktion. Er war „unser Mann" – mal in Moskau, mal in Genf, mal in Washington, jedenfalls immer dort, wo international gerade über die Zukunft Deutschlands entschieden wurde.

Er wurde für seine Leser zum Welterklärer. Dies zeigte sich etwa in der Vielzahl von Einladungen zu Vorträgen, die Feddersen in diesen Jahren erreichten: Ob vor dem örtlichen DGB-Kreisverband, in der Volkshochschule oder in einer Kirchengemeinde – bis zum Ende der 1960er Jahre tourte Jens Feddersen geradezu durch das NRZ-Verbreitungsgebiet, um dort die aktuellen weltpolitischen Entwicklungen zu erklären. Redaktionskollege Gerd Fischer erinnert sich später daran, dass er, wenn er seinen Chef habe sprechen wollen, am besten zu dessen Vortragsveranstaltungen gegangen sei, denn sonst sei Feddersen immer unterwegs gewesen: „[...] es [gab] nur eine Möglichkeit ihn zu erwischen: Abends, in Volkshochschulen. Wenn ich mal mit ihm sprechen wollte, mußte ich spät am Tage bei den Dammeyers und Donnepps [damals die bekannten Leiter der Volkshochschulen in Oberhausen und Marl, Manfred Dammeyer und Bert Donnepp] oder bei anderen VHS-Leuten anklingeln, weil er überall als der Linksliberale vom Dienst auftrat, unentbehrlich für die politische Kultur an Rhein und Ruhr."[126]

Jens Feddersen ist auch mit dabei, als Theodor Heuss 1958 seinen ersten Staatsbesuch in Großbritannien macht. Insgesamt begleiten nur drei deutsche Journalisten den Bundespräsidenten nach London. Als Feddersen zurück nach Essen kommt, bringt er eine Anekdote von der Queen mit: „Lachend erzählte sie, dass ihr Sohn, der Prinz Charles, am liebsten die comic strips in den Boulevard-Zeitungen lese. Als ich das unserem Botschafter erzählte, sagte der nur: ‚Wenn Sie das schreiben ...!'"[127] Hier steht es nun.

Aber was machte diese Faszination aus, die Feddersen ausstrahlte? War es seine Kompetenz? Lag es an seinem guten journalistischen Handwerk, seiner flotten Schreibe, einer besonders investigativen Recherche? Oder spielte auch seine politische Grundüberzeugung eine Rolle? „Linksliberaler vom Dienst" – was hieß das? Es waren alle diese Faktoren gemeinsam, sie verdichteten sich aber in einem Lebensgefühl: Freiheit. Es war das Lebensgefühl dieser Zeit. Und Jens Feddersen fühlte tatsächlich deren Puls, der den Takt für seine Arbeit und die der Redaktion vorgab.

Jens Feddersen, der 1928 in Coburg geboren wurde, wuchs in Berlin auf. Sein Vater, Dr. Harald Feddersen, war bis 1933 Chefredakteur des Dortmunder Generalanzeigers. Nach dem Abitur machte er 1946 ein Volontariat bei der damaligen CDU-Zeitung „Neue Zeitung" in Ost-Berlin. Ab 1948 arbeitete er beim „Abend" und belieferte schließlich westdeutsche Redaktionen aus Berlin als Korrespondent. 1952 war er auch am Aufbau des Fernsehens beteiligt. 1954 wechselte er schließlich zur NRZ nach Essen.

Geprägt wurde Jens Feddersen in seinem publizistischen Selbstverständnis durch seine Erlebnisse im Krieg und wie er dann den beginnenden „Kalten Krieg" in Berlin erlebte. Er begann als Journalist im selben Monat zu schreiben, in dem auch die NRZ zum ersten Mal erschien. Am 10. Juli 1946 fing der 18-Jährige ein Volontariat bei der „Neuen Zeitung" in Berlin an, dem Organ der Ost-CDU. In dem Leitartikel der Ausgabe, die an diesem Tag in der „Neuen Zeitung" erschien, hieß es unter der Überschrift „Abiturienten von 1946": „Die Abiturienten sind fertige Menschen, die das Leben schon geprägt hat ..."[128] Feddersen war ein solcher Abiturient, erst zwei Tage vorher hatte er sein Reifezeugnis bekommen. Und es stimmte auch, dass der junge Mann schon viel Lebenserfahrung sammeln konnte. Schuld daran war der Krieg. 1980 erinnerte sich Feddersen zurück: „Die Generation der Flak-Helfer, eine Generation, die mit 14 Jahren ‚kinderland' verschickt wurde, in meinem Fall in den Ort Weichsel (dort wo die Weichsel entspringt, in den Beskiden), und dort unten, weit weg von Berlin, kam eines Tages der Einberufungsbescheid zur Luftwaffe. Flak-Helfer am Rande Berlins, vormittags Schule, nachmittags an den Geschützen, nachts fielen die Bomben. An der 8,8 waren russische Kriegsgefangene als Granaten-Schlepper, wir 16jährige mußten zielen und abdrücken. Ich weiß nicht, wie viele Ringe unsere 8,8-Kanone hatte. Pro Ring ein Abschuß, sechs oder sieben werden es gewesen sein. Mich hat das nie interessiert,

ich habe nicht gejubelt, ich habe nichts als Angst gehabt, ich war froh,
wenn es Wochenend-Urlaub gab und ich mit der S-Bahn ins Elternhaus
im Berliner Westend fahren konnte. [...] Die Batterie der Flak-Helfer wurde
im Herbst 44 vom Stadtrand Berlins ins mitteldeutsche Industrie-Zentrum
verlegt. Schutz der Leuna-Werke, der einzigen noch intakten Benzin-Produktion
des Deutschen Reiches. Die alliierten Bomber kamen Tag für Tag. Das
Werk wurde zerbombt, die Flak-Helfer wurden auf kleinen Friedhöfen
gleich neben den Stellungen begraben, einige hatten Glück: Sie wurden
verwundet, kamen in ein Lazarett in Leipzig, hatten einen Menschen als
Chefarzt, der – in meinem Fall sagte: ,Der Junge kommt mir nicht an die
Front zurück. Er bleibt hier.' Drei, ganze drei hatten aus meiner Klasse [...]
überlebt. Wir waren 23 Jungen als wir an die Geschütze kamen."[129]

Diese Erfahrung Feddersens war charakteristisch für seine Generation: Das Kriegsende erlebten sie als eine Befreiung. Als eine Befreiung
von der Todesangst, aber auch als Befreiung von einer das ganze Leben
total erfassenden Ideologie und Propaganda. Viele zogen aus dieser
Erfahrung eine Konsequenz: nie wieder Politik. Auch wenn die neuen
Parteien sich zur Demokratie bekannten, diese „skeptische Generation"
dachte bei „Partei" doch immer noch an die eine, unter deren Regime
sie gelitten hatte. Auch für Feddersen war Skepsis eine Tugend, eine journalistische sowieso, aber auch eine staatsbürgerliche. Auch er kam aus
dem Krieg als ein überzeugter Gegner jedweder Form von Totalitarismus.
Jens Feddersen schrieb seit 1948 auch Berichte für die NRZ. Den Kontakt
nach Essen hatte Karl Brammer hergestellt. Brammer, der zur Weimarer
Zeit – so wie übrigens auch Feddersens Vater Harald – Mitglied der
linksliberalen Deutschen Demokratischen Partei gewesen war und sich
als Journalist für die Republik starkgemacht hatte, gehörte nach dem
Krieg zu den Mitbegründern der Berliner CDU; er war ein Weggefährte
des Sprechers der Christdemokraten in der Sowjet-Zone, Jakob Kaiser.
Als Kaiser später nach der Gründung der Bundesrepublik unter Adenauer
Minister für Gesamtdeutsche Fragen wurde, diente Brammer ihm als
Pressesprecher. Als 1946 Feddersen sein Volontariat begonnen hatte, war
Karl Brammer der Chefredakteur der „Neuen Zeit" gewesen. Schon bald
lernte Brammer den 18-Jährigen genauer kennen: Denn als Brammer
überraschend von den Sowjets im Dezember 1947 abgesetzt wurde,
hatte der Volontär sich mit nur drei weiteren jungen Kollegen mit seinem
Chef solidarisiert und das Blatt freiwillig ebenfalls verlassen. Aus Protest –
denn für eine gleichgeschaltete Zeitung hatte er nicht schreiben wollen.

Viele der Älteren hingegen blieben. Diese Charakterfestigkeit mochte auf Brammer gewirkt haben.[130] Jedenfalls empfahl er den jungen Mann an Karl Brunner weiter, den er noch von früher her kannte. So kam schließlich auch der Kontakt mit Dietrich Oppenberg zustande.[131]

Feddersen belieferte damals Zeitungen in allen westlichen Besatzungszonen mit seinen Berichten aus Berlin. Seine Mutter, Wally Feddersen, übernahm den Part der Sekretärin, die die Berichte ihres Sohnes abtippte und an die Redaktionen verschickte, während er in der Stadt auf der Suche nach neuen Nachrichten unterwegs war. Und von denen gab es reichlich, schließlich war Berlin in dichter Folge Schauplatz der Ereignisse, die über die Zukunft Deutschlands entschieden. Feddersen erlebte die Zwangsvereinigung von SPD und KPD zur SED 1946 in der Ostzone genauso unmittelbar mit wie die Luftbrücke, bei der die Westalliierten trotz der Blockade-Politik der Sowjets die Westberliner Bevölkerung zwischen Juni 1948 und Mai 1949 aus der Luft versorgten. Sein Fazit: „[…] das alles hat […] geprägt. […] die Teilung der Stadt durch die Kommunisten, die Gleichschaltung der bürgerlichen Parteien durch die Sowjets. Die verheerenden Verluste, die die Kommunisten im Oktober 46 in der einzigen wirklich freien Wahl erlitten. Die rund 20 000 Verbannungs-Urteile gegen Sozialdemokraten, die sich der Zwangsvereinigung widersetzten, dann schließlich die Blockade Berlins, der neue Hunger, das Elend, das Sterben in den kalten Wohnungen – das alles ist nicht auszulöschen."[132]

Die Arbeit als Journalist in Berlin war gefährlich – später sollte Feddersen auch auf diese Erfahrung zurückführen, dass er keine Angst hatte, sich direkt ins vietnamesische Kriegsgebiet zu begeben, um von dort aus zu berichten: „Wir waren blutjunge Volontäre im Trümmer-Berlin der ersten Nachkriegsjahre – dort, wo die Allianz der Sieger nur gut zwei Jahre hielt, ehe sie zerbrach und der Kalte Krieg begann. […] Die damals so jungen Reporter, gerade noch einmal davongekommen, hockten viele Abende am Tisch der amerikanischen und englischen Kriegsberichterstatter, unter ihnen die legendäre Maggie Higgins von der New York Times. Sie gehörte zum ,Troß' General Eisenhowers. Sie war die erste, die uns vom Tod der Journalisten in Ausübung ihres Berufes berichtete. Nüchtern, emotionslos, sachgerecht. Die Daten stimmten, Maggie, wie wir sie nannten, hatte den Tod von einem guten Dutzend ihrer Kollegen erlebt. Gefallen? Maggie sagte: ,Es ist unser Job.'"[133]

In diesem politischen Milieu wurde Feddersen sozialisiert – vor allem auch im Hinblick auf seine deutschlandpolitischen Positionen.

Die Deutschlandpolitik war für die politische Stimmungslage in der Bundesrepublik damals deswegen so ein wichtiges Feld, weil sich in ihr alle Konfliktlinien verdichteten, die das politische Leben dieser Zeit prägten: Da war zunächst einmal die Frage nach der Wiedervereinigung. Eng verknüpft damit war ein anderes Problem: Welche politisch-kulturelle Identität hatte diese Bundesrepublik eigentlich? War dieser Weststaat ein Provisorium oder bildete er das Modell für eine demokratische Gesellschaft, die einmal auch das ganze Deutschland umfassen sollte? Wie weitreichend waren also die Grundsatzentscheidungen, die jetzt getroffen wurden: Die Politik der Westintegration von Kanzler Adenauer, verbunden mit der Wiederbewaffnung und der Einbindung in die NATO, sowie die Einführung der Sozialen Marktwirtschaft als Wirtschafts- und Gesellschafts modell – waren das nicht alles Entscheidungen, die die Bundesrepublik zwar stabilisierten, aber auch gleichzeitig die Teilung verfestigten?

Die Deutschlandpolitik warf aber auch Fragen auf einer anderen Ebene auf: Wie konnten diese Probleme in der westdeutschen Öffentlichkeit diskutiert werden? Bestanden Denkverbote und wurden diejenigen geächtet, die sie überschritten? Waren die, die Kritik an der Außen- und Verteidigungspolitik des Kanzlers übten, automatisch Staatsfeinde, weil sie sich dadurch als Angehörige der „fünften Kolonne Moskaus" entlarvten?

Das Schlüsselereignis für diese Zeit-Periode war die „Spiegel-Affäre" von 1963. Der Anlass der Affäre, der vermeintliche Verrat von militärischen Geheimnissen in einem Bericht des Nachrichtenmagazins „Der Spiegel", verwies auf tiefer liegende Ursachen: Es bestand eine Diskrepanz zwischen dem Demokratie-Verständnis der Regierung und dem von Journalisten wie Spiegel-Gründer Rudolf Augstein. Dieser sah seine Aufgabe darin, als Vertreter der „vierten Gewalt" die Arbeit der Regierung zu kontrollieren und zu kritisieren. Nachdem Rudolf Augstein verhaftet worden war, zeigte sich, dass auch große Teile der Bevölkerung längst ein demokratisches Bewusstsein hatten: Es fanden große Demonstrationen statt, die die Freilassung des Journalisten forderten: „Spiegel tot, Freiheit tot." Es zeigte sich zum ersten Mal die westdeutsche Zivilgesellschaft, die frei vom alten „Untertanengeist" für die demokratischen Grundrechte eintrat. Die „Spiegel-Affäre" ist deswegen in die Erinnerungskultur eingegangen.

Von diesem Ereignis her lässt sich aber auch die journalistische Leistung der NRZ einordnen: Sie gehörte zu den Zeitungen, die durch ihre Berichterstattung dazu beitrugen, dass sich in den 1950er Jahren eine demokratische Zivilgesellschaft herausbildete, die in einer Krisensituation wie 1963 aktions-

23. Februar 1959: Jens Feddersen (Mitte) und NRZ-Redakteur Hans-Joachim Langner (l.) interviewen den Vorsitzenden des Zentralkomitees der SED, Walter Ulbricht

fähig war. Dass die NRZ sich als eine „Zeitung für Menschen, die denken" verstand, hing auch mit dem Selbstverständnis der Journalisten zusammen. So lautete denn auch ihr Werbeslogan in diesen Jahren.

Ganz ohne Zweifel hatte Feddersen den Anspruch, seine Leser publizistisch zu führen: um der Freiheit willen. Indem er von der freien Meinungsäußerung Gebrauch machte, zeigte er gleichzeitig, wie notwendig die westdeutsche Gesellschaft dieser Freiheit bedurfte, um zu einer stabilen Demokratie zu werden. Feddersen wollte also auch überzeugen, Meinungen bilden. Allerdings: Er und auch die anderen Journalisten in der NRZ-Redaktion gaben nur Impulse, sie waren weder Ideologen noch Dogmatiker. Seine Meinung sollte und musste der „denkende" Leser selbst bilden. Auf dem Weg dorthin verstand sich Feddersen als jemand, der durch seine Analysen, Einschätzungen und Kommentare Orientierung gab. Leser entwickelten keine enge Verbundenheit zu einer Zeitung, weil für deren Inhalte hehre, aber doch vor allem abstrakte Grundsätze galten. Leser entwickelten ein Vertrauensverhältnis zu Personen: Sie interessierten sich für die Meinung von Jens Feddersen – nicht unbedingt, weil sie sie teilten, aber weil sie als Leser erkannt hatten, dass die Auseinandersetzung

Karikatur von Jens Feddersen, gezeichnet von NRZ-Karikaturist „Tüte" Hagedorn

mit Feddersens Gedanken ihre eigene Meinungsbildung unterstützte und bereicherte.

Dass diese journalistische Grundhaltung des jungen Feddersen zur neuen Zeit passte, erkannte Verleger Dietrich Oppenberg schon ziemlich früh. Er band ihn an die NRZ, indem er für Feddersen Freiraum schuf. Im Februar 1954 fand die letzte große Vierer-Konferenz aller Alliierten statt, bei der sich die Besatzungsmächte wiederum nicht über die Zukunft Deutschlands einigen konnten. Feddersen berichtete von dieser Konferenz für die NRZ. Oppenberg beschloss, dass der 26-Jährige noch mehr internationale Erfahrung sammeln sollte: Ein halbes Jahr konnte Feddersen in Genf verbringen und dort die internationalen Konferenzen beobachten, die sich mit der Zukunft Indochinas beschäftigten. Für Feddersen eine wichtige Lehrzeit.[134] Danach ging er ganz nach Essen, leitete zunächst das Politik-Ressort, dann wurde er stellvertretender Chefredakteur, um schließlich 1961 ganz die Redaktionsleitung zu übernehmen.

Seine Kompetenz in allen Fragen der Deutschland- und Außenpolitik baute er weiter aus, jetzt wurde Feddersen wirklich für viele seiner Leser zum Welterklärer. Ein journalistischer Coup gelang ihm zusammen mit

Hans-Joachim Langner, dem damaligen Chefreporter der NRZ, im Jahr 1959: ein Interview mit Walter Ulbricht in Ost-Berlin. Voller Stolz stellte Jens Feddersen in einer Hausmitteilung an die NRZ-Kollegen die öffentliche Wirkung dieser journalistischen Sensation heraus. Die Tatsache, dass zwei NRZ-Journalisten von Walter Ulbricht in Ost-Berlin zu einem Exklusiv-Interview eingeladen worden waren, fand nationale wie internationale Beachtung: „Westdeutscher und Norddeutscher Rundfunk, Samstag zweimal in den Hauptnachrichten (13 und 19 Uhr) [...] Westdeutscher und Norddeutscher Rundfunk, abends nach den Hauptnachrichten Drei-Minuten-Sendung (die bereits mittags angekündigt wurde über dieses Interview). [...] Saarländischer Rundfunk, Fünf-Minuten-Sendung [...] Sender Freies Berlin im Rahmen seiner Ostsendung im Anschluss an den Hauptnachrichtendienst abends etwa fünf bis sechs Minuten. Analyse, Wertung, Meinung des Interviews. [...] RIAS Berlin, zweimal im Hauptnachrichtendienst und in seiner Sendung für die Ostzone [...]. Deutsche Presse Agentur, längere Meldung [...]. Associated Press, umfangreiche Zusammenfassung des Interviews am Samstag. Außerdem am Sonntag eine sogenannte Wochenend-Zusammenfassung über das Interview. [...] Agence France Press, längere Zusammenfassung [...] DIMITAG, längere Zusammenfassung. [...] Außerdem bisher etwa vier bis fünf Anrufe von örtlichen Gewerkschafts-Organisationen im NRZ-Verbreitungsgebiet mit der Bitte, Vorträge über dieses Interview vor den örtlichen DGB-Funktionären zu halten. Das sind die Dinge, die mir bisher bekannt geworden sind.“[135]

„Ulbricht spekuliert auf Umsturz im Bundesgebiet" hieß die Schlagzeile, mit der die NRZ am 28. Februar 1959 aufmachte. Sie basierte auf einer Aussage des SED-Chefs, dass er davon ausgehe, die gesellschaftlichen Verhältnisse in Westdeutschland könnten sich ändern und dann sei auch eine Wiedervereinigung möglich.

Direkt daneben begründete Chefredakteur Anton Müller-Engstfeld, warum es richtig gewesen sei, mit dem Vertreter des SED-Regimes zu sprechen: „In einer Zeit, in der die Politiker offenbar am Ende ihres Lateins sind, muß sich die freie Presse auf ihre Chancen und Möglichkeiten besinnen. Die Zeitungen, die sich stets für eine Entspannung zwischen Ost und West eingesetzt haben, sollten gerade in diesen kritischen Tagen Mut und Initiative beweisen, um alle Möglichkeiten zur Sicherung des Friedens und zur Wiedervereinigung zu prüfen.“[136] Es ging um die Chance, eine Konföderation zwischen beiden deutschen Staaten bilden zu können, die, so Müller-Engstfeld, „nur als Vorstufe der Wiedervereinigung Sinn und Zweck hätte". Schon die Tage zuvor hatte die NRZ das Konföderations-Thema behandelt: Die Korrespondenten hatten berichtet, wie die westlichen Verbündeten dazu standen, weiterhin waren auch die Vertreter der Parteien in Bonn befragt worden. Und nun als Krönung in der Samstagsausgabe das überraschende Ulbricht-Interview.

Auf Seite zwei der Ausgabe war das ganze Interview im Wortlaut abgedruckt. Besonders beachtlich war aber die Analyse, die Hans-Joachim Langner danebenstellte. „Fast zwei Stunden läßt Ulbricht mit sich reden. Seine Mitarbeiter sagen später, das sei genauso ungewöhnlich, wie dieses fünfte West-Interview, das der SED-Chef nach der englischen Daily Mail, der amerikanischen New York Times, dem Spiegel und der Süddeutschen Zeitung nun der NRZ gibt."[137] Langner beschrieb ausführlich die Gesprächssituation und zeigte so dem Leser, mit welcher Haltung Jens Feddersen und er dieses Interview geführt hatten: interessiert an der Meinung Ulbrichts, aber alles andere als liebedienerisch gegenüber dem SED-Chef:

„Ulbricht merkt schnell, daß wir Tatsachen, Fakten, wie er immer sagt, und keine Funktionärs-Propaganda von ihm erwarten.

Er läßt sich von uns unterbrechen, fährt jedoch seinen Mitarbeitern rücksichtslos über den Mund, wenn sie sich mit falschem Zungenschlag in die Diskussion mischen. Manchmal fällt ein Scherzwort. Die Kameras surren Begleitmusik, man schwitzt in der Lichterfülle der Scheinwerfer, aber das Gespräch läuft in Rede und Gegenrede. Ulbricht wägt jedes Wort, er möchte kein Risiko der Interpretation eingehen, er pointiert und umschreibt, er witzelt und streicht den gepflegten Spitzbart.

Aber er redet nicht allein. Jetzt muß er sich zu Zwischenfragen stellen und die kommen prompt. Wir sind hier nicht auf Besuch. Feddersen fordert die Diskussion heraus: ‚Haben wir Sie recht verstanden, Herr Ulbricht, wollen Sie die innere Revolution in der Bundesrepublik?'

In solchen Augenblicken wird das Gespräch dramatisch, da horchen die Stenografen auf und die Leute im Hintergrund des Saales, deren Namen wir nicht kennen.

Der Taktiker, Dialektiker und gewandte Plauderer Ulbricht nimmt die Herausforderung an. Manchmal weicht er aus. Wir stoßen mit neuen Fragen nach … Dies ist kein Kaffeeklatsch im ‚Haus der Einheit'.

Aber Konzessionen in den gesamtdeutschen Fragen will Ulbricht nicht machen. Er hält sich an das Konzept des Friedensvertrags-Vorschlags der Sowjets, an sein Faustpfand ‚Berlin' und an die Macht, für die er geradezu zum Symbol geworden ist.

Er protzt ein wenig, lädt die Bundesbürger von überall her ‚auch aus Bonn' ein, den ‚Arbeiter- und Bauernstaat' zu studieren, den er mit seiner Partei und eiserner Faust zusammenschweißt. Aber mit solchen Gesten können wir es nicht genug sein lassen. ‚Wenn Sie so stark und so sicher sind, warum lassen Sie dann nicht auch Bürger von hier nach Westen fahren?'

Sekundenlang blitzt wieder das mißtrauische Flämmchen in den Augen des SED-Chefs, dann sagt er: ‚Die Verkehrsfrage ist gelöst. Da gibt es im Augenblick nichts zu ändern. Von unseren Menschen fahren in jedem Jahr Millionen in die Bundesrepublik.'

‚Das kaufen wir Ihnen nicht ab, Herr Ulbricht!', sagt Feddersen, und einen Augenblick ist es ganz still im Saal.

Manchmal wird deutlich, daß dem gewiegten [sic!] und selbstsicheren SED-Chef Ulbricht einige Dinge ganz und gar unbegreiflich sind. Wenn wir zum Beispiel aufbegehren, als er das Hoheitszeichen der Bundesrepublik ‚Krähe oder Pleitegeier' nennt.

‚Ich würde doch lieber sagen – Bundesadler!', fällt ihm Feddersen ins Wort. Ulbricht: ‚Nun gut, wenn Ihnen das lieber ist ...' Und auch das will er nicht einsehen, daß Wahlen im Westen freie demokratische Entscheidungen sind, die man nicht von der Straße her umstürzen kann. Von solchen Wahlen hält er nichts, der Nichtgewählte.

Als die zwei Stunden um sind, ist das Gespräch konserviert. Wir wissen, daß die Tonbandaufzeichnungen noch aufschlussreicher sind als die sorgfältig vorbereiteten schriftlichen Antworten unserer Eingangsfragen. Wir nehmen die Bänder mit als ein Dokument aus dem Hauptquartier der SED. ‚Machen Sie damit, was Sie wollen!', sagt Ulbricht. Wir bedanken uns. Am Brandenburger Tor fragt der Verkehrspolizist: ‚Haben Sie keine Bescheinigung für die Tonbänder?'

‚Nein', sagen wir. Er wird förmlich: ‚Dann muß ich sie beschlagnahmen.'

‚Vielleicht genügt dies als Ausweis?', reagieren wir freundlich und zeigen ihm ein Foto. Es ist die erste Aufnahme von unserem Gespräch mit Ulbricht. Der junge Volkspolizist gibt das Bild schnell zurück, er knallt die Hacken zusammen und legt die Hand an die Mütze.

Zur NRZ-Reportageredaktion – intern auch „Seite drei" genannt, denn dort erscheinen die Reportagen – gehört in dieser Zeit nicht nur Hans-Joachim Langner. Neben dem Chefreporter gibt es noch den Leiter des Ressorts, Helmut Eickelmann, und einen weiteren Reporter, Bernd Werth. Während die Reporter „draußen" sind, um für ihre Artikel zu recherchieren, halten die beiden Redakteure Horst Baier und

Jens Feddersen (r.) in der ARD-Fernseh-Talk-Runde „Unter uns gesagt" von Kurt Wessel. Zu Gast in der Sendung: Bundeswirtschaftsminister Ludwig Erhard (l.), 16. Juni 1962

Helmut Spiegel in der Redaktion die Stellung. In der Betriebszeitung von 1959 wird der Arbeitsalltag in der Reportageredaktion geschildert. Es ist 17.30 Uhr, kurz vor Redaktionsschluss, es herrscht Stress: „Die Luft bei der Seite drei wird beinahe unerträglich – fünf schwitzende und rauchende Gestalten in einem normal großen Zimmer. Hans-Joachim Langner diktiert sein Porträt ziemlich laut und deutlich, Bernd Werth geht wie ein hungriger Löwe im Käfig auf und ab, weil er noch einen knalligen Schluss für seine Reportage braucht. Horst Baier und Helmut Spiegel schreien an zwei Telefonen mit der Chemigraphie, die uns noch ein Tonraster für eine farbige Bildunterschrift besorgen soll."[139]

Dann ist für uns der Weg wieder frei nach Westen, und das Tor hinter uns ist wieder zu."[138]

Diese Passage ist deswegen so ausführlich zitiert worden, weil an ihr deutlich wird, wie sich die beiden Interviewer Jens Feddersen und Hans-Joachim Langner selbst in die Berichterstattung einbrachten. So ist dieser Text eine Mischung aus Analyse und Reportage. „Die politische Reportage […] verbildlicht die Nachricht, ergänzt den Kommentar zu den großen Ereignissen auf beiden Seiten der bundesdeutschen Grenzen", hat Langner seinen Ansatz erläutert.[140] Langner brachte die Empfindungen Feddersens und seine eigenen während dieses Gesprächs in den Text ein. Er schilderte dem Leser die gespannte Atmosphäre, unter der die zwei Journalisten ihre Fragen stellten. Diese Dramaturgie aber war es, die es Langner und Feddersen erst ermöglichte, ihre besondere journalistische Leistung während dieses Gespräches herauszustreichen. Sie hakten mit ihren Fragen nach, sie ließen sich von Ulbricht nicht vereinnahmen, vor allem betonten sie ihre Loyalität zur Bundesrepublik.

Jens Feddersen ist regelmäßig im Fernsehen zu Gast. In Werner Höfers legendärem „Frühschoppen" gehört er fast zur Stammbesetzung. Aber auch in der damals beliebten Sendung „Unter uns gesagt" mit Kurt Wessels ist er ein gefragter Diskussionsgast, zum Beispiel am 16. Juni 1962 als Sparringspartner von Bundeswirtschaftsminister Ludwig Erhard. Im Fernsehen muss man eine gute Figur machen. Feddersens Verhaltensregeln: „Jeder alte Fernsehhase weiß, dass man möglichst keine weißen Hemden tragen soll. Sie wirken nicht so gut wie beige Farben. Die größten ‚Unkosten' bei einer Fernsehsendung sind für den Teilnehmer die Ausgaben für Krawatten. Es gilt ein ungeschriebenes Gesetz, dass man zu jeder Sendung mit einer neuen Krawatte antreten soll. […] Auf manche Sendungen habe ich 300 bis 500 Briefe bekommen. Alle Briefe werden – wie das gute NRZ-Tradition ist – beantwortet."[141]

Unser Mann in Bonn ist eine Frau: Hilde Purwin

Eine Korrespondentin am Regierungssitz – das war in der Ära Adenauer noch etwas Ungewöhnliches. Ungewöhnlich war auch der Lebensweg, den Hilde Purwin bis dahin schon zurückgelegt hatte. Er bot wahrlich Stoff für einen Film, drei sind auch tatsächlich gedreht worden. Es ging um Spionage. Purwin, die damals noch Hildegard Beetz hieß, sicherte während des Zweiten Weltkrieges die Tagebücher des italienischen Außenministers Graf Ciano vor dem Zugriff der Nazis. Denn Ciano, der mit Mussolinis Tochter Edda verheiratet war, hatte mit seinem Schwiegervater gebrochen. Beetz, die an der Deutschen Botschaft in Rom als Übersetzerin arbeitete, verhalf nach der Hinrichtung Cianos dessen Familie zur Flucht in die Schweiz.

Diese Erfahrung mit Nachrichtendiensten hatte Purwins Arbeit in Bonn, von wo sie drei Jahrzehnte lang für die NRZ berichtet hat, sicherlich mitgeprägt. Gerade in den ersten Nachkriegsjahren war der Regierungssitz ein Tummelplatz für allerhand Spione, aus dem eigenen Lager, aus dem der Gegner – und natürlich gab es auch Doppelagenten. Direkt nach dem Kriegsende, damals noch in Berlin, hatte Purwin weiter Verbindungen zum Geheimdienst-Milieu. Zunächst arbeitete sie wieder als Übersetzerin, nun für die amerikanische Militärverwaltung. Die Abteilung für Gegenspionage der Amerikaner wollte sie anwerben, als Doppelagentin in den Ostsektor zu gehen. Doch Purwin lehnte ab und entschied sich nun für den Journalismus. Zuerst arbeitete sie für den „Berliner Telegraf", für den auch der junge Jens Feddersen schrieb. Dann zog sie 1950 nach Bonn und berichtete nun von dort aus für die NRZ.

Hilde Purwin prägte wie keine andere Frau die Journalistenszene am Regierungssitz. Sie gründete die Bundespressekonferenz mit, saß auch viele Jahre in deren Vorstand – vor allem aber verfügte sie über Kontakte zu allen wichtigen Personen der Bonner Republik. Bis zu Helmut Kohl erlebte sie alle Bundeskanzler aus nächster Nähe. Politisch fühlte sich Purwin, die nach dem Krieg in die SPD eingetreten war, später Willy Brandt und Helmut Schmidt verbunden. Aber auch mit Politikern anderer Parteien hatte Hilde Purwin einen vertrauten Umgang: Das Bonner Parkett war übersichtlich – hier kannte man sich. Sie selbst hat die Arbeitsatmosphäre so beschrieben:

„Im sogenannten ‚Ghetto am Rhein' wird häufig und meist in überspitzter Form darüber diskutiert, ob ein in der Hauptstadt akkreditierter Journalist ein hochgebildeter, feinsinniger, taktvoller und überaus diskreter Mensch zu sein habe; oder ein scharfer, rücksichtsloser, nur der Öffentlichkeit verpflichteter Nachrichtenjäger. Eine falsche Alternative, natürlich. Das Ideal liegt irgendwo in der Mitte. Immerhin, es gibt den einen oder anderen Vertreter beider extremen Typen; und es läßt sich sehr gut darüber streiten, wen Bonn braucht oder nicht braucht. Mit dieser Frage steht die schon benutzte Vokabel ‚Bonner Ghetto' in engem Zusammenhang. Für die Journalisten hat das ständige berufliche und private Zusammensein aller mit der Politik Befaßten auf dem abgegrenzten Raum des Bonner Regierungsviertels auch eine positive Seite. Es vereinfacht die Arbeit ungemein. Jeder trifft jeden zu jeder Zeit. Die negative Seite wiegt sicher schwerer. Abgeordnete, Minister, Ministerialbürokraten, Diplomaten und die Journalisten bei der Arbeit wie nach Feierabend. Er trifft den ‚Mann auf der Straße' so gut wie nie."[142]

Diese Nähe zwischen Journalist und Politiker konnte auch zu Problemen führen:

„Je länger ein Journalist in Bonn arbeitet und lebt, je mehr Politiker er näher kennenlernt, desto leichter gerät er in ein gewisses Dilemma. Einerseits wird es einfacher für ihn, sich rasch und gründlich zu informieren; andererseits fällt es ihm schwerer, mit der in manchen Fällen notwendigen Schärfe vom Leder zu ziehen. Er muß sich Mühe geben, Sache und Person auseinanderzuhalten und sich nicht davon beeinflussen zu lassen, daß Politiker X, der gerade höchst Zweifelhaftes getan oder gesagt hat, eigentlich doch kein schlechter Kerl ist. Der Neuling, dem die Bonner Prominenten noch ganz fremd sind, hat es da besser, denn Unbekannten lassen sich mildernde Umstände leichter verweigern als denen, die man kennt. Es tut gut, ab und zu Konferenzen in anderen Ländern und Parteitage in anderen Städten zu besuchen und dann mit frischeren Augen nach Bonn zurückzukehren. Man könnte sonst betriebsblind werden."[143]

Ein persönliches Verhältnis pflegte Hilde Purwin auch zum ersten Kanzler: Konrad Adenauer. Der fand die junge Dame offensichtlich sympathisch. Auch wenn er wusste, dass sie keine Parteigängerin seiner Politik war. „Ich weiß ja, dat Se falsch wählen, Frau Purwin", rief er ihr dann zu und suchte trotzdem das Gespräch mit ihr. Den Kanzler interessierte, was eine junge Frau über seine Politik dachte.[144] Und Hilde Purwin wusste, dass so ein vermeintlich unverfängliches Geplauder mit dem alten Herrn durchaus interessante Informationen liefern konnte. Wenn man sie denn erkannte und nicht betriebsblind geworden war.

Viele später bekannte Journalisten gehen bei der NRZ in die Lehre. „Ich hatte noch nie eine Zeitung von innen gesehen, es wurde ein interessanter Aufenthalt. […]", schreibt im Herbst 1958 der 21-jährige Physik-Student Martin Schulze in der NRZ-Betriebszeitung. Der gebürtige Essener hatte in den Semesterferien ein sogenanntes Ferien-Volontariat absolviert. Er wurde im Lokalen eingesetzt. „Ein bescheidenes Plätzchen in der Lokalredaktion war mir zugewiesen. Doch spürte man auch hier den Pulsschlag der Zeit, eingefangen in dem unabhängigen, meinungsfreudigen Lärm der Rotationsmaschinen."[145] 1963 geht Schulze zum Fernsehen. Deutschlandweit bekannt wird Martin Schulze (1937–2014) als Moderator des „Berichts aus Bonn" zwischen 1995 und 1999. Auch Schulzes Vorgänger dort, Ernst Dieter Lueg (1930–2000), hat eine NRZ-Vergangenheit. Bevor dieser 1964 als Bonn-Korrespondent zum WDR wechselt, ist er Redakteur im NRZ-Politikressort. Seinen Kollegen hat er sich im Dezember 1960 in der Betriebszeitung so vorgestellt: „30, politischer Redakteur, verheiratet, Essener und voll mutiger Hoffnung, den deutschen Blätterwald durch zarte Eigenprodukte anzureichern. Ob dazu Volontariat bei der Westfälischen Rundschau, mehrsemestriges Studium in Bonn, Hamburg, Frankfurt und Köln sowie ein Kasseler Engagement als politischer Redakteur hinreichend qualifizieren, mögen andere beurteilen. Daß auch die Politik eine heimliche Liebe sein kann, beweist des Schreibers Tätigkeit. Sonstige Kennzeichen: Eine besondere Vorliebe für Veilchenpastillen und Ella Fitzgerald."[146]

> Jede gute Story hat eine Geschichte. Die, von der nun die Rede ist und die im Herbst 1960 großes politisches Aufsehen erregte, begann mit einer solchen Plauderei im Bonner Presseklub, einem exklusiveren Zirkel als die Bundespressekonferenz. Hier konnte man nur als Journalist teilnehmen, wenn die bereits vorhandenen Mitglieder in geheimer Wahl zustimmten. In den Klubräumen, die am Rhein gelegen waren, wurden regelmäßig Politiker zu Hintergrundgesprächen empfangen. Dabei galt die Regel: Alles blieb vertraulich, nichts von dem, was gesprochen wurde, durfte veröffentlicht werden. Die Informationen sollten den Journalisten lediglich dabei helfen, ihren Horizont zu erweitern. Eine Methode, die sich für Hilde Purwin bewährte: „Es ist eine gute Regel, denn die Politiker können auf diese Weise ganz offen sprechen, und die Korrespondenten vertiefen ihr Wissen und ihr Verständnis für Sachen und Personen getreu dem alten Grundsatz, daß ein Journalist mehr wissen muß, als er in der Zeitung schreibt."[147]
>
> Im Herbst 1960 war also auch Kanzler Adenauer zu einer solchen Fragerunde in den Presseklub eingeladen. Nachdem der gemütliche Teil

begonnen hatte, setzte sich Hilde Purwin zu dem alten Herrn und bombardierte ihn weiter mit ihren Fragen. Die Reaktion Adenauers: „Frau Purwin, nicht hier bei so vielen Leuten, besuchen Sie mich doch bald mal."[148] Und tatsächlich, eine Woche später bekam die NRZ-Korrespondentin einen Anruf aus dem Bundeskanzleramt: Am 8. November stand Adenauer für ein Gespräch bereit – 45 Minuten lang.[149] Adenauer war zu diesem Zeitpunkt 84 Jahre alt und schon seit über zehn Jahren Bundeskanzler. Lachend erzählte er auch im Gespräch mit Purwin die Anekdote, die schon seit Jahren in Bonn die Runde machte: „Sie wissen doch, daß Professor Martini [sein Hausarzt; SeSa] mir nach seiner Untersuchung gesagt hat, eineinhalb Jahre höchstens könnte ich die Bürde des Kanzleramtes tragen. Das war 1949."[150] Von Amtsmüdigkeit war bei Adenauer noch nichts zu spüren. Auch dann nicht, wenn er, wie Purwin berichtete, ernst hinzufügte: „Sie dürfen aber nicht glauben, daß ich gern Bundeskanzler bin. Ich bin es nicht gern. Denn es ist ein allzu verantwortungsvolles Geschäft."[151] Der Kanzler wusste sich in Szene zu setzen.

Dass er die NRZ dafür als Bühne nutzte, war bei dem Taktiker Adenauer ebenfalls kein Zufall. Schon seit längerer Zeit brandeten immer wieder Nachfolgediskussionen auf. Dem Kanzler gefiel das nicht, vor allem lehnte er aber den Kandidaten ab, dessen Name in diesem Zusammenhang am häufigsten genannt wurde: Bundeswirtschaftsminister Ludwig Erhard. Dank des „Wirtschaftswunders" galt Erhard als „Wahlkampflokomotive", mit ihm, so waren sich die Strategen in der Union, aber auch beim Koalitionspartner FDP einig, war die nächste Bundestagswahl spielend zu gewinnen. Der Stern des Kanzlers hingegen sank. Zu unbeweglich schien er in seiner Ost- und Deutschlandpolitik. Ein Eindruck, der sich auch bei den westlichen Verbündeten einstellte. Gerade hatte der junge John F. Kennedy die Wahl in den USA gewonnen, in wenigen Wochen würde er Eisenhower als Präsident nachfolgen. Brachte dieser junge Mann neue Ideen in die Außenpolitik? Würde der Kurs, den er als politischer Führer der westlichen Welt einschlägt, noch mit den Politik-Prinzipien des Kanzlers übereinstimmen? Oder sah Adenauer ihm gegenüber dann wirklich alt aus, nicht nur an Lebensjahren, sondern auch was die Aktualität seiner politischen Konzepte anging? Schließlich schickte sich nicht nur in Adenauers eigener Partei eine junge Generation an, die Verantwortung zu übernehmen. Auch in der SPD, die seit ihrem Godesberger Programm von ihrer Frontalopposition gegen die Politik des

Kanzlers abgewichen war, war ein gerade mal 47-jähriger Mann die neue Führungsfigur, von manchen wurde er auch bald „der deutsche Kennedy" genannt: Willy Brandt, damals Regierender Bürgermeister von Berlin und Kanzlerkandidat der SPD in spe. Alle diese Aspekte bildeten den Hintergrund für Adenauers NRZ-Exklusiv-Interview.

Der Kanzler, der sich für Hilde Purwin durch seine „taktische Raffinesse" auszeichnete, wusste, was er tat. Einmal sollte dieses Interview der Beweis dafür sein, dass auch ein Adenauer in der Lage war, über eine flexiblere Ost- und Deutschlandpolitik nachzudenken. Und dass er dafür die Spalten einer eher regierungskritisch als SPD-nah geltenden Zeitung suchte, auch das hatte Gründe: Da in dieser Zeit vor allem Adenauers Koalitionspartner FDP auf eine zeitnahe Ablösung des greisen Kanzlers drängte, schaute sich dieser nach anderen Unterstützern um. Warum nicht die SPD? Auf Seiten der Sozialdemokraten war es wiederum Herbert Wehner, der eine Große Koalition anstrebte. Wehner war wiederum einer der engsten Vertrauten Hilde Purwins in der SPD.[152] Adenauer setzte durch sein Interview in der NRZ also ganz bewusst Akzente.

„Kanzler will gute Kontakte zu Moskau", lautete die Überschrift des Interviews, als es am 12. November 1960 veröffentlicht wurde.[153] Es sorgte auch international für Furore. Die beiden bedeutendsten amerikanischen Zeitungen – die „New York Herald Tribune" und die „New York Times" – berichteten ausführlich. „Einer der seltenen Fälle, wo führende amerikanische Blätter, die in fast allen Teilen der Welt gelesen werden, mehrere Tage über ein und dasselbe Ereignis in aller Ausführlichkeit Kommentare und Meldungen veröffentlichen", vermeldete der NRZ-Korrespondent in Washington Heinz Pol wenige Tage später den Lesern. Und auch in den anderen europäischen Hauptstädten war die Resonanz nicht geringer.[154]

Was hatte diese Aufmerksamkeit erzeugt? Im Gespräch mit Purwin hatte der Kanzler erklärt, dass er demnächst nach Paris zu General de Gaulle reisen wolle, ein Besuch in London anstehe und er den neugewählten US-Präsidenten Kennedy natürlich auch kennenlernen wolle. Purwins Frage: Stünde neben den Reisen in den Westen dann nicht auch ein Besuch in Moskau an? Adenauers Reaktion: „Lächelnd schüttelt Adenauer den Kopf: ‚Ich wüßte ja nicht, wie ein solcher Besuch aussehen würde. Und außerdem war ich schon in Moskau, jetzt wäre es an Herrn Chruschtschow, mal nach Bonn zu kommen.' Sehr ernst betont Adenauer dann, wie viel ihm daran gelegen sei, die deutsch-sowjetischen Beziehungen zu verbessern. ‚Die Berlinfrage wird in einigen Monaten auf den Verhandlungstisch kommen, und es wird sehr wichtig sein, daß dann das Klima so günstig wie nur möglich ist. Ich glaube, daß sich mit Herrn Chruschtschow reden läßt. Er ist ein anderer Mann als Stalin, und er verfolgt andere Ziele für das russische Volk.'"

Am Samstag stand das Interview in der Zeitung, am Wochenende machte sein Inhalt in Washington, Moskau, Paris und London die Runde, am Montag folgte das Dementi aus Bonn. Regierungssprecher Felix von Eckardt war sichtlich erzürnt darüber, dass der Kanzler den Gesprächsinhalt nicht vorher mit ihm abgesprochen hatte. Nun war es seine Aufgabe, alle Spekulationen entschieden zurückzuweisen, der Kanzler wolle seine Politik ändern. Die enge Bindung an die Nato und die USA hätten weiterhin Priorität gegenüber den Beziehungen zu Moskau.[155] Eine Prognose Adenauers aus dem Interview aber erfüllte sich nun tatsächlich: Die Situation in Berlin spitzte sich weiter zu. Und dann, am 13. August 1961, war die NRZ wieder mit dabei.

Die NRZ ist eine der wenigen Tageszeitungen, die mehrfarbige Anzeigen drucken können. In der Rotationsmaschine im Essener Druckhaus werden im Januar 1959 weitere Farbwerke eingebaut, die es möglich machen, in einem Arbeitsgang vierfarbig zu drucken.

Der besondere Tag – Teil 3:
Der Mauerbau am 13. August 1961

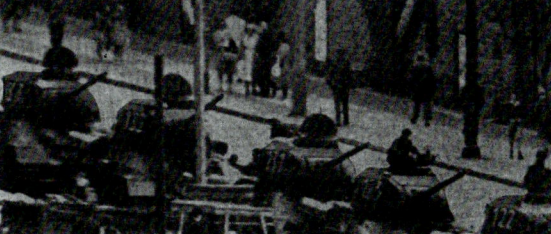

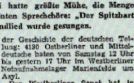

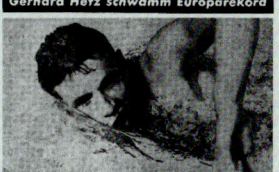

Die Titelseite der NRZ vom 19. Mai 1966

Schon Wochen vorher bestimmen die Meldungen die Titelseiten der NRZ: Die Zahl der Menschen, die die DDR verlassen, steigt stetig an. Am 13. August 1961 wird nun klar, wie das SED-Regime diesen Exodus stoppen will: Es baut eine Mauer. Ganz Deutschland schaut auf Berlin: Wie wird sich die Bevölkerung verhalten? Kommt es zu einem zweiten 17. Juni? Lassen die Sowjets Panzer rollen und wie reagiert der neue amerikanische Präsident Kennedy? Nehmen die Alliierten ihre Selbstverpflichtung ernst, die Freiheit West-Berlins zu garantieren? Kanzler Adenauer fährt nicht nach Berlin, er macht weiter Wahlkampf. Keine politische Führung ist zu erkennen. Doch die Menschen suchen in dieser Krisen-Situation nach Orientierung.

Eine Stimme, die nun solche Orientierung gibt, kommt aus Essen. Wenige Stunden, nachdem die Nachricht vom Mauerbau über die Nachrichtenagenturen in die ganze Welt getragen worden ist, sitzt Jens Feddersen im Internationalen Frühschoppen von Werner Höfer und analysiert dort die Lage. Später erinnert er sich:

„Morgens um fünf rief mich Werner Höfer an, um zwölf Uhr saß ich u. a. mit Gerd Ruge beim Internationalen Frühschoppen. Wir waren die erste Journalistenrunde, die dieses Ereignis kommentierte. Mit sehr viel innerer Bewegung und Erregung, weil noch in die Sendung hinein die jeweils neuesten Nachrichten gebracht wurden, frisch aus dem Ticker, wie man damals sagte. Es war eine Sendung, die ungeheure Aufmerksamkeit hervorrief. Ich bin dann natürlich sofort vom Frühschoppen in die Redaktion nach Essen gefahren, und wir haben die Montagsausgabe gemacht."[156]

Die Auflage liegt 1961 bei 270.000 Exemplaren.

Sagen, was ist – diesem Anspruch kommt Feddersen nun am nächsten Tag in seinem Leitartikel nach: „Das große KZ". Unter dieser Überschrift erscheint Feddersens Beitrag in der NRZ, in der er seine Analyse noch einmal zusammenfasst:

„Aus dem Gefängnis Sowjetzone ist das große Konzentrationslager geworden. Wir stehen erschüttert vor einer zur Staatsgrenze deklarierten Sektorengrenze, erschüttert vor einer Grenze, die nun für 17 Millionen zur Klagemauer werden wird."

Feddersen warnt aber vor Panik:

„Unsere große Sorge betrifft jetzt die Reaktion der Zonen-Bevölkerung. Das Ventil Berlin ist ihr genommen – wie werden die Menschen sich verhalten? Ein neuer 17. Juni würde zur Katastrophe führen. Einer Explosion im Innern könnte die äußere Explosion folgen. Ulbricht riskiert das europäische Korea [...]. Wir im Westen, wir haben die Pflicht die Menschen ‚drüben' zur Ruhe und Besonnenheit zu mahnen. Es ist eine Pflicht des Verstandes, nicht eine Pflicht des Gefühls."[157]

Wie die Menschen in Berlin fühlen, auch darüber werden die NRZ-Leser an diesem Tag informiert. Sport-Redakteur Gerhard Hoffmann befindet sich durch Zufall im Westteil der Stadt. Er schildert nun seine Erlebnisse in den Morgenstunden des 13. August:

„Sonntag früh, 6.30 Uhr, strahlender Morgen über Berlin. Ich muß eigentlich sofort zum Flugplatz. Da höre ich, was sich über Nacht tat … ‚Brandenburger Tor!', ich schrie es dem Taxifahrer zu, noch ehe ich ganz im Wagen bin. ‚Diese Schufte', murmelt er. Seine Hand zittert, als er schaltet. ‚Dies ist meine letzte Fahrt', sagt er. ‚Ich wohne drüben. Hatte Nachtdienst. Morgen darf ich nicht mehr her. Muß mich melden. Wozu? Zur Straßenreinigung, ja? Autos haben die doch keene.'

Wir rollen die Straße des 17. Juni entlang. An der Siegessäule stehen vier, fünf Mannschaftswagen der Westberliner Polizei. Sonst kein Verkehr. Berlin schläft noch. Mehr West-Polizei am Brandenburger Tor als sonst.

‚Bitte, Herr Kommissar, schon eine Reaktion zu spüren?' ‚Da, Sie hören es doch!' Knapp 30 Meter weiter rattern Preßlufthämmer in die sonntägliche Stille des Tiergartenviertels. Arbeiter reißen unter dem Schutz schwerbewaffneter kasernierter Volkspolizei die Straße auf.

‚Sie errichten todsicher eine Sperre', erläutert der Kommissar. ‚Wie weit darf ich heran, um zu fotografieren?' – ‚Bis zu dem Baum dort.' Zwei Beamte gehen mit. Wir kommen auf 15 Meter heran. – Rrrrr – hämmern die Preßluftbohrer. Ich könnte mir vorstellen, daß den drei Arbeitern nicht wohl zumute ist. Sie schuften wie Super-Aktivisten. Sie haben sicher nur einen Wunsch: ‚fort hier'.

Das schlechte Gewissen, an der totalen Teilung ihrer Heimatstadt mitzuarbeiten, scheint ihnen im Nacken zu sitzen …

Jetzt ist es 7.10 Uhr. Noch schläft Berlin. Welch schlimmes Erwachen an einem solchen Sonnentag steht ihnen bevor."[158]

Jens Feddersen führt angesichts solcher Augenzeugenberichte aus, wie er sich eine verantwortungsvolle Reaktion vorstellt: „Die Verantwortlichen in Westberlin müssen den Zorn der Menschen dämpfen. Sie müssen wissen, daß sie sich nicht provozieren lassen dürfen. Eine Aufgabe, die fast übermenschlich ist, aber notwendig um des Friedens willen."[159]

Und auch schon in dieser Ausgabe wird klar, auf welche Person hier die größte Hoffnung gesetzt wird: auf Willy Brandt, den Regierenden Bürgermeister von West-Berlin und Kanzlerkandidaten der SPD. Über ihn schreibt Chef-Reporter Hans Joachim Langner, der Willy Brandt zur gleichen Zeit auf dessen Rückreise vom Nürnberger SPD-Parteitag nach Berlin begleitet. Brandt beweise in dieser Krisensituation, dass er, trotz des herrschenden Bundestagswahlkampfes, als Staatsmann agiere. Anders als Adenauer, der getreu seiner alten Devise „Keine Experimente" defensiv verharre und die politische Initiative anderen überlasse, habe Brandt formuliert, welcher Herausforderung die Deutschlandpolitik nun gegenüberstehe: „Die Bundesrepublik muß durch eigene Ideen und Beiträge Einfluß nehmen auf die Politik des Westens."[160] Erst acht Jahre später wird Willy Brandt tatsächlich zum Bundeskanzler gewählt werden, aber bereits an dieser Stelle ist sein politisches Programm zusammengefasst worden: neue Ideen für eine neue Ostpolitik. Die NRZ wird auf seinem Weg ins Kanzleramt und auch darüber hinaus zu Willy Brandts publizistischem Begleiter. Auch deswegen ist der 13. August 1961 ein besonderer Tag in der Geschichte der NRZ: In ihm verdichten sich die politischen Fragen und Probleme, die die nächsten zwei Jahrzehnte die Berichterstattung der Zeitung bestimmen werden.

Die NRZ denkt auch an ihre jungen Leser: Seit Anfang der 1960er Jahre erscheint die Rubrik „Hallo Teenager – hallo Twen". Sie ist 14-täglich zu lesen, zuerst nur auf einer halben Seite, später ganzseitig. Themen sind die erste Liebe genauso wie die Verhandlungen über das Taschengeld mit den Eltern.

Anmerkungen: Eine der führenden Tageszeitungen der Republik

98   Schmid, Thomas/Stürmer, Michael: „Was ist das Wichtigste im Leben, Frau Noelle-Neumann?", Interview mit Elisabeth Noelle-Neumann. In: Die Welt vom 26. Dezember 2006. Zitiert nach: http://www.welt.de/politik/article704802/Was-ist-das-Wichtigste-im-Leben-Frau-Noelle-Neumann.html. Zuletzt abgerufen: 18. März 2014.

99   Vgl. dazu: Stenglein, Frank: Ein langes Leben für die Zeitung. Felicitas Kapteina dürfte die letzte, aktive Journalistin sein, die seit dem ersten Erscheinungstag der WAZ dabei ist. Mit dem Neuanfang nach 1945 verbindet sie viele Erinnerungen. Morgen wird sie 90 Jahre alt. In: WAZ-Essen vom 2. November 2013.

100   Brunner, Karl: Aussprechen, was ist. Dreiseitiges Manuskript, maschinengeschrieben. O.J. Hier: S. 1.

101   Ebenda.

102   Ebenda, S. 1 f.

103   Ebenda, S. 3.

104   Ebenda.

105   Vgl. dazu: -u (Kürzel), Zum Tode Karl Brunners. Sozialdemokratischer Pressedienst vom 14. November 1951.

106   FAZ vom 17. Februar 1968. Zit. n. Sonderdruck: Mit den Augen der FAZ: Portrait der NRZ. NRZ-Verlagsarchiv.

107   Ebenda.

108   Vgl. dazu Nachruf. In: Sozialdemokratischer Pressedienst. Und: O.A., Karl Brunner †. In: NRZ vom 14. November 1951.

109   Vgl. dazu: Köpf, Peter: Schreiben nach jeder Richtung. Goebbels-Propagandisten in der westdeutschen Nachkriegspresse. Berlin 1995, S. 120.

110   Ebenda, S. 121.

111   Ebenda.

112   Vgl. dazu: Ebenda, S. 237.

113   Purwin, Hilde: Brief an Jens Feddersen vom 11. April 1955. NRZ-Verlagsarchiv.

114   Personenangaben basieren auf Angaben im NRZ-Verlagsarchiv.

115   Vgl. hierzu H.E. (= Herbert Eickelmann): Der neue Chefredakteur. In: Betriebszeitung „NRZ-Familie", 1956, Nr. 2, S. 1.

116   Vgl. dazu Purwin, Hilde: „Bitte bringen Sie das nicht ...". In: Lektüre. Zeitschrift für die Mitarbeiter des Verlagshauses Bertelsmann. Heft 25. Winter 1985/86, S. 9 f.

117   Besser, Klaus: „Liebe Leserinnen! Liebe Leser". In: NRZ von 1956 (genaue Datumsangabe fehlt). NRZ-Verlagsarchiv.

118   Zit. n. Re (Kürzel): Kardinal lobte die NRZ. Aber Wesels Dechant dagegen – Wirbt für andere Blätter. In: NRZ-Rees vom 23. März 1957.

119   Vgl. dazu: Müller, Karl: „Auf das äußerste befremdet" (Leserbrief). In: NRZ-Rheinhausen, Pfingst-Ausgabe 1957.

120   Oppenberg, Dietrich: Brief an Verlag und Schriftleitung für das Erzbistum Köln vom 9. Juli 1952.
        NRZ-Verlagsarchiv.

121   Katholische Kirche in Deutschland 1955/56. Jahresbericht des Vorsitzenden der Fuldaer Bischofs-
        konferenz, Joseph Kardinal Frings, an den deutschen Episkopat zur Eröffnung der Bischofs-
        konferenz am 27. September 1956 in Fulda. In: Pressedienst, hg. v. d. KNA. 4. Jahrgang. Nr. 233. 4.
        Oktober 1956/B.

122   Müller-Engstfeld, Anton: Warum die SPD den Kampf verlor. In: NRZ vom 17. September 1953.

123   Kühn, Heinz: Reform der SPD-Organisation. Links und Rechts sind überholte Begriffe. In: NRZ
        vom 9. Oktober 1957.

124   Vgl. dazu Oppenberg, Dietrich: Richtlinien der Herausgeber für die NRZ – Grundgesetz der NRZ.
        Aufzeichnung vom 5. Mai 1962. NRZ-Verlagsarchiv.

125   Feddersen, Jens, o.T. In: NRZ mutig in die Zukunft. 1946–1956. Hg. v. d. Rheinisch-Westfälischen
        Verlagsgesellschaft m.b.H. Essen 1956, o. S.

126   Fischer, Gerd: Jagd auf ein Phantom. In: „Neue Feddersen Zeitung" – Sonderveröffentlichung
        der Redaktion zum 25-jährigen Jubiläum als Chefredakteur. Essen 1986, S. 2.

127   Betriebszeitung „NRZ-Familie", 1958, Nr. 4, S. 10.

128   Vgl. dazu Feddersen, Jens: Jens Feddersen (Jahrgang 1928). In: Erwartungen. Kritische Rückblicke
        der Kriegsgeneration. Sonderdruck. O.O. 1980, S. 53–56. Hier: S. 54.

129   Ebenda, S. 53 f.

130   Vgl. dazu: Leber, Georg: Laudatio auf Jens Feddersen. In: Festschrift zur Verleihung der Konrad-
        Adenauer-Preise 1992 für Wissenschaft, Literatur und Publizistik. Hg. v. d. Deutschland-Stiftung e. V.
        Breitbrunn 1992, S. 16–19. Hier: S. 16.

131   Vgl. dazu: Feddersen-Interview. In: Die Gruppe, S. 10 f.

132   Ebenda, S. 55

133   Feddersen, Jens: Sie taten ihren Job. In: Die Zeitung. Nachrichten und Meinungen zur Medien-
        politik. 3. August 1991, o. S.

134   Vgl. dazu: Feddersen-Interview. In: Die Gruppe, S. 11.

135   Feddersen, Jens: Hausmitteilung an Otto Bartels vom 2. März 1959. 1 doppelseitig maschinen-
        geschriebene Seite. NRZ-Verlagsarchiv.

136   M.-E. (= Anton Müller-Engstfeld): Warum Ulbricht-Interview? In: NRZ vom 28. Februar 1959, S. 1.

137   Langner, Hans-Joachim: Kein Kaffeeklatsch im „Haus der Einheit". In: NRZ vom 28. Februar 1959, S. 2.

138   Ebenda.

139   Betriebszeitung „NRZ-Familie", 1959, Nr. 9, S. 11.

140   Betriebszeitung „NRZ-Familie", 1959, Nr. 6, S. 11.

141   Betriebszeitung „NRZ-Familie", 1962, Nr. 5, S. 5.

142   Purwin, Hilde: Journalist in Bonn. In: Praktischer Journalismus. Hg. v. d. Deutschen Journalisten-
        schule e. V. München. München o. J., S. 8. Nachdruck eines ursprünglichen Beitrages in: Die
        Neue Gesellschaft, September 1964, o. S.

143 Ebenda.

144 Vgl. hierzu: Schulz, Carl: Eine Bonner Institution. Zum Tod von Hilde Purwin. In: Vowärts vom 27. April 2010.

145 Vgl. Betriebszeitung „NRZ-Familie", 1958, Nr. 5, S. 8.

146 Betriebszeitung „NRZ-Familie", 1960, Nr. 5, S. 1.

147 Purwin, Journalist in Bonn, S. 8.

148 Vgl. „Wendig, wendig." In: Der Spiegel, 48/1960, S. 25–27. Vgl. Schulz, Purwin.

149 Vgl. dazu ebenda.

150 Purwin, Hilde: Kanzler will gute Kontakte zu Moskau. In: NRZ vom 12. November 1960, S. 2.

151 Ebenda.

152 Vgl. Schulz, Purwin.

153 Vgl. Purwin: Kanzler will gute Kontakte nach Moskau. In: NRZ vom 12. November 1960, S. 2.

154 „Paris: Das ist der Ton de Gaulles". In: NRZ vom 16. November 1960.

155 Vgl. dazu Purwin, Hilde: „Eckardt: Bonn bleibt beim alten Kurs". In: NRZ vom 16. November 1960.

156 Interview mit Jens Feddersen. In: Die Gruppe. 12/1993, S. 10–14. Hier: S. 11.

157 Feddersen, Jens: Das große KZ. In: NRZ vom 14. August 1961, S. 2.

158 Hoffman, Georg: „‚Diese Schufte', sagte der Mann". In: NRZ vom 14. August 1961.

159 Feddersen, Das große KZ.

160 Langner, Hans-Joachim: „Brandt". In: NRZ vom 14. August 1963, S. 2.

Neue Ostpolitik, Vietnam und der gesellschaftliche Wandel: Die NRZ in den 1960er und 1970er Jahren

E s geschieht viel in diesen beiden Jahrzehnten – international und national. Die Menschen wollen schnell informiert sein. Die Zeitung ist aber nicht mehr der einzige Nachrichtenlieferant. Neben dem Rundfunk ist jetzt vor allem das Fernsehen zum Hauptkonkurrenten der Zeitung geworden. Kann die Zeitung gegenüber diesem neuen Medium bestehen? Die NRZ reagiert auf diese Herausforderung in zweierlei Hinsicht: Sie setzt weiterhin auf die Qualität ihrer Nachrichten – ständig werden bei besonderen Ereignissen Extrablätter gedruckt und im gesamten Verbreitungsgebiet verteilt. Die NRZ will mit der Schnelligkeit des Fernsehens mithalten. Der andere Akzent: Die Redaktion erkennt, dass sich die Bundesrepublik in einer Umbruchphase befindet. Die Leser suchen nicht nur umfassende Informationen, für sie ist die Zeitung auch intellektuelles Leitmedium. In den Kommentaren und Reportagen wollen sie sich wiedererkennen. Von den Journalisten ihrer Zeitung erwarten sie auch Meinungsführerschaft. Diese Kompetenz hat die NRZ seit ihrer Gründung beständig ausgebaut, nun kann sie davon profitieren.

Ein Teil des Verbreitungsgebiets der NRZ, 1960er Jahre

Die Zeitung als Meinungsforum: Berühmte Kolumnisten der NRZ

Den publizistischen Anspruch der NRZ spiegeln auch die prominenten Autoren wider, die in dieser Zeit regelmäßig in eigenen Kolumnen für die NRZ-Leser das Weltgeschehen kommentierten. Da war Thilo Koch, Washington-Korrespondent der ARD, Mitbegründer und langjähriger Moderator des „Weltspiegel". Koch gehörte zu den Journalisten, die den Deutschen durch ihre Reportagen die Welt erklärten. Koch kommentierte 1963 die Beisetzung Kennedys – er war ein Fernsehstar. Und er war ein langjähriger Weggefährte Jens Feddersens. Sie kannten sich noch aus Berlin, bei vielen Auslandsreisen hatten sie sich wiedergetroffen. So gelang es Feddersen, seinen Freund zu überzeugen, Kolumnen für die NRZ zu schreiben. Per Handschlag sei dies vereinbart worden, berichtete Koch später.[161] Was wohl auch bedeuten sollte: Koch ging es hier weniger um einen lukrativen Zuverdienst, sondern er schrieb für die NRZ, weil ihm das Profil der Zeitung gefiel. Sie entsprach seinem eigenen journalistischen Stil: beobachtend, nüchtern analysierend, in pointierter Sprache formulierend. Koch steht in der Tradition des angelsächsischen Journalismus. Ein weltläufiger Reporter – vergleichbar mit Peter Scholl-Latour oder Peter von Zahn, die ebenfalls in diesen Jahren als Fernsehkorrespondenten zu Prominenten wurden.

Zum 1. Januar 1963 werden die Lokalredaktionen und Geschäftsstellen in Bonn und Solingen aufgelöst. Ihre Rentabilität ist nicht mehr gegeben.[162]

Von ganz anderer Art ist der Stil eines Publizisten, der ebenfalls NRZ-Kolumnist ist: Walter Dirks repräsentierte den Typus des Intellektuellen – allerdings einen mit speziellen Akzenten. „Linkskatholik" wurde er genannt. Dirks, der im „Quickborn", einer Gruppe der katholischen Jugendbewegung, maßgeblich geprägt worden war und seine journalistischen Lehrjahre bei der „RheinMainischen Volkszeitung" des linken Zentrumspolitikers Friedrich Dessauer absolviert hatte, war in den 1960er Jahren, als er für die NRZ schrieb, Leiter der Kulturabteilung des WDR.

Seine publizistische Reputation zog er aber vor allem aus den „Frankfurter Heften", die er nach dem Krieg zusammen mit Eugen Kogon gegründet und zu einer der führenden linken Kulturzeitungen in der Bundesrepublik gemacht hatte. Dirks war Mitgründer bei der hessischen CDU. Freilich entwickelte sich diese Partei dann nicht so, wie er sich das vorgestellt hatte. Dirks plädierte für einen „christlichen Sozialismus" – den er als „Dritten Weg" zwischen Kapitalismus und Kommunismus verstand. Und in der Tat hatten einige in der CDU-Gründergeneration, etwa Jakob Kaiser oder der NRW-Ministerpräsident Karl Arnold, durchaus Sympathien für solche Ideen. Männer, zu denen auch der junge Jens Feddersen in seiner Berliner Zeit Kontakt hatte. Doch Konrad Adenauer setzte sich mit seiner bürgerlichen Linie innerhalb der Partei durch. Dirks wurde zu einem Kritiker des Kanzlers und verpasste der Adenauer-Ära auch ein negatives Etikett: Man erlebe eine „restaurative Epoche", so stellte Dirks in einem später berühmt gewordenen Aufsatz für die Frankfurter Hefte Anfang der 1950er Jahre fest. Eine Charakterisierung der Ära Adenauer, die auch heute noch gerne von ihren Kritikern verwendet wird. Dirks bezog diese Formulierung vor allem auf den Umgang mit den bürgerlichen Mitläufern des NS-Regimes, denn denen werde seiner Meinung nach eine zu leichte Wiedereingliederung ermöglicht.

In der NRZ nun warf Dirks als Kommentator, der sich sowohl als Sozialist, aber eben auch als Humanist bezeichnete, einen Blick auf das Zeitgeschehen. Dabei beobachtete der „Linkskatholik" nicht zuletzt auch die Entwicklungen in seiner Kirche – die im Zuge des Zweiten Vatikanischen Konzils einen spektakulären und auch von Nicht-Katholiken gespannt beobachteten Veränderungsprozess durchmachte. Dirks war also bekennender Sozialist – ohne sich allerdings einer speziellen Partei anzuschließen. Gleichzeitig bewahrte er sich eine gewisse Bürgerlichkeit und tauschte sie auch in der wilden Phase der 68er-Zeit nicht gegen den revolutionären Zeitgeist ein. Dies zeigte sich etwa in einem Beitrag für die NRZ im Februar 1969, in dem Dirks eine Bilanz der Amtszeit des berühmten Kardinals Frings zog, der nach 27 Jahren den Stuhl des Kölner Erzbischofs räumte. Dirks war kritisch, aber kein Ideologe, auch im Ton nicht verletzend, wie etwa die Neue Linke, die sich in dieser Zeit aus dem Umkreis protestierender Studenten formierte. Frings sei als Theologe und Kirchenmann zwar konservativ gewesen, habe sich aber doch auch noch im hohen Alter in Rom beim Konzil als einer „der aktivsten Konzilsväter der fortschrittlichen Richtung" erwiesen.[163] Dies erkannte auch der „Linkskatholik" Dirks an.[164]

Vor ideologischem Schwarz-weiß-Denken schützte Dirks seine humanistische Überzeugung, die letztlich in seinem christlichen Glauben wurzelte. Sein NRZ-Kollege Gerd Fischer, der als Chef des Feuilletons vielfach mit Dirks zu tun hatte, beschrieb ihn als jemanden, „der als Katholik Christentum und Sozialismus zusammendachte, wobei er beide als emanzipatorische, den Menschen befreiende Kräfte sah".

Dies war ein Profil, das auch Verleger Dietrich Oppenberg gefiel – dabei waren Ähnlichkeiten erkennbar: Auch Oppenberg blieb einerseits seinen sozialistischen Idealen aus der Jugend treu, andererseits aber erkannte er

Selbstbewusster Auftritt: 1969 wirbt die NRZ mit den Kompetenzen ihrer Redakteure und Korrespondenten

Darum entscheiden sich immer mehr Leser für die NRZ

Weil...

... Herbert Straeten für die NRZ schreibt.
Als westdeutscher Journalist hat er seit vielen Jahren zahlreiche Länder des Ostblocks bereist. Seine Berichte und Kommentare haben deshalb auch durch persönliche Eindrücke besonderes Gewicht.

... Gernot Römer für die NRZ schreibt.
Er leitet die Reportagenredaktion. Starke Resonanz fanden vor allem seine Serien, die humorvollen Themen („Darüber lachte Opa") ebenso gewidmet waren wie sozialen Problemen (Das Schicksal der Mischlingskinder in der Bundesrepublik).

... Gerhard Hoffmann für die NRZ schreibt.
Der Chef der Sportredaktion ist überall und ständig am Ball. Bei Olympischen Spielen und Weltmeisterschaften ebenso dabei wie auf den Bundesliga-tribünen. Sagt als Kommentator mit großer Offenheit seine Meinung.

... Gerd Fischer für die NRZ schreibt.
Er ist verantwortlich für den Kulturteil. Lesen Sie auch seine heiteren Familienplaudereien „Bei uns zu Haus" in der Wochenendbeilage der NRZ.

Tüte Hagedorn und Bernd Bruns für die NRZ zeichnen.
Mit spitzer Feder karikieren sie die große Politik und die kleinen Schwächen des Alltags.

... Pfiffikus auf jede Leserfrage eine Antwort weiß.
Beachten Sie mittwochs die Pfiffikus-Seite in der NRZ.

... noch mehr als 100 Redaktions-mitglieder im In- und Ausland Tag für Tag für die NRZ berichten. Deshalb ist die NRZ so lebendig, lesens-wert und aktuell.

Bereits 1963 macht die NRZ
Werbung mit der Prominenz
ihres Chefredakteurs Jens
Feddersen, der es sich nicht
nehmen lässt, die Leserschaft
selbst anzuschreiben

auch die gesellschaftlichen Bedingungen der Bundesrepublik an. Er wollte
eine sichere Basis, auf der genau für diese Werte – anders als in der Weimarer
Republik oder gar im „Dritten Reich" – mit Erfolg gestritten werden kann.
Dirks' Synthese aus Sozialismus und bürgerlichem Humanismus, verwurzelt
in einem Bekenntnis zum christlichen Menschenbild, war auch für Oppenberg ein attraktiver „dritter Weg" zwischen Kapitalismus auf der einen und
Planwirtschaft auf der anderen Seite. Die Wertschätzung des Verlegers für
Dirks bewies sich auch darin, dass Oppenberg ihn 1968 in die Jury berief, die
den Karl-Brunner-Preis verlieh. Oppenberg und Dirks verband auch ihr Engagement für die christlich-jüdische Zusammenarbeit. So nahm der Verleger,
der in Essen zu den Organisatoren der „Woche der Brüderlichkeit" gehörte,
zustimmend zur Kenntnis, wenn Dirks sich in seinen Kolumnen immer wieder mit diesem Thema auseinandersetzte.[165]

Das besondere deutschlandpolitische Profil, das die NRZ unter ihrem
Chefredakteur Jens Feddersen beständig ausbaute, zeigt sich an einem
weiteren NRZ-Kolumnisten: Wolfgang Leonhard. In Deutschland geboren,
aber mit seiner Mutter bereits als Kind vor den Nazis nach Moskau geflohen, erlebte er dort leibhaftig, was es bedeutete, unter Stalin Kom-

Liebe Essen!

Kennen Sie die NRZ wirklich?

Sie sagt ihre Meinung. Sie liebt die offene Sprache.
Es ist die Sprache unabhängiger Redakteure: frei und
offen, überparteilich, dem Wohl der Bürger dienend.

Die NRZ ist eine unabhängige Zeitung. Sie ist an keine
Partei gebunden und keiner politischen Gruppe verpflichtet.

Ich selbst bin ein politischer Journalist, aber kein
parteipolitischer. Vor dem Bildschirm haben Sie das
sicher auch schon bemerkt. Ich könnte und würde keine
an eine Marschrichtung gebundene Redaktion leiten.
Meine Mitarbeiter und ich sind stolz, Tag für Tag eine
Zeitung herzustellen, die zu den einflußreichsten
Deutschlands zählt. Wir haben den Ehrgeiz, journalistisch Bestes zu leisten.

Die NRZ liegt in der kleinen Spitzengruppe der großen
deutschen Tageszeitungen. Ihr Erfolg ist das Ergebnis
guter Gemeinschaftsarbeit profilierter Köpfe.

In unserer Stadt und an allen wichtigen Plätzen des
In- und Auslandes arbeiten einige hundert Journalisten
für die NRZ. Sie liefern der Redaktion in Essen das
tägliche Material für eine politisch ungebundene,
aber kritisch kommentierende und doch liebenswürdig,
unterhaltsam und menschlich gestaltete Zeitung.

Das lokale Geschehen, das bunte Leben in unserer
Stadt, nimmt täglich einen breiten Raum in der NRZ ein.
„Ein echtes Essener Kind" – das ist die NRZ, und wir
sind stolz darauf.

Aber noch mehr: Unsere Sportberichterstattung hat
einen guten Ruf. Die Bundesliga steht vor der Tür. Wir
werden die Vereine unserer Stadt darüber nicht vergessen und sie besonders pflegen. Der Kulturteil hat
Niveau. Viel Unterhaltung wird geboten. Die Reportagen
sind spannend und interessant. Der Wirtschaftsteil
spricht alle an. Die Frauenseite am Wochenende interessiert jede Leserin. Die Politik – ich sagte es
schon: unbeeinflußt.

Die Farbe der NRZ ist grün. Symbol der Hoffnung und
des Optimismus.

Herzlichst

Ihr

Jens Feddersen

Ich möchte die NRZ kennenlernen.

Übersenden Sie mir bitte Ihre Zeitung für einige Tage unverbindlich.

(Name)

(Ort, Straße und Hausnummer)

Bitte als Briefdrucksache (15 Pf) einsenden.

munist zu sein: Seine Mutter wurde als Abweichlerin inhaftiert. Das hin-
derte den jungen Wolfgang jedoch nicht daran, der kommunistischen
Ideologie treu zu bleiben und nach dem Besuch verschiedener Partei-
schulen dort Karriere zu machen. Leonhard gehörte zur sogenannten
„Gruppe Ulbricht", einer Delegation deutscher Kommunisten, die direkt
nach der Kapitulation nach Deutschland geschickt wurde, um in der
sowjetischen Besatzungszone politische Strukturen aufzubauen, die
ihren Machtanspruch sicherten. Die Devise des späteren DDR-Staatsratsvorsitzenden Walter Ulbricht lautete dabei: „Es muss nur legal
aussehen." So stieg der junge Leonhard auch hier zunächst weiter auf.
Doch nach der Gründung der DDR bekam er Zweifel, schließlich siedelte
er in den Westen über. 1955 veröffentlichte er ein Buch, in dem er seine
Erlebnisse beschrieb und aus dieser Perspektive die politische Lage in
der DDR und dem sowjetischen Machtbereich analysierte. Der Titel
wurde schon bald zum geflügelten Wort: „Die Revolution entlässt ihre
Kinder". Mit diesem Verkaufsschlager begründete Wolfgang Leonhard
einen neuen Berufsstand: die „Kremologen" – also jene Wissenschaftler,
die den Ostblock beobachteten und ihre Erkenntnisse auch populär zu

Hans Habe liest im Essener Hotel Kaiserhof aus
seinem Buch über das Kennedy-Attentat, „Tod in
Texas". V.l. Jens Feddersen, Marianne Oppenberg,
Dietrich Oppenberg, Frau Habe, Hans Habe,
Verlagsleiter Dr. Hans Schrade, 21. April 1964

Brief von Erich Maria Remarque an Jens Feddersen
vom 18. August 1963

vermarkten wussten. Dank der Kolumnen Wolfgang Leonhards konnten die NRZ-Leser nun regelmäßig in ostpolitisch bewegter Zeit die Analysen des profiliertesten Vertreters dieser Zunft lesen.

Der Ost-West-Konflikt war auch das Kernthema eines anderen Kolumnisten – der schon ein alter Bekannter ist: Hans Habe, der Gründer der Ruhr Zeitung, lebte zwar mittlerweile in Ascona in der Schweiz und reiste regelmäßig in die USA, war aber vor allem auch in Deutschland ein gefragter Bestseller-Autor. Seine Bücher „Tod in Texas" über den Mord an Kennedy oder „Wie einst David" über den Staat Israel waren ebenso Publikumserfolge wie seine Romane zu zeitgeschichtlichen Themen. Habe war in den 1960er Jahren so etwas wie ein Schriftsteller-Star – und zwar in ganz anderer Weise als die Autoren, die im linken Spektrum zu dieser Zeit Furore machten. Habe war vom Habitus her das Gegenbild zu Günter Grass oder Heinrich Böll: „[...] im Bad 99 Rasierwasser, im Schrank die 80 Cashmere-Pullover für die Schreibarbeit, die Seidenhemden und Jacken nach Maß [...]. Für ihn war das gute Leben Ideologie."[166] Man merkte dem gebürtigen Ungarn Habe seine journalistischen Lehrjahre im Wien der Zwischenkriegszeit an: Die ironische Zuspitzung genauso wie der Furor, mit dem politische Gegner angegangen wurden, verrieten die Prägung. Auch von seiner Erscheinung her war Habe ein ganz anderer Typ als Böll und Kollegen: Hier der bewusste Gentleman, ein Bonvivant, der stolz auf seine freundschaftlichen Beziehungen zu Hollywoods Glitzerwelt war, dort der gesellschaftskritische, oft provinziell wirkende Schriftsteller, der zumindest in der Öffentlichkeit bei seinen Auftritten im Kostüm des Kleinbürgers erschien.

Und so ließ sich schon ahnen, dass Hans Habe – der „Kalte Krieg" war tatsächlich sein Lieblingsthema – in der Auseinandersetzung mit diesem Sujet ganz andere Akzente setzte als etwa Walter Dirks. Habe stand zu den USA – und unterstrich gerade auch in der Zeit des Vietnam-Krieges, dass es Aufgabe der Bundesrepublik sei, treu an der Seite ihrer westlichen Schutzmacht zu verharren. Für die protestierenden Studenten – ob in Berlin oder in Berkeley – hatte Habe kein Verständnis, sondern sah in ihnen eine politische Gefahr für die westlichen Demokratien. Wie gesagt, Habe war von seiner Lebensart her kein konservativer Spießer. Auch den Bestrebungen, die Gesellschaft und damit die ganze Republik zu modernisieren, stand er positiv gegenüber, wie er in persönlichen Briefen sowohl an Jens Feddersen als auch an Dietrich Oppenberg ausführte. Er sah darin einen weiteren Schritt der jungen Republik in Richtung Westen – in die Richtung also, in die er seit seiner Zeit als Zeitungsgründer im Auf-

NRZ-Fahrzeugkolonne auf der Fahrt

trag der Amerikaner Deutschland gehen sehen wollte. Nur in der Neuen
Linken erkannte Habe eben keine politische Bewegung, die dem westlichen
Wertekanon verbunden war, sondern Anhänger einer aus seiner Sicht totali-
tären Ideologie. Diese Sichtweise teilte Habe mit Axel Springer – so wurde
er denn auch zum regelmäßigen Kolumnisten der „Welt am Sonntag".
Matthias Walden, einer der kämpferischsten Autoren des Hauses Springer,
schrieb, als Habe 1977 starb, in seinem Nachruf: „Die Freiheit bewahren
zu helfen, war das Ziel seines journalistischen Schaffens, weil er wußte, daß
alle Freiheit verkommt, wenn sie grenzenlos ist. Er zeigte die Grenzen."[167]
    Für die NRZ hatte Habe da schon seit längerer Zeit keine Kolumnen
mehr verfasst. Mit Bedauern zwar und dem ausdrücklichen Hinweis, dass
er der Zeitung, vor allem eben auch Oppenberg und Feddersen, persönlich verbunden bleibe – aber sein Gefühl sei eben, dass seine politische
Linie und die der Zeitung nicht mehr zueinander passten.[168]
    Dabei ist bei aller Aufgeschlossenheit, mit der Feddersen und die Redaktion,
aber auch Verleger Dietrich Oppenberg der Liberalisierung der Gesellschaft gegenüberstanden, der Studentenbewegung gegenüber von Anfang an Skepsis
zu spüren. Gerade Jens Feddersen – hier Habe durchaus sehr ähnlich – konnte
mit dem Politik-Verständnis der 68er nichts anfangen. Ihm, dem Angehörigen

Mitarbeiter am Teletypsetter. Das System dieser Setzmaschine war die erste Form des Fernsetzens

der „skeptischen Generation", dem die Skepsis gegenüber großen ideologischen Entwürfen zur persönlichen, aber auch zur beruflichen Tugend geworden war, schienen die utopischen Träume der rebellierenden Jugendlichen gefährlich, weil er in ihnen nur politische Unreife erkennen konnte. Eine Skepsis, die sich bei Feddersen später auf die neue Partei der Grünen übertrug.

Feddersen sah sich in der Pflicht, seine klassische Vorstellung von einer modernen Gesellschaft gegen diese Strömungen zu verteidigen. Wenn Feddersen aber später immer konservativer wurde und schließlich, ähnlich wie Habe, auch Anfang der 1990er Jahre als Kolumnist für eine Springer-Zeitung, die „Bild", schrieb, dann hing dies mit einem Unverständnis gegenüber einer jüngeren Generation zusammen. Sie hatte eben nicht das geteilte Berlin und den Kampf mit der sowjetischen Besatzungsmacht erlebt, sie hatte der Vietnamkrieg zu politischen Menschen gemacht.

Technik begeistert. Im Sommer 1961 hat die NRZ einen eigenen Stand bei der Ausstellung „Freizeit und Erholung" in Moers. Der besondere Clou: Die Besucher können live miterleben, wie die neusten Meldungen der Agenturen aus dem Ticker kommen. Eine ältere Frau kann das nicht glauben. Sie vermutet hinter der Stellwand einen Mann, der von dort aus den Fernschreiber steuert.[169]

Montage der neuen Rotation, 1962

Die NRZ wird versandfertig gemacht

Am 15. September 1967 startet die neue Rotation, begutachtet durch Jens Feddersen (Mitte) und Herbert Straeten (rechts daneben)

Der besondere Tag – Teil 4:
Das Attentat auf John F. Kennedy
am 23. November 1963

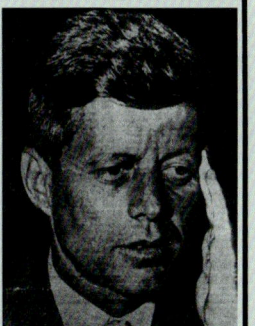

Die Titelseite der NRZ vom 23. November 1963

Dieser Tag gehört zu denen in der Nachkriegsgeschichte, an die sich alle, die sie erlebt haben, auch noch Jahrzehnte später erinnern können. Dies hängt damit zusammen, dass John F. Kennedy für die Westdeutschen eine Symbolfigur ist. Der junge Präsident steht für die freie Welt des Westens und für das Versprechen, dass dieser Westen, mit der Führungsmacht USA an der Spitze, ein Verbündeter der Bundesrepublik ist und für deren Freiheit eintritt. Dies wird dadurch unterstrichen, dass Kennedy nur wenige Wochen vor dem Attentat Deutschland besucht. Die berühmteste Szene ereignet sich natürlich am Brandenburger Tor, dort, wo zwei Jahre zuvor die Mauer errichtet worden ist und wo nun der Präsident als Ausdruck seiner Solidarität den Satz sagt, den auch heute noch jeder mit ihm verbindet: „Ich bin ein Berliner."

Aber Kennedy hat auch die Rhein-Ruhr-Region besucht und ist dabei von der NRZ publizistisch begleitet worden. Diese Eindrücke sind noch sehr frisch, als die Nachricht vom Tod des Präsidenten per Ticker am 23. November 1963 in der Sachsenstraße eintrifft. Nur wenige Monate zuvor, beim offiziellen Empfang des Präsidenten in Köln, hatten Oppenberg und Feddersen Kennedy aus nächster Nähe erleben können.

Für Jens Feddersen ist das Attentat eines der „traurigsten Erlebnisse" seiner Laufbahn. „[...] [D]ie Ermordung Kennedys am 23. November 1963 [war] an einem Freitagabend, ich war gerade noch so um 19.53 Uhr in der Redaktion, als die Blitzmeldung eintraf: ‚Attentat auf Kennedy ...', drei Minuten später: ‚Kennedy tot!' Da haben wir mit einer kleinen Truppe innerhalb von zwei Stunden vier neue Zeitungsseiten gemacht."[170]

Aber auch noch Monate später beschäftigt die Ermordung des US-Präsidenten die Redaktion. Was ist das für ein Land, die USA? Einerseits Schutzmacht der freien Welt – und dann wird der Präsident umgebracht. Sind die Vereinigten Staaten ein Freund mit einem Janus-Kopf? Eine Frage, die die deutsche Bevölkerung die nächsten Jahre gerade im Zusammenhang mit dem Vietnam-Krieg oder auch den Rasseunruhen und den Attentaten auf Robert Kennedy und Martin Luther King umtreiben wird. Jens Feddersen – und das wird auch seine ganze journalistische Laufbahn über so bleiben – ist ein engagierter Anhänger der transatlantischen Freundschaft. Regelmäßig ist er „drüben" – am liebsten in New York – und pflegt sein Kontaktnetz jenseits des Atlantiks. Anfang der 1950er Jahre hatte er dank eines Fullbright-Stipendiums jeweils mehrere Monate am Stück die USA für sich entdecken können. Umso wichtiger ist es ihm nun, in diesen Zeiten der Unsicherheit, den Lesern ein lebendiges Bild der US-Gesellschaft zu vermitteln.

Zwei Beispiele dafür, wie die NRZ diese Aufgabe in den nächsten Monaten aufgreift: Fast genau fünf Monate nach dem Attentat ist ein altbekannter Freund in Essen zu Gast und stellt auf Einladung der NRZ sein neustes Buch vor: eine der ersten Analysen der US-Gesellschaft nach dem tragischen Ereignis: Hans Habe, einst als Besatzungsoffizier Gründer der Ruhr Zeitung, jetzt den NRZ-Lesern als regelmäßiger Kolumnist bekannt, liest aus seinem Buch „Tod in Texas" im Essener Hotel Kaiserhof – eine der ersten deutschen Veröffentlichungen zur Ermordung Kennedys.

„Wer hat Kennedy ermordet? Habes Antwort zum Schluß des Buches ist kein Wagnis. Die Person des Mörders darf beiseite gelassen werden, sagt er. Kennedy wurde ermordet von der Atmosphäre des Hasses, vom latenten Bürgerkrieg der Rassisten, vom ‚Roulette-Kapitalismus', von der Wildwest-Ideologie des ‚harten Individualismus'. Der Haß richtet sich gegen einen Mann, den Ziele wie Bildung, sozialer Fortschritt, Gleichheit aller Bürger und eine wegweisende außenpolitische Wettbewerbskonzentration den faschistischen Gruppierungen des Westens und des Südens des ‚Anti-Amerikanismus' verdächtig machten", schreibt NRZ-Kulturredakteur Gerd Fischer in seiner Besprechung.

Welche Wurzeln hat dieser Hass, wie konnte sich eine solche Atmosphäre in den USA verbreiten? Dieser Frage geht Jens Feddersen drei Tage später in Oberhausen bei einem Wochenendseminar im DGB-Jugendheim nach. Auf Einladung der Gewerkschafter und der Volkshochschule diskutiert er mit Bürgern. Kennedy, so erläutert Feddersen den rund 40 Teilnehmern, sei ein „Markstein nicht nur für die amerikanische Entwicklung, sondern für die gesamte Weltpolitik". Feddersen beschreibt, dass es in Teilen der amerikanischen Gesellschaft „rechtsradikale, feudalistische, ja faschistische Bewegungen" gebe und in deren Augen sei Kennedy „ein Intellektueller, der mit den Kommunisten zu paktieren versuchte und bereit war, die Vereinigten Staaten an die Sowjetunion zu verkaufen."

Über die Qualität der Analyse mag man heute streiten, interessant ist vor allem, dass sich hier zeigt, wie sehr der politische Diskurs durch Experten gefördert wurde, die ihnen die Gesellschaftsstruktur eines fremden Landes erläutern.

Wie sieht in den 1960ern der Arbeitsalltag eines Redakteurs aus? Wolfgang Rendelsmann, damals beim Wirtschaftsressort, beschreibt es so: „Zeitung machen heißt: telefonieren, schreiben, lesen, redigieren, schneiden und kleben. Dazu braucht man einen Kopf, ein Telefon, eine Schere und einen Leimtopf. [...] Die Arbeitsgeräte sind selten. Oft muss man sich einen Leimtopf mit drei oder mehreren Kollegen teilen. Nicht anders ist es mit Telefonen, Schreibmaschinen und den Scheren."[171]

Der andere Krisenherd: Reportagen aus Vietnam

Nicht nur in Deutschland war die Ost-West-Konfrontation zu spüren – auch in Vietnam. Allerdings nicht in Form eines Kalten Krieges – dort wurde wirklich gekämpft. Die NRZ berichtete in Reportagen von dem Kampf zwischen der US-Army und den vietnamesischen Vietkong. Damit trug die Zeitung erheblich mit dazu bei, dass in Deutschland die Leiden der Zivilbevölkerung bekannt wurden. Ein wichtiger Impuls für die Proteste gegen den Vietnam-Krieg und auch für die sich daraus entwickelnde Friedensbewegung.

Ein Beispiel für diese Wirkung waren die Reportagen von Thorsten Scharnhorst: 1969 soll er für die Zeitung aus dem Kriegsgebiet berichten. Da hatte sich der End-Zwanziger, der nach seinem Volontariat bei der Westfälischen Rundschau zur NRZ gewechselt war, schon manche journalistische Meriten verdient. 1968 hatte er nach dem Attentat auf Rudi Dutschke die Situation in Berlin geschildert. Danach hatte er Berichte über den „ Prager Frühling" geliefert, direkt aus der Hauptstadt der Tschechoslowakei. Als Reporter hatte er eine klare Berufsauffassung: „[...] Reporter [...], die vieles miterleben, müssen sich abkapseln können. Wenn sie immer durchleben müssen, was sie beschreiben, Tragik und Trauer von anderen Menschen an sich heranlassen und in sich aufnehmen würden, sie könnten ihren Beruf nicht bewältigen. Journalisten müssen Distanz halten, sich in den Professionalismus retten, auch wenn vor ihren Augen hilflosen Menschen unerträgliches Leid widerfährt. Könnten wir nicht die Barriere aufbauen zwischen dem schwer zu ertragenden Geschehen und uns als möglichst wachsamen Beobachtern, wir würden scheitern, weil uns Mitleid und Mitgefühl die Fähigkeit versperrten, vor allem objektiv wiederzugeben, was sich ereignet hat. Das Ereignis ist entscheidend. Und die Sprache in der Berichterstattung hat sich dem Ereignis anzupassen, ja, unterzuordnen." Doch in Vietnam hatte Scharnhorst nun ein Erlebnis, das ihn diese professionelle Distanz nicht länger aufrecht erhalten ließ. In einem Krankenhaus in Saigon traf er auf Kinder, die von Napalm-Bomben verletzt worden waren: „Kinder [...], denen Napalm im wahrsten Sinne des Wortes die Gesichter weggefressen hatte. Ich war entsetzt!" Scharnhorst war schockiert von diesem Erlebnis und setzte sich mit dafür ein, dass die Kinder nach Deutschland kamen, um dort medizinisch behandelt zu werden.

Aber auch Jens Feddersen war vor Ort, der ja nicht umsonst als einer „der" Vietnam-Experten galt und ständig in Vorträgen oder im Fernsehen zu den aktuellen Entwicklungen dort befragt wurde. Schon seit den 1950er

Jahren hatte er die Indochina-Konferenzen für die NRZ in Genf begleitet und seitdem die politische Entwicklung in Asien nicht mehr aus den Augen gelassen. Auch ihn bewegten die Leiden der Menschen, von denen er den Lesern in seinen Reportagen berichtete. „So vieles hat die Menschheit in den letzten Jahren und Jahrzehnten gelernt, aber wohl immer noch nicht, in Frieden miteinander zu leben. Es ist so schrecklich deprimierend, zu erleben, wie sich Menschen degradieren können, wenn sie nichts anderes mehr zu tun haben, als sich die Köpfe einzuschlagen. [...] Der Krieg macht die Menschen zu Kreaturen. Was anderes kann ich nicht sagen", schrieb Feddersen im November 1967 Oppenberg aus Vietnam.[172]

NRW und NRZ: Schwerpunkt Landespolitik

Obwohl die Betrachtung der Weltpolitik in der Berichterstattung viel Platz einnahm, die NRZ war auch eine Regionalzeitung: NRW und NRZ – da waren nicht nur die ersten beiden Buchstaben der Abkürzungen gleich. Nordrhein-Westfalen und diese Zeitung verband mehr. Sie wurden beide im selben Jahr, 1946, gegründet und in beiden Fällen stand die britische Besatzungs-macht Pate. Und die verfolgte sowohl im Hinblick auf das neue Bundes-land als auch auf die neue Zeitung eine bestimmte politische Strategie: Beide Neugründungen sollten jeweils auf ihre Weise einen Beitrag zur Demokratisierung Nachkriegsdeutschlands leisten.

Was das Neue an dem Zeitungstypus war, für den die NRZ steht, ist schon gezeigt worden: Sie war politisch, ohne Parteigängerin zu sein. NRW gab es ebenfalls vorher noch nicht – kritische Kommentatoren sprachen von einem Kunststaat. Die einzelnen Landesteile des neuen Bundeslandes konnten auf keine gemeinsame Geschichte zurückgreifen – sie hatten keine gemeinsame Identität. Am deutlichsten wurde dies im Verhältnis zwischen den Rheinländern und den Westfalen – noch bis in die 1980er Jahre hinein etwa bestand die CDU in NRW aus zwei verschiedenen Landesverbänden, einem westfälischen und einem rheinländischen. Gleichwohl war nach der Gründung der Bundesrepublik klar, Nordrhein-Westfalen würde von seiner Größe, seiner Bevölkerungszahl und seiner wirtschaftlichen Infra-struktur her in diesem föderalen Weststaat eine bedeutende Rolle spie-len. Und gerade weil dieser Rang für das neu zu gründende Bundesland abzusehen war, war es den britischen Besatzungsmächten ganz recht, dass dieses neue Gebilde noch über keine gefestigte eigene Identität

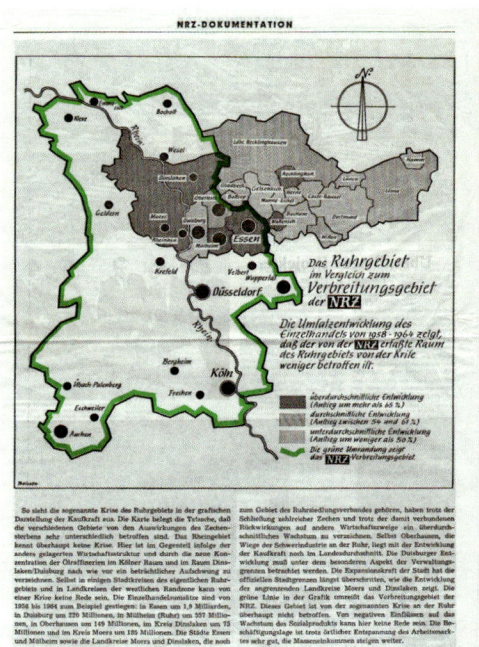

Die im Januar 1965 erscheinende
achtseitige Ausgabe „NRZ exklusiv"
befasst sich ausführlich mit dem
Ruhrgebiet

Aufsatz von Dietrich Oppenberg zur
aktuellen Stellung der Regionalpresse,
17. März 1969

Am 9. Januar 1969 besucht die Redaktion das Solvay Steinsalzbergwerk in Borth bei Wesel, in der Mitte Jens Feddersen, links dahinter Dietrich Oppenberg

verfügte. Denn allzu große Selbstsicherheit hätte dazu führen können, dass es im Konzert der Bundesländer von Anfang an den Dirigentenposten für sich beanspruchen würde. Eine solche dominante Rolle hatte in der Weimarer Republik Preußen ausgeübt – mit allen negativen Folgen, die dies vor allem in der Endphase der Republik hatte. So eine Vormachtstellung sollte von vornherein ausgeschlossen werden.

Aber in den nächsten Jahren sollte NRW zu seiner Identität finden und ein spezifisches Selbstbewusstsein als Bundesland entwickeln. Gab es so etwas wie eine NRW-Öffentlichkeit, in der die Belange des Bundeslandes behandelt werden konnten? Und damit kam nun wieder die NRZ ins Spiel. An der Formierung dieser Öffentlichkeit – man kann in diesem Fall auch tatsächlich von einer neuen Szene sprechen – war die NRZ seit der Gründung des Landes beteiligt. Sie leuchtete die öffentliche Bühne in NRW mit aus, brachte Licht in das Dunkle. Sie bestimmte durch ihre Blickrichtung mit, wer sich dort wie in Szene setzen konnte. Für die NRZ berichtete zunächst Kurt Gehrmann aus Düsseldorf, bevor er in die Zentralredaktion zurückkehrte, um dort die Leitung des Politik-Ressorts zu übernehmen.

Kurt Gehrmann (r.) mit Günter
Grass während einer SPD-
Betriebsrätekonferenz am
8. März 1969

Der FDP-Bundesvorsitzende Otto
Graf Lambsdorff (l.) mit dem
NRZ-Landeskorrespondenten
Horst-Werner Hartelt, Dezember
1992

Gehrmanns Nachfolger als Landeskorrespondent wurde ein Journalist, der so lange wie kein anderer die Berichterstattung aus Düsseldorf bestimmte: Drei Jahrzehnte lang beobachtete und analysierte Horst Werner Hartelt das Geschehen in der Landeshauptstadt. Er begann 1963, da war noch Franz Meyers von der CDU Ministerpräsident einer schwarz-gelben Koalition. Als Hartelt sich 1993 in den Ruhestand verabschiedete, war gerade die Schlussphase der Ära Johannes Rau angebrochen. Seit 15 Jahren war dieser da schon Ministerpräsident, seit 13 Jahren regierte er mit absoluter Mehrheit. Doch es zeichnete sich bereits ab, dass sich die Machtverhältnisse verändern würden. Zwei Jahre später musste Rau eine ungeliebte rot-grüne Koalition eingehen, schließlich trat er zurück, um Bundespräsident zu werden. Ein Modell war die neue Düsseldorfer Konstellation aber für den Bund – dort bildeten Gerhard Schröder und Joschka Fischer 1998 die erste rot-grüne Bundesregierung. Dazwischen lag eine ganze Epoche deutscher Politik. Doch zunächst ein Blick auf Hartelts Anfangszeit: Denn auch in diesen Jahren zeichneten sich in Düsseldorf Entwicklungen ab, die bis nach Bonn ausstrahlten.

Die Wechselbeziehung zwischen Bonn und Düsseldorf machten die Landeshauptstadt zu einem besonders interessanten Arbeitsplatz. Denn hier wurde immer auch Politik gemacht, die über das Bundesland hinaus wirkte. Und Hartelt, so wie auch Hilde Purwin in Bonn, verfügte über ein großes Netzwerk, das in alle Parteien genauso wie in die Ministerien reichte. Davon profitierte seine Berichterstattung. Oft hatte der Leser das Gefühl, der Korrespondent habe mit am Tisch gesessen, wenn er von Kabinettssitzungen berichtete. Da wurden die Augenbrauenzuckungen des Regierungschefs genauso vermerkt wie die Seufzer einzelner Minister.

Und in der Tat, es waren interessante Fragen, die in Düsseldorf verhandelt wurden. Dies zeigte sich vor allem in der zweiten Hälfte der 1960er Jahre. Denn die ersten Weichen in Richtung sozial-liberale Koalition in Bonn wurden in Düsseldorf gestellt. Diejenigen, die in der FDP eine Zusammenarbeit mit den Sozialdemokraten wünschten, stammten alle aus dem nordrhein-westfälischen Landesverband ihrer Partei: Walter Scheel und Hans-Dietrich Genscher. Ihr Vertrauensmann in Düsseldorf war wiederum Willi Weyer, der auch schon seit vielen Jahren ein enges Verhältnis zur NRZ pflegte. Schon bei der ersten sozial-liberalen Koalition 1956 bis 1958 unter dem Sozialdemokarten Fritz Steinhoff gab es seitens der NRZ publizistische Schützenhilfe. Vor allem zu den sogenannten „Jungtürken" in der FDP, die bei der Entscheidung über den Wechsel von

Die deutsche Politik-Prominenz beglück-wünscht die NRZ zum 20-jährigen Jubiläum, Auszüge aus der Fest-schrift vom 13. Juli 1966

Die NRZ hat zu ihrem Jubiläum eine solche Fülle von Glückwünschen bekommen, daß der Raum dieser Broschüre nur für die Wiedergabe einiger ausreicht, die hier für alle sprechen sollen

**Dr. Heinrich Lübke
Bundespräsident**

Nach dem Zusammenbruch Deutschlands 1945 gab es zunächst keine deutsche Presse und keine deutschen Rundfunkanstalten mehr. Die Besatzungsmächte beschränkten sich darauf, Informationsblätter in eigener Regie auszugeben. Dann wurden die ersten Lizenzen erteilt und Sender errichtet. Damit begann der Neuaufbau einer Publizistik, die in freier und eigenverantwortlicher Arbeit ihren großen und bedeutsamen Anteil am Werden des neuen deutschen Staates hat.

Die damaligen Publikationsorgane haben das Gespräch und die Zusammenhänge wieder in Gang gebracht und damit den Wiederaufbau eingeleitet. Wir wollen es ihnen deshalb nicht vergessen, daß sie am Anfang unserer heutigen Demokratie standen.

Erst die Demokratie, in der jeder Bürger dazu aufgerufen ist, das politische Leben mitzubestimmen, hat dem Journalismus mit der Meinungs- und Pressefreiheit Aufgaben übertragen, die über das „Berichten" hinaus-

gingen. Sie hat damit dem Journalismus neue Kräfte und politisch aufgeschlossene Männer und Frauen zugeführt, die erkannten, daß hier ein neuer, höchst bedeutsamer Ausgangspunkt für politisches Wirken gegeben war. So ist er zum treuen Weggefährten der demokratischen Idee geworden und ist gleichzeitig an seiner Aufgabe gewachsen.

**Prof. Dr. Ludwig Erhard
Bundeskanzler**

Die Presse ist heute unveräußerlicher Bestandteil des gesellschaftlichen Kommunikationsprozesses im politischen, wirtschaftlichen, sozialen, geistigen und kulturellen Bereich. Sie ist ein bedeutender Faktor im Bereich der Bildung der sogenannten öffentlichen Meinung. Unser Grundgesetz garantiert dieser Institution die Freiheit zur Erfüllung ihrer wichtigen Aufgaben. Das ist gut so. Aus der Besonderheit dieser Aufgaben erwächst aber der Presse auch eine besondere Verantwortung. Sie besteht darin, als Organ der

öffentlichen Meinung in der Ausübung der Pressefreiheit mitzuwirken, unsere freiheitlich-demokratische Grundordnung nicht nur mit Leben zu erfüllen, sondern sie zu stärken und zu sichern.

Die Bundesregierung hat sich von jeher darum bemüht, die Träger der öffentlichen Meinung bei ihrer Arbeit durch umfassende Informationen zu unterstützen. Dabei geht die Bundesregierung davon aus, daß die Presse die Werte respektiert und verteidigt, die das Fundament eines freien Gemeinwesens sind.

**Dr. Eugen Gerstenmaier
Bundestagspräsident**

Der NEUEN RUHR ZEITUNG / NEUEN RHEIN ZEITUNG gratuliere ich zum zwanzigsten Geburtstag.

Mit dem Dank für ihre Bemühungen für die Verwirklichung des freiheitlichen Rechtsstaates verbinde ich den Wunsch für ihr weiteres tapferes und gerechtes Wirken.

**Dr. Erich Mende
Vizekanzler**

Am 13. Juli 1946, zu einem Zeitpunkt, als Deutschland materiell und ideell ein Trümmerhaufen war, erschien die erste Ausgabe Ihrer Zeitung. Damals trug die NRZ zum Entstehen neuer demokratischer Verhältnisse bei. Die Mitglieder der soeben wiedererstehenden demokratischen politischen Parteien sammelten sich in jener Zeit erst wieder in neugegründeten Orts-, Bezirks- und Landesverbänden. Die freie demokratische Presse half uns bei der Beseitigung des materiellen und mehr noch des ideellen Trümmerschutts. Ohne Zeitungen wie die NRZ wäre unsere demokratische Ordnung nicht, jedenfalls nicht so rasch, verwirklicht worden.

Lassen Sie mich den großen Anteil an dieser Entwicklung freier demokratischer Publizistik und damit demokratischer Verhältnisse hervorheben, den die NRZ und ihre Mitarbeiter haben.

**Dr. Meyers
Ministerpräsident
des Landes
Nordrhein-Westfalen**

Der NRZ – NEUE RUHR ZEITUNG / NEUE RHEIN ZEITUNG – übermittle ich anläßlich des 20. Jahrestages ihres Bestehens freundliche Glückwünsche und Grüße.

An diesem Jubiläum können Redaktion und Verlag der NRZ, aber auch ihre Leser, mit Genugtuung auf das Jahr 1946 zurückblicken, das in mancher Beziehung für die Entwicklung einer demokratischen Presse in Deutschland von großer Wichtigkeit war. Damals entstanden überall im freien Teil Deutschlands neue Zeitungen, die vor der großen Aufgabe standen, sich durch die Art ihrer journalistischen Arbeit nicht nur einen neuen Leserkreis und damit neue Freunde zu erwerben, sondern zugleich mit ihrer publizistischen Arbeit Zeugnis zu geben von der Verantwortung der demokratischen Presse für den werdenden neuen deutschen Staat.

Die NRZ darf an ihrem Jubi-

läumstage von sich sagen, daß sie sich dieser Verpflichtung stets bewußt gewesen ist. Auf dem Boden einer festen politischen Anschauung war und ist sie stets bemüht, ihren Lesern zugleich mit einer sachlichen und zeitgerechten Berichterstattung die großen Probleme von Staat und Gesellschaft im freien Teil Deutschlands nahezubringen und sie selbst zum Mitdenken und Mithandeln für diesen Staat aufzufordern.

Dafür gebührt der NRZ Dank und Anerkennung; und ihrem weiteren Wirken in diesem Geiste gelten meine besten Wünsche für gleichen Erfolg in der Zukunft.

**Willy Brandt
Regierender Bürgermeister
von Berlin**

Zwanzig Jahre NRZ, das sind zwei Jahrzehnte guter journalistischer Arbeit für eine umfassende Information und eine kontinuierliche Meinungsbildung. Die Zeitung erbringt Tag für Tag den Beweis, daß ein

fester politischer Standpunkt und Objektivität sich nicht nur ergänzen, sondern Voraussetzung sind für eine klare politische Aussage.

Die NRZ hat einen bedeutenden Beitrag zur Stärkung unseres demokratischen Selbstbewußtseins geleistet und damit für den Ausbau des demokratischen Staates überhaupt.

Allen Mitarbeitern der NEUEN RUHR ZEITUNG / NEUEN RHEIN ZEITUNG herzliche Glückwünsche und weiterhin viel Erfolg.

**Karl-Günther von Hase
Sprecher der Bundes-
regierung**

Ich darf Ihnen meine aufrichtigsten Glückwünsche zu der erfolgreichen verlegerischen und journalistischen Aufgabe sagen, die Sie in den vergangenen zwei Jahrzehnten gelöst haben, und damit meine besten Wünsche für eine weitere fruchtbare Entwicklung Ihrer Zeitung verbinden.

der CDU zur SPD entscheidend waren, pflegte die Redaktion einen guten Kontakt. Jens Feddersen hatte eine freundschaftliche Beziehung zu dem Anführer dieser Partei-Rebellen, Wolfgang Döring. Dieser verfolgte schon damals das Ziel, mit der neuen Düsseldorfer Koalition ein Beispiel für die Bundesebene zu liefern. Er wollte seine Partei aus der ewigen Partnerschaft mit der CDU befreien, die Döring wie eine babylonische Gefangenschaft erschien. Doch nachdem diese erste sozial-liberale Koalition gescheitert war, kehrte die FDP zunächst zu den Christdemokraten zurück. Döring starb jung, 1963 als erst 43-Jähriger. Nur wenige Tage zuvor hatte er in einem Exklusiv-Interview mit Hilde Purwin der SPD Regierungsfähigkeit in Bonn bescheinigt und damit wiederum einen Akzent gesetzt. Für Feddersen bedeutete denn auch der frühe Tod seines Freundes „Wolf" den Verlust eines großen politischen Talentes.

Döring – wie auch die anderen „Jungtürken" – hatte seine Reformbestrebungen nämlich immer auch mit einer neuen Deutschlandpolitik verbunden. Hier wurde auf Seiten der FDP die „Neue Ostpolitik" bereits vorgedacht – eine Linie, die Feddersen gefiel. Sein Nachruf auf Döring ist deswegen auch aufschlussreich, weil er dort an dem Beispiel des FDP-Politikers zeigte, welchen Politiker-Typus man sich in der NRZ-Redaktion für die Zukunft wünschte: Döring habe „im Grunde genommen keiner der heutigen Parteien" angehört, sondern sei „für das Deutschland von morgen und die Gesellschaftsordnung von übermorgen" geschaffen gewesen. Was damit gemeint war, illustrierte Feddersen an einer Anekdote: „Konrad Adenauer, der 87-Jährige, sagte vor ein paar Wochen zu dem 43-Jährigen: ‚Herr Döring, werden Sie doch mal Minister – am besten natürlich bei uns, der CDU.' Der Kanzler hatte nach Jahren des Spotts und der Verachtung für den ‚Jungtürken' der Freien Demokraten entdeckt, daß in diesem Manne eine politische Potenz steckt, gemischt aus Leidenschaft und kühler Überlegung. Wolfgang Döring aber wußte, daß er nicht für Konrad Adenauer, sondern für die Zeit danach bestimmt war. Wie oft hatte er seinen Freunden gesagt: ‚Laßt euch nicht verschleißen, unsere Zeit kommt erst noch!' Wolfgang Döring war ein Mann unseres Jahrhunderts, und es war die Zukunft, die ihn faszinierte, nicht einmal die Gegenwart, geschweige denn die Vergangenheit."

Es ging also um die Zeit nach Adenauer. Auf sie schrieben nicht nur Feddersen und seine Kollegen von der NRZ in ihren Analysen und Kommentaren zur politischen Gegenwart hin, auch die politischen Freunde Dörings, Willi Weyer, Walter Scheel und Hans-Dietrich Genscher, arbeiteten weiter in diese Richtung, sowohl auf der Bundesebene als auch von Düsseldorf aus. In der Landeshauptstadt setzte denn auch die Wende der FDP zu den Sozialdemokraten drei Jahre später, 1966, ein.

1966 bot sich, nachdem seit 1962 wieder eine CDU/FDP-Koalition in Düsseldorf regiert hatte, eine neue Chance für das sozial-liberale Experiment. Und in diesem Fall lieferte CDU-Ministerpräsident Franz Meyers die Vorlage: Nach der Landtagswahl 1966 gestaltete sich die Mehrheitsfindung schwierig. Zunächst regierte Meyers mit der FDP weiter, entließ aber dann, nachdem sich im Bund die „Große Koalition" gebildet hatte, die FDP-Minister, um mit der SPD in Verhandlungen über eine Zusammenarbeit nach Bonner Vorbild eintreten zu können. Doch die SPD unter Heinz Kühn folgte nicht diesem Angebot, sondern schloss mit der FDP unter Führung Willi Weyers ein Bündnis. Fortan regierte in Düsseldorf eine sozial-liberale Koalition. Drei Jahre später war es dann tatsächlich auch in Bonn so weit. Von NRW aus wurden also die Weichen für die politische Richtung gestellt. Und sie gingen genau in die Richtung, die auch von der NRZ publizistisch gefordert wurde.

Schon seit langem setzte man in der NRZ-Redaktion die Hoffnungen auf die Zeit nach Adenauer. Damit einher ging allerdings auch eine Versöhnung mit der Politik des Gründungskanzlers: Die Westbindung, die europäische Einheit, das atlantische Bündnis und auch die Soziale Marktwirtschaft – alle diese Grundentscheidungen wurden mittlerweile von der NRZ unterstützt. Nun galt es, die junge Demokratie noch auszubauen: Die CDU war als ewige Regierungspartei zu lethargisch geworden, auch der Kanzler zeigte sich vor allem in seiner Deutschland- und Ostpolitik zu unflexibel. Wie sollte es also weitergehen? Wie man darüber bei der NRZ dachte, zeigte eine Notiz von Dietrich Oppenberg von einer Redaktionskonferenz aus dem Juli 1961. Dort stand nur: „Nachfolger Adenauers – Willy Brandt".[173]

Am 27. Juli 1967 wird Dietrich Oppenberg 50 Jahre alt. Der Essener Oberbürgermeister Horst Katzor betont zu diesem Anlass: „Das Wirken dieser Verlegerpersönlichkeit ist aus dem Leben der Stadt Essen nicht mehr wegzudenken."

Anmerkungen: Die NRZ in den 1960er und 1970er Jahren

161   Vgl. dazu Koch, Thilo: Glückauf. In: 25 Jahre NRZ. Sonderbeilage der NRZ vom 10. Juli 1971, S. 5.

162   Vgl. Betriebszeitung „NRZ-Familie", 1963, Nr. 2, S. 2.

163   Vgl. dazu Dirks, Walter: Sein Rat bleibt. Nach 27 Jahren im Amt des Kölner Erzbischofs: Abschied von Kardinal Frings. In: NRZ vom 20. Februar 1969.

164   Fischer, Gerd: Walter Dirks starb. In: NRZ vom 1. Juni 1991.

165   Vgl. dazu Dirks, Walter: Wandlung tut not. Arbeitstage der Solidarität müssen die Woche der Brüderlichkeit ablösen. In: NRZ vom 11. März 1969.

166   Le Viseur, Reimund: Ein Arbeiter mit preußischer Disziplin und ein Genießer. In: „Bild-Zeitung" vom 1. Oktober 1977, S. 2.

167   Walden, Matthias: Eine Stimme ist verstummt, die uns viel zu sagen hatte. In: Bild-Zeitung vom 1. Oktober 1977, S. 2.

168   Vgl. Korrespondenz Habe/Feddersen. NRZ-Verlagsarchiv.

169   Betriebszeitung „NRZ-Familie", 1961, Nr. 5, S. 5.

170   Interview mit Jens Feddersen. In: Die Gruppe. 12/1993, S. 10–14.

171   Betriebszeitung „NRZ-Familie", 1962, Nr. 5, S. 8.

172   Brief im NRZ-Verlagsarchiv.

173   Taschenkalender Dietrich Oppenberg 1961. NRZ-Verlagsarchiv.

Ein Haus des freien Geistes

Blicken Sie auf dieses Haus!

Von DIETRICH OPPENBERG

Heute wird das neue NRZ-Pressehaus offiziell eingeweiht. Etwa 150 Persönlichkeiten aus dem öffentlichen Leben der Bundesrepublik, des Landes Nordrhein-Westfalen und der Städte und Landkreise des NRZ-Verbreitungsgebietes, an der Spitze Bundesaußenminister Willy Brandt und Ministerpräsident Heinz Kühn, sind als unsere Gäste bei der NRZ zu Gast. Wir veröffentlichen einige Auszüge aus der Ansprache des Verlegers und Herausgebers Dietrich Oppenberg.

Was bedeutet die Zeitung dem Menschen von heute?

Eine Zeitung ist eine Stück Geschichte, aber sie hat keine Überlebenschance als Museumsstück! Sie steht mitten in dieser Welt. Und sie ist ein Stück der Zukunft, sie ist ein Teil der Welt von morgen.

Blicken Sie auf dieses Haus: modern und zweckmäßig, leistungsstark und zukunftsbewußt!

Ein Haus, das mit seiner Technik allen Erfordernissen unserer schnellen Zeit gerecht wird.

Ein Haus, das dem Leser, dem Bürger hier an Rhein und Ruhr ein Maximum an Information bietet.

Ein Haus, das dem Inserenten den Markt zu den Millionen Verbrauchern in den Ballungsgebieten zwischen Aachen und Kleve, Köln und Essen erschließt und in den Wachstumsgebieten an der Rheinschiene zu Hause ist.

Ein Haus, das aus eigener Kraft zu dem geworden ist, was es heute darstellt und wie es sich heute präsentiert.

Dieses NRZ-Pressehaus ist nicht nur ein Haus aus Stein, Beton und Glas. Ein Pressehaus hat seinen eigenen Geist, hat seine Atmosphäre, hat sein Klima.

Hier im Haus der NRZ herrscht ein freier Geist. Wir sind stolz darauf — und wir sind auch dankbar dafür!

Ein freier Geist, das bedeutet für uns, zu einer Tageszeitung freimütig unsere Meinung zu äußern, unabhängig von politischen oder wirtschaftlichen Gruppierungen, so wie es in unseren redaktionellen Leitsätzen verankert ist. — In Leitsätzen, mit denen unser Haus einen wichtigen Beitrag zum Thema Pressefreiheit geleistet hat.

Ein freier Geist verpflichtet uns aber auch, kritisch gegenüber uns

selbst zu bleiben und uns unserer Verantwortung gegenüber der Öffentlichkeit bewußt zu sein.

Diese Verantwortung ist die Richtschnur unserer Arbeit.

Vor gut zwei Jahren, am 13. Juli 1966, wurde die NRZ zwang Klubs. An jenem Tag kündigte ich in einer kleinen Feierstunde den ersten Spatenstich für das neue Verlags- und Druckereigebäude an. Der Neubau war notwendig geworden, weil die Anforderungen des Lesers und des Inserenten an Qualität und Umfang einer Zeitung ständig gestiegen sind.

Die Entwicklung hat uns recht gegeben. Heute, am Tag der Einweihung des neuen Hauses, blicken wir zurück auf eine Zeit, in der sich die Zeitungslandschaft verändert hat. Die Zukunft erfordert mehr denn je in Technik und Redaktion, im Vertrieb und im verlegerischkaufmännischen Management leistungsstarke und zeitgerechte Unternehmen. Die große Regionalzeitung hat ihren festen Platz nicht neben den anderen Medien, sondern erfüllt gemeinsam mit den übrigen Medien, mit Rundfunk und Fernsehen, ihre staatspolitisch wichtige, ihre öffentliche Aufgabe. Es hält diesen Platz, sie behauptet ihn und sie verteidigt ihn, wenn sie immer und immer wieder den sich ändernden Lese- und Lebensgewohnheiten gerecht wird.

Wir wollen nicht aufhören anzufangen, das hat einmal Max Reinhardt gesagt. Für uns war dieses Wort der Leitspruch, weil wir wissen, daß wir niemals fertig sind und immer Lernende bleiben. Für uns ist dieses Wort auch heute noch der Leitgedanke, dem wir folgen bei unserem Werk, eine Zeitung in der Zeit zu machen, weil geöffnet allen drängenden Fragen unserer Tage.

Den neuen Haus ein herzliches, ein kräftiges „Glückauf"!

Das Plus der Zeitung

Von JENS FEDDERSEN

Das Gesetz der NRZ? Die Arbeit des Hauses? Die Praxis des Hauses?

Hier auf dieser Seite und die „Redaktionellen Leitsätze" veröffentlicht. Sie sprechen für sich selbst. Sie sind das Grundgesetz der Arbeit in und an der NRZ.

Aber: Da ist noch mehr, da ist die tägliche Überlegung, wie sich die Zeitung den Gesetzen des heutigen und des zukünftigen Informationsund Unterhaltungsmarktes anzupassen hat. Für die NRZ gelten außerdem im Zuge ihrer redaktionellen Grundkonzeption folgende Überlegungen und Gesichtspunkte:

1. Die NRZ geht in ihrer täglichen Arbeitspraxis davon aus, daß Rundfunk und Fernsehen stets nur den Appetit anregen können. Den „Hunger" zu stillen, das ist die Aufgabe der Zeitung, redaktionell wie im Bereich der Werbung.

2. Die NRZ erläutert, vertieft, klärt, analysiert, dokumentiert und gibt Orientierungshilfen für die Meinungsbildung. Rundfunk und Fernsehen können nur „anreißen".

3. Die NRZ entwickelt einen Nachrichtenstil, der zwar leicht verständlich, populär und lesegerecht, keineswegs aber oberflächlich ist. Hier gibt es, die Lücke zwischen einem platten Boulevard-Stil (der nur Verwirrung führt), einem altväterlichen Berichts-Stil (der oft unverständlich ist) und einem Rundfunk- und Fernseh-Stil zu schließen.

4. Die NRZ versteht sich die rein unterhaltenden Beiträge als sachbezogene Information, und zwar als sehr gezielte Information für ganz bestimmte Leserschichten.

Einige Beispiele machen klar, wie diese vier Punkte in eine moderne Zeitungspraxis, wie der NRZ, verstanden werden. Fernseh- und Rundfunk-Nachrichten sind in der Regel steril. Zeitungsnachrichten müssen die Hintergründe darlegen und die Zusammenhänge herstellen. Das Fernsehen bringt über eine Bundestagsdebatte — und es kann gar nicht anders — mehrere „Statements", meist ebenso kurz wie aber auch langweilig. Zeitungen müssen sagen, was hinter den „Statements" steckt, müssen entzerren und aufsichern, müssen Meinung und Analyse geben, die Redner „ins Bild" und ins Gespräch

bringen; sie müssen sagen, daß der Fernsehsatz „Die Partei XY bekennt sich zu Europa . . ." keineswegs staatspolitisch bedeutsam, sondern schlicht und einfach banal ist.

Ein Fußballspiel wird „live" übertragen. Welch eine Chance für die Zeitung! Nur sie sagt im nächsten Morgen, warum Müller gefoult und Maier vom Platz gestellt wurden. Aber sie muß es sagen, und sie muß es genau recherchiert haben, wie der Lexikon der Normalverbraucher. Und wenn von den Negern in den USA geredet wird, wer bringt sofort die Geschichte der „Neger"-Einwanderung? In den USA? Die Zeitung! Hier ist sie auch noch Lern- und Lehrmittel für Schulen und Lehrer. Die Beispiele ließen sich fortsetzen.

Täglich steht in den modernen Redaktionen zur Debatte: Wo liegt die Chance der Lücke und wo die Chance der Klärung, der Ordnung, des Hintergrundes und der Dokumentation? Auch hier also die praktische Lebenshilfe für den Bürger, wie sie nur die Zeitung bieten kann.

Die Arbeit in der NRZ ist folgende Überlegung, auf den Leser bezogen, entscheidend:

● Informiert zu sein, mitreden zu können, urteilen zu können muß gehört zu werden!

Nichts kann das gedruckte Wort in einer regionalen Qualitätszeitung ersetzen, weder die Mattscheibe, noch der Lautsprecher und erst recht nicht das so oft verzerrte Bild eines billigen Straßenblattes. Das Wissen um die Hintergründe und die Kenntnis des Wichtigen sind notwendiger denn je. Auch das gehört zum Gesetz der NRZ!

Die Freiheit der Presse ist ein altes Problem. Seit zwei Jahren wird dieses Thema auch von einer breiten Öffentlichkeit diskutiert. Pressefreiheit — darunter verstehen wir materielle Unabhängigkeit der Verlage und geistige Unabhängigkeit der Redaktionen. Die Redaktionen müssen frei und unabhängig von frem-

den Einflüssen arbeiten können. Die NRZ hat als erste deutsche Zeitung die Rechte und Pflichten der Redaktion und die Spielregeln der Zusammenarbeit zwischen Verlag und Redaktion in redaktionellen Leitsätzen niedergelegt. Wir bringen sie hiermit unseren Lesern zur Kenntnis.

Die redaktionellen Leitsätze der NRZ

Die Redaktion der NRZ bejaht die freiheitlich-demokratische Grundordnung der Bundesrepublik Deutschland. Sie ist sich der Aufgaben bewußt, die ihr nach dem Grundgesetz zur Wahrung der demokratischen Staatsverfassung zufallen.

Bei ihrem publizistisch-journalistischen Schaffen ist die Redaktion frei und unabhängig von fremden Einflüssen.

Hierfür haben Verlag und Chefredaktion folgende Leitsätze erarbeitet, an die sich die Redaktion gebunden fühlt.

Leitsätze

1.

Die Redaktion dient allen fortschrittlichen Kräften. Sie setzt sich für den Frieden in aller Welt ein. Sie ist der Entwicklung die beständigen demokratischen Ordnung verpflichtet. Die Redaktion ist dabei nicht an die Auffassungen einer Partei, einer politischen oder wirtschaftlichen Gruppierung gebunden.

2.

Die Redaktion bekämpft alle rechts- und linksradikalen Tendenzen. Sie erteilt entsprechenden Bestrebungen eine deutliche Absage.

3.

Die Redaktion tritt für einen weiteren Ausbau des sozialen Rechtsstaates, für die Würde des Menschen und für den Schutz der Schwachen ein.

4.

Die Redaktion geht davon aus, daß sie für Leser schreibt, die als mündige Staatsbürger die Träger der politischen Willensbildung im Staat sind.

Grundlagen der redaktionellen Arbeit

Die tägliche Redaktionsarbeit beruht auf folgender Grundlage:

1. Der Leser ist über alle Bereiche des öffentlichen Lebens möglichst vollständig zu informieren. Die Redaktion hat mit der gebotenen Sorgfalt alle zur Veröffentlichung gelangenden Informationen zu prüfen.

2. Alle Ereignisse von öffentlichem Interesse sind sachgerecht darzustellen.

3. Nachrichten dürfen nicht verfälscht werden. Entscheidend für die Nachrichtengebung, auch in der Überschrift, ist Präzision und Verständlichkeit.

4. Als objektiver Maßstab für die Auswahl der zur Veröffentlichung kommenden Nachrichten hat ihr Informations- und Neuigkeitswert zu gelten.

5. Kommentar und Wortträgung in allen Ressorts sollen Mut zur eigenen Aussage zeigen. Dabei hat die Redaktion dem Leser verständlich zu machen, was sie will. Sie hat dann andere Auffassungen sachlich darzustellen, auch wenn sie mit ihnen nicht übereinstimmt.

6. Die Redaktion ist meinungs- und aussagefreudig, ohne dabei verletzend zu wirken. Sie respektiert das Persönlichkeitsrecht des einzelnen.

7. Die Gast-Autoren sind in ihren Artikeln und Kommentaren frei und unabhängig.

8. Bestimmte Meinungsäußerungen können vom einem Redakteur oder Mitarbeiter nicht verlangt werden, wenn dieser glaubt, sie mit seiner Überzeugung nicht vereinbaren zu können.

9. Die Redaktion beachtet sorgfältig die Empfehlungen des Landespressegesetzes. Das gleiche gilt für die allgemeinen gesetzlichen Vorschriften. Sie berücksichtigt die Empfehlungen des Deutschen Presserates.

10. Die Redaktion ist sich ihrer Tätigkeit bewußt, daß sich ihr Leserkreis aus allen Schichten der Bevölkerung zusammensetzt, und spricht eine allgemeinverständliche Sprache.

11. Die Redaktion beobachtet die sich ständig verändernden Lesegewohnheiten. Sie beachtet moderne Gestaltungselemente in ihrer Aufmachung ein, ohne dabei ihre Seriosität aufzugeben. Oberstes Ziel redaktioneller Arbeit ist es, eine populäre Qualitätszeitung zu schaffen.

In Rahmen dieser Leitsätze und Grundlagen der redaktionellen Arbeit legt der Verleger die Richtlinien für die Gestaltung der Zeitung fest.

Der Chefredakteur ist dem Verleger gegenüber für die Einhaltung der Richtlinien verantwortlich. In diesem Bereich ist er in seiner Entscheidung frei.

Sonderausgabe „Ein Haus des freien Geistes" vom 14. September 1968

„Ein Haus des freien Geistes" (Dietrich Oppenberg):

Die NRZ setzt Maßstäbe in einer Zeit des Umbruchs

D ie politische Umbruchphase der 1960er Jahre hat auch Auswirkungen auf die Zeitungsbranche. Die Studentenproteste sind auch Ausdruck einer Angst vor Medienmonopolen und zu großer Verleger-Macht. Dietrich Oppenberg reagiert darauf, indem er zusammen mit Mitarbeitern seiner Zeitung die Leitsätze der NRZ entwickelt. Sie legen die Unabhängigkeit der Redaktion fest, gleichzeitig verpflichtet sich Oppenberg als Verleger dazu, diese Unabhängigkeit zu schützen. Oppenberg sieht seinen Verlag als „Haus des freien Geistes". Dieser Ansatz Oppenbergs ist ein neues Modell, das später auch von anderen Zeitungen übernommen wird.

1968 – ein Schlüsseljahr für die Republik und für die NRZ

An der Wende zu den 1960er Jahren bricht eine neue Zeit in der Bundesrepublik an. Sie ist durch neue Ideen bestimmt, die sich nicht allein nur auf die Politik beziehen. Insgesamt entwickeln die Menschen ein neues Lebensgefühl: Ihre Welt wird bunter. Das gilt auch für die NRZ: 1961 schafft der Verlag eine neue Rotationsmaschine an. Die Zeitung erscheint nun teilweise farbig.

Das Jahr 1968 stand wie kein anderes in der Geschichte der Bundesrepublik für einen neuen Zeitgeist. Schaut man auf die Geschichte der NRZ in diesem Jahr, werden einerseits die großen Möglichkeiten deutlich, die sich der NRZ publizistisch in einer Gesellschaft eröffneten, die sich veränderte, die kritischer, die freier wurde. Gleichzeitig wurde aber erkennbar, dass auch eine Liberalisierung ihrer bestimmten Grenzen bedurfte. Wo konnte der Wille nach mehr Freiheit zu einer Gefahr für die Freiheit selbst werden? Zwei Schlaglichter: Da waren einerseits Proteste von Studenten und jungen Leuten in der Sachsenstraße nach dem Attentat auf Rudi Dutschke – und wenige Monate später stellte die NRZ im Rahmen der Eröffnung ihres neuen Verlagsgebäudes ihr publizistisches Grundgesetz vor; die Festrede hielt Willy Brandt. Dazwischen aber noch ein Ereignis von internationaler Bedeutung: Die Sowjets marschierten in Prag ein, wo sich Reformkommunisten an einem „Sozialismus mit menschlichem Antlitz" versuchten.

Am 11. April 1968 versammelten sich bis in den Morgen des nächsten Tages bis zu 500 Demonstranten vor dem Druckhaus an der Sachsenstraße. An diesem Tag war in Berlin ein Attentat auf den Studentenanführer Rudi Dutschke verübt worden. Der Protest der Demonstranten galt nicht der NRZ, sondern der Springer-Zeitung Die Welt. Sie, wie auch die Bild, „Bild am Sonntag" und Welt am Sonntag, wurden ebenfalls im Druckhaus an der Sachsenstraße produziert. Die zumeist jungen Demonstranten wollten verhindern, dass diese „Springer-Zeitungen" ausgeliefert werden konnten. Denn in Axel Springer und in dessen Verlag sahen sie die Urheber einer medialen Hetze gegen die Studenten, die seit einigen Monaten durch ihre Protestaktionen und Demos die Republik im Atem hielten. „Axel Springer Freiheitskiller", stand auf einem Plakat. Auf einem Flugblatt, das verteilt wurde, war zu lesen: „Springer mißbraucht seine Macht nicht nur gegen Studenten, Er ist eine Gefahr für uns alle. Wer heute Studenten verketzert, Hetzt [sic!] morgen gegen streikende

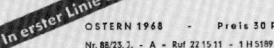

Die Titelseite der NRZ, Ostern 1968

Szenen der wütenden Proteste nach dem Tod von Rudi Dutschke, die sich vor allem gegen den Springer-Konzern und deren Medien richten, April 1968

Diese Meldung der Nachrichtenagentur dpa berichtet, dass Dietrich Oppenberg angeblich auf die Forderungen der Demonstranten eingegangen sei. Diese Nachricht wird hinterher von Oppenberg dementiert

Ziel der Demonstranten ist es, die Auslieferung der Springer-Medien zu verhindern

```
dpa 273/211 id
dutschke
aktionen  25
zwtl:  ''bild''-wagen duerfen nicht ueber  ''nrz''-gelaende fahren

  der verleger der neuen ruhrzeitung, dietrich oppenberg, dessen
zeitung neben dem druckhaus der  ''welt'' in essen gedruckt wird,
hat den demonstranten auf deren forderungen zugestanden, dass
durch seine ausfahrten keine wagen mit der  ''bild''-zeitung
fahren duerfen. die demonstranten forderten oppenberg auf, durch
drei teilnehmer aus ihren reihen ueberwachen zu lassen, dass
tatsaechlich nur die  ''neue ruhrzeitung'' verladen wird. oppenberg
sicherte das ueber ein megaphon zu.

  die demonstranten verstaendigten sich bei ihren aktionen ueber
sprechfunkgeraete.
folgt aktionen  26
dpa 273/211 se/ka 12.apr 68  2332
```

Arbeiter[.] Darum Enteignet [sic!] Springer jetzt."[174] Die Situation in der Nacht zum 12. April spitzte sich langsam zu: In der „Bild am Sonntag"[175] wurde der Ablauf, den auch andere Augenzeugen so schilderten,[176] beschrieben: Um 17 Uhr zogen 50 Jugendliche zum Druckhaus. Ab 18 Uhr wurden die vier Ausgänge des Druckhauses von Demonstranten blockiert, um die Auslieferung der Zeitungen zu verhindern. Um 19 Uhr waren bereits um die 300 Demonstranten dort versammelt. Um 19.30 Uhr fuhr zwar ein Wasserwerfer der Polizei auf, er kam aber nicht zum Einsatz, da der Tank leer war. Um 19.40 Uhr gelang es acht Zeitungswagen, die Sperren zu durchbrechen. Daraufhin wurden höhere Barrikaden errichtet, Bauhölzer verbrannt. Nun waren nach Schätzung der „Bild am Sonntag" schon 1000 Demonstranten vor Ort. Ab 21 Uhr zog sich die Polizei zurück. Erst gegen 4.50 Uhr zogen sich die letzten Demonstranten zurück.

Am nächsten Tag sorgte eine Meldung der Deutschen Presse Agentur für Aufsehen.[177] Die Meldung war ein Beweis dafür, wie in diesen Tagen sich ein Klima des Misstrauens und der Angst verbreitete. Verleger Dietrich Oppenberg habe, so hieß es da, per Megaphon den Demonstranten zugesichert, dass in den Wagen seines Verlages keine Springer-Zeitungen, sondern nur die NRZ ausgeliefert würden und dies auch durch drei Vertreter der Demonstranten überprüft werden könne. Die Vertreter des Springer-Verlages werteten dies als unsolidarischen Akt. Daran änderte auch nichts, dass Oppenberg am nächsten Tag dementierte: Er habe lediglich die letzte noch nicht verbarrikadierte Ausfahrt freihalten wollen, um wenigstens die Auslieferung der NRZ zu sichern.[178] Mit dem Hintergedanken, dass die NRZ-Fahrer auch Bild und Welt mit hinausschmuggeln konnten, was tatsächlich in vielen Fällen gelang.[179] Und auch in einem Brief an den Verleger-Kollegen Springer versicherte Oppenberg dem „lieben Axel", dass es sich um eine Falschmeldung gehandelt habe.[180] Für welche Freiheit kämpften die jungen Leute aber eigentlich, von denen die eine Hälfte auch bei der Demo noch ganz brav Anzug und Krawatte trug, während die andere schon mit dem Parka das Kostüm des „Bürgerschrecks" jener Jahre angelegt hatte? Schränkten sie nicht durch ihre Blockade die Pressefreiheit ein, die sie angeblich schützen wollten? Sie protestierten gegen den Vietnam-Krieg, für eine Reform der Hochschulen, vor allem aber: für eine andere Republik.

Was hieß „anders": Bedeutete dies, für eine Reform der Gesellschaft einzutreten, sie liberaler und auch demokratischer machen zu wollen? Oder hieß das: Systemwechsel? Die NRZ trat publizistisch für eine Reform ein, aber einen Systemwechsel lehnte sie ab. Eine Reform sollte die noch junge Republik nicht überwinden, sondern stabilisieren. Das zeigte sich auch daran, wie die Zeitung in den nächsten Wochen bewusst das Gespräch vor allem mit den jungen Leuten suchte: „Jugend mißtraut Machthabern", lautete die Überschrift über dem Artikel, der über den ersten Teil einer Gesprächsreihe berichtete, in dem Mitglieder der Redaktion durch Diskussionen versuchten, genau dieses Misstrauen aufzulösen. 65 Minuten lang standen Chefredakteur Jens Feddersen, Bonn-Korrespondentin Hilde Purwin, Nachrichten-Chef Herbert Straeten und Feuilleton-Leiter Gerd Fischer in der Mülheimer Stadthalle den Bürgern Rede und Antwort. Feddersen gab dabei die Linie vor: „Eine Zeitung wie die NRZ in der bewegten, unruhiger gewordenen heutigen Welt erfüllt ihre Aufgabe nicht mehr nur, wenn sie morgens pünktlich mit den neuesten Meldungen auf dem Frühstückstisch liegt. Eine Zeitung heute braucht den Kontakt zu den Lesern, sie muß sich dem Gespräch stellen!"[181] Und die Leser nahmen dieses Gesprächsangebot an. Insgesamt erreichten die NRZ 1968 42.355 Leserbriefe, das waren 5.000 mehr als im Jahr davor.[182]

Wie hatte man insgesamt in der NRZ-Redaktion zu dieser Zeit über die Proteste gedacht? Die Mehrheitsmeinung spiegelte sich wohl in dem wider, was NRZ-Gesellschafter Wilhelm Nieswandt wenige Tage nach den Demonstrationen in der NRZ als Essener Oberbürgermeister erklärte:

„Ich lehne es ab, mit der Pistole Politik zu machen. Kein vernünftiger Mensch kann den Anschlag auf Rudi Dutschke gutheißen. Aber: Es dürfte auch kein vernünftiger Mensch solche Dinge zum Anlaß nehmen, um vor Besitz und Gütern, die neugeschaffen sind, jeden Respekt zu verlieren. Was die Bevölkerung mit ihrer Hände Arbeit nach dem Krieg geschaffen hat – und was sie noch weiter aufbaut – das darf doch nicht von irgendwelchen Gruppen zerstört und in Brand gesetzt werden. Ich habe mir das in der Nacht zum Samstag angesehen. Dort war keine Möglichkeit, mit der Jugend zu sprechen. Aber wenn die Jugend mit mir sprechen will – ich bin jederzeit bereit."[183]

Die Jahrgänge, die die unmittelbare Nachkriegszeit erlebt hatten, dazu gehörten die Älteren wie Nieswandt, aber auch Jüngere wie Feddersen, konnten den Zerstörungswillen, den sie bei den Demonstranten zu erkennen glaubten, nicht verstehen. Natürlich traten auch sie für die Demokratie, ja sogar für eine Reform der Gesellschaft ein, aber der revolutionäre Furor der jungen Demonstranten schien ihnen maßlos und letztlich auch zu ideologisch. Ihnen fehlte die Pragmatik, die sich etwa in einer Freude über die materiellen Erfolge hätte zeigen können, die die ältere Generation im Zeichen des „Wirtschaftswunders" erarbeitet hatte. Dieses Unverständnis zeigte sich aber nicht nur in den Familien, sondern auch in den Redaktionen. So berichtete einer der Springer-Fahrer, wie er in der Protest-Nacht von einem jungen Mann angepöbelt worden sei, als er versucht hatte, die Absperrungen zu durchbrechen. Der junge Mann habe ihn gefragt: „Was mischen Sie sich da überhaupt ein? Lassen Sie die Studenten doch gewähren! Die Leute kämpfen doch für eine gute Sache. Was wollen Sie überhaupt hier?" Wie sich schließlich herausstellte, war der junge Mann ein NRZ-Redakteur aus dem Politik-Ressort. Auch hier griff Oppenberg beschwichtigend ein: Ein klärendes Gespräch sei mit dem Betreffenden geführt worden, versicherte er gegenüber der „Welt".[184] Freilich hatte Oppenberg zu diesem Zeitpunkt bereits ein Ass im Ärmel. Er arbeitete bereits seit Wochen mit seinen engsten Mitarbeitern im Verlag an Leitsätzen, die das publizistische Profil der NRZ dauerhaft garantieren, vor dem Einfluss extremistischer Kräfte von rechts wie links schützen und einem Klima von Misstrauen entgegenwirken sollten.

Informiert sein, mitreden können, urteilen können: Das Jahr 1968 war auch in dieser Hinsicht eine Bewährungsprobe für die NRZ. Denn es war nicht nur innenpolitisch ein aufregendes Jahr. Auch in Osteuropa gerieten die politischen Verhältnisse in Bewegung, zeitweise zumindest, denn dann folgte der Rückschlag der sowjetischen Hegemonialmacht. Die Rede war vom „Prager Frühling". Eine Gruppe Reform-Kommunisten um Alexander Dubček wagte Veränderungen – gab es nun „einen Kommunismus mit menschlichem Antlitz"? Doch dann marschierten sowjetische Truppen in der Tschechoslowakei ein. Die alten Verhältnisse wurden wieder hergestellt.

Es war tatsächlich „die Stunde der Zeitung": Als sich die Ereignisse in Prag überschlugen, produzierte die NRZ in sechs Tagen ab dem 21. August 1968 acht Extrablätter. Chefredakteur Feddersen schilderte die Situation: „Unvorstellbar ist der Nachrichtenhunger aller Schichten der Bevölkerung an solchen Tagen. Sie saßen vor dem Fernsehschirm, hörten Rundfunk – und lasen Zeitung wie noch nie. Auch die NRZ war dabei. Mit acht Extrablättern in sechs Tagen mit Auflagen von 80.000 bis 200.000 Exemplaren hat sie einen Rekord in der Geschichte des NRZ-Hauses aufgestellt. Dennoch rissen die Leute die Telefone ab: ‚Drucken Sie noch schneller! Drucken Sie noch mehr!' Der Einzelverkauf der NRZ stieg schlagartig an. Politik wurde groß geschrieben. Auch in der Zeitung. Jeden Tag erschienen vier bis fünf Seiten Nachrichten, Hintergrund, Augenzeugenberichte, Kommentare

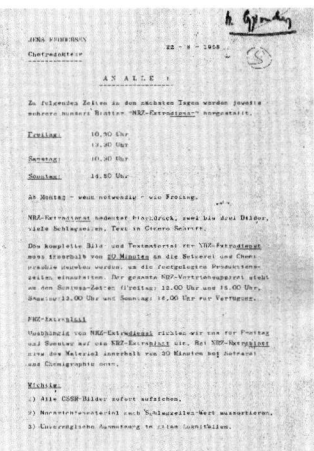

„Prager Frühling": Mit Extrablättern reagiert die NRZ auf das Informationsbedürfnis in der Bevölkerung

und Reaktionen im Blatt. Zum großen Teil von eigenen Korrespondenten und Redaktionsmitgliedern. Der Lesewert der Zeitung war außergewöhnlich. Nicht nur alte Fuhrleute, auch die Leser hatten das Gefühl, mit der Zeitung ein Stück Zeitgeschichte in der Hand zu haben."

Die Bilanz dieser journalistischen Arbeit war in einem Informationsdienst erschienen, den die NRZ in dieser Zeit in regelmäßigen Abständen für ihre Leser herausgab: „NRZ Exklusiv" hieß er. Hier erfuhren die Leser, welche Themen in den nächsten Wochen in der Zeitung behandelt werden sollten, in welche Länder die Redakteure reisten, um von dort aktuelle Reportagen abzuliefern. Die NRZ gab ihnen einen Einblick in ihre Arbeit. Die Zeitung als Dokument der Zeitgeschichte – die Leser, die in dieser politisch aufregenden Zeit genau dieses Gefühl hatten, konnten hier erfahren, wie diese Zeitgeschichte in der Zeitung geschrieben wurde. Sie nahmen „exklusiv" Anteil über ihre NRZ.

Jens Feddersen fasste als Chefredakteur diese Stimmungslage in einem Editorial zu dieser NRZ Exklusiv-Ausgabe zusammen:

„Die täglichen Zeitungsexemplare und die vielen hunderttausend Extrablätter sind uns in diesen Tagen buchstäblich aus den Händen gerissen worden. Zeitungen waren – gemeinsam mit den anderen Medien – begehrter denn je. Die Menschen fieberten nach Nachrichten, Analysen, Berichten und Meinungen. Wenige Stunden nach dem Ostblock-Einmarsch in die CSSR war die NRZ mit einem Extrablatt auf der Straße. Seitdem wurde im Haus der NRZ ‚rund um die Uhr' gearbeitet. Erhöhte Auflage, täglich mehrere Ausgaben des ‚NRZ-Extradienst' und mehrere Ausgaben des ‚NRZ-Extrablatts' – das war der Arbeitsrhythmus der NRZ. Zu keiner Stunde bleiben die Menschen an den Knotenpunkten des Verkehrs im NRZ-Verbreitungsgebiet ohne die neuesten Nachrichten. Kaufhäuser, Einzelhandelsgeschäfte, Restaurants und Cafés und natürlich die vielen NRZ-Geschäftsstellen und Annahmestellen zeigten den ‚NRZ-Extradienst' in ihren Schaufenstern, und mehrere hundert Mitarbeiter des NRZ-Vertriebsstabes verteilten die Extrablätter kostenlos an die Bevölkerung. Die Zeitung war in diesen Tagen zum täglichen Brot der Menschen geworden. Die NRZ ist stolz darauf, mit ihrem großen Nachrichten- und Korrespondentennetz in der ‚ersten Linie' der Nachrichtenübermittler gestanden zu haben."

Die Zeitung als tägliches Brot für die Menschen – eine Situation, von der Zeitungsmacher heute nur träumen können. Die Menschen fieberten in diesen Tagen, wie Feddersen schrieb, nach Nachrichten, Analysen, Berichten und Meinungen. Sie sahen, dass sich vieles veränderte. Sie wollten nun wissen, in welche Richtung diese Veränderungen gingen. Antworten auf diese Fragen wollten sie in der Zeitung lesen. Die Zeitung diente ihrer Orientierung in der Zeit.

Das neue NRZ-Presse-Haus wurde am 14. September 1968 an der Sachsenstraße 30 feierlich eingeweiht. Prominente Gäste aus Politik, Wirtschaft und Kultur wurden zu diesem gesellschaftlichen Ereignis eingeladen. Die Festrede hielt Willy Brandt, seit zwei Jahren Bundesaußenminister und Vizekanzler in der Großen Koalition – Nazi-Gegner, Exilant, Sozialdemokrat und Hoffnungsträger der Reformwilligen. Er, der vor und während seines Exils in Norwegen selbst journalistisch gearbeitet hatte, beschrieb in seiner Rede, welche Aufgabe Journalisten seiner Ansicht nach in einer politisch so turbulenten Zeit wahrzunehmen hatten:

„[W]as die Dinge in der Welt um uns herum [...] und was die immer mehr sich komplizierenden Probleme der Industriegesellschaft angeht und der technisch-wissenschaftlichen Revolution – die, die schreiben, vor allem diejenigen, die sich bemühen populär ohne Qualitätsrutsch zu schreiben und etwas zu vermitteln, die erwerben sich auch dann ein bestimmtes Verdienst, wenn sie in bestimmten Situationen, wo keiner ein Patentrezept hat und auch kein Rezept haben kann, sich identifizieren mit der Ohnmacht, die die Menschen in dieser Zeit erfüllt, und versuchen, das zu artikulieren, das – wenn es nicht artikuliert wird – ein ähnliches Trauma bei den Menschen hinterlassen wird, wie es die nationalsozialistische Zeit lange hinterlassen hat. [...]

Ich bin heute vor einer Woche [...] ziemlich zur gleichen Stunde mit meinem französischen Kollegen Michel Debré am Quai d'Orsai nach einer ersten Besprechung von einem Raum in einen anderen gegangen, und da nahm er mich am Arm und sagte: ‚Wissen Sie, mein Lieber, so ist das nun mal: Uns war nicht vergönnt, zu einer Generation zu gehören, für die es Ruhe gibt.' Das gilt für uns als Menschen und das gilt für das, was uns umgibt. Und trotzdem [...] ist es meine feste Überzeugung, daß, auf uns selbst bezogen, auf unser Land bezogen, jene Ansätze eines Unruhegefühls keine Berechtigung haben, die man sehr wohl hat spüren können in diesen letzten Wochen, und daß ich guten Gewissens diejenigen, die Meinungen werten und vermitteln, bitten möchte, solchen Gefühlen der Unruhe, wo sie in Unsicherheit umschlagen, auf unser eigenes Land bezogen, [...] dem sich nicht zu beugen, sondern dem entgegenzutreten. Es nützt nichts, es hilft nichts, es ist außerdem sehr wichtig: Hier können Sie ruhig schlafen wie vor einem Jahr und wie vor einem Monat, und dürfen nicht Opfer, auch nicht indirekt Opfer eines ziemlich massiv angelegten Einschüchterungsversuches werden, den wir auch noch deutlicher zu spüren bekommen werden."[185]

Willy Brandt
Bundesminister des Auswärtigen

Bonn, den 24. September 1968

> NEUE RUHR-ZEITUNG
> 2 7. SEP. 1968

Lieber Herr Oppenberg,

ich habe mich sehr über Ihre Zeilen vom
16.September 1968 und den Nachdruck der
ersten Ausgabe der NRZ vom 13. Juli 1946
gefreut.

Es ist betrüblich festzustellen, dass der
Aufmacher dieser ersten Ausgabe noch immer
zutrifft: "Die deutsche Frage erneut vertagt". Erfreulicher fällt der Vergleich
zur Überschrift "Fett, Zucker, Fisch gekürzt"
aus; aber das ist ein schwacher Trost.

Mit herzlichen Grüßen

Ihr

Herrn
Dietrich Oppenberg
Verleger der NRZ
43 E s s e n
    Sachsenstraße 30

Zur Eröffnungsfeier des
NRZ-Pressehauses am
14. September 1968 be-
grüßt Dietrich Oppenberg
die politische Prominenz
in Essen, u.a. Bundesaußenminister Willy Brandt,
Hans-Jürgen Wischnewski
(SPD) und NRW-Minister-
präsident Heinz Kühn.
Willy Brandt bedankt sich
anschließend in einem
Brief an Oppenberg

Willy Brandt lieferte in seiner Festansprache eine Zeitdiagnose und leitete aus dieser gleichzeitig die Ansprüche an einen zeitgemäßen Journalismus ab. Die Zeit war unruhig – und diese Unruhe sei, wie Brandt am Beispiel seines Gesprächs mit dem französischen Außenminister verdeutlichte, so sehr zum Lebensrhythmus der Gegenwart geworden, dass man sich diesem stellen müsse, wenn man seiner politischen Verantwortung gerecht werden wolle. Allerdings dürfe diese Unruhe nicht so weit gehen, dass sie auch zu einer Unsicherheit gegenüber dem führe, was in den zurückliegenden zwei Jahrzehnten an demokratischer Aufbauarbeit geleistet worden sei. Hier kritisiert Brandt auch deutlich die Studentenbewegung: Deren Fundamentalkritik negiere die Stabilität der Demokratie in der Bundesrepublik. Es herrsche Rechtssicherheit und niemand müsse befürchten, Opfer staatlicher Repressionen zu werden. Aufgabe der Presse sei es nun, einerseits sich der Zeit zu stellen und den Informationshunger der Menschen zu stillen, der eben auch dem neuen Lebensrhythmus entsprechend immer größer wird. Andrerseits sei es aber auch an den Journalisten, darauf zu achten, dass in Folge von Fehlurteilen die produktive Unruhe nicht in Panik und Hysterie ausarte.

Der Bau am NRZ-Presse-Haus an der Sachsenstraße hat im April 1966 begonnen. Hinter dem Pressehaus, in dem Verlag und Redaktion untergebracht sind, ist auch eine Rotationshalle mit Packerei, Werkstatt, Papierlager und Papiereinlagerung gebaut worden. Wegen der nun entstehenden Parkplatznot wird am Funkturm auf dem NRZ-Grundstück ein Parkhaus errichtet. Vor dem Neubau waren die Buchhaltung, die Revision und der Fahrdienst in der Essener Herkulesstraße untergebracht.

Freilich, eine Festrede war das eine, die Umsetzung solcher hehren Prinzipien im journalistischen Alltag etwas anderes. Dass es aber genau um diesen Alltag ging, zeigt noch einmal der Blick zurück in den April 1968. Die Proteste gegen den „Freiheitskiller Springer" verstanden die Studenten auch als eine Demonstration für den Schutz der Pressefreiheit. An anderen Orten, wo Proteste stattfanden, lautete die Parole viel eindeutiger: „Enteignet Springer!" Durch Verleger wie Axel Springer sahen die Studenten die Pressefreiheit gefährdet. Baue Springer doch nicht nur ein Medienimperium auf und drohe so zum Monopolisten zu werden, bei seinen Zeitungen nehme er auch selbst Einfluss auf die Berichterstattung und hebele so die Unabhängigkeit der Redaktionen aus.

Die NRZ setzt einen Akzent für die Pressefreiheit: Die Leitsätze

Verleger Dietrich Oppenberg war mit dem Problem der Machtkonzentration in der Medien-Branche vertraut. Schon seit Mai 1967 gehörte er einer Kommission von Sachverständigen an, die von der Bundesregierung zu dem Zweck berufen worden war, die Situation der Medien in der Bundesrepublik zu analysieren. Oppenberg zog aus dieser Arbeit, aber auch aus den Erfahrungen, die er in der Aprilnacht zum Ostersonntag vor seinem eigenen Verlagshaus machen musste, eine Konsequenz: Er gab Leitsätze heraus, die fortan die journalistische Arbeit bei der NRZ bestimmen sollten.

Die Redakteure befürchteten, dass sie von den Verlegern in ihrer journalistischen Freiheit eingegrenzt werden. Indem Oppenberg nun Leitsätze formulierte, nahm er solche Bedenken ernst, gab aber auch deutlich zu verstehen, dass die Redakteure seines Hauses solche Sorgen nicht umtreiben müssen. In den Mittelpunkt der Leitsätze stellte er die Freiheit. Denn diese Grundsätze sollten ja nicht nur für die Redakteure gelten, Oppenberg nahm sich so auch selbst als Verleger in die Pflicht.

Auch der technische Fortschritt zieht bei der NRZ ein: Am 19. Dezember 1966 bekommt der Verlag seinen ersten Computer. Ein Hellcom oder Siemens 303, der mit einem satztechnischen Programm ausgerüstet ist. Über ihn werden die Endlos-Lochbänder aus den Perforatoren in setzmaschinengerechte Lochstreifen umgewandelt. Der elektronische Kollege bekommt auch einen Spitznamen: „David".

Die Pointe in seiner Argumentation war nämlich: Der Schutzherr dieser Freiheit war eben der Verleger selbst. Er behindere nicht die Freiheit des einzelnen Journalisten, sondern stelle sich vielmehr in den Dienst der gemeinsamen Sache. Oppenberg formulierte es so: „Der Verleger drückt seiner Zeitung den Stempel seiner Persönlichkeit auf. Er trägt die Hauptlast der Verantwortung. In seiner Hand liegt es, ob die Tageszeitung im Reigen der Publikationsmittel den ihr zukommenden Platz behaupten kann. Er muss für die ständige Modernisierung der Zeitung sorgen und erhebliche Mittel für den Ausbau von Technik, Verwaltung und Redaktion bereitstellen."[186] Dazu gehöre, dass der Verleger „mit dem geistigen, kulturellen, politischen und wirtschaftlichen Leben tief verbunden sein

Die Redaktion der NRZ bejaht die freiheitlich-demokratische Grundordnung der Bundesrepublik Deutschland. Sie ist sich der Aufgaben bewußt, die ihr nach dem Grundgesetz
zur Wahrung der demokratischen Staatsverfassung zufallen.

Bei ihrem publizistisch-journalistischen
Schaffen ist die Redaktion frei und unabhängig von fremden Einflüssen.

Hierfür haben Verlag und Chefredaktion folgende Leitsätze erarbeitet, an die sich
die Redaktion gebunden fühlt.

Leitsätze

1 Die Redaktion dient allen fortschrittlichen
   Kräften. Sie setzt sich für den Frieden in aller
   Welt ein. Sie ist der Entwicklung einer beständigen demokratischen Ordnung verpflichtet.
   Die Redaktion ist dabei nicht an die Auffassungen einer Partei, einer politischen oder
   wirtschaftlichen Gruppierung gebunden.

2 Die Redaktion bekämpft alle rechts-und linksradikalen Tendenzen. Sie erteilt entsprechenden Bestrebungen eine deutliche Absage.

3 Die Redaktion tritt für einen weiteren Ausbau des sozialen Rechtsstaates, für die Würde des Menschen und für den Schutz der
   Schwachen ein.

4 Die Redaktion geht davon aus, daß sie für
   Leser schreibt, die als mündige Staatsbürger
   die Träger der politischen Willensbildung im
   Staat sind.

Grundlagen der redaktionellen Arbeit

Die tägliche Redaktionsarbeit beruht auf folgender Grundlage:

1. Der Leser ist über alle Bereiche des öffentlichen Lebens möglichst
   vollständig zu informieren. Die Redaktion hat mit der gebotenen
   Sorgfalt alle zur Veröffentlichung gelangenden Informationen zu
   prüfen.
2. Alle Ereignisse von öffentlichem Interesse sind sachgerecht darzustellen.
3. Nachrichten dürfen nicht verfälscht werden. Entscheidend für die
   Nachrichtengebung, auch in der Überschrift, ist Präzision und Verständlichkeit.
4. Als objektiver Maßstab für die Auswahl der zur Veröffentlichung
   kommenden Nachrichten hat ihr Informations- und Neuigkeitswert
   zu gelten.
5. Kommentar und Würdigung in allen Ressorts sollen Mut zur eigenen
   Aussage zeigen. Dabei hat die Redaktion den Leser verständlich zu
   machen, was sie will. Sie hat dazu andere Auffassungen sachlich darzustellen, auch wenn sie mit ihnen nicht übereinstimmt.
6. Die Redaktion ist meinungs- und aussagefreudig, ohne dabei verletzend zu wirken. Sie respektiert das Persönlichkeitsrecht des einzelnen.
7. Die Gast-Autoren sind in ihren Artikeln und Kommentaren frei und
   unabhängig.
8. Bestimmte Meinungsäußerungen können von einem Redakteur oder
   Mitarbeiter nicht verlangt werden, wenn dieser glaubt, sie mit seiner
   Überzeugung nicht vereinbaren zu können.
9. Die Redaktion beachtet sorgfältig die Bestimmungen des Landespressegesetzes. Das gleiche gilt für die allgemeinen gesetzlichen Vorschriften. Sie berücksichtigt die Empfehlungen des Deutschen Presserates.
10. Die Redaktion ist sich bei ihrer Tätigkeit bewußt, daß sich ihr Leser-
    kreis aus allen Schichten der Bevölkerung zusammensetzt, und spricht
    eine allgemeinverständliche Sprache.
11. Die Redaktion beobachtet die sich ständig verändernden Lesegewohn-
    heiten. Sie bezieht moderne Gestaltungselemente in ihre Aufmachung
    ein, ohne dabei ihre Seriosität aufzugeben. Oberstes Ziel redaktionel-
    ler Arbeit ist es, eine populäre Qualitätszeitung zu schaffen.

Im Rahmen dieser Leitsätze und Grundlagen der redaktionellen Arbeit
legt der Verleger die Richtlinien für die Gestaltung der Zeitung fest.
Der Chefredakteur ist dem Verleger gegenüber für die Einhaltung der
Richtlinien verantwortlich. In diesem Bereich ist er in seiner Entscheidung
frei.

Der Verleger und Herausgeber
Dietrich Oppenberg

Essen, im Mai 1968

Auszüge aus den Leitsätzen der NRZ, 1968

[muss] und einen sicheren Blick für Dinge und Menschen" besitze.[187] Der Verleger müsse darauf achten, dass Mitarbeiter für die Zeitung gefunden werden, die ihrem publizistischen Profil entsprechen. Diese Aufgabe müsse er in enger Zusammenarbeit mit dem Chefredakteur lösen: „Der Chefredakteur ist mit dem Verleger besonders eng verbunden. Die persönliche und sachliche Übereinstimmung dieser beiden Männer gibt die beste Gewähr für das Gelingen der Zeitungsplanung. Der letzte Erfolg ist beiden aber nur bei völligem Vertrautsein möglich."[188] Mit dieser Auffassung war Oppenberg übrigens der Position Axel Springers sehr nah, den er bei allen Unterschieden in politischen Einzelfragen schätzte, seit den Gründertagen der Nachkriegspresse kannte. Bis zu dessen Tod pflegte er ein freundliches Verhältnis zu Springer.

Bei der Eröffnung des neuen Presse-Hauses im September 1968 stellte Oppenberg seinen Ansatz effektvoll der Öffentlichkeit vor: „Ein Haus des freien Geistes" – so sah er seinen Verlag. Denn eine Zeitung sei „kein Museumsstück – sie ist ein Stück Zukunft, immer ein Teil von morgen". Und diese Zukunft könne eben nur ein freier Geist gestalten. Sowohl im Hinblick auf die technischen Fortschritte, die die Zeitungsproduktion veränderten, aber auch natürlich vor allem auf die inhaltliche Gestaltung: „Die Zukunft, das wissen wir, die Zukunft – wenn sie gemeistert werden will – erfordert mehr denn je in Technik und Redaktion, in Vertrieb und Anzeigenwesen und im wirtschaftlichen Bereich des Verlagsmanagements ein leistungsstarkes und zeitgerechtes Unternehmen. Die große Regionalzeitung hat ihren Platz im Reigen der Medien, sie erfüllt gemeinsam mit Rundfunk und Fernsehen ihre staatspolitisch wichtige, ihre öffentliche Aufgabe. Sie hält diesen Platz, und sie verteidigt ihn, weil sie den sich ständig ändernden Leser- und Lebensgewohnheiten Rechnung trägt."[189]

Die Leitsätze, die Oppenberg bei der Eröffnung des Pressehauses im September 1968 verkündete, lauteten:

1. Die Redaktion dient allen fortschrittlichen Kräften. Sie setzt sich für den Frieden in aller Welt ein. Sie ist

2. der Entwicklung einer beständigen demokratischen Ordnung verpflichtet. Die Redaktion ist dabei nicht an die Auffassungen einer Partei, einer politischen oder wirtschaftlichen Gruppierung gebunden.

3. Die Redaktion bekämpft alle rechts- und linksradikalen Tendenzen. Sie erteilt entsprechenden Bestrebungen eine deutliche Absage.

4. Die Redaktion tritt für einen weiteren Ausbau des sozialen Rechtsstaates, für die Würde des Menschen und für den Schutz der Schwachen ein.

5. Die Redaktion geht davon aus, daß sie für Leser schreibt, die als mündige Staatsbürger die Träger der politischen Willensbildung im Staat sind.

Ergänzt wurden die Leitsätze um elf Grundsätze für die redaktionelle Arbeit:

1. Der Leser ist über alle Bereiche des öffentlichen Lebens möglichst vollständig zu informieren. Die Redaktion hat mit der gebotenen Sorgfalt alle zur Veröffentlichung gelangenden Informationen zu prüfen.
2. Alle Ereignisse von öffentlichem Interesse sind sachgerecht darzustellen.
3. Nachrichten dürfen nicht verfälscht werden. Entscheidend für die Nachrichtengebung, auch in der Überschrift, ist Präzision und Verständlichkeit.
4. Als objektiver Maßstab für die Auswahl der zur Veröffentlichung kommenden Nachrichten hat ihr Informations- und Neuigkeitswert zu gelten.
5. Kommentar und Würdigung in allen Ressorts sollen Mut zur eigenen Aussage zeigen. Dabei hat die Redaktion dem Leser verständlich zu machen, was sie will. Sie hat dazu andere Auffassungen sachlich darzustellen, auch wenn sie mit ihnen nicht übereinstimmt.
6. Die Redaktion ist meinungs- und aussagefreudig, ohne dabei verletzend zu wirken. Sie respektiert das Persönlichkeitsrecht des einzelnen.
7. Die Gast-Autoren sind in ihren Artikeln und Kommentaren frei und unabhängig.
8. Bestimmte Meinungsäußerungen können von einem Redakteur oder Mitarbeiter nicht verlangt werden, wenn dieser glaubt, sie mit seiner Überzeugung nicht vereinbaren zu können.
9. Die Redaktion beachtet sorgfältig die Bestimmungen des Landespressegesetzes. Das gleiche gilt für die allgemeinen gesetzlichen Vorschriften. Sie berücksichtigt die Empfehlungen des Deutschen Presserates.
10. Die Redaktion ist sich bei ihrer Tätigkeit bewußt, daß sich ihr Leserkreis aus allen Schichten der Bevölkerung zusammensetzt, und spricht eine allgemeinverständliche Sprache.
11. Die Redaktion beobachtet die sich ständig verändernden Lesegewohnheiten. Sie bezieht moderne Gestaltungselemente in ihre Aufmachung ein, ohne dabei ihre Seriosität aufzugeben. Oberstes Ziel redaktioneller Arbeit ist es, eine populäre Qualitätszeitung zu schaffen.

Und auch die Aufgaben von Verleger und Chefredakteur wurden in diesem Zusammenhang festgelegt:

Im Rahmen dieser Leitsätze und Grundlagen der redaktionellen Arbeit legt der Verleger die Richtlinien für die Gestaltung der Zeitung fest. Der Chefredakteur ist dem Verleger gegenüber für die Einhaltung der Richtlinien verantwortlich. In diesem Bereich ist er in seiner Entscheidung frei.

Dieses publizistische Grundgesetz hatte Oppenberg nicht allein entwickelt. Zuvor hatte er einen Verlagsbeirat berufen, dem die leitenden Redakteure mit dem Chefredakteur an der Spitze angehörten. Dieser Beirat sollte auch in Zukunft bei strittigen Fragen den Verleger beraten. Vor allem aber hatte die Zeitung zuvor das Gespräch mit ihren Lesern gesucht. Bei Veranstaltungen in Wesel, Duisburg, Velbert, Oberhausen und Mülheim hatten er und leitende Redakteure mit insgesamt 5000 Menschen über das publizistische Profil der NRZ diskutiert.[190]

Das unterstrich: Die Leitsätze waren nichts Abstraktes; sie gehörten nicht in die Vitrine, sondern auf den Schreibtisch jedes Redakteurs, denn sie sollten die praktische Alltagsarbeit prägen. Wie das gelingen konnte, hatte Jens Feddersen als Chefredakteur seinen Kollegen, vor allem aber auch den Lesern der NRZ so erläutert:

„Das Gesetz der NRZ? Die Arbeit des Hauses? Die Praxis des Hauses? […] Sie sprechen für sich selbst. Sie sind das Grundgesetz der Arbeit in und an der NRZ. Aber: Da ist noch mehr, da ist die tägliche Überlegung, wie sich die Zeitung den Gesetzen des heutigen und des zukünftigen Informations- und Unterhaltungsmarktes anzupassen hat. Für die NRZ gelten dabei im Zuge ihrer redaktionellen Grundkonzeption folgende Überlegungen und Gesichtspunkte:

1. Die NRZ geht in ihrer täglichen Arbeitspraxis davon aus, daß Rundfunk und Fernsehen stets nur den Appetit anregen können. Den ‚Hunger' zu stillen, das ist die Aufgabe der Zeitung, redaktionell wie im Bereich der Werbung.

2. Die NRZ erläutert, vertieft, klärt, analysiert, dokumentiert und gibt Orientierungshilfen für die Meinungsbildung. Rundfunk und Fernsehen können nur ‚anreißen'.

3. Die NRZ entwickelt einen Nachrichtenstil, der zwar leicht verständlich, populär und lesegerecht, keineswegs aber oberflächlich ist. Hier gilt es, die Lücke zwischen einem platten Boulevard-Stil (der zur Verzerrung führt), einem altväterlichen Berichte-Stil (der oft unverständlich ist) und einem Rundfunk- und Fernseh-Stil (der zu flüchtig ist) zu finden und zu schließen.

4. Die NRZ versteht auch die rein unterhaltenden Beiträge als sachbezogene Information, und zwar als sehr gezielte Information für ganz bestimmte Leserschichten.

Einige Beispiele machen klar, wie diese vier Punkte in einer modernen Zeitungspraxis […] verstanden werden. Fernseh- und Rundfunk-Nachrichten sind in der Regel steril. Zeitungsnachrichten müssen die Hintergründe darlegen und die Zusammenhänge herstellen. Das Fernsehen bringt über eine Bundestagsdebatte – und es kann gar nicht anders – mehrere ‚Statements‘, meist ebenso kernig wie aber auch langweilig. Zeitungen müssen sagen, was hinter den ‚Statements‘ steckt, müssen entzerren und auflockern, müssen Meinung und Analyse geben, die Redner ‚ins Bild‘ und ins Gespräch bringen; sie müssen sagen, daß der Fernsehsatz ‚Die Partei XY bekennt sich zu Europa ...‘ keineswegs staatspolitisch bedeutsam, sondern schlicht und einfach banal ist.

Ein Fußballspiel wird ‚live‘ übertragen. Welch eine Chance für die Zeitung! Nur sie sagt am nächsten Morgen, warum Müller gefoult und Maier vom Platz gestellt wurde.

Aber sie muß es sagen, und sie muß es genau recherchiert haben, denn Leser Schulz und Leser Schmitz diskutieren darüber am Arbeitsplatz (hoffentlich in der Frühstückspause). Der normale Spielbericht ist verlorenes Blei.

Hintergrund und Meinung, das sind Aufgaben der großen Regionalzeitung. Hier ist und bleibt sie ohne Konkurrenz. Wenn das Pfund wackelt und der Dollar kriselt, wer anders als die Zeitung kann das ‚Warum‘ und das ‚Wieso‘ erklären, und wer kann sagen, was Papiergold und Wechselparität bedeuten?

Hier ist die Zeitung das Lexikon des Normalverbrauchers. Und wenn von den Negern in den USA geredet wird, wer bringt sofort die Geschichte der Neger-‚Einwanderung‘ in den USA? Die Zeitung! Hier ist sie auch noch Lern- und Lehrmittel für Schulen und Lehrer. Die Beispiele ließen sich fortsetzen.

Täglich steht in den modernen Redaktionen zur Debatte: Wo liegt die Chance der Lücke und wo die Chance der Klärung, der Ordnung, des Hintergrundes und der Dokumentation?

Auch hier also die praktische Lebenshilfe für den Bürger, wie sie nur die Zeitung bieten kann. Für die Arbeit in der NRZ ist folgende Überlegung, auf den Leser bezogen, entscheidend:

Informiert zu sein, mitreden zu können, urteilen zu können und gehört zu werden! Nichts kann das gedruckte Wort in einer regionalen Qualitätszeitung ersetzen, weder die Mattscheibe, noch der Lautsprecher und erst recht nicht das so oft verzerrte Bild eines billigen Straßenblattes. Das Wissen um die Hintergründe und die Kenntnis des Wichtigen sind notwendiger denn je. Auch das gehört zum Gesetz der NRZ!“[191]

1969 liegt die Auflage bei rund 240.000 Exemplaren täglich. Damit ist die NRZ die viertgrößte Regionalzeitung in der Bundesrepublik.

Auf dem Bonner Presseball: Dietrich Oppenberg (2. v.l.) und Jens Feddersen (3. v.l.)
im intensiven Gespräch mit Bundespräsident Heinrich Lübke (l.), 20. Januar 1961

Am 12. Dezember 1968 wird der Botschafter Israels, Asher Ben-Natan (am Kopfende
des Tisches), in der NRZ-Redaktion begrüßt

Helmut Schmidt, Fraktionsvorsitzender
der SPD, zu Gast in der NRZ-Redaktion.
Am Konferenztisch ist er eingerahmt von
Herbert Straeten (l.), Leiter Politik-Ressort,
und Dietrich Oppenberg, 20. Juni 1969

Im regen Austausch: Dietrich Oppenberg (r.)
und der Aufsichtsratsvorsitzende im Krupp-
Konzern, Berthold Beitz

Am 20. Dezember 1969 zu Besuch im NRZ-Pressehaus: Bundesarbeitsminister Walter Arendt (SPD, 2.v.r.) zwischen Arnold Gehlen und Dietrich Oppenberg

Der besondere Tag – Teil 5:
Gustav Heinemann wird am 5. März 1969
zum Bundespräsidenten gewählt

NRZ NEUE RUHR ZEITUNG

Rheinisch-Westfälische Zeitung
Neue Rhein-Ruhr Zeitung
unabhängig – meinungsfreudig

Donnerstag, 6. März 1969
Preis 20 Pf · Ruf 1991
Nr. 55/24. Jahrgang
Ausgabe A · 1 H 5189 A

Nach dramatischem Kopf-an-Kopf-Rennen neuer Bundespräsident

Gustav Heinemann: Ich grüße alle deutschen Bürger

Das erste Bild nach der Wahl

Die Titelseite der NRZ vom 6. März 1969

Am 5. März 1969 herrscht an der Sachsenstraße gleich ein doppelter Grund zur Freude: Ein Essener ist zum Bundespräsidenten gewählt worden, aber dieser Präsident steht auch für ein politisches Programm, das dem publizistischen Profil der NRZ entspricht. Gustav Heinemann und Dietrich Oppenberg kennen sich schon seit den ersten Tagen nach dem Krieg. Damals wurde Heinemann, zu dieser Zeit noch CDU-Mitglied, zum Essener Oberbürgermeister gewählt. Seither hat die NRZ alle weiteren Stationen auf dem politischen Weg des Esseners begleitet. Ob bei seinem Nein gegen Adenauers Wiederbewaffnungspläne, seinem Einsatz für eine neue Deutschlandpolitik oder dann auch nach seinem Übertritt zur SPD, für die er jetzt als Bundesjustizminister in der Großen Koalition das Strafrecht reformiert. Auch unter den protestierenden Jugendlichen hat sich Heinemann, der während des „Dritten Reiches" in der „Bekennenden Kirche" aktiv war, Ansehen erworben: Er bemüht sich, die Gründe für ihre Proteste zu verstehen und sucht das Gespräch mit ihnen.

„Ich liebe nicht den Staat, ich liebe meine Frau" – dieses berühmte Zitat Heinemanns steht für seine politische Grundhaltung. Er ist ein Beispiel für einen selbstbewussten Bürger, der für zivile Werte steht und dem alles Obrigkeitsstaatliche zuwider ist, der um seine staatsbürgerlichen Pflichten weiß, aber weit davon entfernt ist, vor „General Dr. von Staat" die Hacken zusammenzuschlagen. Wenn so ein Mann das höchste Staatsamt übernimmt, dann ist dies tatsächlich ein symbolischer Akt. Heinemann selbst spricht in seiner Rede direkt nach der Wahl von „einem Stück Machtwechsel". Und dieser Wechsel vollzieht sich ein paar Monate später nicht nur auf der Regierungsbank in Bonn, als dort mit Willy Brandt zum ersten Mal ein Kanzler von der SPD sitzt. Der „Machtwechsel" ist in Wirklichkeit auch ein „Mentalitätswechsel" – überall im Land.

Und wie sich Mentalitäten in dieser Zeit ändern, wird aus den Perspektiven deutlich, aus denen man von der Sachsenstraße aus auf die Wahl Heinemanns schaut. Da ist zuallererst natürlich die Berichterstattung in der NRZ: Detailliert wird der Verlauf der Bundesversammlung geschildert. Es ist spannend, denn die Mehrheit für Heinemann ist nicht klar. Der CDU-Gegenkandidat Gerhard Schröder – übrigens in den 1960er Jahren auch zeitweise Kolumnist in der NRZ – baut darauf, dass die FDP-Vertreter in ihrer Mehrheit für ihn stimmen werden. Doch bei den Liberalen setzt sich deren Vorsitzender Walter Scheel – wir kennen ihn bereits als Düsseldorfer „Jungtürken" – durch, man entscheidet sich für Heinemann und gibt damit auch das Signal für ein sozial-liberales Bündnis in Bonn. Im dritten Wahlgang ist der Essener gewählt. Jens Feddersen formuliert nach der Wahl Willy Brandts zum Bundeskanzler gut ein halbes Jahr später: „In der NRZ ist seit dem 5. März, dem Tag der Heinemann-Wahl, für eine sozial-liberale Koalition plädiert worden. Sie war einfach fällig, um unserem Staat jene Impulse zu geben, die er für die siebziger Jahre braucht. Eine Regierung der inneren Reformen, ein Kabinett der zukunftsbetonten Aufgeschlossenheit, eine Koalition, die auch die Jugend wieder zum Staat führt – das steht jetzt vor der Tür. Es ist mehr als nur ein Wachwechsel. Es ist ein tiefer Einschnitt!"[192]

Für innere Reformen, Aufgeschlossenheit zur Zukunft und Gesprächs-bereitschaft gegenüber der kritischen jungen Generation steht Gustav Heinemann. Der erste sozialdemokratische Bundespräsident kreiert jetzt einen neuen Typ des Staatsoberhaupts: würdig in der Erscheinung, souverän im Auftritt. Gleichzeitig bricht er aber das Zeremoniell auf. Im VW-Käfer seines Schwiegersohnes lässt er sich zum Staatsempfang mit der Queen bringen. Die Empfänge, die er selbst gibt, setzen sich nun nicht mehr nur aus Diplomaten und Vertretern der sogenannten besseren Gesellschaft zusammen – Heinemann lädt auch Kranken-schwestern, Müllwerker oder Bauarbeiter dazu ein. „Bürgerpräsident" – dass Heinemann schon bald so genannt wird, das empfindet dieser als Ehrentitel. Und Dietrich Oppenberg bekommt jedes Jahr im Januar einen handschriftlichen Brief, in dem der Bundespräsident für die Zusendung des NRZ-Kalenders dankt – eines, nun ja, Werbegeschenkes des Verlages. Der Kalender, so wird Heinemann nicht müde zu betonen, der ihm Jahr für Jahr zugesendet werde, sei ihm ein wichtiges Hilfsmittel bei seiner täglichen Arbeit. So unprätentiös war bisher noch kein Bundespräsident.

Aber Heinemann steht damit auch für einen Lebensstil, den eben auch die NRZ in dieser Zeit verkörpert. Schon 1957 hatte Heinz Kühn, damals noch SPD-Bundestagsabgeordneter, in einem Gastbeitrag für die NRZ Gustav Heinemann seiner Partei als neue Leitfigur angepriesen, weil er zwar für einen modernen, zivilen Lebensstil stehe, aber die Trennung von rechts und links gleichzeitig überwinde: „Ist nicht Gustav Heine-mann, der von ‚rechts' kommt, in einer Reihe von Fragen radikaler als manche, die immer ‚links' waren."[193] Heinemann ist eben kein Parteisol-dat, Untertan, Ideologe – sondern Bürger.

Auf politische Grundhaltungen bezogen, hat man ihn später sozial-liberal genannt. Aber dahinter steckt doch mehr: Gewiss, das radikal Unprätentiöse gehört dazu, aber eben auch jene Bürgerlichkeit, die sich aus ihrem konservativen Herkunftsmilieu befreit und mit einer sozialen Aufgeschlossenheit verbunden hat. Diese Verbindung verkörpert Heinemann – der Bürgerpräsident. Jens Feddersen beschreibt es später so: Heinemann sei „ein kantig-politischer Präsident" in der „Zeit des In-Frage-Stellens" gewesen. „Ein Herr, der im Casino eines Kohlekonzerns mit einem Glas Champagner in der Hand die geschniegelte Figur eines Bergassessors abgab, aber mit den Bauarbeitern der Villa Hammerschmidt die Bierflasche an den Mund setzte. Gustav Heinemann – der Präsident, der die Minderheiten der Gesellschaft in den Staat führte. Unbequem für die damals schon Satten."[194]

Heinemann zieht seinen persönlichen Stil bis zum Ende seiner Amtszeit durch. Statt des militärischen Ehrenzeremoniells, das ihm als Staatsoberhaupt zusteht, unternimmt er lieber mit Weggefährten eine Rheinfahrt, Dietrich Oppenberg gehört dann mit dazu.

Die Unterhaltung kommt nicht zu kurz – Das Feuilleton in den 1960er und 1970er Jahren

Das wichtigste Ziel für Verlag wie Redaktion war natürlich stets: neue Leser gewinnen und dauerhaft halten. Dazu gehörte auch die Einsicht: Die Zeitung besteht nicht nur aus ihrem Politik-Teil. Dietrich Oppenberg war es wichtig, dass auch die Unterhaltung nicht zu kurz kommt. Seine Formel lautete: Die NRZ soll nicht wie die Bild-Zeitung sein – das bedeutete für ihn: keine Sensationslüsternheit bedienen, nicht aggressiv daherkommen. Sie war aber auch nicht die Frankfurter Allgemeine Zeitung. Die NRZ ging einen Mittelweg – anspruchsvoll: ja, aber verständlich und eben auch mit Platz für Unterhaltung.

Prägend für die Entwicklung des Feuilletons ist Heinrich Dittmar. Unter seiner Leitung wird die Wochenend-Beilage „NRZ am Sonntag" entwickelt, die ab 1963 erscheint. Dittmar ist 1954 durch den neuen Chefredakteur Klaus Besser von der Welt am Sonntag abgeworben worden. Er übernimmt sofort die Leitung des Kulturteils. Neben zahlreichen Beiträgen, vor allem zu historischen, religiösen und philosophischen Themen, beteiligt er sich intensiv an der Blatt-Entwicklung. Während des Zweiten Vatikanischen Konzils berichtet der engagierte Protestant für die NRZ aus Rom. 1964 stirbt Dittmar, Jahrgang 1919, nach schwerer Krankheit. Dietrich Oppenberg hebt in seiner Trauerrede hervor: „[Er] hat zehn Jahre die Kulturpolitik der NRZ gestaltet und geformt und leidenschaftlich Stellung bezogen. Er war rasch entzündet immer dann, wenn es um den Menschen ging, um die Gerechtigkeit und die Wahrheit. Seine Rede war: Ja, ja – nein, nein. Die Wahrheit lag bei ihm nie in der Mitte. [...] Mit seiner klaren Schrift hat er sich unauflöslich in die Seiten der NRZ eingeprägt und das Bild mitgeformt, das der Leser sich von seiner Zeitung macht."[195]

In den Leseranalysen der ersten zwei Jahrzehnte trieb die Verlagsleitung eine Frage um: Wie konnten Frauen für die Zeitung gewonnen werden? Die NRZ sollte eine Familienzeitung sein, in der jedes Familienmitglied etwas fand, was ihn interessierte. Eine wichtige Rolle spielte damals der Fortsetzungsroman, der von Tag zu Tag abgedruckt wurde. Mit ihm, so die Strategie, sollte auch die Hausfrau auf ihre Lesekosten kommen. Aber natürlich sollte auch den Kindern und den Heranwachsenden Lektüre geliefert werden. Und so gehörte zur „NRZ am Sonntag" als feste Rubrik eine Frageecke, wo Teenies, wie sie jetzt genannt wurden,

um Hilfe bei den Problemen bitten, die sie zwischen erster Liebe, Schul-
stress und dem Streit um die Taschengelderhöhung bewegen. Es gab
eben nicht nur „Doktor Sommer" in der Bravo, auch in der NRZ fanden
Teenager einen Platz für ihre Fragen.

Am 22. Juni 1968 kommen 600 Teenager zu einer Jugendshow, die die NRZ zusammen mit der Plattenfirma Polydor organisiert hat. Der Erlös geht an das Friedensdorf Oberhausen.

Aber auch die Erwachsenen haben ihre Fragenecke: „Pfiffikus" ist die
älteste Rubrik, die sich auch heute noch in jeder Wochenendbeilage findet. Konzipiert wurde sie damals von Hans Pfeiffer. Sie entwickelte sich
schon in den Gründerjahren zum wahren Leserliebling. Anders als heute
ging es damals weniger um Wissensfragen, die Leser wollten vielmehr
Lebenshilfe. Da fragte dann auch schon mal ein junger Mann, was er
denn tun solle, wenn er sich mit seiner jungen Ehefrau gestritten habe
und diese nun partout keine Versöhnungsbereitschaft zeigen wolle.
Die Antworten von Pfiffikus, die Hans Pfeiffer bis zu seinem Tod selbst
verfasste, waren zwar meistens ironisch gehalten, gerade dann, wenn
es um psychologisch so anspruchsvolle Fragen wie Eheprobleme ging,
doch den Lesern gefiel gerade dieser Ton. „Pfiffikus" überzeugte weniger durch Gelehrsamkeit als durch gesunden Menschenverstand. Über
Post konnte „Pfiffikus" sich jedenfalls nicht beklagen. Zeitweise bekam
er pro Woche eine ganze Seite zugeteilt, weil sonst die vielen Anfragen
nicht zu bewältigen waren.

Pfiffikus kennt auch der Postbote. 1962 kommt ein Brief aus Hamminkeln ohne
Verzögerung in der Redaktion an, als Anschrift steht auf dem Kuvert nur: „An
Pfiffikus".[196] Die hohe Popularität der Rubrik kommt auch dem guten Zweck zugute:
1962 ruft Pfiffikus in der Adventszeit zu Spenden für arme NRZ-Leser auf. Das
Ergebnis: 45 Pakete mit Butter, Wurst, Kakao, Schokolade, Büchsensahne, Ananas,
Spekulatius und kleinen Leckereien.[197]

Humorvolle Lebenshilfe bot auch eine andere Reihe, die zehn Jahre lang
zu den „Rennern" der NRZ gehörte: „Bei uns zu Haus" – von 1964 bis 1974
gab Gerd Fischer in jeder Wochenendbeilage Einblicke in sein Familienleben mit Ehefrau Ingeborg, Sohn Martin und Tochter Susanne. Als der
erste Text erschien, war Susanne neun, Martin vier Jahre alt. Ein Jahrzehnt

später war die Pubertät der 18-Jährigen überstanden, die des Sohnes startete gerade. In der Zwischenzeit waren die Fischers zu einer öffentlichen Familie geworden. Den Erfolg der Reihe erklärte Gerd Fischer so: „Jede Geschichte bestand fast ausschließlich aus Gesprächen des einen mit dem anderen oder aller zusammen (auch Besucher nahmen schon einmal teil mit verballhornten Namen, in denen sich Freunde und Nachbarn wiedererkannten). Daß dieser Dauereinblick in Familiendiskussionen mit wachsender Zustimmung aufgenommen wurde, lag an einem ganz schlichten Phänomen: ‚Genau wie bei uns', schrieben uns die Leser." Und noch ein anderer Faktor kam dazu: „[...] wichtig war auch die Zeit, in der die Serie erscheint. In den sechziger und siebziger Jahren passierte ungemein viel, was in die Familie hineinwirkte, von den mehr oder weniger geratenen Schulreformen bis zu den neuen Aufmüpfigkeiten in allen Bereichen der Gesellschaft. Eine der Folgen, die ich am meisten liebe, erzählt davon, daß ich auf den Lärm von Mopedfahrern schimpfe und Susanne daraus ableitet, ich hätte etwas gegen die vom Wohlstand nicht gesegneten Minderheiten. ‚Genau wie bei uns', schrieben die Leser. Einige der gelungeneren Glossen (oder eigentlich sind es ja Berichte, Familienberichte) spiegeln tatsächlich den Geist der Zeit."

Gerd Fischer, Jahrgang 1926, wird 1964 als Nachfolger Heinrich Dittmars Leiter des Kulturteils. Er bleibt es 27 Jahre lang, 1991 tritt er in den Ruhestand. Als Journalist hat er beim Rhein-Echo angefangen und ist 1952 zur NRZ gewechselt. Sein humoristisches Talent hat er bereits in der Jugend erprobt, damals war der Düsseldorfer in der Kabarettgruppe „Die Sextaner" aktiv. Dass sich dieses Talent erhalten hat, haben nicht nur die Leser von Fischers Glossen erkennen können, das erkannte auch Kay Lorentz, der Prinzipal des Düsseldorfer „Kom(m)ödchens". Er hätte Fischer gerne für sein Haus gewonnen.

Die Fangemeinde der Reihe war so groß, dass Gerd Fischer auch 20 Jahre später noch auf die Texte angesprochen wurde. 1995 schrieb Fischer, mittlerweile schon im Ruhestand, längst andere Glossen für die „NRZ am Sonntag", aber die Leute lobten ihn immer noch für „Bei uns zu Haus". Die Fangemeinde war auch weiterhin stabil. Sie reichte bis zu einem, der zwar keine eigene Familie gründen konnte, aber sich gleichwohl für Familienleben interessierte: „Bei einer Ausstellungseröffnung auf Villa Hügel steuerte der Essener Bischof Hengsbach auf mich zu und fragte mich, wieso ich denn hier sei, er habe doch in der Zeitung gelesen, daß „Bei uns zu Haus' für drei Wochen ausfalle, weil ich im Urlaub sei."

Joseph Beuys (Mitte) gemeinsam mit Heiner Stachelhaus (l.) und Dietrich Oppenberg bei einer Veranstaltung des Lions Club, 1981

Allerdings stand Fischer mit seinen humorvollen Kolumnen für eine noch längere Tradition, die auch bis heute fortbesteht: „Gehich aams anne Bude un hol Zaretten, treffich Kalla ..." So begannen stets die ab 1960 erscheinenden Alltagsbetrachtungen, die aus der Perspektive eines kleinen Jungen aus dem Revier erzählt wurden. „Kalla" hieß er und er berichtete von „unser Vatter", „unser Mutta" und Schwester Grete. Hinter „Kalla" verbarg sich Günter Leibstein, der zu einer Zeit, als Jürgen von Manger gerade erst bekannt wurde und an Herbert Knebel noch niemand dachte, durch seine Plaudereien die Revier-Mundart populär machte.

Heiner Stachelhaus (1930–2002) hat 27 Jahre lang, von 1968 bis 1995, als Kultur-redakteur Kunstkritiken für die NRZ geschrieben. Seine Beuys-Biographie, die seit 1987 zahlreiche Neuauflagen erlebt hat, wurde auch ins Englische übersetzt. Zwischen 1980 und 1989 war er Vizepräsident der deutschen Sektion der Inter-nationalen Vereinigung der Kunstkritiker. 1994 wurde Stachelhaus durch NRW-Kultusminister Hans Schwier der Titel Professor verliehen.

Unterhaltung lieferte die NRZ aber auch noch in einem ganz anderen Bereich: der Kultur. Rezensionen von Theater- und Opern-Inszenierungen

Lore Lorentz, Leiterin des Düsseldorfer „Kom(m)ödchen", war der NRZ eng verbunden, ob als Autorin oder als Werbe-Ikone

wird genauso viel Aufmerksamkeit geschenkt wie einer Konzert-Kritik oder der Besprechung eines Kabarett-Abends. Das ist in den 1960er Jahren der Zuständigkeitsbereich von Dr. Hannes Schmidt. Heiner Stachelhaus, der die erste deutschsprachige Biographie über Joseph Beuys verfasste, eröffnete den Lesern Zugänge zur modernen Kunst. Johannes K. Glauber beobachtete die Musikszene in der Region. Und natürlich blieb auch keine Programm-Premiere im Düsseldorfer „Kom(m)ödchen" unbesprochen, dessen Leiterin, Lore Lorentz, selbst viele Jahre für die Düsseldorfer Lokalausgabe wöchentliche Kolumnen verfasste.

Das alles gehört mit zur Zeitung: Der Leser wird zum Ausgaben-Flaneur. Wenn er täglich die Zeitung studierte, dann ähnelte dies tatsächlich einem Spaziergang. Er bewegte sich in einem Park voll von Informationen und ebnete sich einen eigenen Weg durch ihn hindurch. Gewiss, bestimmte Nachrichten sollten so platziert sein, dass er dort inne halten musste, weil ihr Informationswert besonders hoch war. Er wurde aber auch mit Reportagen und Kommentaren zu Themen konfrontiert, von deren Existenz er unter Umständen nicht mal etwas geahnt hatte. Besonders gerne blieb der lesende Flaneur bei seinem Weg durch die Zeitung an den Stationen stehen, wo er zwar nie genau wusste, was heute geboten wurde – sicher war er

Werbung im Umkehrschluss: Leser dürfen von der NRZ anspruchsvolle Information und Kompetenz erwarten, 1969

Ambitioniertes Thema: die Sonderbeilage „Die Stadt der Zukunft", 12. Juni 1965

Beispiel für eine besondere Verbindung: In der Sonderausgabe „NRZ exklusiv" spricht die NRZ ihre Leserschaft direkt an, April 1968

sich nur: Gut war es auf jeden Fall. Für solche Qualität standen NRZ-Redakteure wie eben Gerd Fischer mit seinen Glossen, Heiner Stachelhaus mit seinen Kunst-Besprechungen oder vor allem Jens Feddersen und seine Kollegen aus dem Politik-Ressort mit ihren Kommentaren. Sie wurden so zu Wegweisern durch das Tagesgeschehen für ihre Leser. Bei aller Orientierung durfte sich so der Flaneur trotzdem ausleben. Er hatte den Raum umherzuschweifen – zum Beispiel entdeckte er jene kleine Meldung, von der nichts im Fernsehen oder Radio zu hören war, oder er ließ sich von einem Foto überraschen, in dem sich die Stimmung eines Tages verdichtete, oder der Leser erfreute sich an einer Überschrift, die witzig formuliert war. Die Zeitung war eine Wundertüte, die zwar in erster Linie ihre wichtigste Aufgabe erfüllte, nämlich umfassend über alles Aktuelle zu berichten, aber eben auch Platz bot für solche Überraschungen. So verliehen die Blattmacher der NRZ ihrer Zeitung einen speziellen Charakter.

Wer Zeitung liest, der liest auch darüber hinaus gerne: Am 25. November 1963 findet der Leser zum ersten Mal eine umfangreiche Literaturbeilage in der NRZ. Die NRZ wird aber auch selbst Teil der Literatur: In dem Spionage-Roman „Eine kleine Stadt in Deutschland" von John le Carré wird die NRZ auf S. 31 erwähnt.

mutig munter m

Die Zeitung bringt die Welt ins Haus • Die Zeitung macht das Leben leichter • Die NRZ ist ü

Im Gästebuch der NRZ stehen viele prominente Namen. In diesem Herbst werden es noch mehr. Wir erwarten den Regierenden Bürgermeister von Berlin, Klaus Schütz, die Bundesminister Hans-Dietrich Genscher und Georg Leber, den Oppositionsführer im Bundestag, Rainer Barzel, den Oppositionsführer im Düsseldorfer Landtag, Heinrich Köppler, den stellvertretenden Regierungssprecher Rüdiger von Wechmar, die Landesminister Willi Weyer, Johannes Rau und Horst-Ludwig Riemer sowie den Staatssekretär im Wirtschaftsministerium, Philipp Rosenthal. Zu Gast bei der NRZ in Bonn werden sein: Dr. Gerhard Schröder, Hermann Höcherl, Hans Apel und Wolfram Dorn. Alle Gespräche finden natürlich ihren Niederschlag in der NRZ.

Große Themen der Innenpolitik werden den Herbst beherrschen. Sie stehen auch im Mittelpunkt neuer Forumsveranstaltungen der NRZ. Wir veranstalten ein Schul-Forum mit Lehrkräften aus dem Verbreitungsgebiet, ein Wirtschafts-Forum unter dem Titel „Wohin steuert die Konjunktur?" Zum Forum „Arbeitswelt heute" kommen Betriebsräte großer Unternehmen an Rhein und Ruhr zusammen. Mit einem Niederrhein-Forum wollen wir einen

neuen Planungsraum für den wirtschaftlich aufstrebenden Niederrhein anregen. Auf der Seite „Magazin" kommen weiterhin unabhängige Autoren zu Wort: Thilo Koch, Walter Dirks, Gerhard Schröder, Hermann Höcherl, Friedrich Nowottny, Jürgen Kellermeier, Hans Apel, Wolfram Dorn, Wilhelm Lenz.

Gäste-buch

Es ist Tradition im NRZ-Haus, enge Kontakte mit der Leserschaft zu pflegen. Im Frühjahr hatten wir dafür eine zeitgemäße Form gefunden: die NRZ-Leser-Party! Auch in diesem Herbst lädt die NRZ wieder interessierte Leser, die NRZ-Chefredakteur Feddersen und seine Mannschaft persönlich kennenlernen wollen, zu einer solchen Party ein. Kosten der Anreise zum NRZ-Pressehaus werden ersetzt. An die Einladung ist nur eine einzige Bedingung geknüpft: Schreiben Sie uns und lassen Sie uns in wenigen

Sätzen wissen, welche Themen Sie interessieren, damit die Redaktion auch die richtigen Spezialisten hinzuziehen kann. Fragen können Sie praktisch alles, was Sie interessiert. Die NRZ-Redaktion steht Rede und Antwort, ob es nun deutsche Politik, die Lage in fernen Ländern, die neuesten Modetrends, die Stars in Sport und Unterhaltung oder Wirtschaftsprobleme betrifft.

Leser-party

Schreiben Sie einfach an

Chefredakteur Jens Feddersen

43 Essen
NRZ-Pressehaus

Drei große Preisausschreiben für jung und alt stehen in diesem Herbst auf dem NRZ-Programm. In der kommenden Woche startet zunächst das große Foto-Quiz aus Anlaß der Photokina in Köln. Viele Prominente von schein und Ruhr haben für die NRZ-Leser fotografiert und geben ihnen zugleich mit ihren Bildern ein launiges Rätsel auf: Wer hat welches Bild gemacht? Weitere Einzelheiten sind einer Sonderankündigung in dieser Ausgabe zu entnehmen. Kommende Woche geht es dann los. Selbstverständlich sind auch viele schöne Preise zu gewinnen. Wir wünschen allen, die bei diesem Spaß mit den prominenten Amateurfotografen mitmachen, viel Vergnügen und

Preisaus-schreiben

ein paar hübsche Erinnerungen an den eigenen Urlaub!

Für die jungen Lese- haben wir in diesem Herbst wieder zwei Wettbewerbe, die schon zur Tradition geworden sind. Nr. 1 ist der Mal-Wettbewerb, an dem sich Kinder und Jugendliche aller Altersstufen und Schulklassen beteiligen können. In den vergangenen Jahren war dieser Wettbewerb, der von bekannten Kunstpädagogen entschieden wird, mit vielen tausend Einsendungen ein großer Erfolg. Diesmal steht der Mal-Wettbewerb in Zusammenarbeit mit Pelikan unter dem Motto: „Wir helfen unseren Eltern." Gleich darauf folgt der Bastelwettbewerb, zu dem die NRZ wieder Eltern und Kinder einladen wird. Beide Wettbewerbe sind selbstverständlich wieder mit sehr vielen praktischen Preisen ausgestattet,

redaktionsprog

Von der Leserparty bis hin zu aktuellen Korrespondentenberichten aus der damals noch fernen Welt: Die NRZ versteht sich, auch in dieser im September 1970 erschienenen Exklusivausgabe „Zeitung mit Profil", als Berater und Begleiter ihrer Leserschaft

einungsfreudig

berall zu Hause • Die Zeitung bringt die Welt ins Haus • Die Zeitung macht das Leben leichter

Zeitungsleser kennen keine Langeweile. Die Zeitung will auch anregen und helfen. Dazu dient das große NRZ-Programm der Serien und Aktionen im Herbst 1970. Auf dem Programm stehen zahlreiche Untersuchungen von Problemen, die uns allen auf den Nägeln brennen: Wir machen eine Bestandsaufnahme des Wohnungsmarkts, beschäftigen uns mit den Sorgen der Schulen und der Krankenhäuser. NRZ-Reporter sind der Rauschgiftwelle auf der Spur. Die Stadt- und Kreisredaktionen werden fragen: Wo fehlen Kindergärten? Mitarbeiterinnen werden die Lebensmittelpreise unter die Lupe nehmen. Im Wirtschaftsteil wird die „Aktie der Woche" erscheinen, verbunden mit einem neuen Börsenindex als Wirtschaftsbarometer.

Bei den Serien ist das Thema Nr. 1 „Das Geschäft mit der Miete". Die NRZ wird besonders krasse Fälle von Mietwucher in der Bundesrepublik untersuchen, aber auch solche Fälle

herausstellen, wo zwischen Hausbesitzern und Mietern seit vielen Jahren ein gutes Verhältnis besteht. Weitere Serien und Sonderbeiträge: Die Stars der DDR, Profile der Mattscheiben, Kinder in der Werbung, In Schwabing sind die Nächte lang, Der billige Jacob der Luft in Luxemburg, Berufstätige Frauen in aller Welt, Porträts der Betriebsratsvorsitzenden in den Großunternehmen an Rhein und Ruhr. Die NRZ-Sportredakteure werden mit einer Fülle von Interviews und Reportagen über die Vorbereitungen für die Olympischen Spiele berichten.

Der Hit der NRZ-Reihe Tip und Test erscheint an jedem Wochenende in der NRZ am Sonntag: „Erzähl' es Deiner Frau" — eine muntere Serie, die sich mit Alltagsfragen befaßt, vom täglichen Ärger am Arbeitsplatz bis zur Frage: „Was hältst Du eigentlich von der Sex-Welle?". Auf der gleichen Seite — das Magazin

— erscheinen neue und unterhaltsame Spiele — Brett- und Kartenspiele natürlich — für junge Leute und Erwachsene. Susanne Marterleitner präsentiert an jedem Wochenende einen großen Plattenteller — klassisch bis modern — ernst bis heiter. Nicht zu vergessen sind die Auto-Tests der NRZ, die noch

ausführlicher, noch kritischer über die neuen Autos der Saison 1970/71 geschrieben werden. Neu ist der NRZ-Test von Massenartikeln von Damenstrümpfen bis zu großen Haushaltsgeräten, der dem Verbraucher Qualitätshinweise geben soll. Marken und Firmen werden genannt. Die NRZ arbeitet bei diesem Test mit dem Institut Warentest in Berlin eng zusammen.

NRZ International — das ist die neue Marke für unsere Auslandsberichterstattung. International — das heißt Informationen aus erster Hand von allen wichtigen Schauplätzen der Welt. NRZ-Redakteure reisen nach den USA, in die Ostblockländer, nach Afrika, Asien und

Lateinamerika. Viele europäische Länder stehen auf dem Programm — und zum erstenmal nach langer Zeit auch wieder einmal die DDR. Auch ein Report über Sibirien ist vorgesehen.

Kurt Gehrmann ist gerade aus Sambia zurückgekehrt und wird über die Lage im Schwarzen Erdteil berichten. Im November wird er Hongkong, die Drehscheibe Asiens, besuchen. Herbert Straeten hält sich augenblicklich in Moskau auf. Einige Wochen später wird er nach Ungarn, Rumänien und in die Tschechoslowakei reisen. Chefredakteur Jens Feddersen fliegt nach Sibirien, Arnold Gehlen nach Lateinamerika. Thorsten Scharnhorst berichtet aus der Türkei über das Leben der vielen tausend Menschen, die in der Bundesrepublik arbeiten wollen. Klaus Bohnhof untersucht in den EWG-Ländern die Frage, was die Wirtschaftsgemeinschaft dem Verbraucher wirklich bringt. Robert Luchs berichtet über die Saat der Gewalt in Nordirland.

ramm herbst '70

Im Stadtbild präsent: die neue Neon-Werbeanlage
am Essener Hauptbahnhof auf der Seite zur „Freiheit", 1965

Eine bunte Zeitung passte zu einer bunten Welt. Gerade auf diese Weise gelang es der NRZ, auch unabhängig von politischen Akzenten, das Lebensgefühl der Zeit einzufangen. Und so war diese Tageszeitung für ihre Leser nicht nur irgendein Produkt, nicht ein bloßer Nachrichtenlieferant. Wer morgens in seinem Briefkasten die NRZ stecken hatte, legte damit auch ein Bekenntnis über seinen eigenen Lebensstil ab. Die Zeitung wurde so zum Statussymbol. Wer die NRZ las, zeigte, dass er im Trend lag.

Aber nicht nur auf dieser Ebene wurde der Kontakt zwischen Leser und Zeitung gesucht. Er fand noch viel unmittelbarer statt. Es wurde zu Leserpartys ins Essener Pressehaus eingeladen, wo man zwischen Schnittchen und Bier mit den Redakteuren ins Gespräch kommen konnte, die man von der täglichen Lektüre her kannte. In einzelnen Städten bildeten sich auch NRZ-Stammtische, wo sich Leser regelmäßig trafen – nur darf man nicht glauben, dass dort jeweils die aktuellen Zeitungsausgaben besprochen wurden. Vielmehr zeigte sich hier tatsächlich: Die NRZ stand für ein bestimmtes Lebensgefühl – und wer dieses Lebensgefühl teilte, freute sich, auf Gleichgesinnte zu stoßen.

Neuerungen dieser Jahre waren auch die großen Frühlings- und Herbstprogramme. Dort wurde den Lesern vorgestellt, welche Serien, welche

Reportagen, welche Themen sie in den nächsten Wochen erwarten konnten. Ein wichtiger Effekt: Es wurde Spannung erzeugt. Die Leser sollten
eine Vorfreude entwickeln.

Die Leser waren stolz auf ihre Tageszeitung und sahen in der NRZ ein
Symbol für ihr liberales und fortschrittliches Lebensgefühl. Die NRZ warb
auch mit ihren Lesern bei den Werbekunden: „NRZ-Leser sind konsum-
freudig und kaufkräftig", hieß es 1965. Und in der Tat, in einer Leseranalyse
wenige Jahre später zeigte sich, wie sich der materielle Wohlstand in der
Leserschaft widerspiegelte: Regelmäßiger Urlaub, ein eigenes Auto, Sinn
für Mode – solche Faktoren wurden dort als typische Eigenschaften des
NRZ-Lesers herausgearbeitet. Und das Signal an die Werbeindustrie lautete
natürlich: Hier ist Kaufkraft vorhanden.

Das Anzeigengeschäft war die entscheidende Einnahmequelle der
Zeitung. Nicht durch den Vertrieb wurde Geld verdient, also durch die
Abos oder den Verkauf am Kiosk. Die Gewinne wurden durch die Anzeigen
erzielt. Eine kaufkräftige Leserschaft war also ein wichtiges Kapital.

In den 1960er Jahren stieg die Auflage stetig an. Die Redaktion ist
motiviert und fachkundig – mit Renommee weit über die Region hinaus.
Die Leser schätzen ihre Zeitung und pflegen eine enge Bindung zu ihr.
Und schließlich steht an der Spitze ein Verleger, dem vor allem das publizistische Profil der NRZ am Herzen liegt. Also, eigentlich alles optimale
Umstände. Und doch macht sich parallel seit Mitte der 1960er Jahre
auch Sorge bemerkbar. Das Schlagwort vom „Zeitungssterben" geistert
durch die Flure des Verlags. Es ist nicht unbegründet, denn viele kleine
Regionalzeitungen geben in dieser Phase tatsächlich auf. Freilich sind
diese auch nicht so ambitioniert wie die NRZ, aber auch in Essen hat
man in der Verlagsleitung tatsächlich Grund zur Sorge.

Am 27. April 1971 scheitert ein von der Opposition initiiertes Misstrauensvotum
gegen Bundeskanzler Willy Brandt. Um 12.53 Uhr verkündet der Bundestagspräsident
das Ergebnis, 17 Minuten später läuft um 13.10 Uhr bereits der Druck des Extra-
Blattes an. Die Konkurrenz braucht länger: Die WAZ ist erst um 13.35 Uhr so weit.

Der besondere Tag – Teil 6: Das Attentat auf die israelische Olympia-Mannschaft am 5. September 1972 in München

„11 Uhr, Scharnhorst, Bilanz" – dieser Eintrag findet sich im Terminkalender von Willi Daume, dem Präsidenten des Nationalen Olympischen Komitees, für den 5. September 1972. Thorsten Scharnhorst, Leiter der fünfköpfigen NRZ-Olympia-Redaktion in München, hat den Gesprächstermin schon vor Wochen ausgemacht. Die Leser sollen am nächsten Tag in der NRZ ein erstes Fazit über den Verlauf der Olympischen Spiele lesen können, die am 25. August begonnen haben und noch sechs Tage dauern sollen. Der Termin wird nie zustande kommen. Der Tag selbst aber, der 5. September also, wird in der Tat zu einem Wendepunkt für die Münchner Spiele.[198]

Dabei hatte alles ganz anders kommen sollen: Die Münchner Spiele zeigen der Welt, dass 27 Jahre nach dem Kriegsende sich Deutschland verändert hat: Weltoffen, liberal und vor allem gastfreundlich präsentiert sich die Bundesrepublik. Und in den ersten Tagen gelingt dies auch beeindruckend – sowohl für die Gäste, als auch für die Deutschen selbst. Es ist fast zu schön, um wahr zu sein. Doch dann kommt der 5. September.

Für Thorsten Scharnhorst und seinen Fotografen-Kollegen Hennes Multhaup, damals ein eingespieltes Team, beginnt dieser Tag sehr früh. Am Abend zuvor hat man noch ausgelassen im Kollegenkreis gefeiert. Denn eigentlich sollte der 5. September zu einem Rasttag werden. Scharnhorst erinnert sich:

„Die Leichtathletik macht an diesem Tag Pause, Olympia wollte ein wenig ausruhen. So hatten wir uns am Abend zuvor, nachdem wir unseren Lesern den sensationellen Hochsprung-Sieg der 16-jährigen Ulrike Meyfarth ausführlich geschildert hatten, ein paar Bierchen mehr gegönnt, als es unseren Köpfen gut tat. Der Kollege Gregoriev von der sowjetamtlichen Moskauer ‚Prawda', den ich bei meinen Bonner Einsätzen als einen freundlichen, humorvollen Kollegen kennengelernt hatte und in München wieder traf, reicherte unseren fröhlichen Alkoholkonsum mit ein paar Gläschen echten russischen Wodkas an. Wir waren gut in Stimmung ..."[199]

Doch um sieben Uhr morgens klingelt bei Scharnhorst das Telefon. An der anderen Leitung ein Kollege von der Westfälischen Rundschau, mit der die NRZler ein gemeinsames Olympia-Team bilden. Er habe

NRZ EXTRABLATT

Kostenlos   Mittwoch, 6. September 1972

Alle Geiseln tot!

● **Drama von München kostete sechzehn Menschenleben**

● **Drei Araber gefangen**

● **Blutiges Feuergefecht in Fürstenfeldbruck**

● **Genscher wollte sich als Geisel stellen**

NRZ-Nachrichtendienst

Ein Bild, das man nicht vergißt: Einer der arabischen Terroristen mit Gesichtsmaske auf dem Balkon des Quartiers der Israelis im Olympischen Dorf.

M ü n c h e n , 6. September. Das Drama von München hat ein blutiges Ende gefunden. Vier arabische Terroristen und wahrscheinlich alle Geiseln sind tot!

Das blutige Drama ereignete sich auf dem Feldflugplatz Fürstenfeldbruck in der Nähe von München, wohin die Terroristen und ihre Geiseln mit Hubschraubern gebracht worden waren. Auf dem völlig dunklen Flugplatz eröffneten deutsche Scharfschützen das Feuer auf die Terroristen, die eine bereitstehende Lufthansamaschine inspizieren wollten. Das Feuer der Scharfschützen wurde von den Terroristen erwidert.

Bei dem Feuergefecht sind wahrscheinlich die israelischen Geiseln ums Leben gekommen. Zwei der Geiseln sind zur Stunde noch vermißt. Sie konnten unter den Opfern noch nicht gefunden werden.

Von den arabischen Terroristen konnten drei verletzt, aber lebend festgenommen werden.

Ein Beamter der Münchner Stadtpolizei kam ums Leben, ein Hubschrauberpilot wurde schwer verletzt.

Daume: Spiele abbrechen

M ü n c h e n , 6. September dpa – Einen Abbruch der Olympischen Spiele in München hat der Präsident des Organisationskomitees Willi Daume am Mittwoch früh angeregt. In einer Pressekonferenz sagte Daume, nach den jetzigen Umständen könne er nicht ermessen, wie das IOC entscheiden werde. Daume sagte wörtlich: „Mir würde es sehr schwerfallen, dem IOC eine Empfehlung zu geben, seine Entscheidung aufrechtzuerhalten." Am späten Abend des Dienstag hatte das IOC in der Hoffnung, daß die Befreiungsaktion erfolgreich verlaufen würde, die Fortsetzung der Spiele beschlossen.

Mit dem Tod der Geiseln haben insgesamt elf Angehörige der israelischen Olympia-Mannschaft ihr Leben verloren. Zwei waren bereits im Dorf getötet worden, als die Terroristen in das Quartier der israelischen Mannschaft eindrangen.

In der nächtlichen Pressekonferenz schilderte der bayerische Innenminister Dr. Bruno Merk den Befreiungsversuch der deutschen Polizisten ergaben. Es sei den deutschen Stellen nicht gelungen, von Israel die Zusicherung zu erhalten, daß 200 arabische Häftlinge freigelassen würden, wie dies von den Guerillas gefordert worden war.

Nach Angaben Merks waren die Terroristen entschlossen, die Israelis sofort zu töten, wenn ihrem Widerstand entgegengesetzt worden wäre. Eine weitere Schwierigkeit habe sich durch die Tatsache ergeben, daß sich das Drama in der Dunkelheit des in abgebrannten Hubschrauber verdunkelten Quartier der Araber verhinderte.

Merk schloß nicht ganz aus, daß eine oder höchstens zwei Geiseln in der allgemeinen Verwirrung einen Hubschrauber verlassen und sich in der Dunkelheit flüchten konnten. Dies sei jedoch nur eine Vermutung. Eine genaue Untersuchung des ausgebrannten Hubschraubers werde Aufschluß darüber geben.

Araber und Israelis waren sich während der zermürbenden Verhandlungen im olympischen Dorf einig geworden, nach Kairo zu fliegen. Dort sollten die Verhandlungen über die Forderungen der Terroristen weitergeführt werden. Merk meinte jedoch: „Dies hätte das sichere Todesurteil für die Geiseln bedeutet." Der Minister erläuterte diese Bemerkung aber nicht weiter.

Bundesinnenminister Hans-Dietrich Genscher gab vor mehreren hundert Vertretern der in- und ausländischen Presse bekannt, daß sich neben ihm auch der bayerische Innenminister Merk, der frühere Oberbürgermeister Dr. Hans Jochen Vogel und der Münchner Polizeipräsident Dr. Manfred Schreiber als Geisel angeboten hatten. Dies sei jedoch abgelehnt worden.

Genscher wies die Verantwortung für den Befreiungsversuch den Behörden des Landes Bayern zu, betonte jedoch, daß er ständig in die Erwägungen eingeschaltet gewesen sei und die Gefahrenlage ebenso wie der bayerische Innenminister Merk eingeschätzt habe.

Im Dorf und im Quartier der Israelis, so meinte Genscher, habe nicht die geringste Möglichkeit für die Befreiung bestanden. Als er mit den Terroristen verhandelte, seien die Israelis an Händen und Füßen gefesselt gewesen und hätten sich nicht bewegen können. Sie wären nach Überzeugung des Bundesinnenministers bei einem Befreiungsversuch sofort erschossen worden.

Der bayerische Innenminister erklärte auf Fragen, man habe Anlaß zu glauben, daß mindestens einer der Terroristen als Hilfskraft schon vorher im Olympischen Dorf beschäftigt gewesen sei. In einem zweiten Fall sei dies ebenfalls möglich.

Der Terroristen seien sich nicht sicher gewesen, ob man ihnen in Kairo Landeerlaubnis geben würde. Sie wollten deshalb nach Angaben des Ministers während der Flugs mit einer von der Lufthansa bereitgestellten Maschine mit allen arabischen Staaten aufnehmen. Israel sei entschlossen gewesen, die arabischen Häftling nicht frei zu geben.

Schon im Quartier der israelischen Mannschaft drohte die Terroristengruppe, zwei der Geiseln im Israelis zu erschießen. Auf den Einwurf, daß dann die Gefahr eines allgemeinen Blutbades bestünde, hätten sie erklärt, sie seien Soldaten und handelten danach.

Die zunächst widersprüchlichen Meldungen über die Opfer der Schießerei auf dem Flughafen werden in informierten Kreisen mit den schlechten Verbindungen zwischen dem Bundesverteidigungsministerium und der dem Außenwert erklärt. Nach amtlichen Angaben schossen die Terroristen unmittelbar nach Beginn der Schießerei auf den Tower des Flughafens und zerstörten damit die wichtigsten Kommunikationswege.

NRZ kommentiert

Olympische Tragödie

Was vorgestern noch „heitere Spiele", hieß muß heute eine Orgie des Entsetzens genannt werden. Die Idee des olympischen Friedens erstickt in dem Blutbad, zu dem die mißglückte Befreiungsaktion ausgeartet ist. Die Welt steht vor einer olympischen Tragödie.

Jetzt werden Fragen über Fragen gestellt, werden Vorwürfe auf Vorwürfe gehäuft werden. War in München genug für die Sicherheit der Teilnehmer, zumal der Athleten aus Israel, getan worden? Ist, nachdem der arabische Terror in das Olympische Dorf eingedrungen, zwei Israelis schon tot und neun als Geiseln gefangen waren, das Risiko eines Befreiungsversuchs gründlich genug bedacht worden?

Man mache sich die Anklagen nicht zu leicht. Selbstverständlich bedarf die Frage nach ausreichenden Sicherheitsmaßnahmen einer gründlichen selbstkritischen Prüfung. Doch muß man bedenken, daß es totale Sicherheit nirgendwo gibt. Selbst im gefahrenge-

wohnten Israel können die auf perfekte Wachsamkeit getrimmten Organe nicht alles, was arabische Attentäter aussinnen, verhindern.

Auch der jetzt möglicherweise als allzu forsch empfundene Befreiungsversuch verdient trotz des tragischen Ausgangs eine abgewogene würdige Prüfung. Es gab kaum eine vollkommene, chancenreiche Alternative. Man versuche sich vorzustellen, was passiert wäre, wenn die deutschen Verantwortlichen nichts weiter als eine passive Belagerung der Terroristen und der Geiseln im olympischen Dorf durchgestanden hätten — mit dem Ergebnis, daß die Araber ihre brutalen Drohungen wahrgemacht hätten. Sicherlich wäre dann die Klage genommen: O, hätte man doch wenigstens einen Befreiungsversuch gemacht!

Können wir uns den fürchterlichen Geschehnissen, die Olympischen Spiele mit Hitzkraft noch fortgesetzt werden? Man kann es sich schwer vorstellen.

Kurt Gehrmann

gehört, dass in der Nacht das Olympische Dorf überfallen worden sei. Scharnhorst erinnert sich:

„Wir hetzen los. Es ist für einen September-Morgen ungewöhnlich warm. Wir schwitzen und sind hin und her gerissen zwischen der Hoffnung auf falschen Alarm und Fassungslosigkeit. Wir eilen über das Olympia-Gelände auf dem Oberwiesen-Feld. Hier herrscht die Ruhe der frühen Stunde. Ein paar Sportler ziehen auf den Trainingsplätzen einsam ihre Bahnen. Also doch eine Falschmeldung? Hennes schnappt nach Luft. ‚Wenn das nicht stimmt ...‘ Wir erreichen das Hintertor des Olympiadorfs. Männer vom Ordnungsdienst, sonst immer freundlich und konziliant, weisen uns brüsk ab. Wir laufen weiter. Immer am Zaun entlang. Den Haupteingang verlässt mit heulendem Martinshorn und Blaulicht ein Rettungswagen. Jetzt haben wir Gewissheit: Es ist etwas geschehen.“[200]

Die nächsten 30 Stunden werden die zwei nicht mehr ins Bett kommen. So ist die Lage:

„Im Haus Conollystraße 31 des Olympiadorfs, in dem die israelische Mannschaft wohnt, haben Terroristen geschossen und den Trainer Moshe Weinberg sowie den Ringer Youssef Romano getötet. Sie geben sich als Mitglieder der arabischen Gruppe ‚Schwarzer September‘ zu erkennen. Um 4.10 Uhr hatten die Postbeamten Heinz-Peter Gottelt, Arno Thomas und Karl Weber, die während der Nacht die Telefonleitungen im Olympischen Dorf kontrollierten, mehrere Männer in Trainingsanzügen beobachtet, die mit Sporttaschen bei Tor 25 A über den Zaun kletterten. Die Monteure schöpften keinen Verdacht, dachten an Sportler, die über den Zapfen gehauen hatten und jetzt in der Nacht unbemerkt von der Mannschaftsleitung in ihre Betten gelangen wollten. Ein verhängnisvoller Irrtum ...“

Die Terroristen fordern die Freilassung von 234 palästinensischen Häftlingen, wozu jedoch die israelische Regierung nicht bereit ist. Scharnhorst versucht im Lauf des Tages Kontakt zu Bundesinnenminister Hans-Dietrich Genscher aufzunehmen:

„Wir stehen am Tor, haben keinen Zutritt und keine Informationen. Ich versuche mit Bundesinnenminister Hans Dietrich Genscher Kontakt aufzunehmen. Er ist im Dorf und im Krisenstab. In den Tagen zuvor hatte ich ihn bei einigen seiner Olympia-Einsätze begleitet. Sein persönlicher Referent Günter Verheugen, der heutige EU-Kommissar (2004), ist ein Freund von mir seit jener Zeit, als er als Volontär bei der NRZ seine Ausbildung machte. ‚Das Geheimnis des Innenministers‘, so hatte mir Genscher verraten, ‚ist die totale Kommunikation.‘ Die beherrschte er tatsächlich – auch damals schon ohne

Handy. Genscher telefonierte eigentlich immer. In München hatte er sich ein totales Programm aufgeladen, residierte im Hotel ‚Contentinental' in der 4. Etage im Zimmer 430: ‚Meine Anwesenheit verlangt schon mein Ressort', unterrichtete er mich und glaubte die Sicherheit bei den fröhlichen Spielen in allerbesten Händen. Wie er sich täuschen sollte! [...] Der Kontakt zu Genscher kommt nicht in dieser Situation zu Stande. Zwar jagt sein Dienst-Mercedes mit Nummer BD9-1 mehrfach an mir vorbei, aber der Innenminister ist nicht zu sprechen. Jedenfalls nicht für mich.

Später erfahren wir, dass schon um 6.40 Uhr Walther Tröger, der Bürgermeister des Olympischen Dorfes, Willi Daume [...], Polizeipräsident Schreiber und der bayerische Innenminister Bruno Merk sich als Austausch-Geiseln für die gefangen gehaltenen Israelis angeboten hatten. Der Anführer der Terroristen, der sich Issa nennt, lehnt jede Konzession ab und verlangt kategorisch [...] die Freilassung [...]."[201]

Um 15.38 Uhr erklärt schließlich der Präsident des Internationalen Olympischen Komitees die Spiele für unterbrochen. Scharnhorst beobachtet weiter das Geschehen:

„Wir stehen stundenlang in der sengenden Hitze und bekommen von dem Drama drinnen im Dorf nur Bruchstücke mit. Gegen 17 Uhr sehe ich von meinem Standort aus Genscher auf dem Balkon des Hauses an der Conolly-straße stehen und verhandeln. An seiner Seite erkenne ich [den Münchner Polizeipräsidenten] Schreiber. Der Mann mit dem weißen Hut ihnen gegenüber ist Issa. Später bringen wir in Erfahrung: Genscher darf mit den neun gefesselten Geiseln sprechen, ihnen vorschlagen, mit den Terroristen gegen 21 Uhr nach Kairo ausgeflogen zu werden. Wir hämmern [unsere Texte] in unsere Schreibmaschinen, die von einem Techniker-Kollegen per Fernschreiben an die Heimat-Redaktionen abgesetzt werden. Der Redaktionsschluss drängt, und wir wollen zurück ins Dorf. Ich gebe unsere Stimmung wieder: ‚Es ist für uns alle wie ein quälender Spuk. In diesem Augenblick scheint uns die Freude und die Begeisterung über diese herrlichen Spiele schon eine Ewigkeit zurückzuliegen.' Die Todesnacht sollte jedoch erst ihren Anfang nehmen ..."[202]

Dabei scheint man zunächst aufatmen zu können. Scharnhorsts Bericht:

„Im Pressezentrum verkündet Hans (Johnny) Klein, der Pressesprecher der Olympischen Spiele [...] den dort versammelten etwa 700 Journalisten: ‚Eine kurze, aber wichtige Nachricht von unserem Beobachter in Fürstenfeldbruck. Schießerei auf dem Flughafen, die Polizei schießt zurück.' Um 23.50 Uhr meldet sich Präsident Schreiber: ‚Wir sind noch im Einsatz. Das Flugfeld ist noch nicht geräumt.'

Passanten vor einem Schaufenster, in dem das
Extrablatt der NRZ zum Attentat auf die israelische
Olympia-Mannschaft in München aushängt,
6. September 1972

Plakat mit NRZ-Team für die Berichterstattung über
die Olympischen Spiele 1972 in München

Dann geschieht das Unbegreifliche. Conny Ahlers, der Regierungssprecher von Kanzler Willy Brandt, gibt per Fernsehen bekannt, dass alle Geiseln befreit werden konnten. Im Pressezentrum bricht Jubel aus. Die Mitglieder des IOC erheben sich und applaudieren während ihrer Nachtsitzung dem deutschen Organisations-Komitee und dessen Vorsitzendem Willi Daume.

Die Wirklichkeit: Gegen 0.10 Uhr wirft ein Terrorist eine Handgranate in einen der Hubschrauber und versucht in die Dunkelheit zu entkommen. Er wird erschossen von einem der Scharfschützen. Die Maschine explodiert. Den Anführer trifft in diesem Feuergefecht auch eine tödliche Kugel. Einer der Terroristen erschießt die in der anderen Maschine sitzenden Geiseln. Der Polizeiobermeister Anton Fliegerbauer stirbt im Kugelhagel.

1.32 Uhr: Der letzte Schuss fällt.

Eine Stunde und acht Minuten später tritt Johnny Klein vor uns Journalisten und erklärt mit tonloser Stimme: ‚Wir Deutschen sind nicht nur eines der empfindsamsten Völker der Welt, sondern auch eines der verwundbarsten. Und es gibt keine verwundbare Stelle, an der man uns nicht getroffen hat.'

Einige Sekunden lang, die mir wie Ewigkeiten vorkommen, herrscht Schweigen. Wir alle sind wie gelähmt. Dann kommt es zu Wutausbrüchen von ausländischen Kollegen, die sich gegen alles Deutsche richten. Ben, ein liebenswerter, freundlicher, hilfsbereiter Kollege aus den USA, mit dem ich mich während der zurückliegenden Tage prima verstanden hatte, er kam aus Kalifornien, zischte mich an: ‚All fucking germans.' Ein anderer schrie in unsere Richtung: ‚Nazis, verdammte Nazis.' Ich erlebte in dieser Nacht, dass ein Mensch, wie es so oft schlagwortartig heißt, in Stunden um Jahre gealtert war: Willi Daume war innerlich zusammengebrochen."[203]

Aber auch in der Essener Zentrale wird um diese Zeit gearbeitet. So hat es ein Mitarbeiter später nachgezeichnet:

„In der Nacht zum Mittwoch saß die Nachrichtenredaktion auf heißen Kohlen, weil die Informationen aus München von dem Feuergefecht auf dem Flughafen Fürstenfeldbruck nur tropfenweise kamen. Selbst dieses magere Nachrichtenangebot ließ eine eindeutige Beurteilung der Lage nicht zu. Die Schlagzeilen der meisten Morgenzeitungen waren deshalb auch falsch, wie sich später herausstellte. Immerhin hatte die NRZ als eine der wenigen deutschen Zeitungen in einem Teil der Auflage am Mittwochmorgen eine korrekte Zeile: ‚Feuergefecht bis in den Morgen' – erschienen in einem Teil der Stadtausgabe Essen und in allen Ausgaben, die danach gedruckt werden, entsprechend dem Nachrichtenstand von kurz nach ein Uhr nachts.

Der Schock kam mitten in der Nacht, kurz nach drei Uhr, als sich auf der Pressekonferenz im Olympia-Zentrum herausstellte, daß alle Geiseln tot waren. Der Alarmplan der Redaktion trat in Kraft. Redakteure und Vertriebsleitung wurden aus dem Bett geklingelt. Vertriebsleiter Nienkemper nahm sofort mit allen Geschäftsstellen Kontakt auf. Kurz vor sechs Uhr standen die Mitarbeiter aus dem gesamten Verbreitungsgebiet bereits mit ihren Wagen in der Rotationshalle.

Die Redaktion produzierte ein Extrablatt mit Höchstgeschwindigkeit. Bereits um 5.45 Uhr kamen die ersten Exemplare aus der Rotation. Kleinere Verzögerungen traten ein, weil die Papierbahn riß. Dennoch waren wir fast überall die Ersten mit dem Extrablatt auf dem Markt. In Kleve war es bereits um acht Uhr morgens vergriffen."[204]

Schließlich können auch Scharnhorst und sein Team in München ins Bett:

„Irgendwann landen wir am frühen Morgen in unserer Olympia-Wohnung. Ich hatte niemanden in dieser Nacht gesprochen, dessen Vorstellungskraft ausgereicht hätte, sich eine Fortsetzung der Spiele auszudenken. Keiner von uns ist in der Dämmerung des nächsten Tages fähig, so mutig zu denken. Eher das Gegenteil ist von journalistischer Seite zu vernehmen: Das ist das Ende für Olympia, für immer und ewig, und ausgerechnet oder gerade in Deutschland.

Wir können nicht schlafen. Wie denn auch in dieser Nacht?! Ich verkrieche mich in mein Zimmer. Aber bald schon muss ich mich wieder ankleiden für die Trauerfeier. Immer noch der Überzeugung, das Ende Olympias miterleben zu müssen. Dann will ich meinen Augen nicht trauen: Das Stadion ist voll. 80.000 Menschen trauern dort unter der klaren, hellen Sonne im weiten Rund. Stille und Trostlosigkeit legen sich wie ein Schleier um die Versammlung in der Arena. [...] Schließlich fallen die fünf Worte, die seither Millionenfach nachgesprochen wurden, die in das Gedächtnis der Welt übergegangen sind. Avery Bundage, der große, alte Mann des Sports, sagt sie: ‚The games must go on!'"[205]

Die Berichterstattung auch.

Dokumentation des Streitgesprächs zwischen Jens Feddersen und Karl-Eduard von Schnitzler, dem Chefkommentator des DDR-Fernsehens und Moderator der Sendung „Der schwarze Kanal", 14. November 1972

Die NRZ und die Neue Ostpolitik

„Sudel-Ede" wurde er von den Menschen in der DDR genannt: Karl-Eduard von Schnitzler war der Chefkommentator des DDR-Fernsehens. Der Titel klang harmloser als er war: In Wirklichkeit war Schnitzler nämlich kein Journalist, sondern der Chefpropagandist des SED-Regimes. In seiner DDR-Fernsehsendung „Der Schwarze Kanal" nahm er die Bundesrepublik wöchentlich ins Visier und hetzte gegen die gesellschaftlichen Verhältnisse in Westdeutschland. In der DDR war Schnitzler verhasst, für die Journalisten in Westdeutschland eine Reizfigur. 1972 kam es nun zu einem Schlagabtausch: Schnitzler traf zum ersten Mal in einer Diskussion auf einen Journalisten aus der Bundesrepublik: Jens Feddersen.[206]

Zuerst wurde die Sendung im holländischen Fernsehen ausgestrahlt, als sie dann auch in der ARD wiederholt wurde, löste sie eine riesige Reaktionswelle in der Bundesrepublik aus. In der Politik, über alle Parteigrenzen hinweg – aber auch unzählige Fernsehzuschauer, bei weitem nicht alle Leser der NRZ, schickten Briefe in die Sachsenstraße, um Feddersen für seine Diskussionsbeiträge zu danken. Nach dem 3. Oktober 1990 schließlich sollte Jens Feddersen auch von vielen Menschen aus der ehemaligen DDR hören, mit welch großer Zustimmung sie seinen Ausführungen gefolgt sind und wie er es so geschafft hat, ihnen Mut zu machen, nicht zu verzweifeln und sich vom SED-Regime nicht unterkriegen zu lassen.

Was war geschehen? Feddersen schaffte es in der Debatte, die Vorteile der neuen Ostpolitik in der Form eines freundschaftlichen Kontaktes der Bundesrepublik zu Polen herauszustellen und gleichzeitig die Zustände in der DDR zu kritisieren.

An der Diskussion nahm auch Jan Zygmunt Sawicki teil, der für das polnische Fernsehen als Korrespondent in Bonn arbeitete. Feddersen gelang es während der Diskussion, den polnischen Kollegen auf seine Seite hinüberzuziehen. So bestätigte Sawicki, dass sich im Zuge der Neuen Ostpolitik die Situation zwischen Deutschland und den Ländern Osteuropas entspannt habe, nur die deutsch-deutschen Beziehungen seien weiterhin stärker auf Konfrontation aus. Diese Volte war auch deswegen bedenkenswert, weil Schnitzler kurz zuvor deutlich gemacht hatte, dass er sich als Kommunist seinem polnischen Genossen verbundener fühle als seinem deutschen Landsmann Feddersen. Trotzdem: Zu Beginn der Diskussion saßen Schnitzler und Feddersen nebeneinander. Als aber nun Schnitzler bekundete, sein Platz sei eigentlich neben seinem polnischen Genossen, stand Feddersen kurzerhand auf und tauschte den Stuhl mit Sawicki. Seit dieser Überraschungsaktion hatte der NRZ-Chefredakteur ganz klar die Oberhand in der Debatte. Dabei stand Schnitzler weiter in Feddersens Schusslinie: Er konfrontierte den DDR-Propagandisten mit dem Schießbefehl an der innerdeutschen Grenze. Ebenso wollte Feddersen eine Antwort auf die Frage bekommen, warum er zwar ohne Probleme Polen oder die Sowjetunion besuchen könne, aber seit zehn Jahren ihm die Einreise in die DDR verweigert werde. Schnitzler antwortete nicht.

Feddersen schaffte durch diesen Fernsehauftritt ein großes öffentliches Forum für seine deutschlandpolitische Position: Er zeigte, dass man für eine Öffnung der Bundesrepublik gegenüber den osteuropäischen Ländern plädieren konnte, ohne die Menschenrechtsverletzungen in der DDR verschweigen zu müssen. Im Gegenteil, es war sogar möglich, auf diese Weise aus Osteuropa, wie hier durch den polnischen Journalisten-Kollegen, Unterstützung für die eigene Position zu bekommen. Es erschien so am Horizont die Möglichkeit, dass die DDR gegenüber ihren

Der Sitz des NRZ-Büros in der DDR in Ost-Berlin,
das am 12. Januar 1974 eröffnet worden ist

Bündnisgenossen im Warschauer Pakt als Hardliner in eine Außenseiter-Position geraten könnte. Ein solcher Moment wäre dann eine Chance für die Bundesrepublik. Freilich konnte Feddersen zu diesem Zeitpunkt noch nicht ahnen, dass dieses Szenario knapp zwei Jahrzehnte später tatsächlich Realität werden sollte. 1989 werden zuerst die Ungarn die Grenze öffnen. Und der sowjetische Staats- und Parteichef Michail Gorbatschow wird nach dem 9. November 1989 keine russischen Panzer rollen lassen – anders als Chruschtschow am 17. Juni 1953.

Feddersens Strategie war es denn auch, die Beziehungen zu den politischen Kräften in der DDR zu stärken, die zwar dem Staats- und Parteiapparat angehörten, aber eben keine Hardliner waren, sondern auf Versöhnung und Verständigung setzten. Wenn auch die Hoffnung auf eine Wiedervereinigung dabei im Hintergrund immer mitschwang, in erster Linie lautete das Ziel: Die beiden Teile Deutschlands sollten nicht den Kontakt zueinander verlieren. Miteinander zu sprechen – gewiss, durch solche Gespräche wurde die Teilung nicht aufgehoben. Aber aus der Sicht von Jens Feddersen und Verleger Dietrich Oppenberg war so ein Gespräch besser als feindseliges Schweigen. So organisierte die NRZ ab 1981 jedes Jahr in Ost-Berlin ein Treffen, zu dem sowohl Vertreter aus der DDR als auch aus der Bundesrepublik eingeladen wurden: Politiker, Journalisten, Vertreter der Kirchen. Zu den Teilnehmern gehörten etwa der spätere Brandenburger Ministerpräsident Manfred Stolpe, der damals noch für die Evangelische Kirche den Kontakt zum Staat hielt, aber auch Schriftsteller wie der durch die Ruhr Zeitung Oppenberg besonders verbundene Stefan Heym oder der stellvertretende DDR-Kulturminister Klaus Höpcke, der mit Oppenberg auch im privaten Briefkontakt stand und diesen in Essen vor der Wende besuchte, um im Folkwang-Museum einen Vortrag zu halten. Ebenfalls bestand auch Kontakt zu dem Ostberliner Rechtsanwalt Wolfgang Vogel, der über den Austausch von politischen Häftlingen mit der Bundesrepublik verhandelte. Auch Jens Feddersen machte sich für Ausreisefreiwillige stark. So verwandte er sich bei NRW-Ministerpräsident Johannes Rau für die Verlobte eines Westdeutschen. Rau intervenierte daraufhin bei der DDR-Regierung, mit der Folge, dass die Frau in die Bundesrepublik ausreisen und dort ihren Verlobten heiraten konnte.

Wie sehr solche Aktionen durch Hintergrundgespräche bei den jährlichen Treffen in Ost-Berlin vorbereitet worden sind, lässt sich leider nicht nachvollziehen. Es ist aber sehr wahrscheinlich davon auszugehen.

Der besondere Tag – Teil 7:
Der Rücktritt von Willy Brandt als
Bundeskanzler am 7. Mai 1974

„Willy, wir lieben dich." Herbert Wehner, Vorsitzender der SPD-Bundestagsfraktion, übergibt Willy Brandt einen Strauß roter Rosen. Zum Abschied.
Denn der Bundeskanzler hat beschlossen zurückzutreten. Der Grund:
Der Mitarbeiter im Kanzleramt Günter Guillaume ist als DDR-Agent
enttarnt worden. Der Kanzler also, der durch seine Neue Ostpolitik für
eine neue Beziehung zwischen beiden deutschen Staaten gesorgt hat,
ausgerechnet der wird auf diese Weise gestürzt? Kein Wunder, dass Egon
Bahr, der engste Mitarbeiter Brandts, in Tränen ausbricht, als er diese
Szene im großen Sitzungssaal der SPD-Bundestagsfraktion verfolgt.

Mittlerweile weiß man, dass Bahr noch aus anderen Gründen emotional
zusammengebrochen ist. Das Wort „Liebe" aus dem Munde Wehners –
das war zu viel für ihn. Schon Monate zuvor – ausgerechnet von Moskau
aus – hatte Wehner harsche Kritik an Brandt geübt: „Der Herr badet
gerne lau." Damit hatte Wehner auf einen Aspekt hingewiesen, der jetzt
auch in der Guillaume-Affäre Bedeutung gewinnt: Brandt und die Frau-
en. Hatte Guillaume seinem Chef heimlich Frauen zugeführt?

Die Szene im Fraktionssaal beobachten auch zwei NRZ-Mitarbeiter,
ein eingespieltes Team: Chefreporter Thorsten Scharnhorst und Fotograf
Hennes Multhaup. Scharnhorst schildert die Situation im Rückblick so:

„Als Brandt an diesem Tag um 12.15 Uhr seinen Platz im Fraktionssaal
des Bundestags erreicht, liegen da 50 rote Rosen. Herbert Wehner hat sie
dort drapiert. Es sind die Rosen eines Abtrünnigen, wie wir heute wissen.
Zum Abschied spielt Onkel Herbert noch einmal den getreuen Eckehard.
Brandt wirkt wie in Trance, das Gesicht ausdruckslos. Und dann inszeniert
Herbert Wehner seinen großen, geschichtlichen Auftritt. Am ganzen Körper
zitternd, vielleicht wirklich verzweifelt über die Lage, bricht es aus ihm heraus.
Er brüllt mehr als das er spricht: ‚Die sozialdemokratische Partei grüßt
Willy Brandt.' In seine Pause prasselt der Beifall der Fraktion. Wehner holt
erneut aus mit mächtiger Stimme: ‚Wir grüßen in ihm den Vorsitzenden
der Sozialdemokratischen Partei und stehen hinter ihm.'

Wir müssen raus aus dem Saal. Freund Hennes hat als einer der wenigen Fotografen ein Bild vom weinenden Bahr auf dem Film – seine Kollegen hatten sich zu sehr auf den Vorstandstisch konzentriert, dort wo

NRZ NEUE RUHR ZEITUNG

DIENSTAG, 7. MAI 1974   RHEINISCH-WESTFÄLISCHE ZEITUNG   UNABHÄNGIG-MEINUNGSFREUDIG   29. JAHRG., NR. 105   AUSG. E   PREIS 30 PF   1 H 5189 A

Willy Brandt zum Spionagefall: Ich übernehme die Verantwortung

Kanzler tritt zurück

Heute

IRAN

NRZ REPORT

Persien wird zu einem großen Partner der deutschen Wirtschaft. Kurt Gehrmann hat darüber in den letzten Tagen für die NRZ direkt aus Teheran berichtet. Lesen Sie in dieser Ausgabe den ersten Teil seiner Serie:

Wenn Majestät die Mai-Rede hält ...

Helmut Schmidt Nachfolger
Scheel leitet Regierung

Von NRZ-Redakteurin HILDE PURWIN

B o n n. Sensationelle Entwicklung in Bonn: Bundeskanzler Willy Brandt ist gestern zurückgetreten. Das erfuhr die NRZ kurz vor Mitternacht. Um diese Zeit hielten nach einem Tag voller Gerüchte fieberhafte Beratungen der Koalitionsparteien an. Die FDP-Spitzengremien waren für 23 Uhr einberufen worden. Das Kabinett beriet in einer Nachtsitzung.

Brief an Heinemann

In einem Brief an Bundespräsident Heinemann hat Willy Brandt seinen Rücktritt begründet. In dem Schreiben übernimmt er „die volle politische Verantwortung für die Fahrlässigkeiten", die bei der Einstellung des DDR-Agenten Guillaume ins Kanzleramt begangen wurden.

● Außenminister und Vizekanzler Walter Scheel übernimmt bis auf weiteres die Leitung der Regierungsgeschäfte. Dann soll der derzeitige Bundesfinanzminister Helmut Schmidt zum neuen Kanzler gewählt werden.

Das Handschreiben Willy Brandts wurde dem Bundespräsidenten vom Staatssekretär im Kanzleramt, Horst Grabert, überbracht. Der Bundeskanzler hatte sich zu dieser späten Stunde in seine Dienstwohnung auf dem Venusberg zurückgezogen.

Überraschend hatte gestern abend FDP-Chef Walter Scheel in Vertretung des Bundeskanzlers die drei Bundestagsvorsitzenden Wehner (SPD), Carstens (CDU), Mischnick (FDP) sowie den Vorsitzenden der CSU-Landesgruppe Stücklen zu einer Aussprache über den Fall Guillaume empfangen.

Die NRZ kommentiert:
Der Rücktritt

Die Nachricht vom Rücktritt Willy Brandts wird nicht nur das deutsche Volk, sondern die Weltöffentlichkeit wie eine Keulenschläge treffen. Dieser Bundeskanzler, ausgezeichnet mit dem Friedensnobelpreis für seine Politik der Aussöhnung, stürzt über einen Agenten aus der DDR in seinem Vorzimmer!

Die deutsche Tragödie, symbolisiert durch Mauer und Stacheldraht, hat durch infame kommunistische Bespitzelung ein Opfer gefordert, dessen Bedeutung und dessen Folgen noch nicht zu ermessen sind.

Zu mitternächtlicher Stunde, als die Bestätigung des Kanzlerrücktritts in Bonn gegeben wurde, ist nicht die Zeit, Willy Brandts politische Arbeit für sein Land gebührend zu würdigen. Entschuldigung über Männer seiner Umgebung, die nicht den gleichen Mut zur persönlichen Konsequenz gehabt haben, mögen ihn in seinem Entschluß bestärkt haben, der historische Dimensionen hat.

Es ist ein Entschluß, der von Ehrlichkeit, Aufrichtigkeit und sensiblem Verantwortungsbewußtsein zeugt — so wie es dem Wesen des Menschen Willy Brandt entspricht. Nicht nur seine Freunde, auch Millionen seiner Wähler werden die tragische dieses Entschlusses kaum erfassen können, den die Welt als den Repräsentanten des besseren Deutschland schätzt und ehrt.

Herbert Stroeten

Kauft Veba die Gelsenberg AG?

NRZ-Nachrichtendienst

Frankfurt. Die Spekulationen über ein Kaufangebot der Veba AG an die Gelsenberg-Aktionäre haben sich gestern weiter verdichtet. Daraufhin wurden in Frankfurt und an allen anderen deutschen Aktienbörsen die Papiere der Gelsenberg AG ausgesetzt. Der Gelsenberg-Kurs war an der Börse in der letzten Woche von 85 auf 94,00 DM je 50-Mark-Aktie geklettert.

Anschließend teilte Carstens mit: „Scheel machte einen Vorschlag, der nur in losem, indirektem Zusammenhang mit dem Fall Guillaume stand. Wir werden uns eine Stellungnahme vorbehalten." Stücklen bestätigte, daß in dem Vorschlag ein „sensationeller Gesichtspunkt" aufgetaucht sei.

Unmittelbar nach Bekanntwerden der Einladung Brandts an die Fraktionschefs verwandelte sich eine brodelnde Gerüchteküche. Alle nur erdenklichen Behauptungen wurden verbreitet; sie richten von „Brandt will die Kanzleramt aufgeben und für Bundespräsidentschaft kandidieren" bis „auch im CDU-Hauptquartier ist ein DDR-Spion entdeckt worden".

Am hartnäckigsten hielt sich das Gerücht, Willy Brandt werde den Rücktritt als jetziger Post- und früheren Kanzleramtsminister Ehmke bekanntgeben. Jedoch erwies sich dieses Gerücht als falsch. Ehmke selbst erklärte in einer Fernsehsendung, er werde nicht zurücktreten; denn er habe dafür keinerlei Veranlassung. Er habe sogar mehr zur Überprüfung Guillaumes getan, als dies nach den Vorschriften nötig war.

Der Chef des Verfassungsschutzes, Günter Nollau, erklärte, Minister Ehmke sei seinerzeit für die Einstellung Guillaumes verantwortlich gewesen. Nollau wollte sich über die personellen Konsequenzen nicht äußern.

Der Leiter der deutschen Spionageabwehr vermutete gestern, daß in der Bundesrepublik noch mehr DDR-Agenten „ähnlichen Kalibers" wie Günter Guillaume arbeiten. Gestern abend hat der Präsident des Bundesamtes für Verfassungsschutz, Dr. Günter Nollau, im Fernschmagazin „Report" eine entsprechende Frage bejaht. Zugleich nannte er das „Überprüfungssystem „lückenhaft".

Inzwischen hat Oppositionsführer Carstens bestätigt, daß die CDU/CSU im Fall des DDR-Spions über Informationen verfügt, die der Bundesregierung vielleicht noch nicht zur Verfügung stehen.

Außenminister Walter Scheel wird am heutigen Dienstag mit, wie vorgesehen, zur Sitzung des EG-Ministerrats nach Brüssel fliegen. Begründung für die Absage: Scheels Anwesenheit bei der heutigen Kabinettssitzung in Bonn ist zwingend erforderlich.

Erklärt seinen Rücktritt: Willy Brandt

Soll neuer Kanzler werden: Helmut Schmidt

Der Wortlaut des Briefes

Der Brief Willy Brandts an Bundespräsident Heinemann hat folgenden Wortlaut:

„Sehr geehrter Herr Bundespräsident!

Ich übernehme die politische Verantwortung für Fahrlässigkeiten im Zusammenhang mit der Agentenaffäre Guillaume und erkläre meinen Rücktritt vom Amt des Bundeskanzlers. Gleichzeitig bitte ich darum, diesen Rücktritt unmittelbar wirksam werden zu lassen und meinen Stellvertreter Walter Scheel mit der Wahrnehmung der Geschäfte des Bundeskanzlers zu beauftragen, bis ein Nachfolger gewählt wird.

Mit ergebenen Grüßen, Ihr Willy Brandt"

Die Bäcker backen keine kleinen Brötchen

Keine kleinen Brötchen backen die Bäcker auf der internationalen Bäckerei-Fachausstellung „iba '74", die am Samstag (11. Mai) in Düsseldorf begann. Neun Tage lang wird auf dem Messegelände all das präsentiert, was der Bäckerei zu tun hat: Vom kompletten Backbetrieb bis hin zu raffinierten Köstlichkeiten, die an Ort und Stelle gebacken werden.

NRZ-Funkfoto: dpa

Weizsäcker endgültig Kandidat der CDU

Am 15. Mai tritt er gegen Walter Scheel an

Von unserem Redaktionsmitglied

H. F. B o n n. Bei nur einer Gegenstimme und einer Stimmenthaltung ist Richard von Weizsäcker gestern von der CDU/CSU-Fraktion der Bundesversammlung in geheimer Abstimmung zum Kandidaten für die Bundespräsidentschaft nominiert worden. Allerdings waren von den 501 Mitgliedern dieser Fraktion nur 397 nach Bonn gekommen.

CDU-Vorsitzender Kohl erklärte vor Journalisten, die CDU/CSU habe von Weizsäcker für die gesamte Wahl nominiert. Demnach wird sie, wenn mehrere Wahlgänge erforderlich werden, in keinem Fall auf Walter Scheel, den Kandidaten der sozial-liberalen Koalition, einschwenken.

Zuvor hatte von den CDU/CSU-Mitgliedern der Bundesversammlung, die 15. Mai in Bonn den neuen Bundespräsidenten wählen wird, das Abstimmungsergebnis für von Weizsäcker als „noch verbesserungsfähig" erklärt. In Bonn gilt es jedoch als sicher, daß die SPD- und die FDP-Mitglieder der Bundesversammlung geschlossen für Walter Scheel stimmen und ihn damit zum Staatsoberhaupt machen werden.

Die Aufgabe der ursprünglich von Kohl und den CSU-Vorsitzenden Strauß verfolgten Absicht, auf einen gemeinsamen gegen Scheel zu verzichten, wurde von Kohl mit „wesentlichen Veränderungen der politischen Landschaft in den letzten sechs Monaten" begründet. Jetzt gehe es der CDU/CSU darum, zwei personell die Alternative zur sozial-liberalen Koalition deutlich zu machen.

Siehe Kommentar Seite 2

Richard von Weizsäcker mit CDU-Fraktionschef Carstens und den Unionsvorsitzenden Kohl und Strauß gestern in Bonn.   NRZ-Funkfoto: dpa

Gegen Großraum Duisburg
SPD- und CDU-Abgeordnete unternehmen Vorstoß

Von unserem Redaktionsmitglied

H.W.H. D ü s s e l d o r f. Noch einmal, wie schon im Februar bei der zweiten Lesung die umstrittene zum Ruhrgesetzes zur Neugliederung der Gemeinden, wird am morgigen Mittwoch bei der dritten Lesung eine starke SPD/CDU-Gruppe gegen die beabsichtigte Großraum-Lösung Duisburg opponieren. Dies wurde gestern im Landtag bestätigt, nachdem ein Änderungsantrag die Billigung aller Beteiligten fand.

Am Mittwoch wird der Landtag über das „Ruhr"- und das „Niederrhein"-Gesetz endgültig entscheiden. Der Vorlage entsprechend soll Duisburg den rheinüberschreitend ausdehnen und damit auch die Gemeinden Rheinhausen, Homberg, Rumeln und Kaldenhausen in das künftige Stadtgebiet eingliedern.

Wie gestern Abgeordneter Friedel Neuber (SPD) mitteilte, habe sich die Meinung der Gegner dieser beabsichtigten Lösung, die Bürgernähe und Effizienz der Verwaltung keineswegs garantiere, nicht gemindert. Es sei schon aus Gründen der Ehrlichkeit geboten, nicht den Protest zu erheben. Neuber räumte ein, daß wahrscheinlich das Ruhrgesetz mit seinen nachteiligen Folgen für den Niederrhein nicht mehr aufzuhalten sei, doch sollten die Abgeordneten der CDU und der SPD wollten mit dem „letzten Versuch" unternehmen. Im Februar hatte die SPD/CDU-

Gruppe bei der zweiten Lesung des umstrittenen Ruhrgesetzes mit 71 Mann gegen die Ausweitung Duisburgs in den Kreis Moers gestimmt. 114 Abgeordnete, darunter geschlossen die FDP, gaben jedoch der Gesetzesvorlage ohne Einschränkung ihre Zustimmung.

Das Wetter
Stark bewölkt

Heute wechselnde, im ganzen stärkere Bewölkung. Gelegentlich schauerartiger Regen. Tagestemperaturen um sieben Grad. Nachtwerte um zwei Grad. Am Erdboden um null Grad. Schwacher bis mäßiger Nordwind. Weitere Aussichten: Schauerneigung abnehmend. Bewölkungsauflockerungen. Zögernder Temperaturanstieg.

SA 4.48 Uhr   MA 21.56 Uhr
SU 19.58 Uhr   MU 4.58 Uhr

Tagesspruch

Gedankenlosigkeit tötet. — Andere.

Kurz gemeldet

Import-Liste
Italien hat eine Liste von mehr als 300 Waren veröffentlicht, für die von heute an Import-Erschwernisse gelten.

Kurzarbeit
In der letzten Maiwoche soll nach bisherigen Plänen des VW-Werks in Emden und Hannover kurzgearbeitet werden.

CSSR-Gewerkschaft
Auf Einladung des DGB ist eine Delegation der tschechoslowakischen Gewerkschaften in Düsseldorf eingetroffen.

Die Titelseite der NRZ vom 7. Mai 1974

die Rosen liegen und Wehner seine Worte schmettert und Brandt nach vorne starrt. Das Foto von Hennes wird noch oft nachgedruckt, ein Foto, das unter die Haut geht – selbst abgebrühten Journalisten. Nach 20 Minuten öffnet sich wieder die Tür. Der ehemalige Bundeskanzler hat seiner Fraktion gesagt, was zu erklären war. Wehner lässt uns wissen, die Fraktion habe [dem Rücktritt] einstimmig zugestimmt. Brandt wirkt auf mich, als sei eine schwere Last von ihm abgefallen. Das Gesicht ist entspannter, er lächelt, als er den rostbraunen Mercedes mit dem Kennzeichen BN-PR 882 ohne Stander besteigt. Es ist schon nicht mehr das Kanzlerauto, knapp eine Stunde nachdem er bei Bundespräsident Heinemann seinen Rücktritt offiziell machte."[207]

Thorsten Scharnhorst hat den Kanzler auch in besseren Zeiten aus nächster Nähe beobachten können. Regelmäßig gehörte er zum Journalistentross, der Brandt bei seinen Touren durch das Land im Sonderzug begleitete. In dieser Nähe hat der Journalist den Politiker, aber auch die Persönlichkeit Willy Brandt intensiv studieren können. Er glaubt nicht an die Frauengeschichten. Tatsächlich haben die Gerüchte aber Brandt zugesetzt. Das kann Scharnhorst bei einer von Brandts letzten Reisen als Kanzler beobachten, auf Helgoland.

„Der Kanzler hatte reichlich Rotwein getrunken, und ich, mehr als mir gut getan hätte, etliche Biere und auch manchen lütten Korn gebechert. Am anderen Tag waren alle, die während der Feier zum 1. Mai 1974 im Kursaal von Helgoland mitgehalten hatten, arg verkatert. Willy Brandt setzte auch noch ein politisch-moralischer Kater ziemlich zu. Die Affäre Guillaume machte dem Regierungschef böse zu schaffen [...]. Noch dazu hatte [er] [...] an diesem Vormittag erfahren, dass seine eigenen Sicherheitsleute gegenüber vernehmenden Beamten des Bundeskriminalamtes ausgesagt hatten, jener Günter Guillaume, sein inzwischen inhaftierter persönlicher Referent und bekennender Major der Nationalen Volksarmee, hätte für ihn Liebesabenteuer arrangiert. Sozusagen ein Postillion d'amour im Dienste der Regierungen beider deutscher Staaten."

Scharnhorst hält diese Vorwürfe für unglaubwürdig.

„Diese hochrangigen Techtelmechtel sollen angeblich vor allem in jenem Sonderzug dem verheirateten Vater von drei Söhnen Vergnügen bereitet haben, in dem der Bonner Kabinettschef in schöner Regelmäßigkeit in die bundesdeutschen Provinzen reiste, um den Bürgern, natürlich auch den Wählern, nahe zu sein. [...] Diese Reisen in die Regionen begleitete ich regelmäßig. Das war auch für Journalisten eine ungewöhnliche, gern genutzte Gelegenheit dem Staatsmann Brandt nahe zu sein. Dieser hatte, daran gab es keinen Zweifel, neben anderen herausragenden Eigenschaften auch einen Schlag bei Frauen, wie es der Volksmund so treffend zu formulieren pflegt. Der Mann verkörperte nicht nur die erotisch anziehende Macht, sondern hatte auch Charisma, einen herben Charme, einen äußerst innovativen Geist und viel Witz. Brandt konnte ansteckend lachen. Wenn sein Gesicht in viele kleine Falten zerknitterte, und die Augen sich in gelöster Fröhlichkeit zukniffen, dann mussten alle Umstehenden mitlachen. [...]

Wenn die Kundgebungen und Verpflichtungen auf den Provinz-Reisen es zuließen, so schaute Willy Brandt schon mal abends bei uns im Speisewagen vorbei. Dann wurde es meist spät, und die Kellner hatten alle Hände voll zu tun, die Flaschen mit dem Weißherbst herbeizuschaffen. Da konnten die Vorräte an Bord schon mal knapp werden, oder völlig erschöpft werden. Wir waren in Süddeutschland unterwegs, Brandt hatte in Hornberg geredet [...]. Irgendwann war der Nachschub an Weißherbst jedenfalls erschöpft.

Dem Oberkellner war die Situation der Leere höchst peinlich; der gute Mann hatte allerdings bei aller fürsorglichen Voraussicht mit so ausgeprägtem Durst seiner Gäste nicht rechnen können. Da der Zug wie immer zur Nachtruhe auf einem Nebengleis stand, bot sich Guillaume an, für neuen Wein zu sorgen. So diente sich Guillaume an, immer der gute Geist auf allen Reisen. Es wurde darauf verzichtet. In dieser Nacht, so möchte ich im Nachhinein jede Wette eingehen, war dem Kanzler nur nach absolutem Alleinaufenthalt in seinem Bett zu Mute. Die erreichten Promille hätten sich allen erotischen Versuchungen wiedersetzt. Vermute ich."

Annäherungen an den Kanzler gab es bei diesen Reisen allerdings schon. Wenn denn dem einzelnen Journalisten gelungen ist, eine engere Beziehung zu Brandt aufzubauen. Thorsten Scharnhorst hat dies geschafft:

„Ich hatte den Vorzug [...] die Brötchen mit Brandt zu teilen. Diese Morgenstunde war nicht die Stunde, um Witze zu reißen. Da dozierte Willy Brandt mit der rauen, eindringlichen Stimme über Politik und das, was sie bewirken sollte. Mir stand dann nicht der Sinn nach Diskussion. Willy Brandt im kleinen Kreis zuhören zu können, vertiefte das Wissen und bestärkte die Fähigkeit, Politik und deren Untiefen besser zu verstehen. Übrigens hat der von mir bewunderte ‚Stern'-Fotograf Stefan Moses ein[en] Frühstück-Schnappschuss vom Kanzler und mir gemacht. Ich sitze da im Hemd und ohne Schlips. Dieses Stück Stoff um den Männerhals verlangte eigentlich die Etikette. Ich mochte dieses überflüssige Halsband weder damals noch heute. Obwohl krawattenfrei war Brandt durchaus freundlich zu mir."[209]

Komplizierter war es hingegen, wenn sich aus solchen Gesprächen tatsächlich Nachrichten ergaben, die schnell von Scharnhorst an die Redaktion in Essen weitergegeben werden mussten. Doch auch da gab es hilfreiche Geister, wiederum Günter Guillaume:

„Machte der Zug wieder Station – dazu musste man den Fahrplan genau im Kopf haben – suchte die gemessen an heutigen Verhältnissen relativ kleine Journalistenschar nach verfügbaren Telefonen. Wer besonders schnell war, erwischte das im Amtszimmer des Bahnhofvorstehers. Rollt ein Kanzler ein, ist auch ein rotbemützter Beamter eilfertig bereit, seine Apparatur von aufdringlichen Reportern missbrauchen zu lassen. Gab's ein Bahnhofrestaurant, war dieses ebenfalls eine gern besuchte Anlaufstelle. [...] Einmal geriet ich ziemlich in Bedrängnis. Vor der Abreise war mir entgangen, dass das Farbband meiner Olympia ziemlich [...] löcherig geworden war. Es riss. Verdammtes Pech. Und ich hatte kein Ersatzband im Koffer – wie ich es meist auf längeren Reisen vorsorglich zur Verfügung hatte. Mit der Hand schreiben dauerte zu lange und behinderte auch irgendwie meinen Denkapparat. Das Schreiben auf der Maschine war genauso zur Gewohnheit geworden wie heute die Benutzung des PC. Das Formulieren fällt einfach leichter. Ich trat also auf den Gang des dahin rollenden Wagens und hatte die Hoffnung, von einem der in Nebenabteilen ebenfalls arbeitenden Kollegen Hilfe zu erhalten. Ich traf Guillaume. Der las aus meinem belämmerten Gesicht, dass irgendetwas nicht in Ordnung war.

Als ich von meiner Misere berichtete, macht er sofort ein freundliches Angebot: ‚Ich schau mal im Dienstwagen nach, ob da ein Farbband für Sie zu finden ist.' Er fand eins, reichte es in den nächsten Waggon und war wieder einmal der nette Herr Guillaume. [...] [D]as Verhalten [war] für diesen Mann typisch [...]. Guillaume – immer für Sie da."

Auch nach Brandts Rücktritt bleibt der Kontakt des SPD-Vorsitzenden zur NRZ gut – regelmäßig ist er zu Hintergrundgesprächen in der Redaktion zu Gast oder lässt sich interviewen. Neben dieser professionellen Seite gibt es aber auch ein vertrautes Verhältnis zwischen Willy Brandt und Dietrich Oppenberg. Schließlich hat Brandt sowohl bei der Eröffnung des Pressehauses – damals noch als Außenminister und Vizekanzler – wie 1971 bei dem 25-jährigen NRZ-Jubiläum die Festrede gehalten. Für

Oppenberg steht Brandt für die positiven Veränderungen, die die Sozial-demokratie in der Bundesrepublik von der Arbeiterpartei hin zur Volks-partei genommen hat, und die es ihm auch jetzt noch möglich macht, diese Partei als politische Heimat betrachten zu können. So schreibt Oppenberg an den vier Jahre älteren Brandt zu dessen 65. Geburtstag 1978: „Uns verbindet [...] die kritische Haltung zur Arbeiterbewegung der Weimarer Zeit. Wir haben nach dem Neubeginnen unserer Partei gedient, der nunmehr nach vielen Jahren der Durchbruch gelungen ist. Daran haben Sie Ihren unauslöschlichen Anteil. Wir wünschen mit Ihnen, daß wir nicht wieder in eine unfruchtbare Opposition absinken und brauchen Sie daher in erster Linie."[210] Hier schreibt Oppenberg zwar nicht direkt als Verleger, sondern als Privatmann. Aber es steht ja ohne Zwei-fel fest, dass er als Verleger wie auch die Redaktion die sozial-liberale Koalition publizistisch unterstützt haben. Freilich bedeutet publizistische Unterstützung nicht Propaganda – die Journalisten werden nicht zu PR-Leuten.

Sozial-liberale Grundsätze aber bilden die Grundlinie, von der aus Jens Feddersen und seine Kollegen die politischen Ereignisse der Zeit in ihren Kommentaren oder Leitartikeln bewerten oder auch kritisieren. Diese Grundhaltung ist nicht per Direktive verordnet worden, sondern spiegelt sich in einer politischen Grundeinstellung wider, die die Redaktionsmitglie-der bei allen Unterschieden in einzelnen Sachfragen verbindet. Die NRZ tritt für die Neue Ostpolitik und eine Reform der westdeutschen Gesell-schaft ein. Die Brandt'sche Devise: „Mehr Demokratie wagen" entspricht dem NRZ-Slogan „Für Menschen, die denken". Die NRZ sieht ihre Leser als aufgeklärte Staatsbürger, die Zeitungslektüre soll sie dabei unterstützen, sich für diesen liberalen Staat einzusetzen. Damit wird die Zeitung auch nicht zum Parteigänger. Jens Feddersen ist zwar auch Mitglied der SPD, aber wie Antje Huber, einst in der Gründungsphase NRZ-Redakteurin, später Ministerin im Kabinett Schmidt, im Rückblick anmerkt, an Orts-vereinsversammlungen oder ähnlichem habe Feddersen natürlich nie teilgenommen. Die Grundhaltung drückt sich wenn überhaupt eher in einer Verbindung zu Personen als zu einer Partei aus: Solche Personen, die das sozial-liberale Profil repräsentieren, sind in diesen Jahren eben Willy Brandt, dann Gustav Heinemann, zu dem als Essener sowieso eine besondere Bindung besteht. Schließlich Walter Scheel, zu dem Feddersen wie Oppenberg auch privat Kontakt halten. Und auf der landespolitischen Ebene zuerst Heinz Kühn und dann besonders intensiv Johannes Rau.

Freilich ist diese Grundhaltung auch kein Geheimnis, sie mindert auch nicht die journalistische Qualität: Gilt ja weiterhin der Grundsatz: Nachrichten und Kommentare sind streng voneinander zu trennen. So gehören die führenden Personen der christdemokratischen Opposition auch ganz selbstverständlich in dieser Zeit zu den Gästen im NRZ-Pressehaus: von Rainer Barzel über Helmut Kohl bis zu Franz Josef Strauß.

Nach dem Rücktritt von Brandt besteht auch ein guter Kontakt zur Regierung Schmidt. Hilde Purwin kennt den neuen Bundeskanzler schon seit langem. Zeitweilig wird sogar Jens Feddersen als neuer Regierungssprecher gehandelt – gilt er doch als einer der bekanntesten Journalisten mit sozial-liberalem Profil. Doch Feddersen will nicht die Seiten wechseln. Bei aller publizistischen Unterstützung, die er der sozial-liberalen Koalition und ihren Reformprojekten entgegenbringt, vor allem der Neuen Ostpolitik.[211]

Seine journalistische Unabhängigkeit ist ihm wichtiger. Stattdessen wird ein alter Weggefährte Feddersens noch aus Berliner Zeiten den Posten in Bonn übernehmen: Rüdiger von Wechmar. Wie man der Redaktionskorrespondenz aus dieser Zeit entnehmen kann, tauschen beide sich regelmäßig aus – in einem lockeren Ton, aber – und das ist für die Zeitung entscheidend – so, dass die eine oder andere exklusive Information auf diese Weise nach Essen gelangt.

In den 1970er Jahren sterben die Gründungsgesellschafter der Rheinisch-Westfälischen Verlagsgesellschaft, Arthur Fritsch, Franz Feldens und Wilhelm Nieswandt. Ihnen folgen 1972 Karl-Heinz Sohn und 1978 Wilhelm Haferkamp nach. Sohn, Jahrgang 1928, ist verwurzelt in der Ruhrindustrie: Bei Krupp hat er ab 1966 als Leiter der Konzernplanung Volkswirtschaft und der Stabsabteilung gearbeitet, nachdem der gelernte Schriftsetzer zuvor nach einem Studium der Sozialwissenschaft und Volkswirtschaft führende Positionen im DGB auf Bundes- und Landesebene innegehabt hatte. Von 1969 bis 1974 war der Sozialdemokrat beamteter Staatssekretär im Bundesministerium für wirtschaftliche Zusammenarbeit.

Die Berufung von Wilhelm Haferkamp (1923–1995) zum Gesellschafter im Jahre 1978 unterstreicht die Bedeutung, die dem Thema „Europäische Einigung" zugeschrieben wird. Haferkamp, auch er Sozialdemokrat, ist nämlich von 1970 bis 1985 Vizepräsident der Europäischen Kommission. Bereits bei der Feier zum 30-jährigen Jubiläum der NRZ im Jahre 1976 hat er als „Stimme Europas" die Festrede gehalten.

Anmerkungen: Die NRZ setzt Maßstäbe in einer Zeit des Umbruchs

174   Flugblatt. NRZ-Verlagsarchiv.

175   Bild am Sonntag vom 14. April 1968.

176   Vgl. dazu Korrespondenz zwischen Dietrich Oppenberg und dem Verlagshaus Axel Springer im April/Mai 1968. NRZ-Verlagsarchiv.

177   DPA-Meldung vom 12. April 1968. NRZ-Verlagsarchiv.

178   DPA-Meldung vom 13. April 1968. NRZ-Verlagsarchiv.

179   Vgl. Oppenberg-Korrespondenz mit Verlagshaus Springer. NRZ-Verlagsarchiv.

180   Ebenda.

181   Vgl. dazu: O.A., Jugend mißtraut Machthabern. In: NRZ-Mülheim vom 7. Juni 1968.

182   Vgl. Jahrbuch 1968/II. NRZ-Verlagsarchiv.

183   Vgl. dazu: O.A.: Bereit zum Gespräch mit der Jugend: Nieswandt. NRZ vom 17. April 1968.

184   Vgl. dazu Korrespondenz Oppenberg mit Verlagshaus Axel Springer April/Mai 1968. NRZ-Verlagsarchiv.

185   Brandt, Willy, o. T. (Festansprache zur Eröffnung des NRZ-Pressehauses am 14. September 1968). In: Betriebszeitung „NRZ-Familie", 1968, Nr. 3, o. S.

186   Oppenberg, Dietrich: Der Verleger. Dreiseitiges maschinengeschriebenes Manuskript. 20. August 1962. S. 2. NRZ-Verlagsarchiv.

187   Ebenda, S. 2.

188   Ebenda, S. 3.

189   Zit. n. „Die Zeitung – ein Haus des freien Geistes". In: Der neue Vertrieb. O. J. Vgl. NRZ-Jahrbuch 1968, 2. Band.

190   Oppenberg, Dietrich: NRZ-Forumsveranstaltung. 1 Seite maschinengeschrieben, undatiert. Manuskript im NRZ-Archiv.

191   Feddersen, Jens: Das Plus der Zeitung. In: Ein Haus des freien Geistes. Sonderausgabe zur Eröffnung des NRZ-Pressehauses. 14. September 1968, S. 1.

192   Feddersen, Jens: Der Einschnitt. In Bonn vollzieht sich mehr als nur ein Wachwechsel. In: NRZ vom 4. Oktober 1969.

193   Kühn, Heinz: Reform der SPD-Organisation. Links und Rechts sind überholte Begriffe. In: NRZ vom 9. Oktober 1957.

194   Feddersen, Jens: Ein deutsches Vorbild. In: Bunte. Nr. 50 vom 5. Dezember 1985, S. 19–22. Hier: S. 21.

195   Oppenberg, Dietrich: Am Grabe Heinrich Dittmars. In: Heinrich Dittmar zum Gedächtnis. Essen 1964, S. 3 f. Hier: S. 3.

196   Vgl. Betriebszeitung „NRZ-Familie", 1962, Nr. 3, S. 10.

197   Vgl. Betriebszeitung „NRZ-Familie", 1962, Nr. 6, S. 5.

198   Grundlegend für das Folgende: Scharnhorst, Thorsten: Mit Leib und Seele, S. 98–103.

199   Ebenda, S. 98 f.

200 Ebenda, S. 98.

201 Ebenda, S. 99 f.

202 Ebenda, S. 101.

203 Ebenda, S. 102.

204 NRZ Telegramm. Informationen für die Mitarbeiter der NRZ, Nr.14/1972. NRZ-Verlagsarchiv.

205 Ebenda, S. 103.

206 Vgl. zum Folgenden: O. A.: Wortlaut einer aufsehenerregenden Diskussion. Dokumentation des gesamten Interviews. NRZ-Dokumentation vom 14. Januar 1972.

207 Scharnhorst: Mit Leib und Seele, S. 82 f.

208 Ebenda, S. 75 ff.

209 Ebenda, S. 78.

210 Oppenberg, Dietrich: Brief an Willy Brandt zum 18. Dezember 1978. Manuskript im NRZ-Verlagsarchiv.

211 Vgl. dazu: O. A.: Wird Günter Gaus Ahlers-Nachfolger? In: Münchner Merkur vom 14. Oktober 1971. Dort heißt es, Willy Brandt favorisiere Feddersen oder Günter Gaus als Nachfolger von Regierungssprecher Conrad Ahlers.

Die NRZ sichert ihre Unabhängigkeit: Die Fusion mit der WAZ-Gruppe

Investieren in das publizistische Profil – dieser Grundsatz hat die Verlagspolitik der NRZ seit ihrer Gründung geprägt. Das bedeutete: Investitionen in moderne Drucktechnik, vor allem aber auch Investitionen in Personen und damit in journalistische Qualität. Diese Grundsatzentscheidungen haben sich ausgezahlt: Die NRZ ist eine Qualitätszeitung mit hoher Reputation in der ganzen Bundesrepublik.

Doch trotzdem wirkt sich die Marktbereinigung, die die gesamte Zeitungsbranche verändert, auch auf die NRZ aus. Dietrich Oppenberg erkennt, dass die NRZ alleine nicht mehr lebensfähig ist. Sein Ziel ist, die journalistische Qualität zu sichern. Er findet einen Kooperationspartner in der WAZ-Gruppe. Es wird das sogenannte WAZ-Modell entwickelt: Kooperation in Produktion, Vertrieb und Anzeigenverkauf bei gleichzeitiger publizistischer Unabhängigkeit. Oppenberg setzt hier wiederum einen Akzent in der deutschen Zeitungslandschaft. Denn diese Art der Zusammenarbeit bekommt Modellcharakter und wird von anderen Verlagen später übernommen. Oppenberg gelingt es so, trotz schwieriger wirtschaftlicher Umstände, nicht nur die NRZ zu retten, sondern auch ihre Unabhängigkeit zu sichern. Er bleibt seinem Grundsatz treu, dass es seine wichtigste Aufgabe als Verleger ist, die journalistische Qualität seiner Zeitung zu gewährleisten.

Trotz des Erfolgs: Krisensymptome

„Es geht um die Freiheit der Presse – es geht um die Unabhängigkeit der NRZ" – Dietrich Oppenberg leitete die Redaktionskonferenz zu Beginn des Jahres 1967 mit pathetischen Worten ein. „Wir wollen wirtschaftlich unabhängig sein." Die Zahlen, die der Verleger an diesem Tag seinen Redakteuren präsentierte, zeigten, dass diese Unabhängigkeit gefährdet war. Denn die Basis dafür war eine ausreichende Kostendeckung. Während aber die Kosten in den Vorjahren zwischen zehn und zwölf Prozent gestiegen waren – allein 1966 um fünf Prozent –, waren die Erträge gleichzeitig um ein Prozent zurückgegangen. So lautete das Fazit Oppenbergs: „Die Projektion auf das nächste Jahr und der Blick auf die nächsten fünf Jahre zeigt [...], dass wir ins Defizit geraten können."[212]

Was waren die Ursachen? „Die Königin der Werbung" nannten Oppenberg und seine Verleger-Kollegen die Anzeige und hatten darauf vertraut, dass diese wichtigste Ertragsquelle auch künftig ordentlich sprudeln werde. Doch nun musste Oppenberg zugestehen: „Wir müssen zur Kenntnis nehmen, daß die Königin [...] nicht mehr allein regiert. Sie muß sehen, daß sie nicht von ihrem Thron gestoßen wird." Und wer die Regentschaft streitig machte, war auch klar: das Fernsehen. „Was das wirtschaftlich für die deutschen Zeitungen bedeutet, wissen wir alle. Das Erdbeben wanderte unterirdisch von Amerika [...] über Großbritannien [...] auf das Festland. In Skandinavien haben angesehene Blätter ihr Leben ausgehaucht, die französische Presse geht nur auf Krücken. In Deutschland haben die illustrierten Blätter den Reigen eröffnet und nun sind die Tageszeitungen an der Reihe. Wie in USA fürchtet man, daß auf die Dauer auch in Deutschland bald nur noch eine Zeitung in jeder Stadt existieren kann. In meinen Vorträgen vor der Deutschen Publizistischen Gesellschaft habe ich seit vielen Jahren immer wieder den einfachen Hinweis gebracht: ‚Wie gesund die deutsche Presse ist, wird sich zeigen, wenn die alles wärmende und verhüllende Anzeigendecke erst einmal zu schmelzen beginnt.' Dieser Zeitpunkt ist nun gekommen."[213]

Ein zweiter Faktor, der die Anzeigenumsätze sinken ließ: Die Bundesrepublik befand sich in dieser Zeit zum ersten Mal seit ihrer Gründung in wirtschaftlichen Problemen, die freilich auf die Zeitgenossen, geprägt durch die Euphorie des „Wirtschaftswunders", tatsächlich wie Krisensymptome wirkten. Oppenberg analysierte die Lage vor dem Verlagsbeirat so: „Die wirtschaftliche Situation ist immer noch gekennzeichnet

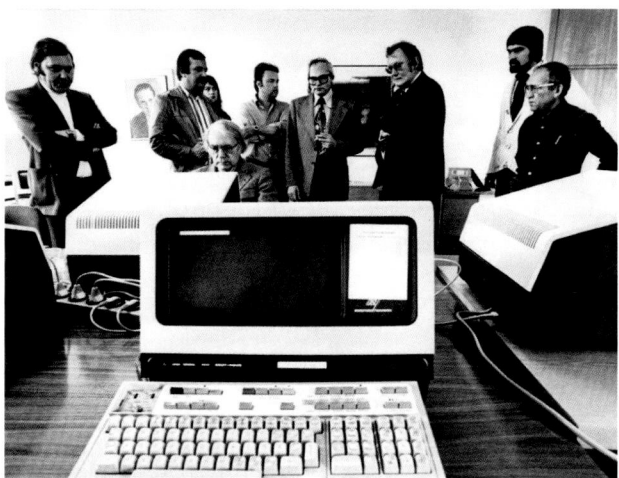

Die NRZ zeigt auch Profil im Sinne innovativer
Technik: ob bei der Einführung eines neuen
Redaktionssystems (Bild o.l., Juni 1976) oder der
Modernisierungen bei der Layout-Erstellung (Bild o.r.),
in der Setzerei (Bild u.l.) und in der Druckerei

durch Kurzarbeit in der Auto- und Zubehör-Industrie, durch strukturelle Schwierigkeiten im Steinkohlenbergbau und durch Flaute in der Stahl-industrie. Die Wirtschaft ist unser Schicksal!"[214] Seine Hoffnung setzte der Verleger auf die Politik von Karl Schiller, der als Wirtschaftsminister der gerade gebildeten Großen Koalition aus Union und SPD Star-Status in der Bevölkerung genoss. Schiller wollte die Investitionstätigkeit, etwa durch öffentliche Aufträge, ankurbeln und so die Arbeitslosigkeit senken und die Kaufkraft stärken.

Auch Oppenberg setzte, wie schon berichtet, Mitte der 1960er Jahre auf die Investition in neue Technik. Gleichzeitig musste aber beim Personal eingespart werden. Der Verleger thematisierte selbst die Frage, ob diese Entscheidungen in einem richtigen Verhältnis zueinander ständen: „Nun, wird manch einer fragen aus verständlicher Sorge heraus, warum investiert der Verlag so viel, und kommt die NRZ-Situation nicht aus dieser Maßnahme zu ungelegener Zeit? Wenn der Verleger absetzbar wäre, müßte man einen solch kurzsichtigen Mann, der die Zeichen der Zeit übersieht, nicht zum Teufel jagen?"[215] Oppenbergs Analyse: Der Verlag müsse sich antizyklisch verhalten. Die gesamte Zeitungsbranche erlebe aktuell eine Krise. Um 48,9 Prozent war im Schnitt der Gewinn aller Zeitungen im dritten Quartal 1966 zurückgegangen. So waren also einige Verlage in die Verlustzone geraten. Aber diese Krise, so Oppenbergs Prognose, sei nur vorübergehend, nun müsse man in die Zukunft investieren, um die Phase zu überstehen. Dies sei auch legitim, denn es gebe eine klare Vorstellung davon, welchen Qualitätsstandard das Produkt, also die NRZ, zu halten habe: „Qualität vom Inhalt her, lebendig in der Aufmachung, klar und modern in der Gliederung, das ist der Maßstab, an dem wir unsere Redaktionsarbeit messen."[216] Dieses Profil solle durch Investitionen in die Technik geschärft werden: „Die Hinwendung zur Farbe ist nicht aufzuhalten; das bedingt andere Druckverfahren. Die NRZ hat mit ihrem Ausbau der Farbwerke an der alten Maschine, den Filmfarbwerken und der Letterset-Anlage an der neuen Maschine mit der Entwicklung Schritt gehalten! Die alten Werke werden generalüberholt und sind dann fabrik-neu."[217] Und auch in der Setzerei zog der Fortschritt ein: „Im Bleisatz haben wir wohl so ziemlich die Geschwindigkeitsgrenze erreicht. Der Computer erlaubt dem Perforatorensetzer, Endlosbänder zu schreiben. Schneller geht es nicht. Durch den bereinigten Computer-Streifen kann auch die Quick-Setzmaschine Höchstleistungen erzielen. Das Blei muß erkalten."[218] Eine typische Entscheidung für den Unternehmer Oppen-

Aus Anlass des 25-jährigen Bestehens gibt die NRZ am 10. Juli 1971 eine umfangreiche Sonderbeilage heraus

Mit einem großen Festakt in der Duisburger Mercatorhalle feiert die NRZ ihr 25. Jubiläum. Prominentester Gast am 11. September 1971 ist Bundeskanzler Willy Brandt (Bild l., hier im Gespräch mit Dietrich Oppenberg)

Das NRZ Presse-Haus in der Sachsenstraße in Essen aus der Vogelperspektive

berg: Wer sich der Qualität seines Produktes sicher ist, der wird auch in Krisenzeiten in die Sicherung dieses Standards investieren.

1971 werden 25 Jahre NRZ groß gefeiert: In der Mercator-Halle kommen alle Mitarbeiter am 11. September zu einem großen Betriebsfest zusammen. Gefeiert wird aber natürlich auch mit den Lesern: Im Pressehaus findet eine große Party mit Menschen aus dem ganzen Verbreitungsgebiet statt.

Wie kann die publizistische Unabhängigkeit gesichert werden?

Die Bundesrepublik befand sich also in einer gesellschaftlichen Umbruchsphase, musste dies nicht automatisch auch bei den Zeitungen zu einem Umbruch führen? Denn die Zeitung war ja das Medium, über das die Bevölkerung einerseits diesen Umbruch miterlebte und andererseits hier auch Impulse erhielt, diesen mitzugestalten. So spiegelte sich die gesellschaftliche Orientierungskrise auch in einer Orientierungskrise der Zeitungsverlage und -redaktionen wider. Sie zeigte sich an zwei Aspekten: Einmal der Frage, wie die öffentliche Meinung durch Medien bestimmt wurde. Und zum anderen: Unter welchen Bedingungen, in welchen Machtverhältnissen arbeiteten die Medienproduzenten, im konkreten Fall also: die Zeitungsjournalisten?

Der erste Aspekt soll am Beispiel des Modells der Schweigespirale erläutert werden, das die Kommunikationswissenschaftlerin und Demoskopin Elisabeth Noelle-Neumann entwickelt hatte.[219]

Frühstückspause im Betrieb, Kollegen stehen zusammen, Thema ist der Aufmacher der Tageszeitung. Kollege A äußert sich als erster, klar, deutlich und bestimmt. Die Kollegen B und C nicken nach einer kurzen Pause zustimmend. Sie scheinen As Meinung zu teilen. Ist das aber wirklich so? Derjenige, der am glaubwürdigsten vermittelt, die Mehrheitsmeinung zu vertreten, dominiert schließlich auch die Diskussion. Diese Erkenntnis bildet die Grundlage für das Kommunikationsmodell „Schweigespirale", mit dem Elisabeth Noelle-Neumann zu beschreiben versucht, wie sich die öffentliche Meinung bildet. Sie geht davon aus, dass jeder Einzelne möglichst nach Übereinstimmung mit der Mehrheit strebt, er will konform gehen und fürchtet ein Außenseiterschicksal. Dieses Kommunikationsverhalten wiederholt sich auf unterschiedlichen

*Dietrich Oppenberg
derzeitiger Sprecher des Deutschen
Presserates*

Presserat —
ein Organ der Selbstkontrolle

Anläßlich der Feierstunde zum zehnjährigen Bestehen des Deutschen Presserates am 8. November 1966 erklärte Dr. Gebhard Müller, der Präsident des Bundesverfassungsgerichtes, in seiner Festansprache: „Natürlich stellt sich auch für die Presse das Problem der Bindung an die Grundrechte. Zwar muß die Presse im freiheitlich demokratischen Staat frei sein; aber diese Freiheit entbindet die Presse nicht von der Verpflichtung zu den Grundentscheidungen der Verfassung. In diesem Spannungsverhältnis scheint mir die eigentliche Aufgabe und die eigentliche Bedeutung des Presserates zu liegen. Im Presserat hat sich die Presse ein Organ der Selbstkontrolle geschaffen, das auf Freiwilligkeit beruht und sich nur durch seine eigene Autorität durchzusetzen vermag. Der Presserat beruht nicht auf Gesetz, er hat keine Berufsgerichtsbarkeit, keine Sanktionen und keine anderen Machtmittel als die Überzeugungskraft seiner Argumente und der hinter ihm stehenden Persönlichkeiten."
Deutschlands oberster Verfassungsrichter nahm dabei Bezug auf ein im August 1966 ergangenes Urteil des Bundesverfassungsgerichtes, in dem zum Thema Presse im demokratischen Staat ausgeführt wurde, „daß eine freie, nicht von der öffentlichen Gewalt gelenkte, keiner Zensur unterworfene Presse ein Wesensmerkmal des freiheitlichen Staates ist, daß insbesondere eine freie, regelmäßig erschei-

83

In einem Vortrag beschreibt Dietrich Oppenberg die Aufgaben des Presserates, 21. Oktober 1967

Ebenen. Die Schweiger werden immer schweigsamer, während die andere Seite ihre Meinungsdominanz ausbauen kann.

Was bedeutete dies nun für die Zeitung? Forcierte die Zeitung dieses Kommunikationsverhalten oder brach sie es auf? Diese Frage ließ sich freilich nicht generell beantworten. Bezeichnend ist, dass dieses Modell von Noelle-Neumann vor dem Hintergrund des gesellschaftlichen Umbruchs der 1960er und 1970er Jahre entwickelt worden ist. Aufschlussreich ist, dass hier überhaupt nach den Ursachen von Meinungsdominanz gefragt wird. Denn der Umkehrschluss lautet: Nur wer Meinungsdominanz wahrnimmt und in ihr eine Gefahr für freie Meinungsäußerung in der Demokratie erkennt, untersucht auch wissenschaftlich diesen Zusammenhang. Das Modell der Schweigespirale steht somit für eine Angst, die die Bevölkerung der Bundesrepublik in dieser Umbruchphase umtreibt: die Angst, nicht gehört zu werden. Die Angst, über die Medien in der freien Meinungsbildung unzulässig beeinflusst zu werden.

Diese Angst stand auch hinter dem Protest der Studenten gegen die vermeintlich dominierende Medienmacht von Axel Springer. Schon bald erfasste diese Sorge auch weitere Bevölkerungsgruppen, freilich mit anderem politischen Hintergrund. Im konservativen Lager hatte man nun Befürchtungen, dass die einstigen Studenten getreu der Devise Dutschkes vom „Marsch durch die Institutionen" in den Redaktionen die Mehrheit stellen und von dort aus nun in ihrem Sinne Meinungsdominanz ausüben. Vor dieser Dominanz linker Journalisten hatten auch die Verleger Angst. Vor allem dann, wenn die Journalisten sich organisierten und Mitbestimmungsrechte forderten. Diese Konflikte um die „innere Pressefreiheit" sollten die ganzen 1970er Jahre hindurch die Zeitungsverlage beschäftigen.

Dietrich Oppenberg war zwar kein Konservativer, aber eben Verleger, auch er hegte Befürchtungen in diese Richtung. „Die Presse ist mehr als uns lieb sein kann in den Brennpunkt der Auseinandersetzung gekommen. [...] In dieser Zeit wird naturgemäß viel von der sogenannten inneren Pressefreiheit gesprochen. Hier soll der Gesetzgeber bemüht werden. Das ist ein beliebter Hilferuf immer dann, wenn man selbst hilflos ist. Ich glaube nicht, dass es gut ist, auf ein Journalistengesetz zu warten", erklärte Oppenberg am 15. Mai 1968 vor einer Versammlung aller Redakteure und der führenden Verlagsmitarbeiter. Seine Alternative zu einem staatlichen Pressegesetz, das vielleicht die Rechte der Redakteure verbindlich regelte, aus seiner Sicht aber seine unternehmerische Freiheit als Verleger unzulässig einschränken würde, waren die Leitsätze für die Arbeit der Redaktion. Er sah in dieser Form, das publizistische Profil einer Zeitung grundsätzlich festzulegen, ein Modell, das auch in anderen Verlagshäusern Schule machen sollte. „Mit den redaktionellen Leitsätzen der NRZ gehen wir gemeinsam einen Schritt nach vorn, wie echte Pioniere, allein und unerschrocken."[220]

In der Tat sollten sich später andere Zeitungen und Zeitschriften, etwa der „Stern", an diesem Modell orientieren. Wieso zeigte Oppenberg diese Sensibilität früher als andere Verleger? Ein Grund lag in seinem vielfältigen Engagement in wichtigen Gremien des Pressewesens.

„Presserat in Bonn mit harten Auseinandersetzungen", schrieb Oppenberg am 8. Mai 1968 in sein Tagebuch. Vorausgegangen war eine Sitzung des Presserates, dem Oppenberg viele Jahre als Mitglied, zeitweise auch als Vorsitzender angehörte. Eine Sitzung, wie er schon viele in den vergangenen Monaten erlebt hatte. Der Presserat, der sich sowohl aus Journalisten als auch aus Verlegern zusammensetzte, verstand sich als Repräsentant „der" Presse und gleichzeitig auch als „ein Organ der Selbstkontrolle". Hier konnten Beschwerden eingereicht werden. Wenn der Rat dann eine Kritik teilte, die an ihn herangetragen wurde, erhielt die betreffende Zeitung eine Rüge.

Ein Thema stand in diesen Tagen immer auf der Tagesordnung: die Konzentration des Pressewesens. Auch in den Sitzungen des Presserates wurde die Angst erkennbar, wenige große Verlagshäuser könnten den gesamten Medienmarkt dominieren. Und als Symbol für dieses Problem galt auch hier der Springer-Verlag. Und in dieser Sitzung stand denn auch dessen Bild-Zeitung im Mittelpunkt, das publizistische Kampfblatt des Verlages. Es lagen Beschwerden vor, die die Form des Bild-Zeitungs-Journalismus verurteilten. Dagegen argumentierten die Vertreter des Springer-Verlags, die ebenfalls anwesend waren. Dietrich Oppenberg vertrat dabei eine mittlere Position, die sich schließlich auch in einer gemeinsamen Erklärung niederschlug, die jegliche Form von Gewalt in der politischen Auseinandersetzung verurteilte, aber auch „unsachliche und tendenziöse Berichterstattung durch die Bild-Zeitung" rügte. So lautete die endgültige Formulierung, an der auch Oppenberg mitgewirkt hatte: „Der Presserat verurteilt publizistische Praktiken, die geeignet sind, direkt oder indirekt Gewalt hervorzurufen. Diese Gefahr ist besonders dann gegeben, wenn Informationen unterdrückt, entstellt wiedergegeben oder einseitig ausgesucht werden, wenn falsche tendenziöse Überschriften Verwendung finden oder eine Agitationssprache gebraucht wird, die zu gefährlichen Kurzschlussreaktionen der Leser führen kann."[221]

Diese Passage trug Oppenberg auch genau eine Woche später seinen Mitarbeitern vor, als er diesen die endgültigen Redaktions-Leitsätze vorstellte. Vor allem dieser Absatz aus der Presserats-Erklärung bekam in Oppenbergs Rede ein besonderes Gewicht: „Der Deutsche Presserat appelliert mit großem Ernst an die deutsche Presse, insbesondere auch an die Verleger, sich ihrer Verantwortung bewusst zu sein, die wegen der Breitenwirkung bei den größten Verlagsunternehmen und den auflagenstärksten Publikationen besonderes Gewicht hat." Indem er die Redaktionsleitsätze verkündete, wollte Oppenberg seinen Mitarbeitern zeigen, dass er tatsächlich diese Verantwortung als Verleger wahrnahm und im Sinne des Presserates dafür Sorge trug, dass die NRZ nach den Maßstäben guter journalistischer Praxis ethisch wie handwerklich einwandfrei produziert werden würde. Oppenberg erwies sich hier also in der Tat unter den Verlegern als ein Pionier.

So spielte er auch eine herausgehobene Rolle innerhalb der Kommission von Sachverständigen, die die Bundesregierung berufen hatte, um die Konzentration im Pressewesen zu untersuchen. Der Kommission gehörten neben Oppenberg noch andere Verleger wie etwa Anton Betz (Rheinische Post), Gerd Bucerius (ZEIT, Mitgesellschafter Gruner und Jahr), Vertreter der Fernsehanstalten wie ZDF-Intendant Karl Holzamer und auch Vertreter der Interessenvereinigungen der Journalisten an, so der Vorsitzende der Deutschen Journalistenunion, Georg Herda, und der Vorsitzende des Deutschen Journalistenverbandes, Helmut Crous. Auch Axel Springer war in die Kommission berufen worden, hatte aber schon bald darum gebeten, auf seine Mitarbeit zu verzichten. Die Debatte um seine Medienmacht war auch hier der eigentliche Grund für die Bildung der Kommission gewesen. Im Juni 1968 wurde der Kommissionsbericht veröffentlicht. Er trägt deutlich die Handschrift Oppenbergs. Oppenberg sah sich in dem Gremium als Vertreter der kleinen Regionalzeitungen, die ebenfalls mit immer größer werdenden Konkurrenten zu kämpfen hatten. Der NRZ drohte aber keine Gefahr von Springer, sondern von der Westdeutschen Allgemeinen Zeitung (WAZ). Nachdem für diese Zeitung die ehemaligen NRZ-Mitarbeiter Erich Brost und Jakob Funke 1948 die Lizenz von den Briten bekommen hatten, hatte sich deren Verbreitungsgebiet ständig ausgedehnt. Vor allem im Ruhrgebiet war sie schon bald der Marktführer und stand hier in direkter Konkurrenz zu den Ruhr-Ausgaben der NRZ.

Aber auch das Fernsehen, ab 1967 in Farbe, erfreute sich zunehmender Beliebtheit. Dazu kamen die ersten starken Konjunkturprobleme in der

Geschichte des jungen Staates, die viele Werbekunden weniger Anzeigen schalten ließen. Gleichwohl mussten aber Verlags- und Druckhaus beständig modernisiert werden. Neue Technik kostete aber viel Geld. Also galt die Devise: Sparen, sparen, sparen und nicht in Panik verfallen. Gewiss, einige kleine Regionalzeitungen waren bereits eingegangen. Andere schlossen sich zusammen, in der Hoffnung, so im Vertrieb oder bei den Anzeigenkunden Synergie-Effekte zu erzielen. Im Juni 1968 beschrieb Oppenberg die Situation noch so: „Die Pressekonzentration in der Bundesrepublik würde die Presse- und Informationsfreiheit beeinträchtigen, wenn sie ein bestimmtes Maß überschreiten würde. Dieses Maß allerdings zu bestimmen, ist sehr schwierig. In der augenblicklichen Situation ist eine solche Gefahr noch nicht gegeben. Es liegen aber Anzeichen dafür vor, daß die Konzentration fortschreitet."[222]

Dietrich Oppenberg schaute, trotz dieser Probleme, optimistisch in die Zukunft: Durch die redaktionellen Leitsätze hatte er gezeigt, dass er als Verleger auf die eine große medienpolitische Herausforderung dieser Zeit zu reagieren wusste, ja sogar Akzente setzte: die Frage des publizistischen Profils einer modernen Zeitung wie der NRZ in einer Zeit des Umbruchs. Seine Antwort lautete: freier Geist plus gutes journalistisches Handwerk. Aber so ein publizistisches Programm brauchte eine wirtschaftliche Basis. Diese zu sichern, war angesichts der Konzentrationsbestrebungen der WAZ die andere große Aufgabe, der sich Oppenberg stellte. So formulierte er selbst: „Der Zeitungsverleger erfüllt nach der einen Auffassung eine öffentliche Aufgabe, andere sehen in ihm einen Geschäftsmann, der Gewinne erzielen will. — Das Thema zu diskutieren, ist müßig. Tatsache ist, daß den Zeitungen eine öffentliche Aufgabe gesetzt ist und die Zeitungsverleger in der Regel dieses Anliegen zu ihrer Lebensaufgabe machen. Für diese Verleger verbindet sich der Wille zur publizistischen Aussage mit der Notwendigkeit, Gewinne zu erzielen. Nur so können sie ihre publizistische Unabhängigkeit wahren. Wollen sie ihre öffentliche Aufgabe erfolgreich und auf die Dauer erfüllen, haben sie nicht nur das Recht, sondern auch die Pflicht, ihre Zeitung nach wirtschaftlichen Gesichtspunkten zu führen."[223] Der wirtschaftliche Aspekt sollte in den nächsten Jahren immer mehr in den Vordergrund drängen, allerdings sah auch dann Oppenberg seine Aufgabe darin, beide Faktoren, publizistisches Profil und wirtschaftlichen Erfolg, nicht gegeneinander auszuspielen – denn beide Faktoren bedingen einander.

1974 musste Oppenberg erkennen, dass diese wirtschaftliche Unabhängigkeit der NRZ von der Rheinisch-Westfälischen Verlagsgesellschaft

Interview mit Bundeskanzler Schmidt: (v.r.n.l.) Jens Feddersen, stellvertretender Chefredakteur Kurt Gehrmann, Schmidt, Regierungssprecher Klaus Bölling (SPD)

Herbert Wehner, Vorsitzender der SPD-Bundestagsfraktion, liest die NRZ

Mai 1978: Herbert Straeten, Leiter des Nachrichten-Ressorts (1. v.l.), NRZ-Bonn-Korrespondentin Hilde Purwin (2. v.l.) und Jens Feddersen (vorne) interviewen Bundesaußenminister Hans-Dietrich Genscher (FDP) in dessen Büro in Bonn

Herbert Straeten schneidet mit der Sense vor dem Ferienhaus von Walter Scheel (3.v.l.) das Gras, mit dabei Jens Feddersen (1.v.l.) und die Frau des Ministers, Mildred Scheel. (4.v.l.), 7. August 1971

Jens Feddersen gießt bei einem Interview-Termin mit Bundespräsident Gustav Heinemann Schnaps ein. V.l.nr.: Feddersen, Heinemann, Dietrich Oppenberg

Dietrich Oppenberg mit Arbeitgeberpräsident Hanns Martin Schleyer (Mitte)

Franz Josef Strauß, Vorsitzender der CSU (5. v.l.), im Gespräch in der Redaktion mit Jens Feddersen (1. v.l.), Arnold Gehlen, stellvertretender Chefredakteur (3. v.l.), Dietrich Oppenberg (6. v.l.) und weiteren Redakteuren, 1975

Interview mit NRW-Ministerpräsident Johannes Rau (SPD) (1. v.l.) mit NRZ-Düsseldorf-Korrespondent Horst-Werner Hartelt (2. v.l.), Herbert Straeten, stellvertretender Chefredakteur (3. v.l.), NRW-Regierungssprecher Helmut Müller-Reinig (4. v.l.) und Jens Feddersen (5. v.l.), März 1979

Bundeswirtschaftsminister Hans Friedrichs (FDP) (2.v.l.) wird vor dem NRZ-Pressehaus nach einem Gespräch von Dietrich Oppenberg (1.v.l.) verabschiedet, 29. Oktober 1973

Dietrich Oppenberg mit Franz Hengsbach, Bischof von Essen

(RWV) nicht mehr gewährleistet werden konnte. Er suchte nach Partnern und fand sie schließlich in der WAZ-Gruppe. Freilich, der Weg zu dieser Kooperation war schwierig, schließlich war die WAZ der Hauptkonkurrent. Wie sollte ausgerechnet eine solche Zusammenarbeit der NRZ eine neue wirtschaftliche Basis verschaffen und ihre redaktionelle Unabhängigkeit sichern? Wurde hier nicht der kleinere Partner einfach nur vom größeren geschluckt? Doch Oppenberg verhandelte. Das Ergebnis war eine Konstruktion mit Modellcharakter: Durch die Kooperation in Druck, Vertrieb und Anzeigengeschäft sollen Kosten gespart werden. Gleichzeitig behält die NRZ aber ihre redaktionelle Selbstständigkeit. Der Garant dafür soll der Herausgeber der NRZ sein, dieses Amt übernahm Dietrich Oppenberg.

Herausgeber und Stiftung sichern die Unabhängigkeit der Zeitung

Plötzlich wurde die NRZ selbst zur Nachricht: Am 23. Oktober 1975 saß Jens Feddersen im Essener WDR-Studio und gab ein Interview für das „Mittagsmagazin". Feddersens Ziel: Deeskalation. Erst wenige Stunden vorher war die Betriebsversammlung zu Ende gegangen. Dort hatte Verleger Dietrich Oppenberg bekanntgegeben: Ab 1. Januar 1976 wird die NRZ im Zeitungsverlag Niederrhein herausgegeben, der zur WAZ-Gruppe gehören wird. Die Rheinisch-Westfälische Verlagsgesellschaft soll Gesellschafter dieses Zeitungsverlages werden. Was bedeutete dies für die Zukunft? Die Mitarbeiter, aber vor allem auch die Leser waren verunsichert: Blieb die Redaktion unabhängig? Wurde die NRZ nun auch zum Opfer des Konzentrationsprozesses in der deutschen Presse?

Im Rückblick zeigte sich: Diese Kooperation hatte die Unabhängigkeit der NRZ gesichert. Obwohl sich die Auflagenzahlen kontinuierlich positiv entwickelt hatten, obwohl die NRZ ein anspruchsvolles journalistisches Profil zu bieten hatte – die Kosten waren zu hoch: der Vertrieb, der Druck, die Papierpreise. Viele Regionalzeitungen hatten unter diesem Kostendruck zu leiden, die Folge für die meisten Titel: Sie verschwanden vom Markt. Doch Oppenberg erkannte früh genug: Wenn er die NRZ als eigenständigen Titel retten wollte, brauchte er einen Kooperationspartner. Was auf den ersten Blick als unlogisch erschien, zeigte sich im Rückblick als geschickter strategischer Schachzug. Oppenberg gelang es in zähen

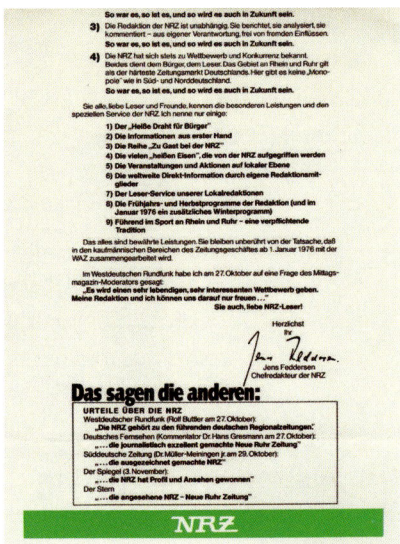

Demonstration anlässlich der Fusion mit der
WAZ-Gruppe vor dem WAZ-Gebäude in Essen,
28. Oktober 1975

Chefredakteur Jens Feddersen wendet sich in
einem Schreiben an die Leser, 1975

Verhandlungen mit den Vertretern der WAZ-Gruppe, die Eigenständigkeit der NRZ zu sichern. Denn die Kooperation bezog sich nur auf die Verlagsbereiche, die nicht das publizistische Profil berührten. Durch einen gemeinsamen Vertrieb, durch ein gemeinsames Anzeigengeschäft ergaben sich Synergieeffekte. Die NRZ wurde von dem Kostendruck befreit, der ihre Existenz bedroht hatte. Stattdessen konnte sich die Redaktion nun ganz auf ihre journalistische Arbeit konzentrieren.

Die publizistische Unabhängigkeit wurde garantiert: Dietrich Oppenberg wurde zum Herausgeber der NRZ. Als solcher entschied er über die personelle Zusammensetzung der Redaktion, er bestimmte über den Chefredakteur und die Leiter der Ressorts. Die Kooperation auf betriebswirtschaftlichem Gebiet schränkte also nicht die Unabhängigkeit ein, sondern schuf für sie eine neue solide finanzielle Basis. Oppenberg verstand sich als Herausgeber als Gewährsmann für diese Unabhängigkeit. Er blieb somit seinem verlegerischen Selbstverständnis treu, im Sinne der Leitsätze der NRZ für die journalistische Qualität der Zeitung einzustehen. Die Herausgeber-Rolle entsprach Oppenbergs Persönlichkeit. Die neue Aufgabe war für ihn auch eine Befreiung. Zwar musste er sich auch jetzt noch mit kaufmännischen Fragen beschäftigen, war er doch auch einer der Geschäftsführer des neuen Zeitungsverlages Niederrhein, doch der Schwerpunkt seiner Arbeit lag nun auf dem Bereich, auf dem er schon zuvor als Verleger die entscheidenden Akzente gesetzt hatte: Als Herausgeber war er der Gewährsmann der journalistischen Unabhängigkeit der NRZ-Redaktion. Er war so etwas wie der „Gralshüter" der NRZ-Leitsätze. Vor allem durch seine besondere Stellung, die Oppenberg als Herausgeber in der neuen Verlagskonstruktion hatte, trug er dafür Sorge, dass diese Leitsätze weiterhin das publizistische Profil der Zeitung bestimmten und somit die Qualität der „Marke" NRZ auch für die Zukunft galt.

Dass Oppenberg diesen besonderen Status für sich als Herausgeber ausgehandelt hatte, war ein besonderer Erfolg. Das zeigt sich im Hinblick auf die Art und Weise, wie die Fusionen anderer Zeitungen mit der WAZ verliefen. Die Westfälische Rundschau etwa verfügte nicht über einen solchen Fürsprecher für ihre Interessen. Die Folge in der Gegenwart: Die WR ist nur noch eine Hülse, der Titel existiert zwar noch, aber es gibt keine Redaktion mehr. Eine solche Entwicklung wäre bei der NRZ nicht möglich.

Der Wille, die Existenz der NRZ für die Zukunft zu sichern, stand auch hinter der Idee Oppenbergs, eine Stiftung zu gründen. 1986 wurde die

Dietrich Oppenberg (l.) wird von NRW-Ministerpräsident Johannes Rau
das Bundesverdienstkreuz verliehen, 1999

Stiftung Presse-Haus NRZ aus der Taufe gehoben, sie war seither der alleinige Gesellschafter der Rheinisch-Westfälischen Verlagsgesellschaft (RWV). Oppenberg und seine Mitgesellschafter hatten ihre Rechte auf die Stiftung übertragen. Zweck der Stiftung ist die Förderung von Wissenschaft und Forschung, Bildung und Erziehung, Kunst und Kultur mit dem Ziel der Förderung der Medienvielfalt, insbesondere des Erhalts und der Stärkung einer unabhängigen Presse. Seit Dietrich Oppenbergs Tod am 14. März 2000 ist Heinrich Meyer Herausgeber der NRZ, zugleich ist er auch Geschäftsführer der RWV.

Anmerkungen: Die NRZ sichert ihre Unabhängigkeit

212 Protokoll Redaktionskonferenz. 1967. NRZ-Verlagsarchiv.

213 Ebenda.

214 Ebenda.

215 Protokoll Redaktionskonferenz. 1967.

216 Ebenda.

217 Ebenda.

218 Ebenda.

219 Vgl. dazu und grundlegend für die folgenden Ausführungen: Noelle-Neumann, Elisabeth:
Die Schweigespirale. Öffentliche Meinung – unsere soziale Haut. 6. Auflage. München 2001.

220 Oppenberg, Dietrich: Verkündung der NRZ-Leitsätze am 15. Mai 1968. NRZ-Verlagsarchiv.

221 Oppenberg: Verkündung Leitsätze.

222 Oppenberg, Dietrich: Reden 1967. NRZ-Verlagsarchiv.

223 Oppenberg, Dietrich: Der Zeitungsverlag. Sonderdruck aus: Handbuch der Publizistik. Band 3.
Hg. v. Emil Dovifat. Berlin 1969, S. 1.

Die Stimme der Region: Die NRZ in den 1980er und 1990er Jahren

Die NRZ ist seit ihrer Gründung eine Regional- und Lokalzeitung. Gleichwohl: Ihre deutschlandweite Reputation als Qualitätszeitung basierte vor allem auf ihrer Berichterstattung zu nationalen und internationalen Themen. Das lag auch an der Zeit: In den ersten drei Jahrzehnten in der Geschichte der Bundesrepublik standen viele Grundsatzentscheidungen an, die nur aus dieser Perspektive analysiert werden konnten. Nun findet in der Redaktion ein Generationswechsel statt: Jens Feddersen wird nach über drei Jahrzehnten von Richard Kiessler als Chefredakteur abgelöst.

Damit ändert sich auch der publizistische Stil. Was notwendig ist, denn auch die Leserschaft hat sich verjüngt. Für diese jungen Leute ist es nicht mehr selbstverständlich, eine Tageszeitung zu lesen. Gerade sie interssiert aber die lokale und regionale Berichterstattung. Sie wollen etwas über den Ort erfahren, an dem sie mit ihren Familien leben.

Die NRZ – ein Forum für den Niederrhein

„Wir in NRW" – das war der Wahlslogan, mit dem Johannes Rau in den 1980er Jahren seine großen Wahlerfolge erzielte. Der Spruch spiegelte auch ein Lebensgefühl wider. Nach den Gründungsanstrengungen in den 1950er und 1960er Jahren und dem großen Reformjahrzehnt der 1970er folgte eine neue Dekade. In der Öffentlichkeit stand nun weniger die große Weltpolitik im Fokus, die Menschen besannen sich wieder mehr auf ihre Heimat, die Region, in der sie lebten. Freilich war dies keine unpolitische Haltung, auch kein Ausdruck von Desinteresse am Weltgeschehen, dahinter stand kein Rückzug in die Nische. Vielmehr erkannte die Öffentlichkeit immer mehr: In einem zusammenwachsenden Europa verlor der Nationalstaat alten Typs seine Bedeutung, aber die Regionen bekamen einen neuen Stellenwert. Die Rhein-Ruhr-Region war der Ort, an dem die Menschen, die hier lebten, heimisch wurden. Die Region war aber auch ein Wirtschaftsstandort, der sich gegenüber der weltweiten Konkurrenz zu behaupten hatte. „Globalisierung" hieß das neue Wort, das in dieser Zeit aufkam und die neue Entwicklung beschrieb.

Heimat und Wirtschaftsstandort – der Einsicht, dass diese beiden Begriffe nicht als Gegensätze zu verstehen, sondern vielmehr eng miteinander verbunden sind, ja sogar beide Bereiche voneinander abhängig sind und sich gegenseitig befruchten, trug auch die NRZ in ihrer Berichterstattung Rechnung. Die NRZ verstand sich als eine öffentliche Bühne, auf der die Protagonisten der Region aus allen wichtigen gesellschaftlichen Bereichen – von der Wirtschaft über die Politik bis zur Kultur – miteinander ins Gespräch kommen und über die Zukunft ihrer Heimat nachdenken. Aber es war natürlich nicht die Debatte allein – am Ende sollten auch Ergebnisse stehen. Solche Ergebnisse wurden dann über die Zeitung auch einer breiten Öffentlichkeit bekanntgemacht, sie wurden deutschlandweit und auch darüber hinaus zur Kenntnis genommen. So wurde die NRZ zur Stimme der Region.

Regelmäßig findet seither ein großes NRZ-Niederrhein-Forum statt. Immer in einer anderen niederrheinischen Stadt ausgerichtet, treffen dort alle wichtigen Vertreter des politischen und gesellschaftlichen Lebens zusammen, um gemeinsam über ein aktuelles Thema zu diskutieren, das die Menschen in der Region besonders interessiert. Meistens war damals ein Landesminister zu Gast.

Am 21. Mai 1986 konnte beispielsweise im Bürgerhaus Bienen in Rees der stellvertretende Chefredakteur Arnold Gehlen NRW-Finanzminister Herbert Schnorr begrüßen. Es ging um ein Thema, das bis heute ein Dauerbrenner in

23. NRZ-Niederrhein-Forum in der Duisburger Mercatorhalle, Dietrich Oppenberg am Rednerpult, 29. September 1992

Ministerpräsident Johannes Rau (Mitte) beim NRZ-Niederrhein-Forum in Hamminkeln mit Arnold Gehlen (stellvertretender Chefredakteur, l.) und Dietrich Oppenberg, 10. Mai 1985

der lokalen Berichterstattung ist: leere Stadtkassen. 1986 trieb die Stadt-oberhäupter die Frage um: Wird es Zuschüsse vom Land geben, wenn die Städte ihre Verwaltungsgebäude modernisieren wollen? Die Antwort des Ministers war nicht überraschend: Nein. Soweit der offizielle Teil, aber die weitere Berichterstattung zu diesem Forum bewies, dass solche Treffen von den Beteiligten für Hintergrundgespräche genutzt wurden – mit Folgen, auch für die Nachrichtenlage ein paar Tage später. So konnte der Duisburger Lokalchef Karl Wagemann den Lesern mitteilen, dass es im Rahmen des NRZ-Forums Gespräche zwischen Vertretern Duisburgs und dem Düsseldor-fer Regierungspräsidenten gegeben hatte.

Der Hintergrund: die Genehmigung des Haushaltsplanes für 1986 – Duis-burg hatte bei einem Haushalt von rund zwei Milliarden DM 1,5 Milliarden Schulden. Duisburg litt unter der Strukturkrise bei Kohle und Stahl. Rund 100.000 Einwohner hatte die Stadt dadurch verloren. Doch der Regierungs-präsident ließ sich, wie Wagemann mitteilte, von diesen Zahlen nicht be-eindrucken, er beharrte darauf, dass die Stadt in ihren Sparbemühungen nicht nachließ. Ein Beispiel dafür, wie die Niederrhein-Foren Stoff für die aktuelle Berichterstattung lieferten und liefern – bis auf den heutigen Tag.

Die ständige Aufgabe: Themen finden

Jeden Mittag tritt die Redaktionskonferenz in Essen zusammen. Diese Konfe-renzen sind mehr als eine übliche Arbeitsbesprechung. Gewiss, hier wird auch über die Themen des Tages diskutiert – hier stellen die einzelnen Ressorts vor, worüber sie in der nächsten Zeit berichten wollen. Die Konferenz ist aber auch eine Bühne: Hier wird Öffentlichkeit hergestellt, Redaktionsöffentlichkeit. In der Konferenz wird Lob verteilt, aber auch getadelt. Hier werden Kollegen zu Typen – hier werden Rollen erlernt und auch wieder aufgegeben. Es gibt Kon-flikte zwischen den Ressorts, auch kleine Rivalitäten. Die Konferenz befeuert so den kreativen Prozess.

Sie ist der Ort, an dem die einzelnen Redakteure über ihre Arbeit gemein-sam nachdenken. Ist es wirklich angemessen, dass die Leute vom Vermischten so viel Platz für ihre bunten Meldungen beanspruchen, wo es doch so viel Hin-tergründiges zu berichten gäbe, denken die Kollegen aus dem Politik-Ressort. Nicht anders ist die Stimmung bei den Redakteuren des Vermischten – nur setzen sie natürlich die Vorzeichen umgekehrt. Und dann gibt es auch noch den Sport, die Kultur – sowieso Welten für sich.

Über diesen Rivalitäten, Sticheleien und Wortduellen – die mal spritzig, eloquent und witzig, mal aber auch verletzend und barsch sein können – stand Ende der 1980er der Chefredakteur: Jens Feddersen – die lebende Legende. Er steuerte in dieser Zeit auf das dritte Jahrzehnt seiner Amtszeit zu. Längst ist er zu einem Mythos geworden – in seiner Redaktion sowieso, aber auch in der deutschen Presse-Szene insgesamt. „NRZ – das ist doch Jens Feddersen?", so hörten es die Journalisten regelmäßig bei Terminen oder Pressekonferenzen, wenn sie erzählten, für welche Zeitung sie arbeiteten. Vor allem Feddersens Gespür für populäre Themen war legendär. So kam ihm in der Redaktionskonferenz die entscheidende Rolle zu, er war die letzte Instanz. Gewiss, sein ureigenes Fachgebiet war die Politik. Und er genoss es, wenn er mit seinen Kollegen über die aktuelle Weltlage debattieren konnte. Da ging es dann genauso um Detailfragen des US-Verteidigungshaushaltes wie um die neueste Wendung in der Politik Jugoslawiens, die vor allem Feddersens Stellvertreter, der Ost-Europa-Experte Herbert Straeten, genau im Blick hatte. Und so konnte sich manchmal der Eindruck einstellen, hier sitze man nicht am Konferenztisch einer Regionalzeitung, sondern im Beraterstab des US-Präsidenten – vielleicht kam Henry Kissinger auch gleich vorbei. Feddersen liebte solche Debatten – schöpfte er doch dann aus dem Vollen und steuerte Anekdoten aus den letzten Jahrzehnten bei. Und natürlich, solche Momente waren für ihn und auch seine Kollegen ein Beweis dafür: Die NRZ mochte ihren Schwerpunkt in der Rhein-Ruhr-Region haben, ihr Anspruch war doch ein anderer: Zeitung für Menschen, die denken – in ganz Deutschland. So wurde denn stolz vermeldet, wenn es eine Exklusiv-Meldung, ein Zitat aus dem Leitartikel in die Presseschauen der Radio- und Fernsehsender geschafft hatten. Das war in diesen Jahren an fast jedem Tag der Fall.

Die Agenturen lieferten zwar täglich Nachrichten, die liefen bei den anderen Zeitungen auch durch den Ticker. Der durchaus sportliche Ehrgeiz der NRZ-Redakteure war es aber, unabhängig davon den Lesern jeden Morgen eigene Nachrichten zu präsentieren, die exklusiv nur in der NRZ zu finden waren. Wie schaffte man das? Man musste dort präsent sein, wo die anderen Zeitungen nicht waren. Wenn Ost-Europa-Experte Herbert Straeten eine Rechercheise durch Osteuropa machte, dann brachte er nicht nur zahlreiche Reportagen mit zurück nach Essen. Unterwegs war er auch immer auf der Suche nach Nachrichten – sie konnten sich aus Hintergrund-Gesprächen mit Experten vor Ort ergeben und auch dadurch, dass er zufällig gerade an einem Ort war, wo tatsächlich etwas geschah,

Otto Rehagel, Trainer von Werder Bremen, in der Sportredaktion, links: Sportredakteur Reinhard Schüssler, rechts
von ihm: Sport-Redakteur Hannes Fritsche, 25. Januar 1988

Max Schmeling (2. v.l.) im Gespräch mit Redakteuren

Box-Weltmeister Henry Maske (2. v.l.) zu Gast in der
Redaktion im Gespräch mit Sport-Ressort-Leiter Reinhard
Schüssler (l.), 7. April 1992

Fußball-Bundestrainer Jupp Derwall (r.) im Gespräch mit
Sport-Redakteur Reinhard Schüssler, 29. März 1984

Helmut Schön (5. v.l.), Bundestrainer der Fußballnationalmann-
schaft, vor dem NRZ-Presse-Haus mit Mitgliedern der Redaktion: Thorsten Scharnhorst, Leiter des Sport-Ressorts (3. v.r.),
Reinhard Schüssler, Sport-Redakteur (4. v.l.), Jens Feddersen (2. v.r.)
und NRZ-Karikaturist „Tüte" Hagedorn (ganz r.), 3. März 1973

Handball-Trainer Vlado Stenzel (4. v.l.) in der NRZ-Sportre-
daktion. Redakteur Reinhard Schüssler (1. v.l.), Ressort-Leiter,
mit Thorsten Scharnhorst (5. v.l.), 1982

Kay und Lore Lorentz bei der Eröffnung der Düsseldorfer Geschäftsstelle

Willy Millowitsch als „fliegender NRZ-Zeitungshändler"

DDR-Schriftsteller Stefan Heym (l.) zu Gast im NRZ-Presse-Haus mit Dietrich Oppenberg, 4. Oktober 1988

Didi Hallervorden am NRZ-Lesertelefon, 28. Oktober 1981

Fußball-Bundestrainer Berti Vogts (l.) mit Sportredakteur Hannes Fritsche, 1990

Schlagersänger Heino bei einer NRZ-Veranstaltung, 1980

Die Titelseite der NRZ vom 8. Juli 1985

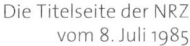

NRZ NEUE RUHR ZEITUNG

RHEINISCH-WESTFÄLISCHE ZEITUNG UNABHÄNGIG-MEINUNGSFREUDIG DIE GROSSE ZEITUNG AN RHEIN UND RUHR EZ EINZELPREIS 70 PF 1 H 3969 A

MONTAG, 8. JULI 1985 40. JAHRG., NR. 155

Phantastischer Sieg im Tennis-Mekka

NRZ-Bilder und Berichte über Boris Beckers Triumph

Jubel über Boris: Mit 17 der Größte

Glückwünsche des Bundespräsidenten

Kurz gemeldet

Reportageseite: Tenniskrimi fegte die Straßen leer

Sportseite: Eine Sternstunde des Sports

Reaktionen auf den großen Sieg

Der Weg in das Finale

Iraker halten 50 Deutsche fest

Botschaft verhandelt mit Bagdad

Führer des Putsches in Guinea gefaßt

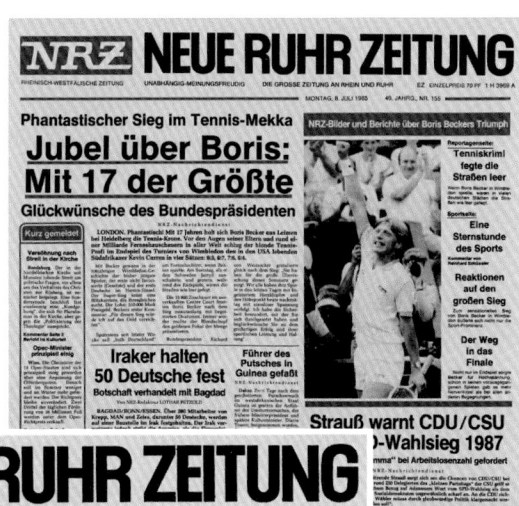

Strauß warnt CDU/CSU ...-Wahlsieg 1987

Die Titelseite der NRZ vom 2. Oktober 1982

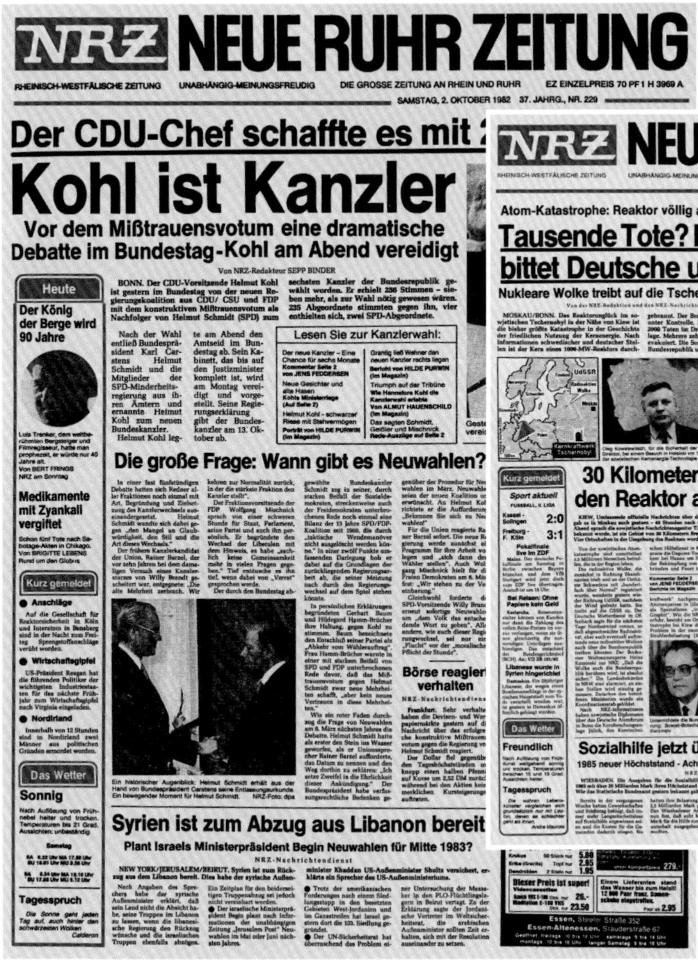
NRZ NEUE RUHR ZEITUNG

RHEINISCH-WESTFÄLISCHE ZEITUNG UNABHÄNGIG-MEINUNGSFREUDIG DIE GROSSE ZEITUNG AN RHEIN UND RUHR EZ EINZELPREIS 70 PF 1 H 3969 A

SAMSTAG, 2. OKTOBER 1982 37. JAHRG., NR. 229

Der CDU-Chef schaffte es mit ...

Kohl ist Kanzler

Vor dem Mißtrauensvotum eine dramatische Debatte im Bundestag - Kohl am Abend vereidigt

Von NRZ-Redakteur SEPP BINDER

Heute

Der König der Berge wird 90 Jahre

Medikamente mit Zyankali vergiftet

Kurz gemeldet

Lesen Sie zur Kanzlerwahl:

Die große Frage: Wann gibt es Neuwahlen?

Börse reagiert verhalten

Das Wetter

Sonnig

Tagesspruch

Syrien ist zum Abzug aus Libanon bereit

Plant Israels Ministerpräsident Begin Neuwahlen für Mitte 1983?

Die Titelseite der NRZ vom 30. April 1986

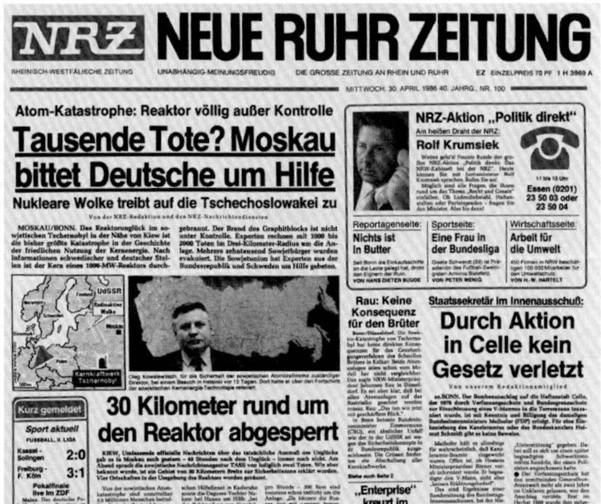
NRZ NEUE RUHR ZEITUNG

RHEINISCH-WESTFÄLISCHE ZEITUNG UNABHÄNGIG-MEINUNGSFREUDIG DIE GROSSE ZEITUNG AN RHEIN UND RUHR EZ EINZELPREIS 70 PF 1 H 3969 A

MITTWOCH, 30. APRIL 1986 40. JAHRG., NR. 100

Atom-Katastrophe: Reaktor völlig außer Kontrolle

Tausende Tote? Moskau bittet Deutsche um Hilfe

Nukleare Wolke treibt auf die Tschechoslowakei zu

NRZ-Aktion „Politik direkt"

Rolf Krumsiek

Essen (0201) 23 50 03 oder 23 50 04

Reportageseite: Nichts ist in Butter

Sportseite: Eine Frau in der Bundesliga

Wirtschaftsseite: Arbeit für die Umwelt

Rau: Keine Konsequenz für den Brüter

Staatssekretär im Innenausschuß:

Durch Aktion in Celle kein Gesetz verletzt

Kurz gemeldet

30 Kilometer rund um den Reaktor abgesperrt

„Enterprise" kreuzt im Mittelmeer

Das Wetter

Freundlich

Tagesspruch

Sozialhilfe jetzt über 20 Milliarden Mark

1985 neuer Höchststand - Acht Milliarden allein für den Lebensunterhalt

JUBILÄUMS-VERKAUF VOM 2. 5. – 16. 5. 86

50 JAHRE PRÖSE

Die Titelseite der NRZ
vom 12. April 1996

Die Titelseite der NRZ
1. Juni 1993

Die Titelseite der NRZ
vom 28. September 1998

das Nachrichtenwert hatte. Nach diesem Ansatz arbeitete nicht nur Straeten, er galt für alle Redakteure. Der Journalist ist immer im Dienst. Er muss aber auch die Möglichkeit haben, überall zu sein. „Auch wenn wir eine Regionalzeitung waren, hatten wir den Anspruch, über und auch von der ganzen Welt zu berichten", beschreibt Straeten im Rückblick dieses Konzept. „Für andere Regionalzeitungen in der Region begann hinter Unna Sibirien. Die waren nur auf ihr Einzugsgebiet fixiert. Entsprechend war auch das Niveau: Altöttinger Tageblatt mit dem Anzeigenteil des Ruhrgebietes."[224] Der Vorkämpfer für dieses Prinzip war Jens Feddersen – er sorgte dafür, dass dieser Anspruch, überall in der Welt präsent zu sein, für die NRZ selbstverständlich war. In Herausgeber Dietrich Oppenberg fand Feddersen allerdings auch einen wichtigen Unterstützer, der ihm – etwa im Hinblick auf mögliche Kosten, Reisen sind schließlich nicht billig – gegenüber dem Verlag den Rücken frei halten konnte.

Dieser Ansatz galt aber nicht nur im Hinblick auf die große Politik, sondern auch auf den Sport. „Auch hier war selbstverständlich, dass wir bei großen Sportereignissen vor Ort waren und von dort berichtet haben. Etwa von den Olympischen Spielen oder den Fußball-Weltmeisterschaften", erinnert sich Reinhard Schüssler, der viele Jahre die Sportberichterstattung der Zeitung geprägt hat.[225]

Aber trotz dieser Vorliebe für die große Politik, Jens Feddersen hatte auch Sinn für die bunten Themen. In Konflikten mit der Politik-Redaktion war er der Fürsprecher des Vermischten. Feddersen war kein Theoretiker, ihm war wichtig, dass die Zeitung ihre Leser ansprach und berührte. „Kinder, ich will sie weinen sehen", hieß ein Standardspruch von ihm. Er hatte aber auch etwas gegen Klugscheißerei – Feddersen war Pragmatiker. Ein alter Trick von Redakteuren, wenn sie keine Lust auf ein Thema hatten, war der Verweis, darüber sei doch erst vor kurzem schon geschrieben worden. Feddersens Antwort: „Die Zeitung ist kein Lexikon."

Symbol für die Nähe, die Feddersen zu den Lesern suchte, war der Bierdeckel. Tag für Tag brachte er einen solchen Deckel mit in die Konferenz – vollgeschrieben mit Themenvorschlägen. Sie resultierten aus Anregungen, die er in seiner Lieblingskneipe „Schinkenkrug" in Essen-Rüttenscheid bekommen hatte, wo Feddersen auf seinem Nachhauseweg nach Heiligenhaus-Isenbügel stets Station machte.

Der besondere Tag – Teil 8:
Der Fall der Mauer

Demonstrationen für Reformen, Hunderte flüchten in die Bundesrepublik, Honecker wird entmachtet – die Ereignisse in der DDR überschla-
gen sich. Trotzdem hält dieser Tag eine Überraschung bereit, mit der
niemand gerechnet hat: Die Grenze wird geöffnet.

Als die Nachricht in der Redaktion eintrifft, sind alle sofort elektrisiert.
„Wir haben wie im Rausch gearbeitet", erinnert sich Joachim Rindfleisch,
der damals im Politik-Ressort gearbeitet hat. „Ich weiß nur noch, dass wir
erst sehr spät aus der Redaktion gekommen sind. Es war ein sehr schönes
Gefühl. Denn wir wussten: Die nächsten Tage werden uns viel Arbeit
bringen, jetzt werden die Menschen Zeitung lesen."[226]

Unter besonderen Umständen erlebt Herbert Straeten, stellvertretender Chefredakteur und Osteuropa-Experte der Redaktion, diesen Tag. Er
befindet sich nämlich zusammen mit Bundeskanzler Helmut Kohl auf
Staatsbesuch in Polen. „Wir hatten die Information schon etwas früher
als die Kollegen in Essen", erinnert er sich.[227] Für Straeten war dieses
Erlebnis auch deswegen besonders bewegend, weil er seit den 1960er Jahren
die Aussöhnung mit Polen publizistisch begleitet hatte. 1964 hatte er zu den
wenigen deutschen Journalisten gehört, die im Rahmen des Frankfurter
Auschwitzprozesses das ehemalige Konzentrationslager besucht hatten.
„Ich habe als junger Mann noch als Soldat im Zweiten Weltkrieg gekämpft."[228]

Die Versöhnung mit den ehemaligen Feinden war ihm ein wichtiges
Anliegen. Nun zu erleben, dass sich die deutsch-polnische Freundschaft
bewährt, empfand Straeten als Bestätigung seiner publizistischen Arbeit.

NRZ NEUE RUHR ZEITUNG

RHEINISCH-WESTFÄLISCHE ZEITUNG   UNABHÄNGIG-MEINUNGSFREUDIG   DIE GROSSE ZEITUNG AN RHEIN UND RUHR   EZ EINZELPREIS 1,- DM 1 H 3969 A

SAMSTAG, 11. NOVEMBER 1989 44. JAHRG., NR. 265

Die Mauer ist offen – ganz Berlin im Freudentaumel

Brandt und Kohl vor dem Schöneberger Rathaus

Heute Sondersitzung der Bundesregierung in Bonn

Der Jubel ist grenzenlos

Dieser junge Mann aus Ost-Berlin nahm die Mauer symbolisch unter den Hammer (rechts). Und er darf nun mit Millionen anderer die Hoffnung haben, daß die Abrißunternehmen schon bald bestellt werden. Auf jeden Fall hat das steinerne Monster seinen

Die Mauer unter dem Hammer

Schrecken verloren: Tausende kletterten am Brandenburger Tor unbehelligt über den Wall, den man schon seit 28 Jahren Berliner von Berlinern, Deutsche von Deutschen, trennt (Foto links). Dies sind nur zwei von den bewegenden Bildern der Nacht zum Freitag, die als historische Dokumente um die Welt gehen werden. Der „Regierende" Momper „In dieser Nacht war das deutsche Volk das glücklichste auf der Erde."

Freikarten für 10 000 DDR-Fans

Berlin. Der Berliner Fußball-Zweitligaclub Hertha BSC stellt für das heutige Spitzenspiel gegen Wattenscheid 09 im Olympiastadion 10 000 Freikarten für DDR-Bürger zur Verfügung. Sie können sich die Eintrittskarten gegen Vorlage des Personalausweises an den Stadionkassen abholen. Hertha rechnet jetzt mit 50 000 Besuchern.

Bayern: Stürmer in der Kritik

München. Nach dem Pokal-K.o. im Neckar-Stadion gegen den VfB Stuttgart wird beim Deutschen Fußballmeister FC Bayern München Kritik am Stürmer-Duo Mihailovic und McInally immer lauter. Das klare 0:3 gegen die Schwaben machte die ganze Misere deutlich. Olaf Thon und Roland Wohlfarth werden schmerzlich vermißt. Gute Stürmer sind eben Mangelware!

Bericht im Sport

Kurz gemeldet

Bombenanschläge in der Türkei

Ankara. In mehreren Städten der Türkei sind in der Nacht nach der Vereidigung Turgut Özals zum neuen Staatspräsidenten Bomben explodiert. Allein 18 Sprengsätze gingen von Donnerstag auf Freitag in Istanbul hoch, drei vor Banken und Geschäften in Ankara. Ein Mann wurde verletzt.

Heute wieder

FREIZEIT

Nordirland: Polizist erschossen

Belfast. Ein nordirischer Polizist ist bei einer Aktion gegen mutmaßliche IRA-Terroristen in Belfast versehentlich von einem Kollegen erschossen worden.

 Das Wetter

Mild

Wolkig mit zunehmenden Aufheiterungen und weitgehend niederschlagsfrei. Temperaturen um zwölf Grad. Aussichten: heiter und trocken.
SA: 7:29 h, SU: 6: 16:39 h.

Tagesspruch

Was du erhälst, nimm ohne Stolz an, was du verlierst, gib ohne Trauer auf.
Marc Aurel

100 000 kamen in den Westen

. . . und die meisten kehrten wieder zurück Brandt: Berlin lebt, die Mauer wird fallen

NRZ-Nachrichtendienst

BERLIN. Die Öffnung der innerdeutschen Grenze und der Mauer in Berlin hat gestern einen Massenansturm von DDR-Besuchern nach West-Berlin und in die Bundesrepublik ausgelöst. Nach

Die Zahl derjenigen, die in der Bundesrepublik geblieben sind, war gestern abend noch unklar, es wurde aber damit gerechnet, daß es etwa 10 000 waren.

DDR-Innenminister Dickel erklärte unterdessen im DDR-Fernsehen, daß die neue Reiseregelung nicht wieder zurückgenommen werde. Sie gelte dauerhaft und diene als Grundlage für das kommende Reisegesetz. Sowohl in Ost-Berlin als auch in den Bezirks- und Kreisstädten der DDR hatte gestern früh der Ansturm auf Reisepässe

Die ehemaligen Regierenden Bürgermeister, Willy Brandt und Dietrich Stobbe, informierten sich über die historischen Ereignisse in der geteilten Stadt auch nahe dem Brandenburger Tores. Brandt sagte am Abend zu der Menge vor dem Schöneberger Rathaus: „Berlin lebt und die Mauer wird fallen."
NRZ-Foto: dpa

und Visa begonnen. Die Menschen standen mehrere hundert Meter lang in Schlangen vor den Ämtern.

Die von Politikern des Inund Auslands einhellig als historisch eingestuften Ereignisse lösten in Bonn, Berlin und anderen Hauptstädten hektische Betriebsamkeit aus. Bundeskanzler Kohl unterbrach seinen erst am Vortag angetretene Polenreise für 24 Stunden und flog von Hamburg nach Berlin. Dort nahmen 28 Jahre nach Errichtung der Mauer am Nachmittag

Schätzungen der Grenzbehörden waren es weit über 100 000, die kamen; die meisten von ihnen kehrten nach einem Besuch im Westen wieder in die DDR zurück.

Tausende von Menschen an einer Kundgebung vor dem Rathaus Schöneberg teil, auf der neben Helmut Kohl und Außenminister Genscher auch der Regierende Bürgermeister Momper und der SPD-Ehrenvorsitzende Willy Brandt sprachen. Brandt, zur Zeit des Mauerbaus „Regierender" der Stadt, rief unter dem Jubel der Zehntausenden aus: „Berlin wird leben und die Mauer wird fallen."

In Bonn hatte am Vormittag SPD-Vorsitzender Vogel die Einrichtung „Runder Tische"

Lesen Sie dazu

Kommentar Seite 2 von JENS FEDDERSEN

Berichte, Hintergrund, Analysen auf den Seiten 2 bis 5 von
HERBERT STRAETEN, PETER T. KRÜGER, JÖRG BARTEL, DIETMAR SEHER
und den Korrespondenten der NRZ

Mauer kriegt mehr Löcher

NRZ-Nachrichtendienst

BERLIN. Das geteilte Berlin rückt enger zusammen. Die Mauer bekommt Löcher. Überraschend einigten sich DDR-Führung und West-Berliner Senat gestern darauf, in den nächsten Tagen neun weitere Grenzübergänge in der Stadt für den Besucherverkehr zu öffnen.

Schon am Abend öffneten die neuen Grenzübergänge an den Glienicker Brücke und im Vorort Lichterade. Zugleich begannen Abrißarbeiten an der Mauer am Potsdamer Platz. Dort soll bis Sonntag an der Verkehr fließen. Die weiteren Übergänge werden in den nächsten Tagen zum Teil aus der

nach polnischem Muster in Ost-Berlin und in Bonn gefordert. In Ost-Berlin solle eine solche Einrichtung zur Vorbereitung freier Wahlen mit der Teilnahme aller Gruppen und Parteien führen. In der Bundeshauptstadt sollte die Hauptaufgabe eines solchen „Runden Tisches" die Bemühungen zur Integration der Übersiedler sein. Vogel bezifferte deren Zahl auf nahezu 300 000.

● Das Bundeskanzleramt hat am Abend dementiert, daß Bundeskanzler Kohl noch vor seiner für heute Abend geplanten Rückkehr nach Warschau mit dem DDR-Staats- und Parteichef Egon Krenz persönlich zusammentreffen werde. Kohl wolle lediglich mit Krenz telefonieren.

● Auf einer Massenkundgebung der SED in Ost-Berlin kündigte Krenz radikale Reformen mit freien Wahlen in der DDR an. Das Besten des Volkes müßten ins Parlament geschickt werden, sagte der neue SED-Chef. Der Kurs der Erneuerung werde nicht mehr rückgängig gemacht. Die Rede von Krenz wurde von Beifall, aber auch von Buh-Rufen und Pfiffen begleitet.

Mauer gebrochen. Außerdem soll Ost-Berlin mehr und mehr an das West-Berliner Nahverkehrsnetz angeschlossen werden. Etwa 500 West-Berliner begannen in der Falkenseer Chaussee in Spandau, die Mauer einzureißen. Auch an dieser Stelle soll ein neuer Grenzübergang eingerichtet werden.

Die Titelseite der NRZ vom 11. November 1989

Am Ende der Nachkriegszeit das Ende einer Karriere: Jens Feddersen und der Weg zur Deutschen Einheit

„Es sagt sich so leicht dahin, eigentlich wolle niemand ein geeintes Deutschland. Warum? Eine Wiedervereinigung im Sinne dieses Wortes kann es nicht geben. Selbst das Grundgesetz verlangt sie nicht. ‚Wieder'-Vereinigung würde die Übernahme des jetzigen DDR-Gebietes und Teilen von Polen durch die heutige Bundesrepublik bedeuten. Wer daran auch nur denkt oder es gar fordert, ist ein politischer Phantast. Deutschland gegen den Rest der Welt, das könnte nur in tiefes Unglück für ganz Europa führen.

Aber: Die Einheit der Deutschen, ihre Freiheit und ihre Freizügigkeit, basierend auf der Selbstbestimmung, einem der elementarsten Menschenrechte, dies steht zur Diskussion. Sie ist und bleibt so aktuell wie es die Pflicht der deutschen Politik ist, auf eine Situation in Europa hinzuarbeiten und auf Regierungen einzuwirken, daß die Einheit, die Freiheit und die Freizügigkeit für alle Deutsche möglich wird."[229]

Als Jens Feddersen diese Sätze im September 1989 schrieb, war eines bereits klar: In der DDR bewegte sich etwas. Die Demonstrationen der Bürgerrechtler, die Ströme von Flüchtlingen in den Westen, schließlich: die sich immer deutlicher abzeichnende Macht-Erosion des SED-Regimes. Nicht abzusehen war aber, dass wenige Wochen später tatsächlich die Berliner Mauer fallen würde und gut zwölf Monate danach das verwirklicht sein sollte, was Feddersen hier noch als sein politisches Wunsch-Szenario beschrieb: die Deutsche Einheit – im Einklang mit den Nachbarn im Westen wie im Osten.

Es war die Krönung von Feddersens journalistischer Karriere, dass er am Ende seiner Laufbahn auch jene Entwicklung als Kommentator begleiten konnte, von der er immer geträumt, für die er immer publizistisch gestritten hatte. Zwischen dem 23. September 1989 und dem 9. November 1990 schrieb er insgesamt 76 Kommentare, in denen er für die NRZ-Leser den Weg zur Einheit nachzeichnete, bewertete und vor allem auch vor dem Hintergrund des weltpolitischen Geschehens einordnete. Dabei zog sich als rote Linie eine Botschaft durch alle diese Texte: Die deutsche Wiedervereinigung war die politische Konsequenz aus der bisherigen politischen Entwicklung der Bundesrepublik. Die Deutsche Einheit markierte keinen Bruch gegenüber der westdeutschen Nachkriegspolitik, sondern

Besuch des DDR-Staatsratsvorsitzenden Erich
Honecker (2. v.l.) mit Bertold Beitz (l.) und Jens
Feddersen (r.), 1987

Interview mit DDR-Ministerpräsident Lothar de Mai-
zière (r.) in Ost-Berlin, v.l.: Berlin-Korrespondent Peter
Thomas Krüger, Redakteur Heinz Kurtzbach,
Jens Feddersen, 22. Juni 1990

Valentin Falin, Botschafter der Sowjetunion in der
Bundesrepublik (1. v.l.), möchte sich in der Redaktion
ins Gästebuch eintragen. Neben ihm: Jens Feddersen
und Dietrich Oppenberg (v.l.), 30. Oktober 1972

Jens Feddersen (r.) mit dem ehemaligen sowjetischen
Staats- und Parteichef Michail Gorbatschow bei dessen
Deutschland-Besuch, 24. September 1992

Eröffnung einer Ausstellung von NRZ-Fotograf Friedhelm Zingler (Mitte) mit Bildern aus der DDR nach
der „Wende" im NRZ-Presse-Haus. Mit dabei: Dietrich
Oppenberg (l.) und Jens Feddersen, 8. Mai 1990

bildete ihren Höhepunkt. Denn hier erwies es sich, dass die politischen Grundsatzentscheidungen in der Bundesrepublik richtig waren: vom Bekenntnis zur Sozialen Marktwirtschaft über die feste Einbindung in das transatlantische Bündnis bis hin zur „Neuen Ostpolitik", die nach der Aussöhnung mit den westlichen Nachbarn auch zu einem neuen Vertrauensverhältnis zu den osteuropäischen Ländern geführt hatte. So waren diese Kommentare auch noch aus einer anderen Perspektive zu deuten: Hier verdichtete sich noch einmal das politische Weltbild Feddersens, des „Linksliberalen vom Dienst", und seiner Generation, die in der Wiedervereinigung zwar eine großartige Bestätigung ihrer Politik erkennen wollte und auch konnte, gleichzeitig aber auch erkennen musste, dass sich die Hochphase ihres politischen und publizistischen Einflusses ihrem Ende zuneigte: Die Nachkriegszeit ging zu Ende, ihre Zeit.

Diese Entwicklung spiegelte sich in Feddersens Kommentaren wider: Er hielt es mit Willy Brandts Devise: „Jetzt wächst zusammen, was zusammen gehört." Nur war die eben, wie er feststellen musste, nicht Allgemeingut in der Sozialdemokratie, auf die er in dieser Frage besondere Hoffnungen setzte. Für eine neue Generation, die mit der Frage nach der Deutschen Einheit nicht mehr so recht etwas anzufangen wusste, standen Gerhard Schröder und Oskar Lafontaine – mit ihnen konnte wiederum Feddersen nicht viel anfangen.[230] Er setzte seine Hoffnung auf NRW-Ministerpräsident Johannes Rau, der den Brandt-Spruch, so seine Analyse, nicht nur zitiere, wie so viele, „die lange Zeit abseits standen, wenn von der Einheit Deutschlands gesprochen und auch nur darüber nachgedacht wurde".[231] Rau habe vielmehr begriffen, dass die Einheit „das Thema des Jahrzehnts" sei. Er stehe „als sozialdemokratisches Markenzeichen für die Solidität und Unzweideutigkeit dieser Partei in Sachen deutsche Einheit".[232] Dem Bundeskanzler Helmut Kohl gestand Feddersen zu, klug zu agieren – vor allem auf außenpolitischem Terrain. Allerdings mangele es dem Kanzler an staatsmännischem Format: Feddersen erwartete von Kohl einen großen Appell an die Bevölkerung, den Weg zur Einheit als gemeinsame nationale Kraftanstrengung zu verstehen, für die auch finanzielle Opfer notwendig seien. Kohl nutze die günstige Situation aber vor allem dazu, um parteipolitisches Kapital daraus zu schlagen: „Mehr der Mann seiner Partei als der Staatsmann. Immer wieder erweckt Helmut Kohl den Eindruck, die nationale Frage sei im Grunde genommen Privatsache und ginge höchstens noch den Finanzminister etwas an – nicht einmal seinen Außenminister [...].[233] Gerade in Bundesaußenminister

Interview mit Bundespräsident Richard von Weizsäcker in der Villa Hammerschmidt in Bonn. V.l.n.r: Redakteur Dietmar Seher, Dietrich Oppenberg, Weizsäcker, Jens Feddersen sowie die stellvertretenden Chefredakteure Arno Gehlen und Herbert Straeten, 10. Juli 1985

Jens Feddersen (2. v.r.) bei einer Fernsehdiskussion zur NRW-Landtagswahl am 4. Mai 1975 im Düsseldorfer Landesstudio des WDR, mit den Spitzenkandidaten Horst Ludwig Riemer (FDP), Ministerpräsident Heinz Kühn (SPD) und Heinrich Köppeler (CDU) (v.l.), 1975

Jens Feddersen (l.) bei Bundespräsident Walter Scheel in der Villa Hammerschmidt in Bonn, März 1979

Interview mit NRW-Ministerpräsident Johannes Rau in dessen Ferienhaus auf Spiekeroog: Rau mit Sohn und Jens Feddersen (l.), 15. August 1991

Interview von Jens Feddersen (r.) mit dem SPD-Vorsitzenden Willy Brandt, Mai 1984

Erich Brost (l.) mit Dietrich Oppenberg und Jens Feddersen (r.), 1. Oktober 1991

SPD-Fraktionsvorsitzender Hans-Jochen Vogel (Mitte) mit Dietrich Oppenberg (l) und Jens Feddersen zu Gast in der Redaktion, 8. März 1984

Jens Feddersen (r.) führt ein Interview mit Bundeskanzler Helmut Schmidt im Bundeskanzleramt, 15. Mai 1981

Genscher sah Feddersen aber einen Gewährsmann für die Kontinuität deutscher Außenpolitik seit der sozial-liberalen Koalition: So sei eine Diskussion über die Zukunft der Oder-Neiße-Grenze gefährlich, Genscher habe die Aufgabe, „das schiefe Bild von Deutschland zurechtzurücken".[234] Gleichwohl, im Verlauf des Einigungsprozesses gewann Kohl immer mehr Feddersens Anerkennung – nicht zuletzt auch deswegen, weil die Bevölkerung der DDR in dem westdeutschen Kanzler einen Hoffnungsträger erkannte. Wenngleich er auch am Tag der Einheit selbst, in seinem Leitartikel zum 3. Oktober 1990, eindeutig hervorhob, dass es nicht die Staatsmänner waren, sondern die Ostdeutschen, die die Wiedervereinigung möglich gemacht haben: „[...] es waren und es sind die Menschen, die den Rahmen der Einheit gezimmert haben und die menschliche Einheit nun vollziehen müssen [...]."[235]

Eineinhalb Jahre später wurde Jens Feddersen für sein journalistisches Lebenswerk und sein publizistisches Streiten für die Deutsche Einheit ausgezeichnet. Der Preis trug den Namen von Konrad Adenauer, verliehen wurde er von der Deutschland-Stiftung. „Speerspitze der Opposition" hatte einst Franz Josef Strauß diese Einrichtung genannt und damit den publizistischen Kampf der Stiftung in den 1970er Jahren gegen die Brandtsche Ostpolitik loben wollen. Die „Deutschland-Stiftung" war in dieser Zeit ein Zentrum der rechtskonservativen Kräfte innerhalb der Unionsparteien. Zu ihren Förderern zählten Axel Springer und eben Franz Josef Strauß, Vorsitzender der Stiftung war viele Jahre lang Gerhard Löwenthal, der mit seinem ZDF-Magazin während der 1970er und 1980er Jahre aus linker Perspektive die Figur des „Kalten Kriegers" unter den deutschen Journalisten ideal verkörperte. Nun wurde also Jens Feddersen, der „Linksliberale vom Dienst", ausgerechnet von dieser Stiftung geehrt. Ein Zeichen von Versöhnung?

Konrad Adenauer – der Name des Gründungskanzlers stand in den 1960er Jahren in den Leitartikeln Feddersens als Synonym für eine erstarrte Republik, eine unbewegliche Politik; wenn er auch trotz dieser Kritik der gelungenen Westintegration der Bundesrepublik Respekt zollte. Nun aber, drei Jahrzehnte später, weckte der Name Konrad Adenauer bei ihm ganz andere Assoziationen: Nun stand der erste Bundeskanzler symbolhaft für die Erfolgsgeschichte der Bundesrepublik – die sich in der Wiedervereinigung bestätigte. So lernen politische Gegner von einst, sich besser zu verstehen.

Das Gemeinsame rückte in den Vordergrund. Es lag weniger in gleichen weltanschaulichen Grundvorstellungen. Es verband, bei allen politischen Differenzen im Detail, in der gleichen Zeit politisch aktiv gewesen und durch die gleichen Ereignisse geprägt worden zu sein. Die Angehörigen der jungen Generation, die jetzt langsam überall in der Gesellschaft in den Führungspositionen nachrückten, waren anders geprägt. In der Politik, der Wirtschaft, aber auch in den Zeitungsredaktionen.

„Ihr Völker der Welt, schaut auf diese Stadt" – dieses Zitat des Berliner Bürgermeisters Ernst Reuter stellte Feddersen bei der Adenauer-Preisverleihung als Motto vor seine Dankesrede. Und in der Tat: Egal, welcher Partei sie angehört hatten, die Angehörigen der Generation Feddersen hatten nach Berlin geschaut. Für sie war die Frage nach der Wiedervereinigung immer ein Herzensanliegen. Jüngere Journalisten trieben andere Probleme um. Das zeigt auch ein Blick in die NRZ-Redaktion. 1991 gewannen jüngere Redakteure der NRZ, Jörg Bartel, Cornelia Färber und Alexander Richter, gemeinsam den renommierten Theodor-Wolff-Preis. Ihr Thema: der Müll – es ging ihnen um Umwelt- und Naturschutz. Doch bei der Feierstunde für Feddersen im Oktober 1992 konnte die alte Bundesrepublik noch einmal zu sich selbst kommen. Und Feddersens Dankesrede wirkte denn auch wie eine Kurzzusammenfassung des Selbstverständnisses der alten Bonner Republik: „Die Politik der Aussöhnung und Berechenbarkeit nach Osten (Brandt/Scheel/Genscher), die Suche nach Vertrauen und Glaubwürdigkeit in eine demokratisch geprägte und gefestigte Bundesrepublik, die zementierte Einbettung in Europa, die Einbindung in die Atlantische Allianz."[236] Am Ende stand ein Appell Jens Feddersens: „Es ist die Freiheit, die gesiegt hat. Sie wird niemandem geschenkt."[237] Wollte Feddersen Mut machen oder war dieser Appell eine Mahnung? Ein Jahr später ging er in den Ruhestand, 1995 starb Jens Feddersen.

Eine neue Generation

„Als erstes habe ich Joschka Fischer in die Redaktion als Gesprächspartner eingeladen."[238] Richard Kiessler setzte als neuer Chefredakteur Akzente. Für Feddersen waren die Grünen so etwas wie die ungezogenen Kinder der deutschen Politik, er dachte noch in den Kategorien des alten Bonner Drei-Parteien-Systems. Das war nun bei Kiessler, der ihn 1993 abgelöst hatte, anders. Kiessler sah in den Grünen nicht nur eine ernstzunehmende politische Kraft, für ihn war die noch junge Partei auch der Repräsentant eines alternativen Lebensgefühls. Das drückte sich vor allem natürlich auch in einer besonderen Sensibilität gegenüber Fragen des Umweltschutzes aus – aber auch in anderen Politikbereichen. Kiessler erkannte

Richard Kiessler (l.) im Gespräch mit dem niedersächsischen Ministerpräsidenten Gerhard Schröder (SPD) in der Redaktion, 23. Mai 1996

in den Grünen eine Reformkraft. Und vor allem: Er wollte die jungen Leser, die dieses alternative Lebensgefühl teilten, an die NRZ binden und nicht verlieren. Eine Auffassung, die noch nicht Allgemeingut war.

Im Polit-Establishment in NRW galten die Grünen Vielen Anfang der 1990er noch als Außenseiter, die man ignorieren konnte. So dachte auch der amtierende Ministerpräsident Johannes Rau. An satte absolute Mehrheiten für seine SPD gewöhnt, erklärte er vor der Landtagswahl 1995 öffentlichkeitswirksam, in den „grünen Apfel" werde er nicht beißen. Doch nach der Wahl musste Rau eine Niederlage einstecken: Seine Partei brauchte einen Partner, es bildete sich die erste rot-grüne Koalition in NRW und der Grüne Michael Vesper wurde Raus Stellvertreter. Wie schon bei der sozial-liberalen Koalition Ende der 1960er Jahre war nun 1995 Düsseldorf wiederum das Versuchslabor für ein neues Koalitionsmodell. Drei Jahre später bildete sich auch in Bonn ein solches Bündnis mit Gerhard Schröder als Bundeskanzler. „Ich habe mich in meinen Leitartikeln für diesen Regierungswechsel stark gemacht", beschreibt Richard Kiessler seine Haltung in dieser Zeit.[239]

Auch mit dem zweiten Gast, den Kiessler als Chefredakteur in die Redaktion einlud, schärfte er sein Profil: Gregor Gysi. Für Jens Feddersen wäre der PDS-Mann ein rotes Tuch gewesen. Aber Kiessler wollte dieses Gespräch auch nicht als Zeichen für inhaltliche Übereinstimmung verstanden wissen. Diese Einladung sagte aber etwas über sein Selbstverständnis als Journalist aus: Die PDS war nun einmal eine bedeutende politische Kraft in dem wiedervereinigten Deutschland. Und daher war der führende Vertreter dieser Partei auch selbstverständlich ein interessanter Interviewpartner für die NRZ. Auch in der Berlin-Frage stellte Kiessler die NRZ anders auf. Hatte unter Feddersen die NRZ als mehr oder weniger einzige nordrhein-westfälische Tageszeitung für Berlin und gegen Bonn als Regierungssitz plädiert, nahm Kiessler nun in seinen Kommentaren für die Stadt am Rhein Partei. Das freute wiederum Johannes Rau. Denn der NRW-Ministerpräsiden hätte auch gerne in Zukunft den Regierungssitz in seinem Bundesland gehabt.

Trotzdem war das Verhältnis zu dem dominanten Landesvater nicht konfliktfrei. Eines Morgens klingelte beim Chefredakteur das Telefon. „Hier bin ich", sagte die Stimme am anderen Ende der Leitung. Es war der Ministerpräsident. In seinem Leitartikel am Tag zuvor hatte Richard Kiessler Führungsschwäche beim Regierungschef angemahnt und die Frage gestellt: „Wo ist Johannes Rau?" Der Ministerpräsident fühlte sich provoziert und reagierte prompt.

Als Richard Kiessler 1992 zur NRZ kam, konnte er schon auf eine lange journalistische Berufskarriere zurückblicken. Zuletzt hatte er in der Bonner Redaktion des Spiegels gearbeitet. Kiesslers Spezialgebiet: die Außenpolitik. Das Interesse an fremden Ländern hatte er auch schon als junger Student. Im Dezember 1969 hatte der 25-jährige Politikstudent 170 Tage lang in Kuba im Gefängnis gesessen. Kiessler hatte dort für seine Doktorarbeit über Guerilla-Kampf in Südamerika recherchiert. Daher hatte er auch Kontakt zu alten Kämpfern der kubanischen Revolution aufgenommen. Kiessler hatte nicht ahnen können, dass einer dieser Informanten mittlerweile bei Fidel Castro in Ungnade gefallen war. So war er ins Visier der politischen Polizei geraten und verhaftet worden, Kiessler wurde beschuldigt, mit dem vermeintlichen Verräter gemeinsame Sache gemacht zu haben. Im Rückblick wertet Richard Kiessler heute den unfreiwilligen Gefängnisaufenthalt als eine positive Erfahrung: Die hieß Realismus. Der Politikstudent

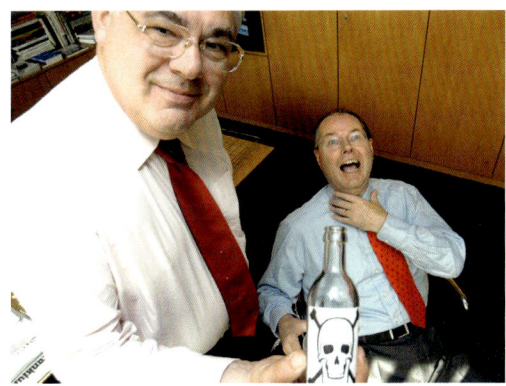

Chefredakteur Dr. Richard Kiessler
im Gespräch mit Heiner Geißler (Bild o.),
Ignatz Bubis und Paul Spiegel (Bild
Mitte r.), Klaus Matthiesen (Bild u.) und –
in besonderer Pose – mit Peer Steinbück

hatte anfangs durchaus Sympathien für die revolutionären Ideen Castros gehabt, die hatte er im Gefängnis verloren. „Das Kuba-Erlebnis war auch prägend für meine späteren vielen Auslandsreisen", so Kiesslers Bilanz im Rückblick.[240] Denn wer das Gefängnis überstanden habe, den schrecke so schnell nichts mehr, ist er überzeugt.

Journalistischer Höhepunkt während Kiesslers Zeit in Bonn war die Deutsche Einheit. Den Weg zur Wiedervereinigung konnte er, in unmittelbarerer Nähe zu den handelnden Personen, von Bonn aus hautnah beobachten, begleiten und analysieren. Kiessler verfügte über gute Kontakte zu Bundesaußenminister Hans-Dietrich Genscher, später schrieb er ein Buch über die unmittelbare Vorgeschichte der Wiedervereinigung.

Auch als NRZ-Chefredakteur galt Kiesslers Vorliebe der Außenpolitik, auch nun sollte er immer mal wieder den Schreibtisch in Essen verlassen und zu Recherchereisen in die Welt aufbrechen. Aber seine Aufgabe als Chefredakteur einer Regionalzeitung erschöpfte sich nicht darin. Die lokale Berichterstattung der NRZ war für ihn genauso von Bedeutung wie die Weltpolitik. „Natürlich ist die Politik-Berichterstattung im Hauptteil wichtig. Aber mir war auch klar: Das, was die Marke NRZ besonders auszeichnet, ist unser Journalismus vor Ort", erinnert sich Kiessler.[241] „Allerdings, das muss ich zugeben, musste ich Lokaljournalismus auch erst einmal kennenlernen. Also habe ich nacheinander alle Redaktionen an den Standorten besucht und mir angeschaut."[242] Schnell erkannte er, dass ein alter Grundsatz immer noch Gültigkeit hatte, der auch schon von Jens Feddersen vertreten worden war: „Der lokale Chef ist der Chefredakteur vor Ort." Das hieß: Die Lokalredaktion kann ihr eigenes Profil entwickeln und hängt nicht am Gängelband der Zentrale. Vor Ort ist der lokale Chefredakteur verantwortlich. „Mir ist in diesem Zusammenhang bewusst geworden, wie wichtig unsere Berichterstattung für das politische Leben vor Ort ist. Wir sind ein wichtiger Bestandteil der politischen Kultur in den Städten."[243]

Er ist für viele das Gesicht der NRZ: Jörg Bartel (1957–2015) prägt als Feuilletonchef über zwei Jahrzehnte das kulturelle Leben in der Region. Bartel hat nicht nur Leser, er hat Fans. Mit seiner wöchentlichen Kolumne „Kolumbus & Co", in der er humorvoll über seinen Alltag und sein Familienleben berichtet und dabei viele Phänomene glossiert, die auch seine Leser aus ihrem Alltag kennen, gelingt es ihm, eine ganz besondere Nähe zu seinen Lesern herzustellen. Seine Kolumne ist für viele eine wöchentliche Pflichtlektüre. Dies zeigt sich auf eindrucksvolle Weise an der großen Anteilnahme seiner Leser, als Bartel 2015 überraschend stirbt.

Die Titelseite der NRZ
vom 27. Dezember 2004

Die Titelseite der NRZ
vom 12. April 2006

Die Titelseite der NRZ
vom 23. November 2005

Der besondere Tag – Teil 9:
Der 11. September 2001

NRZ NEUE RUHR ZEITUNG

MITTWOCH, 12. SEPTEMBER 2001   54. Jahrgang, Nr. 212 - EY - Montag - Freitag 1,40 DM - Samstag 1,70 DM   MEINUNGSFREUDIG · UNABHÄNGIG · BÜRGERNAH

www.nrz.de

Die Welt unter Schock
Krieg gegen die USA

TERROR / Flugzeuge rasen in New Yorker World Trade Center. Türme stürzen ein, Behörden befürchten tausende Tote. Anschlag auch gegen das Verteidigungsministerium in Washington. Weiterer Absturz eines Jumbo in Pittsburgh. Palästinenser bestreiten Beteiligung. Israel evakuiert alle Botschaften. Weltweit Entsetzen und Trauer.

NEW YORK. Bei den schweren Terroranschlägen aller Zeiten sind gestern in den Wirtschafts- und Schalt-Zentralen Amerikas wahrscheinlich tausende Menschen gestorben. Mit vier in den USA entführten Passagierflugzeugen - als fliegende Bomben - brachten unbekannte Selbstmord-Attentäter unter anderem das World Trade Center in New York zum Einsturz, wo bislang täglich bis zu 50 000 Menschen arbeiteten. In Washington wurde das Verteidigungsministerium mit einem angeblich entführten Flugzeug angegriffen. Eine vierte Maschine, die nach späteren Medienberichten auf den Präsidenten-Sitz Camp David niedergehen sollte, stürzte bei Pittsburgh ab. An Bord der Flugzeuge befanden sich insgesamt 266 Passagiere. US-Präsident Bush sprach von einem „terroristischen Anschlag" und kündigte an, Amerika werde die feigen Täter „zur Strecke bringen und bestrafen". Bush versetzte die US-Streitkräfte weltweit in Alarmzustand.

**Dutzende Menschen
sprangen aus den Fenstern**

Kurz vor neun Uhr Ortszeit rasten innerhalb von 18 Minuten zwei Flugzeuge in das World Trade Center. Augenzeugen zufolge sprangen Dutzende von Menschen in Panik aus den Fenstern. Das Symbol der Finanzmacht USA an der Südspitze Manhattans mit den beiden 411 Meter hohen Zwillingstürme ging in Rauch und Flammen auf und stürzte nach etwa einer Stunde in sich zusammen. Die Zahl der Opfer war gestern Abend unklar. Die Behörden

rechnen mit Tausenden von Toten und Verletzten. Nach den Anschlägen war die Lage in New York und Washington völlig chaotisch. Es spielten sich apokalyptische Szenen ab. Ältere US-Bürger fühlten sich an die japanischen Überraschungsangriffe auf Pearl Harbor (Hawaii) 1942 im Zweiten Weltkrieg erinnert. Das Parlamentsgebäude auf dem Kapitol und das Weiße Haus wurden ebenso evakuiert wie das UN-Gebäude in New York und die Börse in Wall Street. Fernsehsender berichteten von Massen-Evakuierungen und panisch flüchtenden Menschen in den Straßen.

Alle Flüge in die USA wurden nach Kanada umgeleitet, alle USA-Flüge aus Deutschland storniert. Zwischenzeitlich kam der Flugverkehr weltweit zum Erliegen. Die Nato evakuierte ihr Hauptquartier in Brüssel, Israel ließ Auslandsvertretungen räumen. In Deutschland wurden US-Einrichtungen, öffentliche Gebäude und Flughäfen gesondert gesichert. Die Finanzmärkte reagierten weltweit mit Kursabstürzen, wichtige Handelsplätze wurden geschlossen.

Die Hintergründe der Terrorwelle, zu der sich bislang niemand bekannte, sind noch völlig unklar. Radikale Palästinensergruppen bestritten jede Beteiligung. PLO-Chef Arafat verurteilte die Attentate scharf. US-Geheimdienste sehen als Drahtzieher den saudi-arabischen Millionär Osama Bin Laden, der bereits mit Anschlägen auf US-Botschaften 1998 in Verbindung gebracht wurde. (dpa/ap/afp/NRZ)
■ **Mehr informationen unter
www.nrz.de/terror**

Ein Bild wie im Krieg: Die Skyline von New York nach dem Anschlag auf die beiden Türme des World Trade Centers. Wenige Minuten später brach auch der zweite Turm und stürzte in sich zusammen. Tausende fanden in den Trümmern den Tod. (Foto: ap)

DAS WETTER

Heute: Einige Regenschauer.
Morgen: Anfangs Regengüsse,
später freundlich, bis 17°.

FUSSBALL AKTUELL

CHAMPIONS LEAGUE, VORRUNDE, HINSPIELE

FC Schalke - Panath. Athen   0:2

Dynamo Kiew - Bor. Dortmund   2:2

KURZ GEMELDET

Wende bei der Zuwanderung. In der rot-grünen Regierungskoalition gibt es Überlegungen, bei der Zuwanderung nicht länger den Konsens mit der Union zu suchen. ■ NACHRICHTEN

Olympia im Blick. Ministerpräsident Clement legte das Sportstättenkonzept für die Bewerbung vor. Manche Orte sind noch umstritten. Fest steht, dass Rheinübe-Manager Leibkind Geschäftsführer der Olympia GmbH wird. ■ NRW - DAS LAND

Verlag und Redaktion:
Friedrichstraße 34-38
45128 Essen
Telefon (0201) 8 04 -0
Telefax (0201) 8 04 -2621
E-Mail redaktion@nrz.de

Panik im 30. Stock! Wie viele Kollegen leben noch?

NRZ-EXKLUSIV / Dennis Reuther aus Arnsberg entkommt der Feuerhölle und berichtet von den Explosionen im Wolkenkratzer.

PASCAL BRÜCKMANN

NEW YORK. Es war erst sein zweiter Arbeitstag im World Trade Center „Two". Dennis Reuther (27) aus Arnsberg saß gerade vor seinem Computer im 30. Stock des Hochhauses, als er aufgeschreckt wurde. „Ich prasselte gegen die Scheiben, als ich dachte im ersten Moment an starken Regen." Dann sah der junge Mann, der bei der Siemens-Tochter STS im World Trade Center ein Praktikum absolviert, brennende Teile an seinem Fenster vorbeifliegen.

**Kollegen tot
getrampelt?**

Einen Knall habe es aber nicht gegeben. „Niemand wusste was los war, es gab keinen Alarm. Als ein Kollege meinte, es sei besser zu gehen, liefen wir ins Treppenhaus." Langsam zog stockender Rauch in die Gänge. Doch die Panik brach erst aus, als das zweite Flugzeug in das World Trade Center raste. „Es gab einen fürchterlichen

Knall. Jeder rannte um sein Leben, möglicherweise sind dabei sogar einige meiner Kollegen totgetrampelt worden."

Vor dem Gebäude erblickte Dennis Reuther brennende Autos, sah schreiende Menschen. „Polizisten winkten uns aus dem Gebäude heraus, wir mussten in Intervallen herauslaufen, um nicht von den herabstürzenden Trümmern getroffen zu werden", berichtet der junge Mann im Gespräch mit der NRZ.

LESEN SIE IM INNERN

SEITE 2:
■ Kommentar von
  RICHARD KIESSLER
■ Wer ist Bin Laden?
■ Arabischer Freudentaumel
  SEITE 3:
■ Bilder des Terrors
  SEITE 4:
■ Entsetzen in aller Welt
  WIRTSCHAFT
■ Weltwirtschaft erschüttert
  NRW - DAS LAND
■ Absagen, Trauerbeflaggung

„Da keine U-Bahn mehr fuhr, rannten wir nordwärts. Im Hintergrund rauchten die Gebäude wie zwei gigantische Schornsteine. Dann stürzte alles zusammen." Dennis Reuther konnte sich rechtzeitig in Sicherheit bringen. Bei dem Telefonat mit der NRZ steht er noch immer unter Schock. „Mir zittern die Knie, ich kann das alles noch nicht glauben." Gleichzeitig berichtet er von einem Panikschaufen in der Stadt. Seine Eltern konnte er telefonisch nicht erreichen. Diesen Dienst übernimmt die NRZ für ihn.

**Erlösende Botschaft
für die Eltern**

In Arnsberg hatte man bereits mit dem Schlimmsten gerechnet. Unter Tränen vernehmen die Eltern die erlösende Botschaft.

„Da um 10.29 Uhr Ortszeit zerfiel das Gebäude in Staub, das für Reuther ein Ort der Hoffnung sein sollte - und für ihn und Zigtausende andere zum Albtraum wurde. (NRZ)

Die Titelseite der NRZ vom 12. September 2001

Die Bilder sind zuerst da. Wer, was, warum – wenn Journalisten über ein Ereignis berichten, dann orientieren sie sich an den W-Fragen. Was aber geschieht, wenn die Bilder dieses Ereignisses schon längst überall in der Welt zu sehen sind, aber auf genau diese Fragen noch niemand eine Antwort weiß? Der 11. September 2011, der Anschlag auf das World Trade Center in New York, ist nicht nur ein Tag von weltpolitischer Bedeutung, dieses Datum markiert auch eine neue Phase in der Geschichte des Journalismus. Früher waren die Journalisten diejenigen, die den exklusiven Zugang zu neuen Ereignissen hatten. Schließlich hat niemand in seinem Wohnzimmer einen Ticker stehen, über den ständig die neusten Nachrichten aus aller Welt gesendet werden. Und auch Korrespondenten-Berichte finden Frau Müller und Herr Meier nicht morgens in ihrem Briefkasten. Diesen Informationsvorsprung hat die Zeitung.

Doch am 11. September 2001 ist alles anders. Denn nun können tatsächlich Frau Müller und Herr Meier in ihrem heimischen Wohnzimmer auf dem Fernseher sehen, wie das Flugzeug in das Hochhaus fliegt. Sie können nahezu in Echtzeit am Bildschirm die Katastrophe verfolgen. Freilich – ihre Fragen werden durch die Bilder nicht beantwortet, sie werden nur noch drängender. Sie wollen Antworten – wer, was, warum, sie wollen die Bilder einordnen können, die sie da sehen. Die Stunde der Zeitung.

Aber wie schnell kann die Zeitung reagieren? Sie erscheint erst am nächsten Tag. Die Bilder haben die Leser bis dahin schon dutzendmal gesehen, immer wieder. Aber befriedigende Antworten haben sie noch nicht erhalten. Kann man ihnen zumuten, bis zum nächsten Tag zu warten, bis sie eine erste Einordnung des Ereignisses bekommen?

Die Bilder erzeugen Druck, die Menschen wollen schnelle Antworten. Können aber Journalisten solche schnellen Antworten liefern und gleichzeitig ihren Qualitätsansprüchen an seriöse Information genügen? Diese Fragen sind seit diesem Tag immer wieder gestellt worden, von Kommunikationsexperten und Journalistik-Professoren. Für die Redakteure der NRZ stellen sich diese Fragen an diesem Tag ganz unmittelbar.

„Bei uns in der Redaktion lief auch parallel der Fernseher", erinnert sich Peter Rosien, damals Chef vom Dienst.[244] Aber, und das ist die Lehre, die die Redaktion aus diesem Ereignis zieht, auch vor der Macht der Bilder, die in diesem neuen Informationszeitalter immer größer wird, dürfen Journalisten nicht kapitulieren. Im Gegenteil: Die Qualitätsanforderungen an den Journalisten werden immer höher. Und, so im Rückblick die Bilanz von Richard Kiessler: „Auch die Leser wissen in einer Zeit, in der sie ständig mit vermeintlich schnellen Antworten konfrontiert werden, den Wert der fundierten Nachricht, der soliden Analyse zu schätzen. Unsere Leser wissen, dass sie von uns diese Qualität bekommen. Wir nehmen uns auch weiterhin Zeit für Recherche. Das schafft Vertrauen."[245]

Stabwechsel auf Zollverein: Rüdiger Oppers (l.) wird Nachfolger von
Dr. Richard Kiessler als Chefredakteur der NRZ

Seit 2013 im Amt des Chefredakteurs: Manfred Lachniet (l.), hier bei
einer Veranstaltung zur Kommunal- und Europawahl, Mai 2014

2007 löst Rüdiger Oppers (geb. 1960) Richard Kiessler als Chefredakteur ab. Zuvor war Oppers seit 1998 Unternehmenssprecher des WDR und 2001 und 2002 zugleich Unternehmenssprecher der ARD. In der Region war Oppers vor allem als Moderator der WDR-Fernsehsendung „Aktuelle Stunde" bekannt.

Seit 2013 schließlich ist Manfred Lachniet Chefredakteur der NRZ. Er begann seine journalistische Laufbahn schon während des Studiums der Wirtschaftswissenschaften: Er arbeitete als freier Mitarbeiter für die NRZ, bis er ab 1985 dort auch sein Volontariat absolvierte. Nach Stationen als Lokalredakteur und Redaktionsleiter in Mülheim, Rheinhausen und Moers wurde Lachniet im Dezember 2007 bereits stellvertretender Chefredakteur. Er lebt in Duisburg-Walsum, ist verheiratet und Vater von zwei Söhnen.

Anmerkungen: Die NRZ in den 1980er und 1990er Jahren

224 Koretz, Walter/Martens, Katrin/Sasse, Sebastian: Interview mit Herbert Straeten. 2014. Mitschnitt im NRZ-Verlagsarchiv.

225 Koretz, Walter/Sasse, Sebastian: Interview mit Reinhard Schüssler. 2014. Mitschnitt im NRZ-Verlagsarchiv.

226 Koretz, Walter/Sasse, Sebastian: Interview mit Joachim Rindfleisch. 2014. Mitschnitt im NRZ-Verlagsarchiv.

227 Koretz/Martens/Sasse: Interview Straeten.

228 Ebenda.

229 Feddersen, Jens: Nur ein Traum? Einheit, nicht Wiedervereinigung. In: NRZ vom 23. September 1989.

230 Vgl. dazu etwa: Feddersen, Jens: Kein Kniefall. Aber: Die SPD bleibt zerstritten. In: NRZ vom 12. Juni 1990.

231 Feddersen, Jens: Die SPD tritt an. In und für ganz Deutschland. In: NRZ vom 15. Januar 1990.

232 Ebenda.

233 Feddersen, Jens: Die Ängste. Die Politik und das Vertrauen. In: NRZ vom 15. Februar 1990.

234 Feddersen, Jens: Ein böses Spiel. Kohl und Genscher. In: NRZ vom 9. März 1990.

235 Feddersen, Jens: 3. Oktober – der Tag der Einheit. Die Freiheit – Die Werte – Das Neue. In: NRZ vom 3. Oktober 1990.

236 Feddersen, Jens: Dankesrede. In: Festschrift zur Verleihung der Konrad-Adenauer-Preise 1992 für Wissenschaft, Literatur und Publizistik. Hg. v. d. Deutschland-Stiftung e. V. Breitbrunn 1992.

237 Ebenda.

238 Koretz, Walter/Sasse, Sebastian: Interview mit Richard Kiessler. 2015. NRZ-Verlagsarchiv.

239 Ebenda.

240 Koretz/Sasse: Interview Kiessler.

241 Ebenda.

242 Ebenda.

243 Ebenda.

244 Koretz, Walter/Sasse, Sebastian: Interview mit Peter Rosien. 2014. Mitschnitt im NRZ-Verlagsarchiv.

245 Koretz/Sasse: Interview Kiessler.

Die NRZ setzt Akzente in einer sich ändernden Medienlandschaft

Berichte über das, was in seiner Stadt, seinem Viertel, ja seiner Straße geschieht, findet der Leser nur in seiner Lokalzeitung. Die regionale Berichterstattung gehörte schon immer zum journalistischen Kerngeschäft der NRZ. Trotzdem hat sich das Selbstverständnis geändert. Das Lokale hat noch weiter an Bedeutung gewonnen. Nicht weil die Weltpolitik langweiliger geworden wäre. Ganz im Gegenteil: Die „große Politik" spiegelt sich vor allem im Kleinen wider, hier kommt sie ihm besonders nahe. Das stellt besonders hohe Ansprüche an guten Lokaljournalismus. Und es ist ein Feld, auf dem sich die NRZ als Marke für journalistische Qualität profilieren kann. Heute sorgt vielleicht nicht mehr unbedingt ein Auftritt im Presseclub für ein solches Profil, wie zu den Zeiten von Jens Feddersen. Heute ist es wichtig, als Zeitung vor Ort Präsenz zu zeigen, Vertrauen zu schaffen, nah bei den Lesern und ihren Problemen zu sein.

Um diese lokale Nähe in der täglichen Zeitung spürbar zu machen, führte NRZ-Chefredakteur Manfred Lachniet in den niederrheinischen Ausgaben konsequent „Kirchturm"-Seiten ein: Seither haben die jeweiligen Städte und Gemeinden einer Ausgabe stets eigene Seiten. „Unsere Leser wissen, dass sie dort Nachrichten, Hintergründe und Kommentare aus ihrem Heimatort finden", so Lachniet. Und weil die Leser gern auch über den Tellerrand hinausblicken, finden sich gleich hinter den „Kirchtürmen" Nachbarschaftsseiten, die das für die Leser jeweilige relevante Umfeld abbilden.

Umlandseiten gibt es inzwischen auch für die Ausgaben in den großen Städten Duisburg, Mülheim und Oberhausen; und auch an der wichtigen Essener Ausgabe wird gearbeitet. „Bei der NRZ Düsseldorf steht der

Aktionen der NRZ vor Ort schaffen Nähe zur Leserschaft. Wie zum Beispiel Lesungen am Niederrhein, an denen kreative Köpfe der NRZ beteiligt waren: v.l. Jens Dirksen, Matthias Maruhn,
Maike Maibaum, Thomas Plaßmann und der leider verstorbene Jörg Bartel, Mai 2012

Name der Stadt sogar im Titelkopf; und der Lokalsport mit Fortuna und
DEG steht vor dem Hauptsport – lokaler geht es kaum", sagt Lachniet.

Schon Dietrich Oppenbergs verlegerischer Grundsatz war es, dass die
Strukturen sich den inhaltlichen Ansprüchen anzupassen haben, nicht
umgekehrt. Wenn also die lokale und regionale Berichterstattung für das
Profil der Marke sorgt, muss hier auch der Schwerpunkt der journalistischen
Arbeit sein. So sind auch die Umstrukturierungen zu verstehen, die in den
letzten Jahren in der Funke Mediengruppe vorgenommen worden sind, zu
der die NRZ gehört. 2009 wurde ein sogenannter Content-Desk gebildet.
Von hier aus wurden alle Titel der Mediengruppe, also auch die NRZ, mit
überregionalen Berichten und Analysen beliefert. Dieser Ansatz wird nun
von einer Zentralredaktion fortgeführt, die in Berlin sitzt und jetzt von der
Hauptstadt aus als Dienstleister für die einzelnen Titel arbeitet. Die Idee
dahinter: Den Titelredaktionen bleibt so mehr Zeit für die Konzentration auf
das eigene Profil. Diese Strukturänderungen stehen im Dienst einer Schär-
fung des publizistischen Profils. Sie ermöglichen der Redaktion, sich auf die
Bereiche zu konzentrieren, die die Qualität der NRZ auszeichnen.

Die Region immer im Blick: Chefredakteur Manfred Lachniet (r.) im Gespräch mit Erich Staake, Vorstands-vorsitzender der Duisburger Hafen AG, 18. September 2013

2013 wurde das Unternehmen in Funke Mediengruppe unbenannt. Die Erben von Erich Brost sind aus dem Unternehmen ausgeschieden. Mehrheitsgesellschafterin ist nun Petra Grotkamp, die Tochter von Jakob Funke. Der neue Name soll unter-streichen, dass man sich als Familienunternehmen versteht.

Dazu gehört aber nicht nur der Schwerpunkt Lokalberichterstattung. Die NRZ zeichnet sich auch durch eine bestimmte Haltung aus – es gibt einen NRZ-Spirit. Er zeigt sich in einem Lebensgefühl, das zur Region passt. Die NRZ ist eine Fa-milienzeitung – sie wird auch von Kindern gelesen. Und die NRZ hat ein sozia-les Gewissen: Sie engagiert sich zusammen mit den Lesern für Menschen in Not.

„Das Profil der NRZ als eine Tageszeitung des kritischen Journalismus' ist der entscheidende Kompass für unsere tägliche Arbeit. In einer Art permanenter Diskussion ringt unsere Redaktion stets darum, welcher Aufmacher in welcher Form die jeweilige Seite trägt. NRZ-Redakteure setzen die Themen, und wir stellen in unseren Kommentaren dar, wie wir die Dinge einschätzen", sagt Chefredakteur Manfred Lachniet. „Nur so können wir als glaubwürdig wahrgenommen werden."[246]

Der sorgfältige Umgang mit der Gewichtung der Themen gilt übrigens auch in der digitalen Welt: Zukünftig wird es immer mehr darauf ankommen, welche journalistischen Inhalte zu welcher Zeit auf welchen Kanälen zu den Lesern gelangen, sagt Lachniet. Die Redakteure denken dann nicht mehr allein in Print, sondern auch an die Präsentation der Themen auf Smartphones, Tablets oder Computern. Es liegt auf der Hand, dass sich damit auch die Arbeitsweise der Redakteure verändern wird. Das Jubiläumsjahr 2016 steht denn auch für den ernsthaften Aufbruch in die digitale Zukunft. „Bald wird es zum Beispiel so sein, dass sich unsere NRZ auf dem E-Paper fortwährend aktualisiert, etwa bei Wahlergebnissen, aber auch bei spannenden Fußballspielen. Genauso bereiten wir Apps vor, die die Leser kurz und bündig über das Wichtigste informieren. Die Möglichkeiten sind noch längst nicht ausgeschöpft. Warum soll zum Beispiel jemand, der besonders tiefe politische Informationen wünscht, nicht entsprechend bedient werden?"[247]

Schon jetzt ist es erfreulich, dass immer mehr Leser ihre elektronische NRZ entdecken; die Zugriffe steigen stetig. „Das ist eine gute Nachricht für den Journalismus. Gute Geschichten, Hintergründe und Kommentare werden immer eine starke Nachfrage haben", so Chefredakteur Lachniet. Bei alledem bleibe aber stets die Verantwortung der Redaktion: Sorgfalt muss immer vor Schnelligkeit gehen.[248]

Die Niederrhein-Seite – eine Region und ihr Lebensgefühl

Gewiss, erfunden hat Hanns-Dieter Hüsch ihn nicht. Den Niederrhein gab es schon vorher. Aber der Kabarettist hat durch seine Programme seit den 1980er Jahren seine Heimat, vor allem aber den Menschenschlag, der dort lebt, in ganz Deutschland bekannt und beliebt gemacht. Dass diese neue Bekanntheit auch eine positive Wirkung auf das Selbstbewusstsein des Niederrheiners hatte, dazu hat auch die NRZ beigetragen. Der Niederrhein war schon immer eine wichtige Region innerhalb des Verbreitungsgebietes. Aber das Bewusstsein, dass es sich um eine eigene Kulturlandschaft mit einer eigenen Identität handelt, dieses Gefühl ist erst in den 1990er Jahren gewachsen. Vor diesem Hintergrund ist die Idee einer eigenen Niederrhein-Seite entstanden. Bis dahin bestanden nur die einzelnen Lokalredaktionen – aber gibt es nicht auch Nachrichten und Ereignisse, die über die einzelne Stadt hinaus für die gesamte Region interessant sind? Genau über die kann man vieles auf der Niederrhein-Seite lesen. Wobei den Machern dieser neuen Seite von Anfang an klar war, dass die Leser hier nicht nur über Politik lesen sollen. Auf der Niederrhein-Seite soll vor allem auch das Lebensgefühl der Menschen zum Ausdruck kommen.

Aber was heißt das eigentlich: Lebensgefühl einer Region? Und vor allem: Was ist denn nun typisch für den Niederrhein? Heike Waldor-Schäfer ist eine Expertin für diese Frage. Von Anfang an gehört sie zum Journalisten-Team, das die Seite gestaltet. Seit vielen Jahren ist sie die verantwortliche Redakteurin. „Heimatbewusst und trotzdem weltoffen. Manchmal etwas maulfaul, aber dann auch doch kommunikativ. Das ist der Niederrheiner", sagt sie.[249] Aber wie fängt man als Journalist so ein Lebensgefühl ein und setzt es in der Zeitung um? Ein Kabarettist wie Hanns-Dieter Hüsch hat es da wohl leichter. Als Literat kann er die Geschichten und die Figuren, die er auftreten lässt, erfinden. Ein Journalist aber hat es mit der Realität zu tun. Aber auch das, was ist, kann man unterschiedlich darstellen. Auch jenseits der klassischen Darstellungsformen, ohne doch gleich den journalistischen Anspruch aufgeben zu müssen. „Wir haben uns auch immer als eine Ideenschmiede verstanden. Wir sind auf der Suche nach neuen Möglichkeiten, die Beziehung zwischen Leser und Zeitung neu zu vertiefen." Eine Aktion, die auf besonders große Resonanz stieß, fällt Heike Waldor-Schäfer sofort ein: „Ich bin Niederrheiner." Die Menschen können der NRZ erzählen, was sie zum Niederrheiner macht. In wenigen Sätzen nur, daneben ein Foto des Niederrheiners. Die originellsten Bekenntnisse werden auf Plakate gedruckt. Die Menschen erkennen sich darin wieder. Im Schlosstheater Moers wird sogar eine ganze Lesung nur mit diesen Niederrhein-Bekenntnissen bestritten, keine Frage, dass sie sehr gut besucht ist.

Nähe zu den Menschen – das ist für Heike Waldor-Schäfer auch heute noch der Kern ihres journalistischen Credos. „Einer der wichtigsten Erfolge der Niederrhein-Seite ist für mich, dass die Menschen hier wissen, bei uns stoßen sie immer auf offene Ohren für ihre Probleme. Sie haben Vertrauen zu uns, rufen uns an oder kommen auch gleich in die Redaktion. Oft geht es um politische Fragen, aber nicht nur. Wir interessieren uns auch für den Alltag der Leser."

Der zweite Faktor, der Waldor-Schäfer wichtig ist: Die NRZ ist nicht nur Informationslieferant, sie ist auch Akteur in der Region. Zum Beispiel durch Gesprächsforen zu aktuellen Themen, die etwa in Zusammenarbeit mit den Kirchen organisiert werden.

Aber auch die Unterhaltung soll nicht zu kurz kommen: So gehört die NRZ seit vielen Jahren zu den Organisatoren des Comedy-Festivals in

Moers, der Heimatstadt von Hanns-Dieter Hüsch. Viele Kabarettisten und Comedians hatten dort ihre ersten Auftritte. Sie haben mit dafür gesorgt, dass eine wichtige Charaktereigenschaft des Niederrheiners nun in ganz Deutschland mit der Region verbunden wird: der Humor.

„Wir haben mit dazu beigetragen, dass die Niederrheiner selbstbewusster auf ihre Region schauen", sagt Heike Waldor-Schäfer. Diesem Ansatz fühlt sich die NRZ auch in Zukunft verpflichtet.[250]

Klartext für Leser aus allen Generationen

Den Umgang mit Informationen kann man lernen. Wie schwierig das für Erwachsene ist, selbst für journalistische Profis, das beweist das Beispiel 11. September. Für Kinder ist es noch schwieriger. Es ist eine große Herausforderung, für sie aus der Vielzahl an Informationen, die täglich auf sie einströmen – sei es als Bild, als Film oder als Beitrag in den sozialen Netzwerken –, das auszuwählen, was für sie wirklich von Bedeutung ist. Aber was ist wirklich wichtig? Und für die Kinder noch entscheidender: Wer erklärt mir, warum etwas wichtig ist?

Vor diesem Hintergrund hat Rüdiger Oppers, der 2007 Richard Kiessler als Chefredakteur ablöste, zusammen mit der Redaktion ein neues Format entwickelt: die NRZ-Kinderseite. Die wichtigsten Nachrichten des Tages werden auf einer eigenen Seite für Kinder aufbereitet, in Sätzen, die leicht verständlich sind. Verständlichkeit und Kürze – das sind natürlich Kriterien, die auch erwachsene Leser schätzen. „Wir haben schnell festgestellt, dass die Kinder-Seite auch von den Eltern oder Oma und Opa gerne gelesen wird. So hat diese neue Seite uns auch daran erinnert, dass wir einen wichtigen journalistischen Grundsatz nie vergessen dürfen: Wir müssen klar und verständlich sein. Wir müssen Klartext sprechen."[251]

Die NRZ versteht sich als eine Familienzeitung. Leserbefragungen aus den letzten Jahren unterstreichen, gerade Familien wissen die Berichterstattung der NRZ zu schätzen. Denn in ihrer Zeitung finden sie Informationen, die ihnen auch ihr Alltagsleben als Familie erleichtern. Das fängt bei Veranstaltungstipps an, dieser Ansatz spiegelt sich aber auch in der Kommentierung politischer Themen wider, bei der die Situation von Familien berücksichtigt wird. „In dieser Weise Klartext zu reden, ist uns sehr wichtig", betont Manfred Lachniet, seit 2013 NRZ-Chefredakteur. „Wir sind eine politische Zeitung. Und wir wollen unsere Leser dazu ermuntern, sich eine eigene Meinung zu

NRZ – MEHR ALS EINE ZEITUNG

Die NRZ schafft durch abwechs-lungsreiche Veranstaltungsreihen Nähe zu ihren Lesern: ob beim Radwandertag der NRZ, Lesungen, durch die NRZ-Leseecke in der Stadtbibliothek, beim Kino-Café, Dinslakener Entenrennen, NRZ-Wandertag oder bei der NRZ-Sportfete ...

NRZ – MEHR ALS EINE ZEITUNG

… mit der NRZ-Hochzeitskut-
sche und den Konzerten für die
NRZ-Sampler, im NRZ-Lesercafé,
mit dem weithin sichtbaren
NRZ-Ballon, bei der Aktion Freie
Fahrt für Senioren oder beim
Großen NRZ-Trabrenntag

bilden. Durch die Informationen, die sie in der NRZ finden, helfen wir ihnen dabei."[252] Wie groß das Interesse der NRZ-Leser an Politik ist, zeigt sich täglich in der Leserbriefspalte, die auf der Seite 2 den gleichen Raum füllt wie die Kommentarspalte der Redaktion: „Wir nehmen unsere Leserinnen und Leser sehr ernst und geben ihnen mehr Platz als viele andere Zeitungen", sagt Manfred Lachniet. Als etwa zur Jahreswende 2015/16 das Thema Flüchtlinge hochkochte, machte die Redaktion auf der Seite 2 deutlich, wie sie mit Informationen umgeht, wie ihre Haltung ist, und sie forderte die Leser zum Mitdiskutieren auf: Sehr viele Leserinnen und Leser beteiligten sich daran. Ihre Zuschriften füllten zahlreiche Spalten und Seiten.

Die Leser spüren diese Nähe zu den wichtigen Themen. Und daher ist es für viele selbstverständlich, dass sie in der Redaktion vorbeischauen, anrufen, Briefe oder Mails schreiben – oder eben auf Facebook einen Kommentar posten. Das ist auch gut so: Die NRZ will ganz nah an den Menschen sein", sagt der Chefredakteur.[253]

Die NRZ hilft Menschen in Not

In den publizistischen Leitsätzen der NRZ findet sich neben dem Bekenntnis zur journalistischen Unabhängigkeit auch eine Selbstverpflichtung der NRZ: Die Zeitung stellt sich in den Dienst des Gemeinwohls. Sie tritt für die Menschenrechte ein und will dabei mithelfen, diese zu schützen und zu bewahren. Das heißt allerdings nicht, dass sie im politischen Sinne Partei ergreift. Die journalistische Unabhängigkeit der Zeitung wird dadurch nicht gefährdet.

Wie dieser Ansatz sich praktisch bewährt, zeigte sich seit Anfang der 1980er Jahre in vielen Beispielen. Ein wichtiger Partner für diese Aktionen ist für die NRZ auch seitdem die Caritas im Ruhrbistum Essen. Die Arbeitsteilung war dabei klar: Die Caritas verfügte als weltweit aktive katholische Hilfsorganisation über die notwendige Infrastruktur, die NRZ sorgte für die öffentliche Aufmerksamkeit.

Polen war eines der ersten Ziele solcher Hilfstransporte. Danach stand die Unterstützung der Roma im Vordergrund, die nach Skopje in Mazedonien zurückgeführt worden waren. „Wir schenken Freude" – unter diesem Motto kauften Leser Spielzeug und spendeten es für Flüchtlingskinder in Shutka, dem Romaviertel in Skopje. Außerdem wurde das Spielzeug an Bosnien-Flüchtlinge verteilt, die in Folge des Jugoslawien-Krieges nach Deutschland gekommen waren. 1994 folgten weitere Aktionen in Bosnien: Mit der Caritas und der Feuerwehr sammelte die NRZ zum Beispiel Werkzeug für den Wie-

Humanitäres Engagement vor Ort: Jan Jessen, Leiter des Politikressorts, in Afghanistan

deraufbau der Häuser zerstörter Dörfer in Nordbosnien. NRZ-Reporter Matthias Maruhn, der zahlreiche dieser Aktionen journalistisch begleitet hatte, war dann stets vor Ort mit dabei und nutzte diese Aufenthalte für umfangreiche Recherchen für seine Reportagen. „Es gab eine große Resonanz der Leser, die ihre Keller durchwühlten und die Sachen in der Redaktion oder bei der Feuerwehr abgegeben haben. ‚Praktische Hilfen', das zog ganz ungemein", erinnert er sich.[254]

1995 ging es wieder mit der Caritas in Richtung Osteuropa, diesmal für krebskranke Kinder in der Ukraine. Für jeweils 49 Mark konnten Leser einem kranken Kind eine Woche Erholung in einem Feriendorf in den Karpaten finanzieren. Auch in den Bau des Dorfes wurden Spendengelder von NRZ-Lesern investiert, 1992 waren dafür 50.000 Mark gespendet worden. Ein Jahr später wurde für den Wiederaufbau in Mostar gesammelt. 1997 stand wieder die Hilfe für Roma in Skopje im Fokus. 13 Mark kostete dort ein Monat Schule. 1997 wurde „help" unterstützt, eine Organisation, die in Bosnien Minen aus dem zurückliegenden Krieg aufspürte.

„Hilfe von Hand zu Hand" hieß das Motto bei der Weihnachtsaktion 1997. Die Leser spendeten Stofftiere und Schulmaterialien für Kinder in Temesvar in Rumänien. Die Spenden wurden in den Geschäftsstellen gesammelt. „Das war ein Riesenerfolg", erinnert sich Matthias Maruhn.

„Ich habe auch den Laster persönlich nach Temesvar gefahren. Das war für die vielen Spender ein wichtiges Zeichen, denn sie wussten: Wir garantieren dafür, dass die Spenden wirklich zu den Betroffenen kommen."[255]

Ein Jahr später, im Advent 1998, fand wieder eine Paketaktion für Bosnien statt, dieses Mal waren Senioren die Zielgruppe. Matthias Maruhn: „Wir haben die Pakete alle selbst eingepackt. Es gab eine großartige Resonanz. Wieder habe ich den Transport mit dem Lastwagen selbst gefahren. Meine fünfteilige Reportage sorgte für große Aufmerksamkeit. Allein am ersten Sammel-Wochenende wurden 1000 Pakete abgegeben."

1999 war Krieg im Kosovo, Maruhn berichtete von der Situation vor Ort. Es folgten Spenden für die „Stiftung Flüchtlingshilfe", die von der NRZ mitgetragen wurde. Im Dezember desselben Jahres erschütterte ein schweres Erdbeben die Türkei. Die NRZ sammelte zusammen mit der Caritas, am Ende waren 100.000 DM zusammengekommen. Von dem Erlös wurden 350 Betten und Öfen für Notunterkünfte gekauft. Aber auch an die sportbegeisterten Jugendlichen in den Unterkünften wurde gedacht: „Zum Schluss hatten wir noch 3000 Mark übrig", erzählt Maruhn. „Davon sind wir mit einem kleinen Lastwagen nach Istanbul gefahren. Dort haben wir bei einem Supermarkt Halt gemacht und haben einen Kicker, Tischtennisplatten und ein Dutzend Fußbälle gekauft."[256]

Im Oktober 2001 wurde die Welthungerhilfe für ein Projekt im Sudan unterstützt. Im Dezember lief eine Aktion für Afghanistan zusammen mit dem Friedensdorf Oberhausen an: „Ein Lächeln für Kabul". 2008 baute die NRZ gemeinsam mit der „ABC-Gesellschaft" eine Grundschule in Malawi. Insgesamt spendeten die NRZ-Leser 30.000 Euro.

Seit 2012 konzentriert sich die Hilfe auf Flüchtlinge aus Syrien und dem Nordirak. Der Auslöser für dieses Engagement war eine Recherchereise von Jan Jessen, dem Leiter des Politikressorts, in die Krisenregion. „Eigentlich ging es um die Situation christlicher Binnenflüchtlinge, die im Irak aus Basra, Bagdad und Mossul vor religiösen Extremisten geflohen waren. Wir – mich begleitete ein Vertreter der Caritas im Ruhrbistum – besuchten aber auch das Camp Doriz bei Dokuk, ein Lager für syrische Bürgerkriegsflüchtlinge", erinnert sich Jessen.[257] „Dort lebten zu dieser Zeit etwa 4000 Flüchtlinge, ein dreiviertel Jahr später waren es 70.000. Im Irak waren damals so gut wie keine internationalen Hilfsorganisationen tätig. Das Schicksal der Menschen dort hat mich sehr berührt." Als Jessen, zurück in Essen, von seinen Eindrücken erzählte, entstand die Idee für eine Spendenaktion. Schnell wurde klar, dass neben der NRZ auch zwei andere Titel der Funke-Mediengruppe, die WAZ und die WR, die Aktion unterstützen wollen. Bis heute konnten rund 1,5 Millionen Euro gesammelt werden. „Wir haben

Seit Jahrzehnten kümmert sich die NRZ mit großem Engagement um ihre kleinen Leser, ob im NRZ-Ferienfußballcamp, bei der NRZ- Wunschbaumaktion zu Weihnachten, auf der Kinderstrecke beim NRZ-Wandertag mit Knut, dem Eisbär der NRZ-Kinderseite, bei Malwettbewerben zur NRZ-Kinderseite, mit der Bildung des NRZ-Kinderteams oder mit der Aktion Küchenzwerge

NRZ – MEHR ALS
EINE ZEITUNG

Sorgt in der NRZ für die tägliche Portion Satire:
Thomas Plaßmann

NRZ-Karikaturist Tüte Hagedorn (Mitte) mit Dietrich Oppenberg
bei der Eröffnung einer Ausstellung seiner Karikaturen in Essen,
Juli 1962

dafür mit unseren kurdischen Partnern vor Ort Kleidung und Lebensmittel gekauft und verteilt. Zahlreiche Familien konnten wir mit Bargeld unterstützen. Außerdem sind 35 Wohncontainer entstanden."[258] Jessen hat sich die Ergebnisse seither vor Ort immer wieder angeschaut und in der NRZ darüber berichtet. Mittlerweile ist Jan Jessen der ehrenamtliche Vorsitzende des Vereins „Caritas Flüchtlingshilfe" – dieser Verein steht dafür, dass das Engagement dauerhaft ist und auch in Zukunft fortgesetzt werden wird.

Jedes Jahr in der Zeit vor Weihnachten startet die NRZ auch zusammen mit der Caritas die „Wunschbaum-Aktion". Bedürftige Menschen und Familien schreiben ihre Wünsche anonym auf einen Zettel und hängen ihn an einen Wunschbaum, der in den Geschäftsstellen der Lokalredaktionen steht. Die Resonanz ist von Anfang sehr groß: Viele Leser kommen zum Wunschbaum, nehmen einen Zettel und packen Päckchen. Meistens legen sie auch noch einen Brief dazu, oft gibt es auch eine Antwort.

Schließlich wurde 2008 der Verein „Klartext für Kinder" gegründet. Er arbeitet unabhängig und flexibel, um der Kinderarmut in Moers, Neukirchen-Vluyn und Kamp-Lintfort die Stirn zu bieten. Klartext für Kinder steht für ein besonderes Modell sozialer Patenschaften in Moers und Umgebung. Bürgerinnen und Bürger helfen tagtäglich ehrenamtlich und engagiert den Jüngsten unserer Gesellschaft, denen oft das Nötigste fehlt. Die NRZ hilft dabei, Kontakte zu vermitteln, Spenden zu sammeln, und steht als Begleiter und Berater dem Verein zur Seite. Chefredakteur Manfred Lachniet ist auch stellvertretender Vorsitzender des Vereins.

Einen großen Fan-Kreis unter den Lesern hat auch Thomas Plaßmann. Seine täglichen Karikaturen zum politischen Zeitgeschehen sind nie verletzend, aber regen zum Nachdenken an. Plaßmann, der seine Profession gerne scherzhaft auch „Männlein malen" nennt, ist für seine Karikaturen schon vielfach ausgezeichnet worden, so unter anderem mehrfach mit dem Deutschen Preis für die Politische Karikatur „Der Künstlerische Strich" und dem Karikaturenpreis „Rückblende" des Bundesverbandes der Deutschen Zeitungsverleger.

Karikaturen haben in der NRZ eine lange Tradition: „Tüte" (eigentlich Günther) Hagedorn begleitete von 1961 bis zu seinem Tod 1978 die NRZ-Leser nahezu täglich mit seinen gezeichneten „Schmunzel-Kommentaren". Hagedorn, gebürtiger Berliner, hatte in der geteilten Stadt seine ersten Erfahrungen als Karikaturist gemacht und dort auch Jens Feddersen kennengelernt.

Seit den 1970er Jahren erschienen auch über 25 Jahre regelmäßig in der NRZ die Karikaturen von Bernd Bruns. Bruns, dessen feinen Strich auch die Leser der ZEIT bewundern konnten, wurde ebenfalls mit vielen Preisen ausgezeichnet.

Anmerkungen: Die NRZ setzt Akzente in einer sich ändernden Medienlandschaft

246   Sasse, Sebastian: Interview mit Manfred Lachniet. 2016.

247   Sasse: Interview Lachniet.

248   Ebenda.

249   Koretz, Walter/Sasse, Sebastian: Interview mit Heike Waldor-Schäfer. 2015. Mitschnitt im NRZ-Verlagsarchiv.

250   Koretz/Sasse: Interview Waldor-Schäfer.

251   Koretz, Walter/Sasse, Sebastian: Interview mit Rüdiger Oppers. 2016. NRZ-Verlagsarchiv.

252   Sasse: Interview Lachniet.

253   Ebenda.

254   Mitteilung von Matthias Maruhn an den Verfasser. 2015.

255   Ebenda.

256   Mitteilung von Matthias Maruhn an den Verfasser. 2015.

257   Sasse, Sebastian: Interview mit Jan Jessen. 2015.

258   Sasse: Interview Jessen.

Zeitung für Leser – Zukunftsperspektiven für die NRZ

Seit es Zeitungen gibt, wird über ihre Zukunft philosophiert. Am Schluss soll auch hier der Blick in die Zukunft stehen. Das hat sich auch schon an verschiedenen Stellen dieses Buches gezeigt: In den 1960er Jahren etwa hatten die Verleger Angst, gegenüber der neuen Konkurrenz des Fernsehens nicht bestehen zu können. Manche verfielen in Panik, andere besannen sich auf ihre Kernaufgabe. So wie Dietrich Oppenberg. Vor diesem Hintergrund entwickelte er auch die NRZ-Leitsätze. Auch in den letzten zwei Jahrzehnten hat sich in der Medienwelt vieles verändert. In seiner Festansprache zum 50. NRZ-Jubiläum deutete Chefredakteur Richard Kiessler vorsichtig an, dass es nun ja ein neues Phänomen gebe, dem man sich von Seiten der Zeitung wohl stellen müsse: das Internet. Damals war kaum vorstellbar, wie sehr dieses neue Medium die Szene revolutionieren würde. Wie in den 1960er Jahren so gilt auch heute, dass Angst ein schlechter Lehrmeister ist bei der Gestaltung solcher Veränderungen. Dietrich Oppenberg hatte schon vor 40 Jahren prognostiziert, dass es neue Kanäle geben wird, über die Journalisten mit ihren Lesern in Kontakt treten können. Er sah darin vor allem eine Chance. Wichtig war ihm nur, dass die journalistische Qualität stimmt. Ob der Leser den Artikel nun auf der NRZ-App auf seinem Smartphone liest, die Homepage der Zeitung anklickt oder via Facebook mit seiner Lokalredaktion verbunden ist: Die Marke NRZ steht für soliden und seriösen Journalismus, für Hintergrund und Analysen, für Klartext-Kommentare, die Orientierungshilfe bieten, ohne den Leser zu bevormunden.

Zeitung ist Lebensgefühl: Gedanken von Dietrich Oppenberg zur Zukunft der Zeitung

Es sah futuristisch aus – ein bisschen wie in der Schaltzentrale von Raumschiff Orion. Und auch wenn die Teilnehmer dieses Verleger-Kongresses im Jahre 1970 nicht in ein Raumschiff eingestiegen waren, sondern in einer Halle in München Platz genommen hatten, wollten sie gemeinsam eine Reise in die Zukunft unternehmen. Würden die Menschen in den nächsten Jahrzehnten noch Zeitung lesen? Die Frage interessierte die Verleger natürlich schon aus finanziellen Gründen.

Die Dekoration der Halle, die futuristischen Kulissen, kurz das Science-Fiction-Ambiente, in dem dieser Kongress stattfand, unterstrich, mit welcher Grundhaltung sich die Verleger dieser Frage stellten: Die Zukunft würde ganz anders als die Gegenwart aussehen. Sie wurde nicht als Bedrohung begriffen, sondern als Chance. Die Verleger waren sich sicher: Diese Chance mussten sie ergreifen. Darin waren sie den Männern der Raumschiffsbesatzung ähnlich – auch die wollten in unendliche Weiten vorstoßen und dort neue Welten erobern. Die Verleger und die Helden aus den Science-Ficton-Fernsehserien dieser Zeit verband ihr Pioniergeist.

Von diesem Geist war auch der Mann getrieben, der an diesem Abend im Jahre 1970 die Versammlung eröffnete und der auch hinter der Idee dieses Kongresses stand: Dietrich Oppenberg. Er hatte seine Kollegen aus den Zeitungshäusern der Regionalpresse – seit längerer Zeit war er Vorsitzender dieses Dachverbandes – eingeladen, um mit ihnen gemeinsam über die Entwicklung der Zeitung nachzudenken. Dabei war Zukunft sogar klar terminiert worden: 1985 – also genau 15 Jahre später – wurde als das Zukunftsjahr in den Blick genommen.

1985 – diese Zukunft ist nun auch seit drei Jahrzehnten wieder Vergangenheit. Trotzdem sind die Überlegungen, die Oppenberg aus diesem Anlass angestellt hatte, in mehrfacher Hinsicht auch heute noch aufschlussreich.[259] Zum einen spricht aus ihnen eben der Pioniergeist. Auch wenn die Zeitspanne von 15 Jahren heute relativ kurz erscheinen mag, letztlich war den Verlegerkongress-Teilnehmern von 1970 die Zeit von 1985 genauso fremd wie die, in der wir nun leben. Letztlich war es auch ein Zufallsdatum, das symbolisch für die Zukunft gewählt wurde, es hätte auch das Jahr 2000 oder 2030 sein können. Dieser Ungewissheit aber, und das ist der Kern des Selbstverständnisses eines solchen VerlegerPioniers, begegnete Oppenberg mit einer großen Sicherheit. Denn er hatte eine klare Vorstellung davon, was guter Journalismus ist. Und er hatte ein konkretes Leserbild vor Augen.

Oppenberg illustrierte die Bindung zwischen Journalist und Leser anhand eines Vergleichs: Telegramm und Brief. Dies mag zunächst etwas altertümlich wirken – aber tatsächlich brachte Oppenberg hier einen wesentlichen Faktor auf den Punkt: die Zeit. Das Telegramm war 1970 der Inbegriff von Schnelligkeit: Kurz, nur schlagwortartig formuliert, eben im Telegrammstil, wird der Kern einer Nachricht wiedergegeben. Analyse fällt weg. Das Gegenmodell war der Brief. Der Briefschreiber reduziert die Informationen nicht auf ihren Kern. Der Schreiber berichtet, erzählt, er spitzt zu, er verdichtet, stellt Fragen, bewertet, er analysiert – und das alles nicht in formelhafter, abgehackter Sprache, sondern in einem persönlichen Schreibstil. Oppenberg wollte allerdings nicht die eine Form der Informationsübermittlung gegen die andere ausspielen. Je nach Situation muss oft der schnelle Überblick genügen. Die Leser aber, die Oppenberg im Blick hatte, verfahren nach der Devise: „Brief folgt." Sie konsumieren zwar die Kurz-Informationen im Telegrammstil – im Fernsehen, im Rundfunk –, aber irgendwann einmal am Tag nehmen sie sich Zeit für den „Brief". „Und dieser ausführliche Brief, der die Handschrift des Absenders verrät, ist die Zeitung." Auf diese Leser baute Oppenberg – und er war zuversichtlich, dass diese Gruppe anwachsen werde. Dies machte er an drei Annahmen darüber fest, wie die Gesellschaft sich entwickeln werde.

Die Menschen werden gebildeter – damit nehme seiner Ansicht auch der Lesehunger zu. Und zwar gehe der Appetit dieses Publikums, so ist der Verleger sicher, ganz klar in Richtung Brief. Das Telegramm, die mehr nebenbei gehörten Infos im Radio oder Fernsehen, seien lediglich Appetitanreger. Der Leser werde zwar so auf bestimmte Themen hingewiesen, eben auf den Geschmack gebracht, aber er wolle mehr wissen, den genauen Hintergrund kennen. An dieser Stelle wird auch deutlich: Dietrich Oppenberg redete keinem Kulturpessimismus das Wort. Er erkannte den damals konkurrierenden Medien, also Fernsehen und Radio, durchaus einen Eigenwert zu. Ja, er stellte sie, wenn er sie „Appetitanreger" nennt, sogar in den Dienst der Zeitung. Zu jedem guten Menü gehört ein Aperitif genauso wie der Hauptgang. Radio und Fernsehen sind also nicht bloß gefährliche Konkurrenz, sondern auch Partner, die sich ergänzen und nebeneinander bestehen können. Oppenberg erkannte, dass das mediale Konsumverhalten der Menschen nicht nach dem Prinzip „Entweder – oder" verlief, sondern nach dem Grundsatz „Sowohl – als auch".

Die Menschen würden, so Oppenbergs zweite Annahme, dank des technischen Fortschritts immer mehr Freizeit haben. Und eine Freizeit-Aktivität von hoher Attraktivität sei: lesen. Freilich müsse der Lesestoff auch so zubereitet sein, dass er die Freizeit-Bedürfnisse der Leser befriedige. Die Zeitung müsse also nicht nur Hintergrund-Analysen bieten, diese müssten auch so aufbereitet sein, dass sie unterhalten. Dabei ist Oppenberg wiederum der Meinung, dass ein hoher Unterhaltungsfaktor den Informationswert nicht schmälere. Am Beispiel der NRZ beschreibt er dies stets so: Weder Bild noch FAZ – es komme auf eine gute Mischung zwischen Unterhaltungs- und Informationselementen an, bei der weder die eine noch die andere Seite ins Extreme ausschlägt. Schließlich spiele in diesem Zusammenhang auch noch ein anderer Faktor eine Rolle: Die Art und Weise, wie die Menschen ihre Freizeit verbringen, sage auch etwas über ihren sozialen Status aus. Das bedeute: Die Zeitung, die sie in ihrer Freizeit lesen, werde für sie auch zu einem Statussymbol. Dieser Status sei aber nicht nur der Ausdruck materieller Aspekte, wie des Einkommens oder der Kaufkraft. Er werde durch andere Faktoren wie etwa die politische Gesinnung bestimmt. All dies verdichte sich zu einer Lebenshaltung: Die Zeitung gehöre zum Lifestyle. Und, das hat Oppenberg 1970 auch schon vorausgesehen: Die Menschen würden immer mehr vom Bildschirm ablesen, gleichzeitig gewinne dadurch aber die Papier-Zeitung an Wert. Sie werde zum Luxus-Gut, das für eine Freizeit-Gestaltung mit Anspruch stehe.

Und damit ist die letzte Annahme angeschnitten, die Oppenberg in seinem Zukunftskonzept ausführte: die Freiheit als zentraler Kern des modernen Lebensstils. Die Medien würden sich so entwickeln, dass der Einzelne selbst bestimme, was er überhaupt konsumieren möchte. Oppenberg ging davon aus, dass sich der Geschmack der Mediennutzer immer mehr individualisiere. Er dachte 1970 dabei vor allem an das Fernsehen: Die Zuschauer würden über einen Bildschirmtext ihr eigenes Fernsehprogramm zusammenstellen können. Heute ist dieser Zustand schon längst erreicht. Umso interessanter, welche Konsequenz Oppenberg damals daraus abgeleitet hat. Es ist eine zeitlose Schlussfolgerung. Egal über welche Kanäle letztlich die Informationen den Leser erreichen, in gedruckter Form oder elektronisch, entscheidend ist, dass der Leser sich individuell angesprochen fühlt.

Mehr Bildung, mehr Freizeit, mehr Freiheit – aus diesen Faktoren formte Dietrich Oppenberg 1970 das Leserprofil der Zukunft. Gleichzeitig hat er damit aber auch gezeigt, wie die Profile von Journalisten und Verlegern aussehen sollten. Sie sollen aufgeschlossen sein für neue Wege, um Inhalte zu transportieren, und sich gleichzeitig dabei auf die Grundfertigkeiten des journalistischen Handwerks rückbesinnen. Denn auch für den Leser der Zukunft gilt: Die Kanäle, über die die Informationen übermittelt werden, mögen wechseln, entscheidend ist, wie die Informationen aufbereitet werden: persönlich, profiliert, in einem eigenen Stil – dem NRZ-Stil.

„Wir sind dem Gemeinwohl verpflichtet."
Ein Gespräch mit NRZ-Herausgeber Heinrich Meyer

Seit dem Jahr 2000 ist Heinrich Meyer Herausgeber der NRZ. Dietrich Oppenberg hat den studierten Betriebswirt als seinen Nachfolger ausgesucht und schon Anfang der 1990er Jahre als Geschäftsführer der Rheinisch-Westfälischen Verlagsgesellschaft an seine Seite geholt. Seine Aufgabe als Herausgeber und wie er sich das Profil der NRZ in der Zukunft vorstellt, das erläutert er in einem Interview.[260]

Heinrich Meyer, geboren 1948 in Scheeßel, ist seit 2000 Herausgeber der NRZ und zugleich Geschäftsführer der Zeitungsverlag Niederrhein GmbH & Co. KG. Seit 1991 ist er bereits Geschäftsführer der Rheinisch-Westfälischen Verlagsgesellschaft mbH, seit 1994 Geschäftsführer der Stiftung Presse-Haus NRZ. Heinrich Meyer ist Vorsitzender des Vorstandes des Verwaltungsrates des Versorgungswerkes der Presse GmbH und des Hilfsvereins des Versorgungswerks der Presse GmbH, der Initiative Tageszeitung, des Vorstandes und des Kuratoriums der Stiftervereinigung der Presse. Meyer ist Mitglied des Vorstandes des Zeitungsverlegerverbandes Nordrhein-Westfalen. Weiterhin gehört er verschiedenen Gremien als Mitglied an, den Kuratorien des Theodor-Wolff-Preises und der Heinz-Kühn-Stiftung wie der Jury des Dietrich-Oppenberg-Medienpreises und dem Vorstand der Friedrich und Isabel Vogel-Stiftung.

Herr Meyer, Sie sind Herausgeber der NRZ. Zunächst einmal sind Sie aber auch Leser der Zeitung. Worauf freuen Sie sich jeden Morgen besonders? Was lesen Sie zuerst?

Ich gehe ganz klassisch vor. Ich beginne vorne mit der überregionalen Politik. Wenn ich mit meiner Frau die Zeitung gelesen habe, dann haben wir sie aufgeteilt. Dann konnte es schon einmal sein, dass sie mit der Politik begonnen hat und ich mit dem Sport. Und für den Sport interessiere ich mich in der Tat ganz besonders. Gespannt bin ich immer auf die Karikatur von Thomas Plaßmann. Ich weiß ja als Herausgeber, welche Themen von der Redaktion in der aktuellen Ausgabe bearbeitet werden. Aber wie so ein Thema dann von Plaßmann zeichnerisch umgesetzt wird, da bin ich doch immer wieder neu überrascht. Gerne lese ich auch immer die Kolumnen in der „NRZ am Sonntag". Maike Maibaum und dem unvergessenen Jörg Bartel gelingt und gelang es, Geschichten aus dem Alltag so zu erzählen, dass man sich dort wiedererkennt. Das geht mir genauso wie vielen anderen Lesern auch. Ich finde auch, dass diese Kolumnen etwas Typisches sind. Sie zeichnen uns als NRZ aus, so etwas haben die anderen nicht.

Ursprünglich haben Sie in einer ganz anderen Branche gearbeitet. Wie sind Sie zum Verlagswesen gekommen?

Das liegt an Dietrich Oppenberg. Er hat mich zur Rheinisch-Westfälischen Verlagsgesellschaft geholt und mich in einem persönlichen Gespräch überzeugt. Wir haben gleich gemerkt, dass wir auf einer Wellenlänge sind. Und mich hat die Verlagsbranche auch deswegen gereizt, weil ich schon immer ein leidenschaftlicher Zeitungsleser gewesen bin. Ich bin durch die Zeitung politisiert worden. Ich kann mich noch an die „Spiegel-

Affäre" erinnern, da war ich 14 Jahre alt. Damals ist mir klar geworden, dass die Zeitung eine besondere Bedeutung in der Demokratie hat und die Pressefreiheit geschützt werden muss. Das war auch Dietrich Oppenberg sehr wichtig, deswegen hat er die Leitsätze der NRZ aufgestellt. Sie garantieren der Redaktion eine unabhängige Arbeit und betonen, dass die NRZ die Aufgabe wahrnimmt, die sich ihr als Zeitung in der Demokratie stellt.

Welche Aufgabe ist das?

Die Zeitung soll ihren Lesern keine Meinung vorgeben. Die NRZ will ihnen aber dabei helfen, eine eigene politische Meinung zu bilden. Das ist heute sogar noch wichtiger als früher. Früher kamen die aktuellsten Nachrichten über den Ticker von den Agenturen in der Redaktion an. Das heißt, nur die Journalisten hatten einen exklusiven Zugang zu diesen Meldungen. Wenn heute irgendetwas geschieht, dann werden die Nachrichten sofort via Internet verbreitet. Unsere Leser werden also mit einer Flut von Informationen konfrontiert. Da ist es schwer den Überblick zu behalten. Welche Nachrichten sind wirklich wichtig, welche nicht? Hier hat die NRZ eine Orientierungsfunktion. Die Journalisten analysieren und ordnen die Meldungen ein und helfen so den Lesern dabei, einen eigenen politischen Standpunkt zu beziehen.

Sind die Leser denn heute noch so sehr an politischen Themen interessiert?

Sie sind auf einem anderen Weg zu politischen Menschen geworden. Dietrich Oppenberg hat als politisch Verfolgter unter dem NS-Unrechtsregime gelitten. Ihm war wichtig, dass so etwas nie wieder geschehen kann. Meine Generation hat die 68er Zeit als prägend erlebt und ist durch den gesellschaftlichen Aufbruch politisiert worden. Heute ist das anders. Aber zwei zentrale Bezugspunkte sind geblieben: die Freiheit und das Gemeinwohl. Die Freiheit ist der wichtigste Wert. Und auch wenn vielleicht viele glauben, dass die Freiheit, in der wir hier leben, etwas Selbstverständliches sei: Wir wissen aus unserer Geschichte, dass unsere Freiheitsrechte erkämpft werden mussten, und wir müssen auch heute für sie eintreten. Die NRZ ist ein Forum für freie Meinungsäußerung. Diese Freiheit ist Ausdruck unserer Grundrechte und soll dem Gemeinwohl dienen.

Damit wird auch klar: Wer sich für das Gemeinwohl einsetzt, der kümmert sich nicht nur um seine persönlichen Interessen, der richtet seine Aufmerksamkeit auch auf die Gemeinschaft. Ohne dass sich die Bürger für die Gemeinschaft verantwortlich fühlen, kann es kein politisches Leben geben. Und ich sage: Unsere Leser sind genau diejenigen, die so denken. Sie interessieren sich für die Gemeinschaft, sie engagieren sich für das Gemeinwohl. Und deswegen wollen sie wissen, was um sie herum geschieht, in ihrer Straße, in ihrem Stadtteil. Die NRZ hat deswegen gerade auf der lokalen Ebene eine wichtige Bedeutung. Unsere Berichterstattung trägt so ganz entscheidend dazu bei, dass sich vor Ort politisches Leben überhaupt entwickeln kann.

Die NRZ bietet ein Forum für den freien Meinungsaustausch. Wie wichtig so ein Forum ist, zeigt sich aktuell etwa an der Debatte um die Flüchtlinge. Durch die NRZ-Leitsätze ist aber klar, dass dieser freie Meinungsaustausch eine bestimmte Qualität hat: Wir sind den Menschenrechten und den Werten des Grundgesetzes verpflichtet. Extreme politische Positionen, von rechts oder von links, haben in der NRZ keinen Platz.

Das heißt, ein Zeitungsverlag ist nicht ein Unternehmen wie jedes andere. Denn die Zeitung ist nicht nur irgendein Produkt. Ob jemand Knöpfe kauft oder nicht, das ist für die Knopfindustrie sicherlich wichtig, entscheidend für die politische Kultur unserer Demokratie ist es nicht. Bei der Zeitung ist das anders. Was bedeutet das praktisch für die Verlagsarbeit?

Auch Dietrich Oppenberg hat betont, dass ein Verleger kein Unternehmer wie jeder andere ist. Weil eben auch das Produkt, die Zeitung, ein besonderes ist. Das sehe ich als sein Nachfolger genauso: Als Herausgeber habe ich die Aufgabe, die redaktionelle Unabhängigkeit und damit die inhaltliche Qualität der NRZ zu sichern. Allerdings ist auch klar: Unser Verlag ist keine öffentlich-rechtliche Einrichtung. Die NRZ muss sich auf dem Markt gegenüber den Konkurrenten behaupten. Wir müssen wirtschaftlich arbeiten. Es muss klar sein: Der wirtschaftliche Erfolg sichert die redaktionelle Unabhängigkeit. Wir müssen keine Angst vor dem Wettbewerb haben. Die NRZ hat ein publizistisches Profil. Die NRZ ist eine Marke. Deswegen bin ich auch dafür, dass unsere Inhalte im Internet nicht mehr umsonst abgerufen werden können. Denn die Qualität, die wir dort bieten, ist etwas wert. Ich glaube auch, dass es für unser Selbstbewusstsein wichtig ist, eine solche Bezahlschranke einzuführen. Wir können auf die Überzeugungskraft der Marke NRZ vertrauen.

Zu den Online-Angeboten: Welche Bedeutung haben sie für die Marke NRZ? Wird es in ein paar Jahren überhaupt noch eine gedruckte Zeitung geben?

Grundsätzlich muss ich sagen: Niemand weiß, wie die Zukunft aussehen wird. Aber man kann natürlich Prognosen wagen. Vor zehn Jahren hätte ich noch ganz klar gesagt, die Zeitung wird es auch weiterhin vor allem in gedruckter Form geben. Heute wäre ich da vorsichtiger. Ich glaube eher, dass es ein Mischangebot geben wird. Die einen lesen lieber online, andere wollen lieber noch die gedruckte Fassung. Was aber viel wichtiger ist:

Heinrich Meyer führt das Werk von Dietrich Oppenberg fort: „Die NRZ ist ein Forum für freie Meinungsäußerung. Diese Freiheit ist Ausdruck unserer Grundrechte und soll dem Gemeinwohl dienen."

Entscheidend ist nicht der Kanal, über den die Inhalte gesendet werden. Entscheidend ist die Qualität der Inhalte. Und die Maßstäbe für guten Journalismus sind heute die gleichen wie früher. Auch in Zukunft bleiben die Leitsätze der NRZ gültig. Diese Leitsätze sind mehr als nur Richtlinien, sie stehen für eine grundsätzliche Haltung.

In der Wissenschaft wird ja mittlerweile schon von der „fünften Gewalt" gesprochen. Damit ist gemeint, dass sich jenseits der etablierten Medien durch die digitale Vernetzung eine eigene publizistische Macht gebildet hat. Die Qualität ist in diesem Bereich aber sehr unterschiedlich. Sowohl was den Inhalt angeht, aber auch was den Umgang der Menschen miteinander angeht – etwa wenn man an die Hass-Kommentare in den sozialen Netzwerken denkt.

Auch vor diesem Hintergrund zeigt sich die wichtige Bedeutung unserer Leitsätze. Bei der NRZ haben menschenverachtende Hass-Kommentare keinen Platz. Wir haben eine Haltung und die macht den Unterschied.

Wie würden Sie diese Haltung beschreiben? Gibt es so etwas wie einen „NRZ-Spirit"?

Ich glaube, dieser „Spirit" drückt sich in einer bestimmten Weise aus, mit Menschen umzugehen. Auch Dietrich Oppenberg waren immer die einzelnen Personen wichtig, nicht Strukturen. Für ihn war das persönliche Vertrauen wichtig, das war für ihn die Basis für eine gute Zusammenarbeit. So ist das auch heute noch. Deswegen sprechen wir ja auch von der „NRZ-Familie".

Nähe und persönlicher Kontakt sind aber auch die Basis für die journalistische Arbeit. Unsere Journalisten kennt man vor Ort, die Leser vertrauen ihnen, so prägen sie die Marke NRZ.

Und schließlich passt diese Haltung auch zu unserer Region: Ich komme ursprünglich aus Norddeutschland, aus Scheeßel, zwischen Hamburg und Bremen. Deswegen sind mir die Besonderheiten der Menschen hier aufgefallen. Die Menschen sind herzlich und offen. Ich möchte heute nirgendwo anders leben. Diese Region ist wirklich Heimat.

Anmerkungen: Zeitung für Leser – Zukunftsperspektiven für die NRZ

259   Oppenberg, Dietrich: Die Zeitung 1985. In: Eine Stippvisite in die Mitte des kommenden Jahrzehnts. Hg. v. d. Verband der Regionalpresse. Frankfurt/Main 1970, S. 20–29.

260   Sasse, Sebastian: Interview mit Heinrich Meyer im Februar 2016.

Chronik der NRZ

1945

15.5. Druckhaus Sachsenstraße, Beschlagnahme durch 12. Armeegruppe der US-Army.

24.5. Erster Andruck der Ruhrzeitung in der Sachsenstraße.

15.6. Übernahme der Druckerei durch die britische Besatzungsmacht.

9.8. Verständigung zwischen Dietrich Oppenberg und Lambert Lensing: Vertrieb der Ruhrzeitung in Essen bleibt als Agentur bei Dietrich Oppenberg. Damit finanzielle Grundlage für Weiterbeschäftigung der technischen Mannschaft.

19.9. Ruhrzeitung in Dortmund. Letzte Essener Ausgabe: 15.9.

13.10. Unterredung von Dietrich Oppenberg mit Dr. Herbert Groß, dem deutschen Beauftragten der britischen Presse-Kontrolle. Im rheinisch-westfälischen Raum sollen 15 parteinahe Zeitungen gegründet werden: 7 CDU, 7 SPD, 1 KPD.

24.10. Dietrich Oppenberg sucht Erich Brost auf Empfehlung von Adolf Lanninger in Hamburg auf.

25.10. Erich Brost ist bereit, die Chefredaktion der NRZ zu übernehmen. Mit ihm erfolgt eine grundsätzliche Einigung über die Zusammensetzung der Redaktion und des übrigen Mitarbeiterstabes der NRZ, das heißt, ihm wurde völlig freie Hand bei der Auswahl gelassen.

1946

12.2. Oppenberg bespricht sich mit Erich Brost. Dieser bereitet sich systematisch auf den Aufbau des Redaktionsstabes vor.

21.2. Gründung des NRZ-Verlages in Essen. Name: Zunächst „Ruhr-Verlag GmbH", später, da der Name schon vergeben war: Rheinisch-Westfälische Verlagsgesellschaft mbH.

13.7. Erscheinungstag der ersten Ausgabe. Leitartikel von Erich Brost: „Wir denken letzten Endes an Europa, wenn wir Deutschland sagen".
Auflage 100.000 – 2 × 4 Seiten pro Woche.

17.7. Lizenz Nr. 76. Captain Leo Felix übermittelt per Post die Lizenzurkunde.

25.7. Vorzensur für NRZ wird von der britischen Besatzungsmacht aufgehoben. Die NRZ ist die erste Zeitung in der britischen Zone, für die diese Regelung gilt.

2.11. Wirtschaftsbeilage NRZ „Wirtschaft und Arbeit" erscheint.

8.11. Erste Kulturbeilage der NRZ: „Kunst, Wissen, Leben".

28.11. Papierquote NRZ von 33 Tonnen auf 20 Tonnen gekürzt.

3.12. Erich Brost soll nach Berlin als Vertreter der SPD.

5.12. Bis 20. Januar 1947 kein Papier von Papierfabrik Reisholz.

9.12. NRZ verliert ab 1.1.1947 14.000 Exemplare.

27.12. NRZ-Papiervorräte erschöpft.

1947

10.2. Erich Brost verabschiedet sich als Chefredakteur.

1.3. Karl Brunner ist bereit, von der Rheinischen Zeitung in Köln nach Essen als Chefredakteur zu kommen. Start am 1.4.

21.4. Einführung von Notausgaben (2-seitig) wegen Papierknappheit.

16.12. Erich Brost spricht mit Dietrich Oppenberg über sein WAZ-Projekt in Bochum. Sie einigen sich darauf, dass Brost keine weiteren NRZ-Leute abwirbt.

1949

September: Die Auflage steigt auf 150.000. Führende Position am Niederrhein.

1950

September: Die NRZ nun auch in Kleve und Geldern.

1951

4.7. Fünf Jahre NRZ: In der Stadthalle Mülheim wird gefeiert.

1952

1.1. Ausdehnung des NRZ-Verbreitungsgebietes auf die gesamte Nordrheinprovinz. Von nun an: zwei Druckorte: Essen und Köln; drei Satzorte: Essen, Köln und Düsseldorf. NRZ an Rhein und Ruhr, am Rhein: Neue Rhein Zeitung. Auflage: über 200.000. Neue Lokalredaktionen: Düsseldorf, Köln, Bonn, Solingen, Wuppertal.

1954

März: Eigene moderne Groß-Rotationsanlage mit Mehrfarbendruck von MAN. Rheinisches Format. Moderne Setzmaschinen und Druckautomaten, Bildtelegraf. Erstmalig grüne NRZ-Marke im Titelkopf der Zeitung.

März: Neuer Chefredakteur: Klaus Besser.

1956

Januar: Eigene Ausgabe für Kettwig.

März: Teletype-Setter-Anlage. Sie erleichtert es, den Drucksatz herzustellen. NRZ-Wochenendauflage übersteigt 250.000.

Die NRZ hat insgesamt 2.500 Beschäftigte.

28.7. 10 Jahre NRZ, Fest im Saalbau Essen.

1.10. Neuer Chefredakteur: Anton Müller-Engstfeld.

1959

Januar: In die Rotationsmaschine in Essen werden weitere Farbwerke eingebaut, die es ermöglichen, in einem Arbeitsgang vierfarbig zu drucken. Zu diesem Zeitpunkt gehört die NRZ zu den wenigen deutschen Tageszeitungen, die mehrfarbige Anzeigen drucken können.

1959: Die NRZ hat 1.500 Zeitungsboten, mehr als 2.000 Zeilen- und Pauschalmitarbeiter, 500 Angestellte.

1960

Oktober: Erstmalig Anzeigenumsatz von über zwei Millionen DM.

November: Neue Serie für junge Leute: Hallo Teenager – hallo Twen, alle 14 Tage, erst eine halbe Seite, dann ganzseitig.

1961

Januar: Neues Layout für Zeitungskopf; Auflage: über 270.000

4.3. Feier zum 15-jährigen NRZ-Bestehen mit allen Betriebsangehörigen im Städtischen Saalbau in Essen.

18.3. Neuer Kopf für Wochenendbeilage „NRZ am Wochenende".

1.4. Erste Anzeige im Tapetendruck in der Osterbeilage.

Mai: Die NRZ hat 21 Lokalredaktionen.

17.9. Extrablatt zur Bundestagswahl.

1.10. Neuer Chefredakteur: Jens Feddersen.

1962

Die NRZ verfügt nun über 20 Geschäftsstellen an Rhein und Ruhr.

Januar bis April: Neue Rotation (MAN) wird im Druckhaus Sachsenstraße montiert, noch mehr Farbe.

31.12. Ausgaben Solingen und Bonn werden zum Jahresende eingestellt.

1963

1.1. Der Titel der Wochenendbeilage ändert sich von „NRZ am Wochenende" in „NRZ am Sonntag".

Werbung für Bundesausgabe über das Verbreitungsgebiet hinaus (Preis: 4,75 DM monatlich bei täglicher Lieferung; 1,75 DM bei Wochenendbezug).

April: Neue NRZ-Leuchtreklame an der Stirnseite des Druckhauses Sachsenstraße.

Ab Mai: „Nordrhein-Westfälischer Stellenmarkt", Anzeigenkombination von NRZ und Westfälischer Rundschau – größere Reichweite: 540.000.

Herbst: Die erste Selbstbedienungsanlage wird an der Kapuzinergasse in Essen aufgestellt. Schon wenige Monate später wird mit rund 40 solcher Verkaufskästen ein wöchentliches Verkaufsergebnis von 1.200 Zeitungen erzielt.

7.11. Extrablatt zum Bergunglück in Lengede.

1964

29.2. Neuer Zeitungskopf für Titelseite und „NRZ am Sonntag".

1.6. Neuer Untertitelzusatz: „führend im Sport" (vorher nur: „meinungsfreudig – unabhängig").

Oktober: Tägliche Extrablätter zu Olympischen Spielen in Tokio.

Oktober: In den ersten zehn Monaten des Jahres 1964 2.900 Anzeigenseiten mehr als im gleichen Zeitraum 1963.

1965

Ab Januar Drei stellvertretende Chefredakteure: Karl Huber, Arnold Gehlen und Kurt Gehrmann. Dieses Kollegium leitender Redakteure an der Seite des Chefredakteurs ist neu.

1.4. Neuer Zeitungskopf.

25.11. Erste NRZ-Literaturbeilage.

1965: 120 Redakteure, über 600 freie Mitarbeiter, Korrespondenten in 31 deutschen Städten und weiteren 29 in aller Welt, 600 Angestellte, 1.400 Zusteller. Am Wochenende Auflage von 270.000 mit über 70 Seiten Umfang.

30.12. Neuer Schriftzug im Zeitungskopf (gestaltet von Wilhelm Bruck).

1966

20 Jahre NRZ: 13.7. Empfang im Kammermusiksaal des Essener Saalbaus; 10.9. Betriebsfest in der Stadthalle Oberhausen mit 50-minütigem Unterhaltungsprogramm.

20.4. Baubeginn für das NRZ-Pressehaus an der Sachsenstraße, dahinter entsteht eine Rotationshalle mit Packerei, Werkstatt, Papierlager und Papiereinlagerung. Wegen der nun entstehenden Parkplatznot wird am Funkturm auf dem NRZ-Grundstück ein Parkhaus errichtet.
Jens Feddersen unternimmt 23-tägige Weltreise mit Stationen in Pakistan, Indien, Saigon, Tokio, Hongkong und in den USA.

19.12. Die NRZ bekommt ihren ersten Computer.

1967

8.4. Richtfest für NRZ-Pressehaus, Sachsenstraße.

5.6. Extrablatt zum Sechs-Tage-Krieg.

27.7. 50. Geburtstag von Dietrich Oppenberg. Der Essener Oberbürgermeister Horst Katzor: „Das Wirken dieser Verlegerpersönlichkeit ist aus dem Leben der Stadt Essen nicht mehr wegzudenken."

31.7. Extrablatt zum Tod von Alfried Krupp von Bohlen und Halbach.

September: Neue Rotationsmaschine wird in Betrieb genommen.

1968

Düsseldorf: Umzug von Redaktion und Geschäftsstelle in Friedrich-Ebert-Straße 1.

12.4. Proteste von 500 Demonstranten vor dem Druckhaus nach dem Attentat auf Rudi Dutschke.

15.5. Verleger Dietrich Oppenberg verkündet die „Redaktionellen Leitsätze der NRZ" und stiftet am selben Tag den „Karl-Brunner-Preis".

22.8. Wegen „Prager Frühling": acht Extrablätter in den folgenden sechs Tagen, dazu NRZ-Extradienst (mehrmals täglich); Jens Feddersen: „Die Stunde der Zeitung".

14.9. Offizielle Einweihung des NRZ-Pressehauses, Sachsenstraße 30 in Essen. Festredner: Bundesaußenminister und Vizekanzler Willy Brandt.

1.11. Rheinisch-Westfälischer Stellenmarkt (mittwochs und samstags, gemeinsam mit Westfälischer Rundschau), nun Auflage von 555.000 Exemplaren (vorher 545.000).

Dezember: 20.000 Abonnenten im Kreisgebiet Dinslaken, viermal so viele feste Bezieher wie jede andere Tageszeitung.

1968: 42.355 Leserbriefe (5.000 mehr als 1967).

1969

Erstes Quartal Die NRZ steht im Verband der Regionalpresse von ihrer Auflage her (239.546) auf dem vierten Platz, hinter WAZ, RP und „Hamburger Abendblatt".

Düsseldorf: Um den Einzelverkauf zu fördern, wird die Seite Eins in Düsseldorf mit einer zusätzlichen Farbe und einem Düsseldorf-Text bedruckt. Diese Boulevard-Aufmachung soll breitere Schichten ansprechen.

1971

16.1. Ab nun erscheint die NRZ in Wuppertal (dort bereits seit 1952 als Lokalausgabe vertreten) mit dem Untertitel „Wuppertaler Tageblatt".

März Das 1. Niederrhein-Forum findet in Wesel statt.

21.8. Jubiläumsfest mit 1.500 NRZ-Zustellern in der Niederrheinhalle in Wesel.

Media-Markt-Analyse: Im Raum Düsseldorf-Stadt, Duisburg-Stadt, Essen, Moers (Stadt und Kreis), Kreis Dinslaken, Mülheim, Oberhausen, Kreis Wesel/Rees, Krefeld Stadt erreicht die NRZ 42.000 junge Männer zwischen 20 und 29 Jahren. Keine andere regionale Abonnementszeitung erreicht in diesem Gebiet so viele junge Männer in dieser Altersgruppe pro Nummer.

29.8. 1. NRZ-Wandertag in Dinslaken mit 2.513 Teilnehmern.

11.9. Betriebsfest zum Jubiläum in der Mercator-Halle in Duisburg.

24.10. 4. NRZ-Leserparty mit 600 Gästen aus dem gesamten Verbreitungsgebiet im Essener Pressehaus.

29.11. Extrablatt zur Entführung von Theo Albrecht, Preis: 10 Pfennig.

1972

5.1. Ausstrahlung der Diskussion zwischen Jens Feddersen und Karl-Eduard von Schnitzler im niederländischen Fernsehen, in Deutschland Übertragung am 7.1.

27.4. Extra-Blatt zum gescheiterten Misstrauensvotum gegen Willy Brandt; bereits 17 Minuten nach Verkündung des Ergebnisses lief der Druck an (um 13.10 Uhr, WAZ erst um 13.35 Uhr).

11.5. 2. NRZ-Wandertag am Baldeneysee in Essen mit 7.000 Teilnehmern. Von nun an findet er jedes Jahr zu Christi Himmelfahrt rund um den Essener Baldeneysee statt.

1975

27.10. Kooperation mit der WAZ wird in Betriebsversammlung und öffentlich bekanntgegeben.

1976

1.1. NRZ erscheint im Zeitungsverlag Niederrhein in der WAZ-Gruppe.

1978

14.6. Ausgabe Moers wird zum ersten Mal elektronisch hergestellt.

30.6. Lokalredaktion Düsseldorf zieht um in die Schadowstraße 80.

1979

17.8. NRZ-Sommerfest in der Essener Gruga mit Freibier, Flohmarkt und Kirmes, Eröffnung durch den Essener Oberbürgermeister Horst Katzor.

Auflage zum 31.12.: 214.050.

1980

15.5. Der 10. NRZ-Wandertag am Essener Baldeneysee findet mit einer neuen Rekordbeteiligung statt: 25.000 Teilnehmer.

28.7. Welt und Welt am Sonntag, die bisher ebenfalls im Druckhaus Sachsenstraße produziert worden sind, werden nun in Essen-Kettwig gedruckt, wo der Springer-Verlag einen eigenen Standort hat.

1981

Auflage zum 2.1.: 194.000.

16.2. Beginn des Vorabendverkaufs der NRZ in Düsseldorf, vor allem in der Altstadt, im Schnitt 800 Exemplare täglich verkauft.

7.9. Beginn des Abendverkaufs der NRZ in Essen.

25.10. Großer Preis der NRZ beim Trabrennen in Dinslaken mit einer Rekordbeteiligung von 20.000 Zuschauern.

30.10. „Freie Fahrt für Senioren", die Veranstaltung, die die NRZ zusammen mit der Essener Polizei zur Sicherheit im Straßenverkehr durchführt, findet zum siebten Mal statt. Bereits 20.000 Senioren haben bisher an der Veranstaltung teilgenommen

1984

27.5. Neue Rekordbeteiligung beim 14. NRZ-Wandertag in Essen: 26.000 Teilnehmer.

1986

2.1. Auflage 194.300 (beste Entwicklung eines Titels innerhalb der WAZ-Gruppe).

11.7. 40. Jubiläum: Streitgespräch im Essener Saalbau zwischen Prof. Dr. Kurt Biedenkopf (CDU) und Prof. Dr. Friedhelm Farthmann (SPD).

23.9. NRZ-Treffen in Ost-Berlin in Fellers Friedrichshagener Bilderkneipe. Teilnehmer: u. a. Stefan Heym.

26.9. Eröffnung Ausstellung „40 Jahre Zeitgeschehen im Lichte der NRZ" im Ruhrlandmuseum Essen.

Zum 31.12. Auflage 198.925.

1987

23.6. Die Stiftung Presse-Haus NRZ wird durch das Innenministerium genehmigt.

Zum 31.12. Auflage 205.600.

1988

12.9. Beim von der NRZ organisierten Ost-Berlin-Treffen im „Alten Dorfkrug" in Rosenthal treffen erstmals Vertreter der Anwaltsvereine der BRD und der DDR zusammen.

Zum 31.12. Auflage 211.300.

1989

September: Traditionelles Ost-Berlin-Treffen muss ausfallen, da es Probleme mit DDR-Behörden gibt.

1990

9.3. Aktion „Hallo Nachbarn!": Europa Forum in der Messe Düsseldorf unter der Schirmherrschaft von Ministerpräsident Johannes Rau.

Mai NRZ-Aktion „Fahrt zu Freunden": Wohnwagenkarawane mit Lesern durch die DDR.

23.5. Ost-Berlin, Treffen im Alten Dorfgasthaus in Rosenthal. Unter den Gästen u. a. Rechtsanwalt Wolfgang Vogel, bisheriger Chefunterhändler der DDR beim Flüchtlingsaustausch.

24.5. Der 20. NRZ-Wandertag am Essener Baldeneysee findet unter der Schirmherrschaft der Essener Oberbürgermeisterin Annette Jäger statt.

1991

1.1. Heinrich Meyer tritt als Geschäftsführer bei der RWV ein.

1993

Zum 1.1. Auflage 207.000.

13.10. An der gemeinsamen Veranstaltung zur Verkehrssicherheit mit der Polizei „Freie Fahrt für Senioren" haben in diesem Jahr 1000 Senioren teilgenommen. Die älteste Teilnehmerin ist 92 Jahre alt.

1994

1.1. Dr. Richard Kiessler wird Chefredakteur.

19.6. Beim Großen Preis der NRZ auf der Trabrennbahn in Dinslaken liegt der Wettbetrag zum ersten Mal unter 1 Million DM.

1996

29.6. Feier zu „50 Jahre NRZ" in der Messe Essen, Festansprache: NRW-Ministerpräsident Johannes Rau.

Oktober Der erste NRZ-Artikel erscheint im Internet, und zwar auf dem Online-Portal cityweb.de

1997

30.8. Feierstunde zum 80. Geburtstag von Dietrich Oppenberg auf Schloss Hugenpoet mit Ministerpräsident Johannes Rau als Hauptredner.

10.11. Ausstellung zur NRZ-Geschichte in Kleve in der Hauptfiliale der Deutschen Bank.

1998

29.4. Dietrich Oppenberg wird das Große Bundesverdienstkreuz mit Stern durch Ministerpräsident Johannes Rau in Vertretung von Bundespräsident Roman Herzog in der Düsseldorfer Staatskanzlei verliehen.

6.5. Ausstellung zur NRZ-Geschichte im Düsseldorfer Landtag.

2000

24.3. Dietrich Oppenberg stirbt. Bei der Trauerfeier im Essener Saalbau hält Bundespräsident Johannes Rau die Trauerrede. Heinrich Meyer wird Oppenbergs Nachfolger als Herausgeber der NRZ.

1.6. Der NRZ-Wandertag findet zum 30. Mal statt.

2007

1.12. Rüdiger Oppers wird neuer Chefredakteur der NRZ.

2008

1.1. Die NRZ startet ihre Klartext-Kampagne. Mit Götz George alias Kommissar Horst Schimanski als Werbeträger. Schimanski steht für eine Klartext-Sprache.

12.2. Zum ersten Mal erscheint die NRZ-Kinderseite „Knuts Klartext für Kinder". Kinder finden von nun an täglich auf ihrer Seite Nachrichten aus Politik, Sport, Wirtschaft und Kultur, für sie zusammengestellt und in leicht verständlicher Sprache formuliert.

1.10. Es startet das neue Online-Portal „Der Westen". Dort erscheinen auch die Beiträge der NRZ.

2010

13.10. 40. NRZ-Wandertag am Essener Baldeneysee.

2011

1.5. Die NRZ erscheint zum ersten Mal als E-Paper.

13.9. Zum 40. Mal findet die Veranstaltung „Freie Fahrt für Senioren" statt, die gemeinsam von der NRZ mit der Essener Polizei, der Verkehrswacht und der EVAG organisiert wird. Insgesamt haben an dieser Reihe zur Verkehrssicherheit in den vergangenen Jahrzehnten rund 70.000 Senioren teilgenommen.

2013

1.7. Manfred Lachniet wird neuer Chefredakteur der NRZ.

2015

14.5. Der NRZ-Wandertag findet zum 45. Mal statt.

6.9. Der NRZ-Radwandertag findet zum 20. Mal statt. In diesem Jahr wird in Neukirchen-Vluyn geradelt.

2016

Zum 1. März: Die Auflage liegt bei 100.000, darin sind auch die E-Paper-Kunden mit inbegriffen.

Juni: Buchpräsentation „Mit Profil für die Region – 70 Jahre NRZ".

30.8. Geburtstagsfeier „70 Jahre NRW" mit 350 Leserinnen und Lesern im Ebertbad in Oberhausen.

Impressum

1. Auflage Juni 2016

Lektorat
Hans-Joachim Pagel

Fotografien
NRZ-Archiv,
Fotoarchiv der Rheinisch-Westfälischen Verlagsgesellschaft mbH

Gestaltung & Satz
Volker Pecher, Essen

Redaktion/Herstellung
Klartext Verlag, Essen

KLARTEXT

Friedrichstraße 34–38,
45128 Essen
info@klartext-verlag.de,
www.klartext-verlag.de

Druck und Bindung
Griebsch & Rochol Druck GmbH
Gabelsbergerstraße 1
D-59069 Hamm

ISBN 978-3-8375-1541-1
© Klartext Verlag, Essen 2016

Bibliografische Information der Deutschen Bibliothek
Die Deutsche Nationalbibliothek verzeichnet diese Publikation in der Deutschen
Nationalbibliografie; detaillierte bibliografische Daten sind im Internet über
http://dnb.dnb.de abrufbar.